EUROPA-FACHBUCHREIHE
für wirtschaftliche Bildung

Prüfungsvorbereitung aktuell

für

Fachlagerist/-in

und

Fachkraft für Lagerlogistik

10. Auflage

VERLAG EUROPA-LEHRMITTEL
Nourney, Vollmer GmbH & Co. KG
Düsselberger Straße 23
42781 Haan-Gruiten

Europa-Nr.: 72245

Verfasser:
Jonina Berthel, OStR'in, Münster
Gerhard Colbus, StD, Unterneuhausen
Peter Eckstein, OStR, Salzgitter
Jürgen Fricke, OStR, Wipshausen
Martin Kaiser, StR, Goslar
Dominik Schreier, StR, Braunschweig
Frank Wachsmann, OStD, Peine
Hermann Wurster, StD, Neu-Ulm

Lektorat: Anke Hahn und Petra Frank

10. Auflage 2024
Druck 5 4 3 2 1

Alle Drucke derselben Auflage sind parallel einsetzbar, da sie bis auf die Korrektur von Druckfehlern identisch sind.

ISBN 978-3-7585-7589-1

Umschlaggestaltung und Satz: Typework Layoutsatz & Grafik GmbH, 86153 Augsburg
Druck: UAB BALTO print, 08217 Vilnius (LT)

Vorwort zur 10. Auflage

Das vorliegende **Prüfungsvorbereitungsbuch** bereitet mit knapp 1.000 programmierten und offenen Fragen, Fällen und Situationen zielgerichtet auf die erfolgreiche **Zwischen- und Abschlussprüfung** vor. Aufgebaut nach dem **bewährten Prüfungsvorbereitungskonzept von Europa-Lehrmittel** richtet es sich an Auszubildende zum/zur

- **Fachlagerist/Fachlageristin**
- **Fachkraft für Lagerlogistik**

Das Buch orientiert sich an den **aktuellen AKA-Prüfungskatalogen** und den **Rahmenlehrplänen** für Fachlagerist/-in und für die Fachkraft für Lagerlogistik sowie den dazugehörigen **Originalprüfungen.**

Zur **10. Auflage** wurde das Buch **aktualisiert.**

Lernen, Üben, Testen – und sicher in die Prüfung gehen:
Die Aufgaben decken **alle relevanten Prüfungsthemen** ab, da sie auf Basis der Rahmenlehrpläne mit den 12 Lernfeldern und des AKA-Prüfungskatalogs konzipiert worden sind. Ein Extrakapitel beschäftigt sich zudem mit dem **WISO-Teil**. So kann der Prüfungsteilnehmer sein Wissen speziell in einzelnen Themengebieten oder über den gesamten Prüfungsstoff hinweg testen. **Wissenslücken können gezielt identifiziert und nachgearbeitet**, sichere Themen können abgehakt werden. Durch die Gliederung nach Lernfeldern findet man sich leicht zurecht und ein selbstständiges Vorbreiten auf die Prüfung ist gewährleistet.

Echte Prüfungssimulationen:
Mit den Prüfungsaufgaben wird eine **realistische Prüfungssituation** hergestellt, da sich die Aufgaben in Niveau, Struktur, Auswahl und Inhalt **an den Originalprüfungen orientieren**. Jedes Lernfeld beginnt mit einer Einstiegssituation, an die sich wie in der Prüfung einzelne Aufgabenkomplexe anschließen. Für den schnellen Überblick gibt es noch zahlreiche Multiple-Choice-Aufgaben.

Für die Vorbereitung zur **Zwischenprüfung** sind **vor allem** die Lernfelder 1–6 relevant. Zudem werden ein paar Fragen im Bereich Wirtschafts- und Sozialkunde (Teil 1: Der Jugendliche in Ausbildung und Beruf) gestellt.

Praxistest bestanden:
Die Aufgaben sind von unserem erfahrenen **Autorenteam, bestehend aus Berufsschullehrern/-innen und IHK-Prüfungsmitgliedern**, sorgfältig ausgewählt worden, um die Auszubildenden **optimal auf die Zwischen- und Abschlussprüfung** vorzubereiten.

Ihr Feedback ist uns wichtig:
Wenn Sie mithelfen möchten, dieses Buch für die kommenden Auflagen zu verbessern, schreiben Sie uns unter lektorat@europa-lehrmittel.de. Ihre Hinweise und Verbesserungsvorschläge nehmen wir gerne auf.

Haan, Sommer 2024 Die Verfasser

Inhaltsverzeichnis

mit Lernfeldwegweiser

Modellunternehmen

Firma	Frantz GmbH (eingetragen unter HRB 8862 beim Amtsgericht Solingen)
Geschäftssitz	Akazienstraße 16 42651 Solingen
Unternehmensgegenstand	Logistische Dienstleistungen
Kontoverbindung	Bankhaus Stadler Konto 0180500 BLZ 342 370 00
Geschäftsführung	Stephanie Hopp Johann Frantz (in Einzelgeschäftsführungsbefugnis)
Belegschaft	110 Mitarbeiter (darunter 19 Auszubildende)
Bilanzsumme	ca. 6.500.000 €
Jährlicher Umsatz	ca. 50.000.000 €

Wichtige „Lieferanten“:

- ElWoFa AG
  aus 31135 Hildesheim
- Nürnberger Werkzeuggesellschaft mbH
  aus 90475 Nürnberg
- Fournisseur S.A.
  aus 2020 Antwerpen/Belgien

Wichtige Kunden:

- Ersatzteile-Service Georg OHG
  aus 01189 Dresden
- Niemann KG
  aus 38440 Wolfsburg
- Swiss Metal SA
  aus 1820 Montreux/Schweiz

(1) Güter annehmen und kontrollieren

1. Aufgabe

Situation:
Sie sind Mitarbeiter/-in der Warenannahme der Frantz GmbH und bearbeiten eine Lieferung mit Fachbodenregalen. Diese werden durch einen Spediteur per Lkw geliefert. Ihren Unterlagen entnehmen Sie, dass insgesamt 80 Regale (Modell Profi/lichtgrau/verzinkt) mit den Maßen 250 cm x 100 cm x 50 cm bei der Nürnberger Werkzeuggesellschaft mbH bestellt wurden.

1.1 Welche Kontrollen führen Sie in Anwesenheit des Überbringers durch?

____

____

____

____

____

____

1.2 Die Waren werden gemäß nachfolgendem Lieferscheinauszug auf vier Europaletten angeliefert. Vergleichen Sie den Lieferschein mit den Bestellangaben aus der oben geschilderten Situation und notieren Sie festgestellte Mängel.

____

____

____

Empfänger		Absender	
Frantz GmbH Akazienstraße 16 42651 Solingen		Nürnberger Werkzeuggesellschaft mbH Wachsmannring 102 - 104 90475 Nürnberg	
Lieferschein-Nr.: 2508		Verpackung: 4 x Europalette	Gewicht brutto: 1.360 kg
Pos.	Menge	Artikelbezeichnung	
01	68	Fachbodenregal „Profi", lichtgrau, verzinkt 2,50 m x 1,00 m x 0,50 m	

1.3 Beschreiben Sie den Mangel in Bezug auf die Erkennbarkeit und begründen Sie, welche Rügefrist sich im beschriebenen Fall ergibt.

1.4 Nennen Sie vorrangige Rechte, die die Frantz GmbH bei Mängeln grundsätzlich geltend machen kann.

1.5 Welches vorrangige Recht sollte die Frantz GmbH im vorliegenden Fall geltend machen?

1.6 Welche weiteren Mangelarten werden bezüglich der Erkennbarkeit unterschieden?

1.7 Vervollständigen Sie die Tabelle, indem Sie Mangelarten nennen oder in Bezug auf die bestellten Fachbodenregale mögliche Beispiele formulieren.

Mangelart	Beispiel
Mangel in der Qualität	Die Regale sind nicht verzinkt.
Mangel in der Art (Falschlieferung)	
	Die Montageanleitung liegt nur in französischer Sprache vor.
Mangel in der Beschaffenheit	
	Die Regale tragen nicht die in der Werbung versprochenen Gewichte.

2. Aufgabe

Situation:
Sie bearbeiten als Mitarbeiter/-in der Warenannahme der Frantz GmbH eine Lieferung mit 27 Fachbodenregalen. Diese werden per Lkw auf einer Europalette geliefert. In der Warenannahme herrscht aufgrund einer Grippewelle Personalmangel. Sie sind bemüht, die Warenannahme trotzdem zügig vorzunehmen.

2.1 Wer ist gesetzlich für das Entladen der Palette verantwortlich?

____

____

2.2 Sie beginnen mit der Entladung der Palette. Der Fahrer hilft Ihnen unaufgefordert und beschädigt dabei die außen liegenden Packstücke. Begründen Sie, wer für den Schaden haftet.

____

____

2.3 Wie ist die Rechtslage, wenn Sie als Mitarbeiter in der Warenannahme den Fahrer um Hilfe gebeten haben?

____

____

2.4 Begründen Sie, warum Sie nach dem Entladen die Europalette überprüfen.

____

____

____

____

2.5 Nennen Sie drei mögliche Beschädigungen an einer Europalette.

2.6 Vor der Einlagerung der Regale kontrollieren Sie, ob die gelieferten Waren den bestellten entsprechen. Beschreiben Sie, wie bezüglich der Regale bei der Überprüfung der genannten Aspekte vorgegangen werden kann!

Aspekt	Mögliche Vorgehensweise bei der Überprüfung
Art (Identität)	Vergleichen der Regale mit den Begleitpapieren und/oder
	Bestellunterlagen
Beschaffenheit (Zustand)	
Menge (Quantität)	
Güte (Qualität)	

2.7 Bei der Überprüfung der Verpackungsbeschriftungen stellen Sie nach der Abfahrt des Frachtführers fest, dass sich in zwei Kartons fälschlicherweise Regale mit einer zu geringen Höhe befinden. Nennen Sie zwei wesentliche Schritte, um den Reklamationsvorgang einzuleiten.

2.8 Begründen Sie, welche gesetzlichen Regelungen für die Lagerung der reklamierten Regale in diesem Fall gelten?

2.9 Erläutern Sie, welche gesetzlichen Möglichkeiten bei der Lagerung von beanstandeten verderblichen Waren bestehen.

2.10 Beim Zusammenbau der gelieferten Regale stellt sich heraus, dass die vorgesehenen Steckverbindungen nicht passen. Begründen Sie, um was für einen Mangel es sich in Bezug auf die Erkennbarkeit handelt.

2.11 Erläutern Sie, welche Rügefrist sich bei diesem Mangel in Bezug auf die Ausgangssituation ergibt.

2.12 Wie wäre die gesetzliche Regelung, wenn es sich um einen einseitigen Handelskauf handelt?

2.13 Im Rahmen der Gewährleistungsrechte werden bei der mangelhaften Lieferung vorrangige und nachrangige Rechte unterschieden. Nennen Sie zwei nachrangige Rechte.

3. Aufgabe

Situation:
Sie nehmen als Mitarbeiter/-in der Warenannahme der Frantz GmbH eine Lieferung der Nürnberger Werkzeuggesellschaft mbH mit unterschiedlichen Mehrwegtransportverpackungen (MTV) an. Darunter befinden sich unter anderem drei Eurogitterboxpaletten, deren Unversehrtheit Sie überprüfen.

3.1 Nennen Sie zwei typische Beschädigungen an diesen Gitterboxen.

____

____

____

3.2 Beschreiben Sie, welche rechtlichen Haftungsunterschiede es zwischen Transport- und Sachschäden gibt.

____

____

____

____

3.3 Notieren Sie zu den nachfolgend aufgeführten Transportverpackungen, wie Sie diese als Mitarbeiter der Frantz GmbH bei der Anlieferung durch die Nürnberger Werkzeuggesellschaft mbH sinnvoll verwerten.

Transportverpackung	Verwertung
Eurogitterboxpalette	
MTV-Container	
Einwegpalette	
Karton	
Europalette	
Kiste aus Holz	
Mehrweg-Spezialverpackung des Lieferanten	

3.4 Nennen Sie drei Vorteile von Mehrweg-Transportverpackungen.

____

____

____

____

① Güter annehmen und kontrollieren

4. Aufgabe

Situation:
Sie nehmen als Mitarbeiter/-in der Warenannahme der Frantz GmbH eine Lieferung mit drei Eurogitterboxpaletten an. In den Boxen befinden sich Ersatzteile für Regalsysteme. Der Fahrer der Spedition übergibt Ihnen den Frachtbrief (Auszug siehe unten), den Sie unverzüglich überprüfen.

Nr.						
1	Absender			**Frachtbrief Nr.** 19680825		
2	Nürnberger Werkzeuggesellschaft mbH Wachsmannring 102 - 104			**für den gewerblichen Güterfernverkehr**		
3	90475 Nürnberg					
4	Empfänger					
5	Frantz GmbH Akazienstraße 16					
6	42651 Solingen					
7						
8	Anzahl und Art der Verpackung			Bezeichnung der Sendung		
9	4 Eurogitterboxpaletten			Regalsystem-Ersatzteile		
10				Stückzahl	1.500	
11						
12						
13						
14						

Radierungen und Streichungen sind mit Unterschrift zu bestätigen.

4.1 Welche Eintragungen nehmen Sie auf dem Frachtbrief vor, damit der Frantz GmbH keine finanziellen Schäden entstehen?

4.2 Neben offenen Mehrwegsystemen werden weitere Mehrwegsysteme nach der Zugänglichkeit unterschieden. Nennen Sie zwei!

4.3 Ergänzen Sie die folgende Grafik zur Verdeutlichung des Pfandystems. Ergänzen Sie zu den jeweiligen Ziffern in der unten dargestellten Tabelle sinnvoll die Begriffe „Pfand", „Leergut" oder „Vollgut".

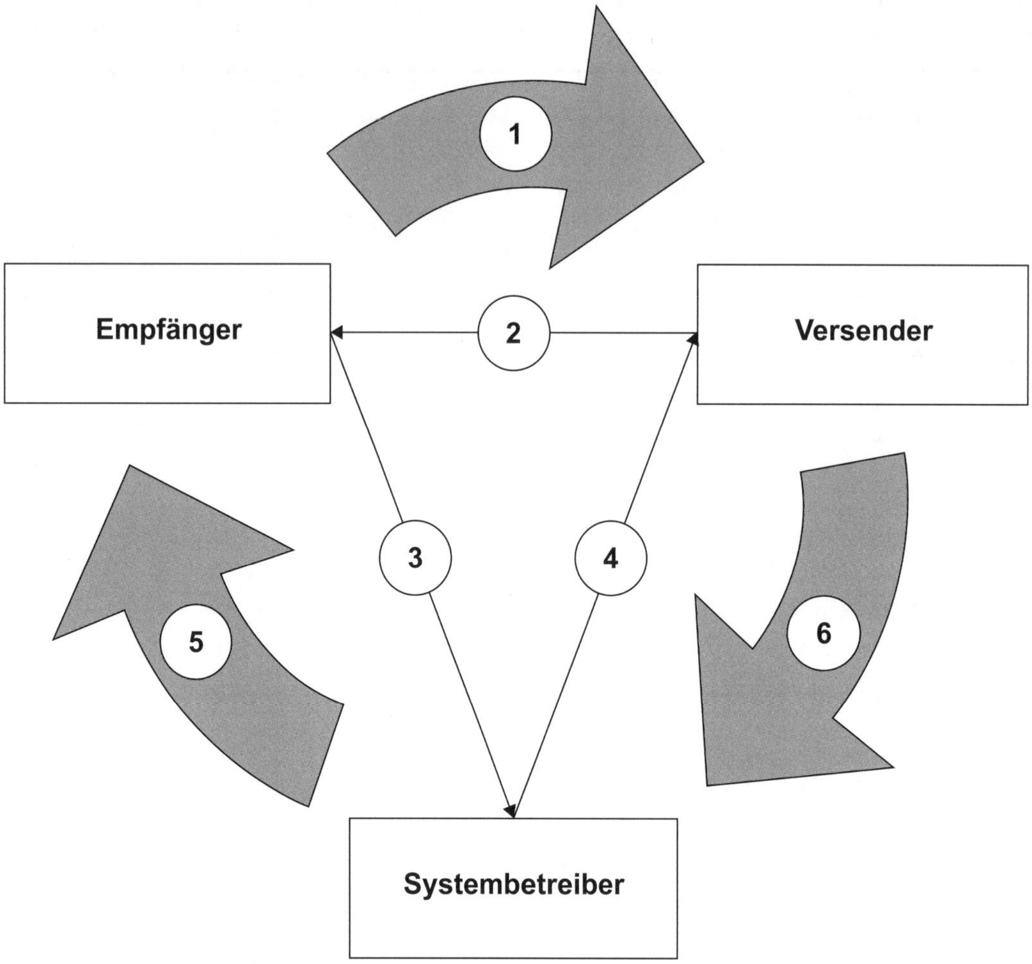

Nummer	Pfand, Leergut oder Vollgut?
1	
2	
3	
4	
5	
6	

5. Aufgabe

Situation:
Als Mitarbeiter/-in der Frantz GmbH beachten Sie sicherheitsrelevante Vorgaben zur Bewahrung vor Gefahren. Dazu gehören unter anderem Vorschriften der Berufsgenossenschaften.

5.1 Nennen Sie drei Pflichten, die sich für die Frantz GmbH als Ihren Arbeitgeber aus den Unfallverhütungsvorschriften ergeben.

5.2 Nennen Sie drei Pflichten, die sich für die Mitarbeiter der Frantz GmbH aus diesen Vorschriften ergeben.

5.3 Ergänzen Sie die Tabelle zu den Sicherheits- und Gesundheitsschutzkennzeichnungen.

Kennzeichnungsart	Form	Hintergrundfarbe	Symbolfarbe
Verbotszeichen	Rund		
		Gelb	
Gebotszeichen			
	Viereckig	Grün	
Brandschutzzeichen			

5.4 Nennen Sie drei mögliche Anforderungen, die an Schutzausrüstungen und deren Anwendung gestellt werden.

5.5 Benennen Sie die Bedeutung der dargestellten Zeichen und beschreiben Sie, vor welcher Gefährdung diese schützen sollen.

Zeichen	Bedeutung	Gefährdung
	Handschutz benutzen	Gefährdung der Hände durch Schnitte, Säuren,
		Quetschungen usw.

5.6 In der Warenannahme der Frantz GmbH sind die ersten drei Zeichen durch Aushang an allen Eingangstüren für alle sichtbar befestigt. Begründen Sie, welche dieser Schutzkleidungen Sie auf jeden Fall tragen müssen.

6. Aufgabe

Situation:
Zur Überprüfung des Lernerfolgs der jährlichen Sicherheitsunterweisungen erhalten Sie als Mitarbeiter der Frantz GmbH einen Fragebogen zu wichtigen Sicherheitszeichen.

6.1 Notieren Sie in der zweiten Spalte, ob es sich um ein Verbots-, Warn-, Gebots-, Rettungs- oder Brandschutzzeichen handelt. Ergänzen Sie in der dritten Spalte die Bedeutung des Zeichens.

Zeichen	Art des Zeichens	Bedeutung des Zeichens

① Güter annehmen und kontrollieren

Zeichen	Art des Zeichens	Bedeutung des Zeichens

7. Aufgabe

Situation:
Bei der Warenannahme einer großen Lieferung der Nürnberger Werkzeuggesellschaft mbH lesen Sie die an der Ware befestigten Codes ein. Bis auf eine Ausnahme handelt es sich um GTIN-Barcodes. Eine Palette ist mit der RFID-Technologie markiert.

7.1 Erläutern Sie, welche Funktion ein Barcode hat.

____

____

____

____

____

7.2 Bezeichnen Sie die Elemente des abgedruckten GTIN.

40 | 12345 | 98765 | 2

① ② ③ ④

Ziffer	Bezeichnung/Information
1	
2	
3	
4	

7.3 Nennen Sie je zwei Vor- und Nachteile der RFID-Technologie.

2 Vorteile	2 Nachteile

8. Aufgabe

Situation:
Ihnen liegen als Mitarbeiter der Frantz GmbH die folgenden Notizen Ihres Kollegen aus der Beschaffungsabteilung zu einer Bestellung bei der Nürnberger Werkzeuggesellschaft mbH über 20 Fachbodenregale mit den Maßen 180 cm x 100 cm x 40 cm vor.

Datum	Vorgang
16. April 20xx	Anfrage bei der Nürnberger Werkzeuggesellschaft mbH über 20 Fachbodenregale
20. April 20xx	Angebot der Nürnberger Werkzeuggesellschaft mbH über 20 Fachbodenregale
21. April 20xx	Bestellung bei der Nürnberger Werkzeuggesellschaft mbH mit dem Zusatz „Lieferung am 29. April fix"
22. April 20xx	Auszug aus Auftragsbestätigung siehe unten
14. Mai 20xx	1. Mahnung der Frantz GmbH
24. Mai 20xx	2. Mahnung der Frantz GmbH mit der Nachfristsetzung „4. Juni 20xx"
10. Juni 20xx	3. Mahnung der Frantz GmbH

Empfänger

Frantz GmbH
Akazienstraße 16
42651 Solingen

Absender

Nürnberger Werkzeuggesellschaft mbH
Wachsmannring 102 - 104
90475 Nürnberg

FAX

Auftragsbest.-Nr..: 14996 22.04.20xx

Sehr geehrte Damen und Herren,

hiermit bestätigen wir Ihnen die Lieferung der aufgeführten Positionen zum 29.04.20xx fix gemäß Ihrer Bestellung vom 21.04.20xx.

Pos.	Menge	Artikelbezeichnung
01	20	Fachbodenregal „Profi", lichtgrau, verzinkt 1,80 m x 1,00 m x 0,40 m

8.1 Notieren Sie den Tag, ab dem sich die Nürnberger Werkzeuggesellschaft mbH im Lieferungsverzug befindet (Nicht-Rechtzeitig-Lieferung).

8.2 Nennen Sie zwei Voraussetzungen für das Vorliegen eines Lieferungsverzuges.

8.3 Begründen Sie das von Ihnen notierte Datum unter Berücksichtigung Ihrer Lösungen in Aufgabe 8.2.

8.4 Nennen Sie zwei mögliche Rechte der Frantz GmbH bei einer Nicht-Rechtzeitig-Lieferung.

8.5 Begründen Sie, welches Recht die Frantz GmbH aufgrund der langjährigen Geschäftsbeziehung mit der Nürnberger Werkzeuggesellschaft mbH geltend machen sollte.

9. Sie entdecken als Mitarbeiter der Frantz GmbH bei der Warenannahme einer Lieferung der Nürnberger Werkzeuggesellschaft mbH einen durch den Transport verursachten Schaden. Warum zeigen Sie diesen sofort beim Frachtführer an?

a) Transportschäden sind immer offene Mängel und daher sofort anzuzeigen.
b) Transportschäden sind sofort anzuzeigen, da diese vom Frachtführer gegengezeichnet und anschließend durch die Berufsgenossenschaft reguliert werden.
c) Transportschäden sind sofort anzuzeigen, damit der Frantz GmbH keine Verluste entstehen, die dem Frachtführer im Nachhinein ansonsten möglicherweise nicht mehr nachgewiesen werden können.
d) Es handelt sich um eine Formalität, da für Transportschäden grundsätzlich der Empfänger haftet.
e) Transportschäden sind in der Regel versteckte Mängel. Daher kann der Mangel noch bis zu zwei Jahre nach der Lieferung von der Frantz GmbH geltend gemacht werden.

Lösungsbuchstabe ____________________ ☐

10. Sie erfassen nach der Warenannahme die beiliegenden Lieferscheine mithilfe eines Laserscanners. Durch welche Vorgehensweise erfolgt die Datenerfassung in diesem Fall?

a) Die Daten werden mit dem Scanner über einen Barcode am Lieferschein erfasst.
b) Die Daten werden automatisch per Funk bei der Einlagerung der Ware erfasst.
c) Die Daten werden grundsätzlich erst bei der Zuordnung der Lagerzone erfasst.
d) Die Daten werden durch Funkerkennung ausgelesen und gespeichert.
e) Die Daten werden mithilfe eines Lesestiftes erfasst.

Lösungsbuchstabe ____________________ ☐

11. Als Mitarbeiter der Frantz GmbH stellen Sie bei der Warenannahme einer Lieferung von Regalteilen durch die Nürnberger Werkzeuggesellschaft mbH auffällige Kratzer und Beulen fest. Wie reagieren Sie unter Berücksichtigung des § 377 (HGB)?

a) Die Frantz GbmH muss diesen versteckten Mangel innerhalb von einem Jahr anzeigen.
b) Die Frantz GbmH muss diesen versteckten Mangel innerhalb von zwei Jahren anzeigen.
c) Die Frantz GbmH muss diesen offenen Mangel innerhalb von zwei Jahren anzeigen.
d) Die Nürnberger Werkzeuggesellschaft mbH muss in diesem Fall bis zum Ende des Jahres, in dem der Mangel festgestellt wurde, benachrichtigt werden.
e) Die Nürnberger Werkzeuggesellschaft mbH muss bei einem offenen Mangel unverzüglich benachrichtigt werden.

Lösungsbuchstabe ____________________ ☐

§ 377 (HGB)

(1) Ist der Kauf für beide Teile ein Handelsgeschäft, so hat der Käufer die Ware unverzüglich nach der Ablieferung durch den Verkäufer, soweit dies nach ordnungsmäßigem Geschäftsgang tunlich ist, zu untersuchen und, wenn sich ein Mangel zeigt, dem Verkäufer unverzüglich Anzeige zu machen.

(2) Unterlässt der Käufer die Anzeige, so gilt die Ware als genehmigt, es sei denn, dass es sich um einen Mangel handelt, der bei der Untersuchung nicht erkennbar war.

(3) Zeigt sich später ein solcher Mangel, so muss die Anzeige unverzüglich nach der Entdeckung gemacht werden; anderenfalls gilt die Ware auch in Ansehung dieses Mangels als genehmigt.

(4) Zur Erhaltung der Rechte des Käufers genügt die rechtzeitige Absendung der Anzeige.

(5) Hat der Verkäufer den Mangel arglistig verschwiegen, so kann er sich auf diese Vorschriften nicht berufen.

12. Gegen die von Ihnen festgestellten Mängel (Beulen und Kratzer) an einer Lieferung von Regalteilen durch die Nürnberger Werkzeuggesellschaft mbH, möchte die Frantz GmbH rechtlich korrekt vorgehen. Welche vorrangigen Rechte kann die Frantz GmbH grundsätzlich wahrnehmen?

a) Die Frantz GmbH tritt vom Vertrag zurück.
b) Die Frantz GmbH tritt vom Vertrag zurück und macht zusätzlich Schadenersatz geltend.
c) Die Frantz GmbH wählt zwischen einer Nachbesserung und einer Ersatzlieferung.
d) Die Frantz GmbH mindert den Kaufpreis.
e) Die Frantz GmbH wählt zwischen einer Reparatur und einem Preisnachlass.

Lösungsbuchstabe ______ ☐

13. Sie stellen Mängel (Beulen und Kratzer) an einer Lieferung von Regalteilen durch die Nürnberger Werkzeuggesellschaft mbH fest. Welche Aussage zur Mangelart ist in diesem Fall richtig?

a) Es handelt sich um einen Mangel in der Art.
b) Es handelt sich um einen Mangel in der Güte.
c) Es handelt sich um einen Quantitätsmangel.
d) Es handelt sich um einen Mangel in der Beschaffenheit.
e) Es handelt sich um keinen Mangel, da Beulen und Kratzer an Regalen für die Verwendung keine Einschränkung bedeuten.

Lösungsbuchstabe ______ ☐

14. Ordnen Sie die folgenden Beispiele den entsprechenden Mängelarten zu, indem Sie im entsprechenden Lösungsfeld

eine (1) für einen „Mangel in der Art“,
eine (2) für einen „Mangel in der Menge“,
eine (3) für einen „Mangel in der Güte“,
eine (4) für einen „Mangel in der Beschaffenheit“ oder
eine (5) für „keinen Mangel“ notieren.

a) Der Frantz GmbH werden Regale aus minderwertigem Stahl geliefert.
b) Die Frantz GmbH erhält statt der bestellten 80 Fachbodenregale nur 65 Fachbodenregale.
c) Die Frantz GmbH erhält statt der bestellten Fachbodenregale mit einer Höhe von 200 cm Fachbodenregale mit der Höhe von 240 cm.
d) Die Frantz GmbH erhält Fachbodenregale, die stark verzogen sind.
e) Die Frantz GmbH erhält Fachbodenregale, deren Ecken Kratzer aufweisen.

Lösungsziffern ______ a) ☐ b) ☐ c) ☐ d) ☐ e) ☐

15. Sie nehmen als Mitarbeiter der Frantz GmbH eine Warenlieferung an. Bringen Sie die aufgeführten Arbeitsschritte der Warenannahme in die richtige Reihenfolge.

a) Prüfung der Anzahl der Packstücke
b) Entladung der Ware
c) Überprüfung der Empfängeradresse
d) Quittierung der Warenannahme
e) Information der Einkaufsabteilung über festgestellte Transportschäden
f) Dokumentation von festgestellten Transportschäden
g) Überprüfung der Unversehrtheit der Packstücke

Lösungsreihenfolge ______ ☐ ☐ ☐ ☐ ☐

16. Welche der folgenden Prüfungen nehmen Sie als Mitarbeiter der Frantz GmbH in Anwesenheit des Frachtführers vor?

a) Prüfung der in den Kartons befindlichen Waren auf offene Mängel
b) Prüfung der in den Kartons befindlichen Waren auf versteckte Mängel
c) Prüfung der Mehrwegverpackungen auf offene Mängel
d) Prüfung der gelieferten Waren auf Funktionstüchtigkeit
e) Prüfung der gelieferten Packstücke auf Übereinstimmung mit den Versandpapieren

Lösungsbuchstaben ______________________

17. Sie stellen bei der Warenannahme von Fachbodenregalen fest, dass statt der bestellten 80 Stück nur 65 Fachbodenregale geliefert wurden. Wie reagieren sich richtig auf Ihre Feststellung?

a) Die vorliegende Bestellung wird auf die gelieferte Menge abgeändert. Die Bestellung wird vom Frachtführer gegengezeichnet.
b) Die gelieferten Fachbodenregale werden bis zum Eintreffen der fehlenden Stückzahlen an einem sicheren Ort zwischengelagert.
c) Die fehlerhafte Lieferung wird nicht angenommen.
d) Die Fehlmenge wird auf dem Lieferschein vermerkt und vom Frachtführer gegengezeichnet.
e) Die Fehlmenge wird auf dem Lieferschein vermerkt und unverzüglich eingelagert.

Lösungsbuchstabe ______________________

18. Sie haben bei der Warenannahme von Fachbodenregalen festgestellt, dass statt der bestellten 80 Stück nur 65 Fachbodenregale geliefert wurden. Vier Wochen nach der Anlieferung reklamiert die Frantz GmbH die fehlenden Regale bei der Nürnberger Werkzeuggesellschaft mbH. Diese weisen die Reklamation mit der Begründung zurück, dass die fehlenden Regale nicht fristgerecht reklamiert wurden. Welche Aussage ist aus juristischer Sicht korrekt?

a) Die Frantz GmbH hat 65 Regale angenommen. Daher hat sie die fehlende Menge anerkannt und die Nürnberger Werkzeuggesellschaft mbH ist im Recht.
b) Die Frantz GmbH hat nicht unverzüglich gerügt, daher ist die Nürnberger Werkzeuggesellschaft mbH im Recht.
c) Es handelt sich um einen versteckten Mangel. Die Frantz GmbH hat somit ab der Warenlieferung zwei Jahre Zeit, den Mangel zu rügen.
d) Es handelt sich um einen einseitigen Handelskauf. Die Nürnberger Werkzeuggesellschaft mbH muss die fehlenden Regale nachliefern.
e) Es handelt sich um einen zweiseitigen Handelskauf. Die Nürnberger Werkzeuggesellschaft mbH muss die fehlenden Regale nachliefern.

Lösungsbuchstabe ______________________

19. Sie erhalten fünf Minuten vor Feierabend eine Lieferung der Nürnberger Werkzeuggesellschaft mbH über 65 Fachbodenregale. Der Abgleich der Bestellung mit dem Lieferschein ergibt, dass die Regale nicht wie gewünscht „verzinkt" geliefert wurden. Um welche Mangelart handelt es sich?

a) Es handelt sich um einen Mangel in der Art.
b) Es handelt sich um einen Mangel in der Güte.
c) Es handelt sich um einen Quantitätsmangel.
d) Es handelt sich um einen Mangel in der Beschaffenheit.
e) Es handelt sich um keinen Mangel, da Beulen und Kratzer an Regalen für die Verwendung keine Einschränkung bedeuten.

Lösungsbuchstabe ______________________

20. Welches vorrangige Recht kann die Frantz GmbH geltend machen, wenn Fachbodenregale nicht wie gewünscht in der Variante „verzinkt" geliefert wurden?

a) Die Frantz GmbH kann eine unverzügliche Minderung des Kaufpreises verlangen.
b) Die Frantz GmbH kann Nacherfüllung oder Nachbesserung verlangen.
c) Die Frantz GmbH kann Schadenersatz verlangen.
d) Die Frantz GmbH kann ohne Rücksprache mit dem Lieferanten den Einkaufspreis senken.
e) Die Frantz GmbH kann sofort vom Kaufvertrag zurücktreten.

Lösungsbuchstabe ______ ☐

21. Die Nürnberger Werkzeuggesellschaft mbH liefert zum wiederholten Male kurz vor den Feierabendzeiten Waren auf Europaletten bei der Frantz GmbH an. Wie reagieren Sie als Mitarbeiter der Warenannahme?

a) Sie bitten den Fahrer, die Waren am nächsten Tag anzuliefern.
b) Sie verweigern, mit der Bitte um Verständnis, die Warenannahme mit dem Hinweis auf die Arbeitszeiten in der Warenannahme.
c) Sie machen Feierabend, lassen den Fahrer die Waren aber selbstständig entladen.
d) Sie überprüfen die korrekte Lieferanschrift, entladen zügig die Waren und machen Feierabend.
e) Sie überprüfen alle Lieferpapiere, überprüfen die Unversehrtheit der Packstücke und Mehrwegverpackungen, tauschen diese und quittieren die Warenannahme.

Lösungsbuchstabe ______ ☐

22. Die Frantz GmbH baut einige Fachboden-Regalsysteme aufgrund von Umbaumaßnahmen erst sieben Monate nach der Lieferung durch die Nürnberger Werkzeuggesellschaft mbH auf. Nach weiteren zwei Monaten wird festgestellt, dass die Regale durch ursprünglich nicht sichtbare Mängel trotz Verzinkung anfangen zu rosten. Welche Aussage zur Rügefrist trifft zu?

a) Wenn die Frantz GmbH den Mangel unverzüglich anzeigt, hält sie die Rügefrist ein, da es sich um einen versteckten Mangel handelt.
b) Es handelt sich um einen zweiseitigen Handelskauf, daher ist die Rügefrist abgelaufen.
c) Es handelt sich um einen versteckten Mangel, dieser muss innerhalb von sechs Monaten gerügt werden.
d) Es handelt sich um einen offenen Mangel, dieser kann bei unverzüglicher Rüge innerhalb von zwei Jahren bei der Nürnberger Werkzeuggesellschaft mbH angezeigt werden.
e) Die Nürnberger Werkzeuggesellschaft mbH haftet nur, wenn der Mangel bei der Warenannahme durch den Frachtführer bestätigt wird.

Lösungsbuchstabe ______ ☐

23. Die Frantz GmbH hat bei der Nürnberger Werkzeuggesellschaft mbH am 25. August Kragarmregale bestellt, die am 21. September immer noch nicht eingetroffen sind. Welches der aufgeführten Rechte kann die Frantz GmbH geltend machen?

a) Die Frantz GmbH kann vom Vertrag zurücktreten.
b) Die Frantz GmbH kann die Ware bei einem anderen Lieferanten zu günstigeren Konditionen bestellen.
c) Die Frantz GmbH kann kein Recht in Anspruch nehmen, da sie die Nürnberger Werkzeuggesellschaft erst in Verzug setzen muss.
d) Die Frantz GmbH kann bei einem anderen Lieferanten bestellen. Sollte dieser die Kragarmregale zu einem höheren Preis anbieten, so ist dieser Aufschlag von der Nürnberger Werkzeuggesellschaft mbH zu tragen.
e) Die Frantz GmbH kann auf die Lieferung verzichten und von der Nürnberger Werkzeuggesellschaft mbH zusätzlich Schadenersatz fordern.

Lösungsbuchstabe ______ ☐

24. Welche der folgenden Beschreibungen einer „angemessenen Nachfrist“ ist korrekt?

a) Eine Nachfrist ist angemessen, wenn es dem Lieferanten möglich ist, die Ware zu liefern, ohne sie vorher anfertigen oder beschaffen zu lassen.
b) Eine Nachfrist ist angemessen, wenn sie vom Lieferanten nach seinen Kapazitäten bestimmt werden kann.
c) Eine Nachfrist ist angemessen, wenn der Lieferant die Ware von seinem Zulieferer anliefern und unverzüglich weiterversenden kann.
d) Eine Nachfrist ist angemessen, wenn die Ware innerhalb von maximal zwei Wochen angefertigt oder beschafft werden kann.
e) Die Angemessenheit einer Nachfrist wird vom Kunden nach seinem Bedarf bestimmt.

Lösungsbuchstabe ____________________ ☐

25. Welche der folgenden Aussagen zu einem Lieferungsverzug ist richtig?

a) Ein Lieferungsverzug tritt ein, wenn höhere Gewalt ohne Verschulden des Lieferanten vorliegt.
b) Ein Lieferungsverzug tritt ein, wenn eine Lieferung trotz Mahnung und angemessener Nachfrist fällig ist.
c) Ein Lieferungsverzug tritt ein, wenn bei einem einseitigen Handelskauf eine zu kurze Nachfrist gesetzt wurde.
d) Ein Lieferungsverzug kann ausschließlich bei einem zweiseitigen Handelskauf vorliegen.
e) Bei einem Lieferungsverzug liegt immer ein Verschulden des Verkäufers vor.

Lösungsbuchstabe ____________________ ☐

26. Sie nehmen in der Warenannahme der Frantz GmbH eine Lieferung der Nürnberger Werkzeuggesellschaft mbH an. Die Waren sind mit einem GTIN codiert. Welche Informationen können Sie dem Strichcode entnehmen?

a) Der GTIN enthält die Zollnummer, die Betriebsnummer, die Artikelnummer und eine Prüfziffer.
b) Der GTIN enthält die Zollnummer, die Länderkennzeichnung, die Artikelnummer und eine Prüfziffer.
c) Der GTIN enthält die Länderkennzeichnung, die Betriebsnummer, die Artikelnummer und eine Prüfziffer.
d) Der GTIN enthält die Länderkennzeichnung, das Haltbarkeitsdatum, die Artikelnummer und eine Prüfziffer.
e) Der GTIN enthält die Länderkennzeichnung, den empfohlenen Verkaufspreis, die Artikelnummer und die gesetzliche Mehrwertsteuer.

Lösungsbuchstabe ____________________ ☐

27. Als Mitarbeiter der Warenannahme der Frantz GmbH erhalten sie Verpackungen mit unterschiedlichen Codierungen. Neben den in der Konsumgüterwirtschaft verbreiteten GTIN-Codierungen sind im Logistikbereich andere Codierungen verbreitet. So nehmen Sie heute eine Lieferung mit 25 Packstücken an, die mit einer 2/5 interleaved-Codierung versehen sind. Welchen Vorteil hat diese Codierung gegenüber dem GTIN-Code?

a) Diese Codiertechnik ist wiederverwendbar und daher umweltschonend.
b) Diese Codiertechnik ist durch ihre kleinere Größe auf allen Packstücken leichter zu platzieren.
c) Diese Codes sind nicht nur lesbar, sondern für Ergänzungen auch nachträglich änderbar oder beschriftbar.
d) Die 2/5 interleaved-Codierung ist in der Herstellung kostengünstiger.
e) Diese Codiertechnik ist aufgrund ihrer Größe bei Verschmutzungen besser lesbar.

Lösungsbuchstabe ____________________ ☐

28. Die Frantz GmbH setzt zunehmend RFID-Systeme ein. Welche der folgenden Aussagen zu diesen Systemen trifft nicht zu?

a) RFID-Systeme ermöglichen einen berührungslosen Datenaustausch.
b) Durch den Einsatz von RFID-Systemen ist die gleichzeitige Identifikation mehrerer Objekte möglich.
c) RFID-Systeme sind gegenüber Kratzern und Verschmutzungen relativ unempfindlich.
d) Das Recycling von RFID-Systemen ist durch die verwendeten Materialien und den Zusammenbau der Systeme problemlos möglich.
e) Die Transponder der RFID-Systeme sind wiederverwendbar.

Lösungsbuchstabe ______

29. Ordnen Sie den beispielhaften Ablauf eines Sendungseinganges mithilfe der RFID-Technologie, indem Sie die Schritte mit den Buchstaben a) bis g) in die richtige Reihenfolge bringen. Beginnen Sie mit dem Buchstaben „b)" (Sendungseingang mittels RFID-Technologie).

a) Erfassen der eingehenden Pakete mittels eines RFID-Handscanners
b) Sendungseingang mittels RFID-Technologie
c) Identifizierung der Pakete durch einen RFID-Tunnelscanner
d) Aufruf der Bestellung am Hauptrechner
e) Datenübertragung zum Hauptrechner
f) EDV-Abgleich zwischen Soll- und Ist-Paketen
g) Einlagerung am Lagerplatz

Lösungsbuchstabe ______

30. In der Warenannahme der Frantz GmbH werden zur Sicherheit der Mitarbeiter die Vorgaben der Unfallverhütungsvorschriften beachtet. Welches der folgenden Schilder weist darauf hin, dass keine Packstücke auf Fahr- und Gehwegen abgestellt werden dürfen?

a)

b)

c)

d)

e)

Lösungsbuchstabe ______

31. Welche Aussage zu Formen und Farben von Sicherheitszeichen trifft zu?

a) Warnzeichen haben einen gelben Hintergrund und sind rund.
b) Warnzeichen haben einen weißen Hintergrund und ein schwarzes Symbol.
c) Warnzeichen sind dreieckig, haben eine rote Umrandung und ein schwarzes Symbol.
d) Verbotszeichen haben einen weißen Hintergrund und ein schwarzes Symbol.
e) Verbotszeichen haben einen weißen Hintergrund und eine blaue Umrandung.

Lösungsbuchstabe ______

32. Die Vorgaben der Unfallverhütungsvorschriften dienen unter anderem zum Schutz der Mitarbeiter. Wer hat in der Frantz GmbH auf die Einhaltung der rechtlichen Vorschriften zu achten?

a) Der Geschäftsführer der Frantz GmbH
b) Die Gesellschafter der Frantz GmbH
c) Die Abteilungsleiter der Frantz GmbH für ihre jeweilige Abteilung
d) Das für die Frantz GmbH zuständige Finanzamt
e) Der Unternehmer und alle Mitarbeiter der Frantz GmbH

Lösungsbuchstabe ______

33. In der Warenannahme der Frantz GmbH kam es in der Vergangenheit zu einem Unfall eines Auszubildenden durch ein defektes Stromkabel. Wie reagieren Sie zuerst, wenn Sie einen Mitarbeiter (offensichtlich bewusstlos) mit einem elektrischen Gerät in der Hand auffinden.

a) Der Abteilungsleiter wird unverzüglich informiert.
b) Der Puls des Mitarbeiters wird zuerst gefühlt und der Mitarbeiter anschließend in die stabile Seitenlage gebracht.
c) Es erfolgt zuerst eine Unfallmeldung als Notruf.
d) Die Stromzufuhr des elektrischen Gerätes wird unterbrochen.
e) Der Mitarbeiter wird aus der Gefahrenzone gezogen.

Lösungsbuchstabe ____________________ ☐

34. Welches der folgenden Sicherheitszeichen wählt die Frantz GmbH sinnvollerweise zur Verhütung von Bränden in der Warenannahme aus?

a) b) c) d) e)

Lösungsbuchstabe ____________________ ☐

35. Durch wen werden die in der Warenannahme der Frantz GmbH geltenden rechtlichen Vorschriften zur Arbeitssicherheit erlassen?

a) Die Abteilungsleiter erlassen die rechtlichen Vorschriften.
b) Die Geschäftsführung erlässt die rechtlichen Vorschriften.
c) Die Berufsgenossenschaft erlässt die rechtlichen Vorschriften.
d) Die IHK erlässt die rechtlichen Vorschriften.
e) Der Betriebsrat erlässt die rechtlichen Vorschriften.

Lösungsbuchstabe ____________________ ☐

36. Ihnen liegen einige Vorgänge in der Warenannahme der Frantz GmbH zur Überprüfung vor. In welchem Fall befindet sich die Frantz GmbH im Annahmeverzug?

a) Die Frantz GmbH hat eine Bestellung bei der Nürnberger Werkzeuggesellschaft mbH rechtzeitig widerrufen. Die Ware wird trotzdem zugestellt und von der Frantz GmbH nicht angenommen.
b) Die Frantz GmbH nimmt eine Lieferung an die Horn und Lucas AG nicht an.
c) Die Frantz GmbH nimmt eine für den 25. August fix bestellte Ware am 10. September nicht an.
d) Die Frantz GmbH nimmt eine Lieferung der Nürnberger Werkzeuggesellschaft mbH mit 15 Einschubregalen nicht mehr an, da sie diese bei einem neuen Anbieter günstiger beziehen kann.
e) Die Frantz GmbH nimmt eine Lieferung nicht an, da diese erst zehn Minuten vor Feierabend eintrifft.

Lösungsbuchstabe ____________________ ☐

37. Welches der folgenden Rechte steht dem Verkäufer beim Annahmeverzug zu?

a) Öffentliche Versteigerung der Ware
b) Verlangen der Lieferung
c) Reparatur der Ware
d) Neulieferung der Ware
e) Einfordern von Verzugszinsen

Lösungsbuchstabe ____________________ ☐

② Güter lagern

1. Aufgabe

Situation:
Die neuen Auszubildenden zur Fachkraft für Lagerlogistik haben Ihre Ausbildung bei der Frantz GmbH begonnen. Sie sollen die Azubis in den ersten Tagen betreuen und Ihnen u. a. die Aufgaben der Lagerhaltung bei der Frantz GmbH erläutern.

1.1 Beschreiben Sie mithilfe der Tabelle die Aufgaben der Lagerhaltung bzw. benennen Sie die Beschreibung sinnvoll!

Aufgabe der Lagerhaltung	Beschreibung
Sicherungsaufgabe	
	Herstellungs- und Verwendungszeitpunkt fallen auseinander.
	Einkauf vor erwarteter Preissteigerung
Umformungsaufgabe	
	Einige Güter erhalten erst durch die Lagerung ihre volle Qualität.

1.2 Geben Sie an, welche Aufgabe der Lagerhaltung in den folgenden Fällen erfüllt wird!

Beispiel	Aufgabe
Nach der Herstellung im Winter wird die Bademode bis zum Verkauf im Frühjahr gelagert.	
Ein Lkw liefert Kartoffeln lose an. Der Lagerhalter verpackt diese in 25-kg-Säcke.	
Frisch geschlagenes Feuerholz wird bis zum Verkauf abgelagert.	
Vor einem Feiertag wird das Lager im Supermarkt aufgefüllt.	
Ein Lagerhalter kauft Heizöl im Sommer ein, verkauft es im Winter.	
Ich tanke meinen Wagen noch einmal voll, denn morgen soll der Kraftstoff teurer werden.	
Das im Sommer produzierte Streusalz wird bis zur erwarteten Nachfrage im Winter im Lager gestapelt.	
Schinken wird in Scheiben geschnitten und in 100-g-Plastikpackungen verpackt.	

2. Aufgabe

Situation:
Sie sind bei der Frantz GmbH im Wareneingang eingesetzt und sollen die eingegangenen Güter bestmöglich einlagern. Nennen Sie Kriterien, die bei der Einlagerung von Artikeln im Lager von Bedeutung sind!

____

____

____

3. Aufgabe

Situation:
Sie lagern bei der Frantz GmbH für einen Fahrradproduzenten Roh-, Hilfs- und Betriebsstoffe ein. Beschreiben Sie die drei Begriffe und nennen Sie beispielhaft Güter, die Sie für den Fahrradproduzenten einlagern!

	Beschreibung	**Bsp. Fahrrad**
Rohstoff		
Hilfsstoff		
Betriebsstoff		

4. Aufgabe

Situation:
Bei der Frantz GmbH lagern Sie unterschiedliche Güterarten in unterschiedlichen Lagern ein. Vervollständigen Sie sinnvoll die Tabelle mit folgenden Lagerarten: *Betriebsstofflager, Büromateriallager, Handlager, Kommissionslager, Packmittellager, Pufferlager, Rohstofflager, Verkaufslager*

Lagerbeschreibungen	**Lagerarten**
Müssen Güter mehrere Produktionsstufen durchlaufen und eine Zwischenlagerung ist erforderlich, werden diese Lager eingerichtet.	
Lager für Güter, die nicht direkt Bestandteil des Endproduktes sind. Sie halten aber den Produktionsprozess in Gang.	
Dem Kunden werden vom Lieferanten Güter auf eigene Kosten zur Verfügung gestellt. Die Güter lagern beim Kunden, bleiben aber Eigentum des Lieferanten.	
In diesem Lager werden Kartonagen, Holzkisten, Collicos, Füllstoffe usw. aufbewahrt.	
Güter für die Verwaltung wie Schreibmaterialien, Papier, Toner/Patronen, Umschläge usw. werden hier gelagert.	
Dies ist ein kleines Lager in direkter Nähe zum Arbeitsplatz, in dem häufig benötigtes Kleinmaterial gelagert wird.	
Vorwiegend im Einzelhandel ist dieses Lager der Verkaufsraum, in dem die Güter den Kunden angeboten werden.	
Es werden Güter gelagert, die als Hauptbestandteil in das Endprodukt eingehen.	

5. Aufgabe

Situation:
Die Frantz GmbH hat Sortimentsveränderungen vorgenommen. Durch gute Verkäufe in den letzten Jahren werden die Lagerkapazitäten beinahe ausgeschöpft. Die Geschäftsführung hat nun vor, die Güter nicht mehr ausschließlich selbst zu lagern.

5.1 Wie bezeichnet man die Möglichkeit nicht mehr alles selbst zu lagern?

5.2 Erläutern Sie mögliche Vorteile dieser Lagerart!

6. Aufgabe

Situation:
Da die Frantz GmbH verschiedene Güter lagert, müssen unterschiedliche Anforderungen an die Bauweise eines Lagers gestellt werden. Sie sollen für ein Azubi-Meeting unterschiedliche Lagerbauweisen beschreiben, Güter nennen, die in solchen Lagern sinnvoll eingelagert werden können, und auf mögliche Vorteile eingehen!

7. Aufgabe

Situation:
Die Lagerleitung der Frantz GmbH will aufgrund von Problemen bei der Ein- und Auslagerung die Lagerorganisation umgestalten. Es wird überlegt, von der Boden- zur Block- bzw. Reihenlagerung zu wechseln.

7.1 Für welche Güter eignet sich die Bodenlagerung besonders?

7.2 Erläutern Sie mögliche Vorteile der Bodenlagerung!

7.3 Beschreiben Sie mögliche Nachteile der Bodenlagerung!

7.4 Formulieren Sie mögliche Vorteile der Reihenlagerung!

7.5 Veranschaulichen Sie mögliche Nachteile der Reihenlagerung!

8. Aufgabe

Situation:
Die Lagerkapazität der Frantz GmbH ist erreicht. Um die Lagerkapazitäten zu erhöhen, plant die Lagerleitung, die Stapelhöhe der einzulagernden Güter zu erhöhen.

8.1 Durch die Erhöhung der Stapelhöhe steigt die mechanische Beanspruchung. Wie kann sich die mechanische Beanspruchung auswirken?

8.2 Was ist bei der Stapelung von Lagergütern zu beachten?

9. Aufgabe

Situation:
Die Azubis der Frantz GmbH haben eine interne Schulung über Sicherheitsvorschriften der zuständigen Berufsgenossenschaften. Heutiges Thema: DGUV Regel 108-007 Sicherheitsvorschriften für Lagern und Stapeln. Sie überlegen, was die Frantz GmbH zu beachten hat.

9.1 Erklären Sie Regelungen, die bei der Lagerung von Gütern zu beachten sind!

9.2 Nennen Sie Vorschriften für das Stapeln von Gütern!

10. Aufgabe

Situation:
Da es bei der Frantz GmbH einen Lagerengpass gibt, will die Lagerleitung eine neue Lagerhalle anmieten. Ihnen liegen einige Angebote vor und der Lagerleiter gibt Ihnen den Auftrag, die Größen der Lagerhallen zu vergleichen.

10.1 Der Lagerleiter gibt Ihnen diesen Grundriss. Berechnen Sie die Grundfläche der Lagerhalle!

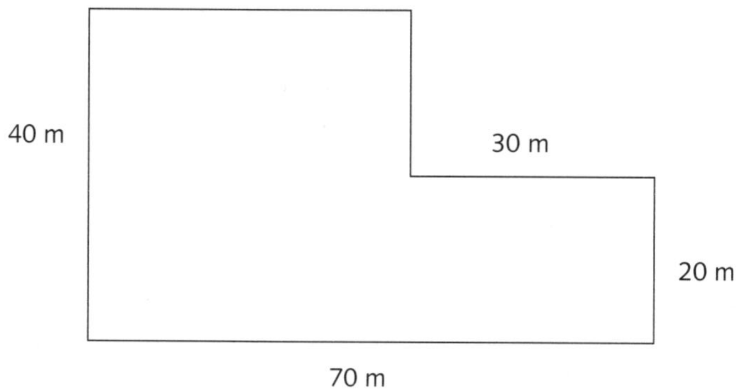

10.2 Eine andere Lagerhalle, die für die Frantz GmbH in Frage kommen würde, hat die Innenmaße 70 m x 40 m. Die Verkehrswege nehmen 8 % der Gesamtfläche in Anspruch. Berechnen Sie die tatsächliche Nutzfläche!

11. Aufgabe

Situation:
Sie sind im Wareneingang der Frantz GmbH eingesetzt. Eine Lieferung, die Sie einlagern sollen, besteht aus 60 Europaletten und 40 Einwegpaletten mit den Maßen 1.200 mm x 1.200 mm x 145 mm. Auf jeder Europalette sind 16 Kartons mit einem Gewicht von 25 kg je Karton verstaut. Jede Einwegpalette fasst 20 Kartons à 25 kg.

11.1 Welche Fläche in m^2 wird benötigt, wenn die Paletten nicht stapelbar in Bodenlagerung zu lagern sind?

11.2 Errechnen Sie das Gewicht der gesamten Lieferung! Eine Europalette hat durchschnittlich ein Gewicht von 22 kg, eine Einwegpalette wiegt durchschnittlich 26 kg.

11.3 Die Lagerkapazitäten sind bei der Frantz GmbH fast erschöpft. Es wird überlegt, ob ein eigenes, größeres Lager gebaut oder im Fremdlager eingelagert werden soll. Definieren Sie in diesem Zusammenhang den Begriff Outsourcing!

11.4 Ein Lagerhalter würde uns bei Einlagerung einer Palette 4,00 € berechnen. Bei Eigenlagerung fallen Fixkosten in Höhe von 800,00 € an. Die variablen Kosten betragen 2,00 € pro Palette. Berechnen Sie die anfallenden Kosten bei Eigen- bzw. Fremdlagerung und tragen Sie die Ergebnisse in die Tabelle ein!

	Eigenlagerung			Fremdlagerung
Paletten	Fixkosten	Variable Kosten	Gesamtkosten	Kosten
200				
400				
600				

11.5 Ermitteln Sie zeichnerisch, mithilfe der abgebildeten Skizze, bei welcher Stückzahl die Kosten bei Fremdlagerung und Eigenlagerung gleich sind! Beschriften Sie Ihre Eintragungen und markieren Sie die Lagermenge, ab der sich ein Eigenlager wirtschaftlich lohnen würde (kritische Lagermenge)!

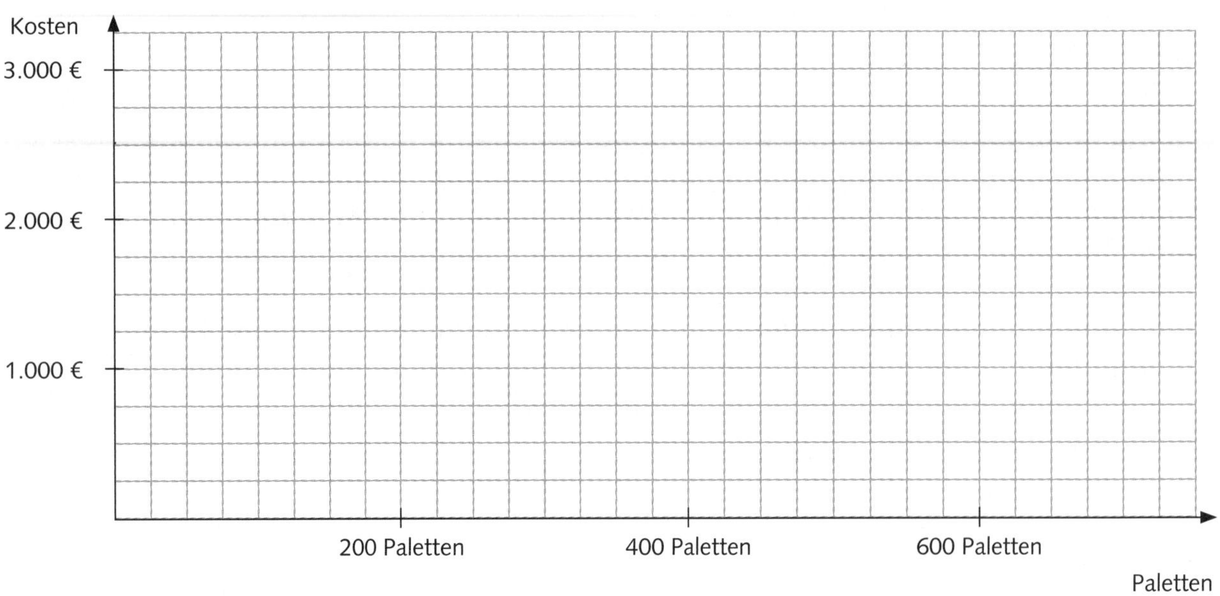

11.6 Berechnen Sie die kritische Lagermenge mathematisch!

11.7 Die Frantz GmbH wird im Fremdlager einlagern. Bei der Übergabe des Lagergutes erhält die Frantz GmbH einen Lagerschein vom gewerblichen Lagerhalter. Führen Sie an, welche Angaben ein Lagerschein enthalten sollte!

11.8 Beschreiben Sie die Pflichten des Lagerhalters bei Fremdlagerung!

11.9 Erläutern Sie die Rechte des Lagerhalters bei Fremdlagerung!

11.10 Nennen Sie Vor- und Nachteile der Fremdlagerung für die Frantz GmbH!

11.11 Unterscheiden Sie die drei Lagerscheinarten!

12. Aufgabe

Situation:
Die Frantz GmbH betreibt ein Palettenlager als Blocklager. Nach Optimierung der Lagerfläche stehen ohne Verkehrswege 23 m x 16 m zur Verfügung. Der Lagerleiter gibt Ihnen den Auftrag, die Lagerausnutzung zu berechnen.

12.1 Welche Abmessungen hat eine Europalette?

12.2 Wie viele Paletten bekommen Sie bei optimaler Lagerausnutzung unter?

12.3 Wie viele Paletten bekommen Sie bei optimaler Lagerausnutzung mehr unter?

13. Aufgabe

Situation:
Da die Frantz GmbH hauptsächlich mit Paletten beliefert wird, werden die Lagerflächen mit Palettenregalen bestückt. Erläutern Sie mögliche Vorteile von Palettenregalen!

14. Aufgabe

Situation:
Sie sind im Wareneingang der Frantz GmbH eingesetzt. Sie sollen eine Lieferung vor der Einlagerung in Gitterboxen (Länge 1.200 mm x Breite 1.000 mm x Höhe 1.200,00 mm, maximales Ladegewicht 200 kg) sortenrein umpacken. Die umzupackenden Kartons können gestapelt werden. Die Gitterboxen werden bei der Einlagerung übereinander gestapelt. Wie viele Gitterboxen benötigen Sie für die Einlagerung im Regalsystem?

Pos.	Bezeichnung	Kartons	Packungsgröße in mm (L x B x H)	Gewicht/Packung
1	Scheinwerfer	50	480 x 360 x 200	4 kg
2	Bremsbeläge (Satz)	120	250 x 200 x 100	1,5 kg
3	Ölfilter	500	150 x 150 x 150	0,4 kg
4	Kopfstützen	15	500 x 440 x 300	3 kg

15. Aufgabe

Situation:
Sie sind bei der Frantz GmbH im Hochregallager (HRL) eingesetzt, in dem u.a. auch Paletten und Gitterboxen eingelagert werden. Vor der Einlagerung müssen die Gitterboxen den sogenannten Identifikationspunkt (I-Punkt) durchlaufen.

15.1 Warum ist die Kontrolle durch den I-Punkt notwendig?

15.2 Was wird vor der Einlagerung überprüft?

15.3 Die Einlagerung im HRL wird durch ein Regalbediengerät (RBG) durchgeführt. Eine Gitterbox wird innerhalb von 60 Sekunden eingelagert. Die tägliche Arbeitszeit pro Schicht beträgt 7,5 Stunden. Wie viele Gitterboxen können täglich pro Schicht eingelagert werden?

15.4 Das RBG wird meist im „Doppelspiel" betrieben. Erläutern Sie die Funktionsweise des „Doppelspieles"!

15.5 Welche Vorteile bietet ein Hochregallager?

16. Aufgabe

Situation:
Im Archiv der Frantz GmbH lagern die betrieblichen Dokumente in einem Fachbodenregal. Die Kapazitätsgrenze ist erreicht und es wird überlegt, wie in Zukunft die Dokumente gelagert werden sollen. Die Dokumente werden in Archivschachteln mit den Maßen Breite 12 cm, Tiefe 27 cm, Höhe 32,5 cm abgelegt. Pro Jahr müssen 360 Ordner mit Geschäftsbriefen aufrecht stehend für sechs Jahre archiviert werden. Das Fachbodenregal ist 5 m lang und in voller Länge nutzbar. Ein Fachboden ist 40 cm tief. Im Regal befinden sich 8 Fachböden. Sie haben den Auftrag, die Flächenausnutzung zu berechnen!

16.1 Wie viel Meter Regalfläche sind für die Archivschachteln während der Aufbewahrungspflicht anzunehmen?

16.2 Wie viele Fachbodenregale werden für die Archivschachteln in den sechs Jahren benötigt?

16.3 Welche Stellfläche in m^2 wird für die Fachbodenregale benötigt?

16.4 Gänge nehmen zusätzlich 60 % der Stellfläche der Fachbodenregale ein. Berechnen Sie die gesamte Lagerfläche, die zur Archivierung notwendig ist!

16.5 Um die Lagerfläche optimal ausnutzen zu können, soll künftig das Fachboden- durch ein Verschieberegal ersetzt werden. Da nur ein Gang zur Nutzung erforderlich ist, sinkt der Platzbedarf auf 16,8 m^2. Berechnen Sie die Platzersparnis durch die Nutzung des Verschieberegals!

16.6 Welche Sicherheitsvorkehrungen sind bei der Lagerung in Verschieberegalen vorgeschrieben?

17. Aufgabe

Situation:
Die Lagerleitung der Frantz GmbH legt besonderen Wert auf eine ordnungsgemäße Lagerhaltung. Dabei müssen unterschiedliche Kriterien eingehalten werden, die Sie während der Mittagspause in der Kantine mit den anderen Azubis besprechen.

17.1 Eine Grundvoraussetzung ist die Sauberkeit im Lager. Worauf sollte von der Lagerleitung besonders geachtet werden?

17.2 Welche Vorteile ergeben sich durch ein sauberes Lager?

17.3 Beschreiben Sie, was unter einem geräumigen Lager zu verstehen ist!

17.4 Wie kann in einem Lager Übersichtlichkeit hergestellt werden?

17.5 Material- bzw. Artikelnummern zur Erhöhung der Übersichtlichkeit beziehen sich häufig auf die GTIN (= Global Trade Item Number).

17.5.1 Beschreiben Sie die Bedeutung der 13 Ziffern der GTIN!

17.5.2 Um die fehlerhafte Eingabe von Artikelnummern weitgehend auszuschließen, werden Prüfziffern eingesetzt. Ermitteln Sie die Prüfziffer der angegebenen GTIN-13 mithilfe des Modulo-10-Verfahrens!

	Grundzahl	4	2	5	0	1	1	1	7	1	1	3	7	?
①		1	3											
②														
③														
④														
⑤														
⑥	Artikelnummer inkl. Prüfziffer													

17.6 Ferner unterstützen Lagerfachkarten bzw. edv-gestützte Lagerverwaltungsprogramme die Übersichtlichkeit im Lager.

17.6.1 Welche Eintragungen werden u. a. in Lagerfachkarten vorgenommen?

17.6.2 In den meisten Betrieben sind die Lagerfachkarten durch Lagerverwaltungsprogramme ersetzt worden. Welche Möglichkeiten bietet so ein Lagerverwaltungsprogramm?

17.7 Zur ordnungsgemäßen Lagerung zählt auch die sachgerechte Lagerung der Güter. Tragen Sie Güter ein, die besonderen Schutz benötigen!

Schutz vor	Beispiel
Sonne/Licht	
Feuchtigkeit	
Schädlinge	
Wärme	

18. Aufgabe

Situation:
Bei der Vergabe der Lagerplätze richtet sich die Frantz GmbH nach Art der einzulagernden Güter sowie nach Sicherheitsgesichtspunkten. Nennen Sie mögliche Punkte, an denen sich die Lagerplatzvergabe orientieren sollte!

Güterspezifisch:

Sicherheitsspezifisch:

19. Aufgabe

Situation:
Nachdem die Güter im Wareneingang der Frantz GmbH überprüft worden sind, sollen Sie die Lagergüter je nach Eigenschaft nach unterschiedlichen Grundsätzen im Lager einlagern.

19.1 Beschreiben Sie den FiFo-Ansatz und nennen Sie beispielhaft sinnvolle FiFo-Güter!

19.2 Beschreiben Sie den LiFo-Ansatz und nennen Sie beispielhaft sinnvolle LiFo-Güter!

19.3 Berechnen Sie die durchschnittlichen Anschaffungskosten pro Stück nach dem FiFo- bzw. LiFo-Ansatz!

	Menge	Anschaffungs-kosten je Stück	FiFo	LiFo
01.10. AB	600	12,00 €		
21.11. Zugang	600	13,20 €		
10.12. Zugang	500	13,00 €		
31.12. EB	800			

20. Aufgabe

Situation:
Die Frantz GmbH lagert zur Zeit nach dem System der starren Einlagerung (Festplatzsystem) ein. Durch gute Verkäufe und dadurch bedingte höhere Lagermengen wird die Geschäftsführung dazu gezwungen, das Lagersystem zu überdenken und evtl. Veränderungen vorzunehmen.

20.1 Erläutern Sie die starre Einlagerung und nennen Sie Vor- und Nachteile!

20.2 Durch welches Einlagerungssystem könnte die Lagerfläche unter Umständen effektiver genutzt werden?

20.3 Welche Vor- und Nachteile hat dieses System?

21. Aufgabe

Situation:
Wie in jedem Lager müssen auch die Mitarbeiter der Frantz GmbH auf Gefahren im Arbeitsbereich hingewiesen werden. Ihre Aufgabe ist es, die Bedeutung der Warnzeichen zu ermitteln!

22. Aufgabe

Situation:
Um die Lagergüter besser schützen zu können, möchte die Frantz GmbH den Brandschutz erhöhen. Sie sollen mit den anderen Auszubildenden an der Brandschutzordnung mitarbeiten und es werden Ihnen einige Aufgaben übertragen.

22.1 Durch welche Verhaltensweisen können Brände vermieden werden?

22.2 Welche Brandbekämpfungsmaßnahmen sind im Lager einsetzbar?

23. Aufgabe

Situation:
Nach der Inventur wurde bei der Frantz GmbH festgestellt, dass zunehmend Lagergüter fehlen. Die Lagerleitung ist der Meinung, dass ein Großteil der Fehlmengen gestohlen wurde. Überlegen Sie, wie die Anzahl der Diebstähle reduziert werden kann!

24. Die Lagerhaltung übernimmt verschiedene Aufgaben. Ordnen Sie die betrieblichen Situationen den entsprechenden Aufgaben zu!

Betriebliche Situation

a) Ein Kartoffelhändler sackt Kartoffeln in 10-kg-Säcke ab.
b) Ein Unternehmen kauft vor dem Winter Heizöl ein, da mit Preissteigerungen zu rechnen ist.
c) Käse wird im Lager zur vollständigen Reife gelagert.
d) Ein Lagerhaus lagert im Herbst geerntete Äpfel bis zum Weiterverkauf an den Einzelhandel.
e) Ein Industriebetrieb hat einen Mindestbestand, um bei Lieferengpässen weiter produzieren zu können.

Aufgabe der Lagerhaltung

1) Spekulationsaufgabe
2) Überbrückungsaufgabe
3) Umformungsaufgabe
4) Veredelungsaufgabe
5) Sicherungsaufgabe

Lösungsbuchstaben ______ 1) ☐ 2) ☐ 3) ☐ 4) ☐ 5) ☐

25. Wie erklären Sie einem neuen Mitarbeiter die Veredelungsaufgabe im Lager?

a) Halbfertigteile werden bis zu ihrer Weiterverarbeitung zwischengelagert.
b) Halbfertigteile werden zu Fertigprodukten weiterverarbeitet.
c) Veredelung findet statt, wenn bestimmte Güter, z. B. Wein, erst durch Lagerung ihre angestrebte Qualität bzw. Reife erhalten.
d) Güter werden im Lager über einen längeren Zeitraum gelagert, um einen höheren Preis zu erzielen.
e) Veredelung liegt vor, wenn im Lager Teile verbaut werden.

Lösungsbuchstabe ______ ☐

26. Ein Lieferant kann die Frantz GmbH aus organisatorischen Gründen nicht Just-in-time beliefern. Die Produktion bestellt bei Ihnen im Ersatzteillager nun die dringend benötigten Güter, um die Produktionsprozesse nicht abreißen zu lassen. Welche Funktion erfüllt ihr Lager in diesem Fall?

a) Die Sicherungsfunktion
b) Die Umformungsfunktion
c) Die Veredelungsfunktion
d) Die Spekulationsfunktion
e) Die Preisausgleichsfunktion

Lösungsbuchstabe ______ ☐

27. Eine Palette ist mit 800 Teilen bestückt. Sie sollen von der Palette jeweils 20 Teile entnehmen und in Schachteln verpacken. Welche Aufgabe erfüllen Sie dabei im Rahmen der Lagerhaltung?

a) Sicherungsaufgabe
b) Umformungsaufgabe
c) Überbrückungsaufgabe
d) Veredelungsaufgabe
e) Spekulationsaufgabe

Lösungsbuchstabe ______ ☐

28. Das Lager der Frantz GmbH ist an der Kapazitätsgrenze. Deshalb sollen verschiedene Teile im Freilager gelagert werden. Welche Kräfte wirken horizontal bei der Lagerung im Freien?

a) Sonneneinstrahlung
b) Regen
c) Temperaturschwankungen
d) Wind
e) Feuchter Untergrund

Lösungsbuchstabe ______ ☐

29. Die Frantz GmbH lagert Brennholz für 3 Jahre kostengünstig ein. Das Holz muss hauptsächlich vor Niederschlägen geschützt werden, eine Lufttrocknung ist anzustreben. Welches Lager wählen Sie?

a) Geschlossenes Lager
b) Geschlossenes Lager mit Heizung
c) Offenes Lager
d) Klimatisiertes Lager
e) Halb offenes Lager

Lösungsbuchstabe ______ ☐

30. Die Frantz GmbH lagert Textilien mit folgender Lieferbedingung „Vor Licht und Wärme schützen". Wie sollten die Textilien gelagert werden?

a) Die Textilien lagern in einer hellen, nicht klimatisierten Halle.
b) Die Textilien lagern im offenen Lager, umspannt mit einer weißen Folie.
c) Die Textilien lagern im halb offenen Lager, in dem die Temperatur überwacht werden kann.
d) Die Textilien werden ohne besondere Maßnahmen in einer Lagerhalle gelagert.
e) Die Textilien lagern in einer Lagerhalle, umspannt mit einer schwarzer Folie.

Lösungsbuchstabe ______ ☐

31. Ordnen Sie die entsprechende Aussage dem angegebenen Einlagerungskriterium für das Lagergut zu!

Aussage	**Einlagerungskriterium**
a) Gleiche Waren lagern zusammen.	1) LiFo-Methode
b) Zuletzt eingelagerte Ware wird zuerst wieder ausgelagert.	2) Art des Lagergutes
c) Hochpreisige Waren lagern an diebstahlsicheren Stellen.	3) Umschlagshäufigkeit
d) Hinter den alten Gütern werden die neuen eingelagert.	4) FiFo-Methode
e) Häufig verlangte Artikel lagern in Nähe des Warenausgangs.	5) Wert des Lagergutes

Lösungsbuchstaben ______ 1) ☐ 2) ☐ 3) ☐ 4) ☐ 5) ☐

32. 12 Wasserrohre sollen in einem Lagerfach nebeneinander gelagert werden. Wie breit muss das Lagerfach in cm mindestens sein, wenn die Rohre jeweils einen Außendurchmesser von ¾ Zoll haben (1 Zoll = 25,4 mm)!

33. 4 Kartons einer Warensendung haben folgende Gewichte:

Karton 1: 0,02 t
Karton 2: 3,725 kg
Karton 3: 2 ½ kg
Karton 4: 3 775 g
Ermitteln Sie das Gesamtgewicht der Kartons in kg!

34. Es sollen unnötige Wege- und Wartezeiten im Lager der Frantz GmbH vermieden werden. Welche Maßnahme können Sie bei vertretbaren Kosten treffen?

a) Alle Artikel mit geringem Lagerumschlag (Penner) werden aus dem Warensortiment eliminiert.
b) Das Warensortiment wird auf die Güter beschränkt, die den höchsten Umsatz bringen.
c) Das Warensortiment wird in einem neuen Hochregallager eingelagert.
d) Das Warensortiment wird auf mehrere Lager verteilt.
e) Das Warensortiment wird auf Renner und Penner untersucht. Entsprechend erfolgt die Zuordnung der Lagerorte.

Lösungsbuchstabe ______________________ ☐

35. Der Frantz GmbH stehen zur Einlagerung von Gütern unterschiedliche Regalarten zur Verfügung. Welche zwei Kriterien sind für die Einlagerung eines Gutes in einem Fachbodenregal relevant, wenn die Auswahl der Regalart von der einzulagernden Güterart abhängt?

a) Das Gewicht
b) Der Verkaufspreis
c) Der Lieferant
d) Der Meldebestand
e) Der Markenname
f) Das Volumen

Lösungsbuchstaben ______________________ ☐ ☐

36. Von Seiten des Außendienstes bekommt der verantwortliche Lagerleiter verstärkt Reklamationen über ausgelieferte Etikettenaufkleber, bei denen das Mindesthaltbarkeitsdatum (MHD) überschritten ist. Welche Maßnahme wäre förderlich, um die Aufkleber mit dem ältesten MHD zuerst zu kommissionieren?

a) Er veranlasst, dass seine Mitarbeiter das HiFo-Prinzip anwenden.
b) Er lagert die Etiketten in Durchlaufregalen.
c) Er lässt alle abgelaufenen Etiketten prüfen und mit einem neuen MHD auszeichnen.
d) Er verlangt, dass seine Mitarbeiter zukünftig die Etiketten nach dem LiFo-Verfahren kommissionieren.
e) Er lagert die Etiketten in einem Paternosterregal mit Festplatzlagerung ein.

Lösungsbuchstabe ______________________ ☐

37. Ermitteln Sie die richtige Reihenfolge beim Einrichten bzw. Betreiben eines Lagers!

a) Lagerorte werden aufgesucht und Lagergüter werden eingelagert.
b) Lieferungen für einzulagernde Güter werden entgegengenommen.
c) Regale werden aufgebaut und Lagerplätze werden eingerichtet.
d) Lager- und Artikelstammdaten werden in den Rechner eingeben.
e) Die durchgeführte Gütereinlagerung wird im EDV-System erfasst.
f) Erfasste Einlagerungsbelege werden in Ordnern abgelegt.

Lösungsbuchstabe ______________________ ☐ ☐ ☐ ☐ ☐ ☐

38. Der Nutzungsgrad des Palettenlagers soll verbessert werden. Vor allem sollen die Wege zu den Lagergütern optimiert werden. Wie sollten die Lagergüter eingelagert werden?

a) Einlagerung nach dem durchschnittlichen Lagerbestand
b) Einlagerung in nur einer Regalgasse
c) Einlagerung auf dem nächsten freien Platz
d) Einlagerung nach der Umschlagshäufigkeit
e) Einlagerung nach dem Volumen

Lösungsbuchstabe ______________________ ☐

39. **Eine Lieferung von 160 Europaletten soll in einem Doppel-Palettenregal mit Mehrplatzsystem und Quertraversen eingelagert werden. Folgende Daten liegen Ihnen vor: Ganglänge 10 m, Regaltiefe 0,80 m, Gangbreite: 1,40 m. Ermitteln Sie den Platzbedarf in m² (Regal- und Gangfläche) bei zwei Regalgängen!**

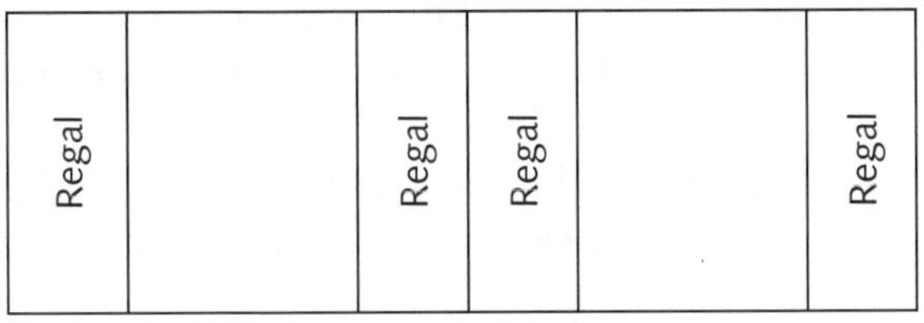

40. **Sie lagern bei der Frantz GmbH verschiedene Schüttgüter nach dem FiFo-Prinzip. Welche Lagerart ist für Schüttgüter sinnvoll?**

a) Hochregallager
b) Kragarmregal
c) Palettenregal
d) Verschieberegal
e) Paternosterregal
f) Silolager

Lösungsbuchstabe ______________________ ☐

41. **Es sollen Wasserpumpen für einen Automobilhersteller eingelagert werden. Eine Wasserpumpe wiegt 12 kg, die Verpackung pro Wasserpumpe 500 g. Für die Lagerung ist ein Fachbodenregal mit 5 Feldern und 4 Fachböden je Feld vorgesehen. Die Fachlast beträgt 50 kg. Wie viele Wasserpumpen dürfen im Fachbodenregal gelagert werden?**

42. **Im Warenausgang werden die kommissionierten Paletten in der Reihenfolge der Auftragsbearbeitung auf einen freien Lagerplatz gestellt. Wie wirkt sich dieses System auf die Auslastung des Warenausgangslagers aus?**

a) Sie sinkt, da die Kundenaufträge nach dem Auftragseingang abgestellt werden.
b) Sie sinkt, da für jeden Kunden ein Lagerplatz bereitgehalten werden muss.
c) Das System hat keinen Einfluss auf die Auslastung der Lagerplätze.
d) Sie sinkt, da die Lagerplätze nur kundengebunden vergeben werden können.
e) Sie erhöht sich, da die bereitstehenden Lagerplätze frei belegt werden können.

Lösungsbuchstabe ______________________ ☐

43. **Im Dachdeckerbedarf gehören Dachlatten 40 mm x 60 mm zu den Rennern (Schnelldrehern). In welchem Lagerbereich werden sie sinnvollerweise gelagert?**

a) Auf einem freien Lagerplatz
b) Nach Maßen sortiert im hinteren Teil des Lagers
c) Neben dem Büro
d) Am Warenausgang
e) Am Wareneingang

Lösungsbuchstabe ______________________ ☐

44. Ihnen werden 10 Bündel Dachlatten 30 mm x 50 mm geliefert. Ihr EDV-System schlägt Ihnen einen freien Lagerplatz in einem Regal mit Dachlatten 40 mm x 60 mm vor. Dachlatten werden nach den Lagergrundsätzen Ihres Betriebes nach Maßen eingelagert. Wie verhalten Sie sich bei der Einlagerung?

a) Die Dachlatten lassen Sie von Ihrem Kollegen einlagern, der sich mit dem EDV-System besser auskennt.
b) Die Dachlatten lagern Sie an einem freien Lagerplatz in einem Regal und geben den Lagerort in das EDV-System ein.
c) Die Lagergrundsätze werden vernachlässigt und Sie übernehmen den Vorschlag des EDV-Systems.
d) Die Dachlatten werden auf der Sperrfläche zwischengelagert und Sie holen Informationen über die Einlagerung vom Lieferanten ein.
e) Die Dachlatten lagern Sie auf einem freien Platz. Auf eine Dokumentation im EDV-System kann verzichtet werden.

Lösungsbuchstabe ______ ☐

45. Im Umlaufregal Ihres Lagerbereichs sind unterschiedlich große Lagerkästen angebracht. Sie bemerken, dass in fast allen Kästen Güter lagern, diese größtenteils aber nur bis zur Hälfte gefüllt sind. Welche Maßnahme schlagen Sie vor, damit Sie eine höhere Auslastung des Umlaufregals erreichen können?

a) Das Umlaufregal wird ausschließlich mit großen Lagerkästen bestückt.
b) Jedes Lagergut hat auf allen Lagerebenen einen Lagerkasten.
c) Das Umlaufregal wird hauptsächlich mit kleineren Lagerkästen bestückt.
d) Jedem Lagergut wird ein bestimmter Kasten zugeordnet.
e) Einem Lagergut werden pro Umlaufstrecke zwei Kästen zugeordnet.

Lösungsbuchstabe ______ ☐

46. In einem Lagerbereich werden verderbliche Güter eingelagert. Es sollen Güter mit einem Mindesthaltbarkeitsdatum (MHD) 10. April d. J. eingelagert werden. Im Lagerbereich befinden sich gleiche Güter mit dem MHD 10. März d. J. bzw. 10. Februar d. J. Lagern Sie die Ware ein!

a) Sie lagern die Güter mit dem MHD 10. Februar vor die anderen Güter, damit die zuerst vom Ablauf bedrohten Güter zuerst verkauft werden.
b) Sie lagern die Güter mit dem MHD 10. April zwischen den Gütern mit den MHD 10. Februar und 10. März ein.
c) Sie lagern die Güter mit dem MHD 10. März hinter die anderen Güter, damit die zuerst gekaufte Ware zuletzt verkauft wird.
d) Sie lagern die Güter mit dem MHD 10. April vor alle anderen Güter, damit diese rechtzeitig verkauft werden und nicht verderben.
e) Sie lagern die Güter mit dem ältesten MHD aus und entsorgen diese.

Lösungsbuchstabe ______ ☐

47. Schüttgüter, z. B. Düngemittel, werden in Silos gelagert. Nach welchem Prinzip erfolgt die Auslagerung des Düngers?

a) Der zuerst eingelagerte Dünger wird zuerst ausgelagert.
b) Der zuletzt eingelagerte Dünger wird zuerst ausgelagert.
c) Der am teuersten eingekaufte Dünger wird zuletzt ausgelagert.
d) Der zuerst eingelagerte Dünger wird zuletzt ausgelagert.
e) Der am teuersten eingekaufte Dünger wird zuerst ausgelagert.

Lösungsbuchstabe ______ ☐

48. Sie bieten als Dienstleistung das Mischen von Futtermitteln an. Ein Kunde möchte folgendes Futter bei Ihnen mischen lassen: Gerstenschrot 2 t zu 200,00 € je t, Sojaschrot 450 kg zu 40,00 € je 100 kg, Mineralstoffe 50 kg zu 3,40 € je kg
Berechnen Sie den Preis für 100 kg der Futtermischung!

49. Zur Veredelung muss feucht angeliefertes Getreide getrocknet werden. Die notwendige Energie soll aus nachwachsenden Rohstoffen gewonnen werden. Welchen Energieträger werden Sie nutzen?

a) Erdgas
b) Holzpellets
c) Photovoltaik, Sonne
d) Windenergie
e) Erdwärme

Lösungsbuchstabe ______________________

50. Im Lager sollen 12 Container untergebracht werden. Sie werden ohne Zwischenraum gelagert und haben eine Länge von 20 Fuß, eine Breite und Höhe von jeweils 8 Fuß (1 Fuß = 30,48 cm). Berechnen Sie die Stellfläche in m²! Runden Sie das Ergebnis auf volle m² auf!

51. Im Wareneingang werden 480 Kartons auf Europaletten geliefert. Die Paletten können nicht gestapelt werden. Auf jeder Europalette sind 30 Kartons. Berechnen Sie den notwendigen Stellplatz in m², wenn für die Wareneingangskontrolle zusätzlich 20 % Stellfläche eingerechnet wurde! Runden Sie das Ergebnis auf volle m²!

52. Die Güter in einem Hochregallager werden ausschließlich auf Europaletten bzw. Düsseldorfer Paletten (800 mm x 600 mm) gelagert. Welche Lagerungsart schlagen Sie vor, um den Raum umfassend und kostengünstig auszunutzen?

a) Die Kunden werden lediglich mit Europaletten beliefert.
b) Je eine Düsseldorfer Palette kommt auf eine Europalette.
c) Auf einer Europalette lagern 2 Düsseldorfer Paletten.
d) Für die Düsseldorfer Paletten wird ein neues Hochregallager gebaut.
e) Die Europaletten werden in Bodenlagerung gelagert.

Lösungsbuchstabe ______________________

53. Im Palettenlager der Frantz GmbH können maximal 12.000 Paletten gelagert werden. 30 % der Kapazität sind für Möbel reserviert, 5 % für Dekorationsutensilien, 4.500 Paletten für alles rund um die Küche und der Rest für Teppiche. Berechnen Sie, wie viel Paletten für Möbel und Teppiche vorgesehen sind!

54. Ein Schrank mit Flügeltüren ist standsicher aufgestellt, wenn die Höhe der obersten Ablage über der Standfläche nicht mehr als das Vierfache der Schranktiefe beträgt. Ein Schrank hat folgende Maße: Höhe 2,30 m, Breite 1,80 m, Tiefe 0,50 m. Auf welcher Höhe darf die oberste Ablage maximal angebracht werden?

55. Aus einer Hochregallageranlage (HRL) mit 8 Gassen soll die Güterversorgung gewährleistet werden. Welcher Vorschlag ist geeignet?

a) Es werden grundsätzlich nur C-Güter gelagert.
b) Es werden grundsätzlich keine A-Güter eingelagert.
c) Die Güter werden auf alle Gassen des HRL gleichmäßig verteilt.
d) Als Regale werden Umlaufregale verwendet.
e) Eine bestimmte Reservemenge von jedem Lagergut wird in einem manuell betriebenen Lager bevorratet.

Lösungsbuchstabe ______________________

56. Sie sollen 600 Radios mit einem Gesamtgewicht von 2.040,00 kg in ein Fachbodenregal mit 40 Fächern einlagern. Die Fachlast pro Fach beträgt 35 kg.

a) Wie viel Radios dürfen Sie in diesem Regal maximal lagern?

b) Da die gesamte Lieferung nicht in das Fachbodenregal passt, müssen Sie es erweitern. Wie viele Fachböden müssen Sie nachrüsten?

57. Im Lager für Kleinteile stehen 26 Fachbodenregale. Nach der Reduzierung der Gangbreite kann die Anzahl der Fachbodenregale um 16 % erhöht werden. Wie viele Fachbodenregale können zusätzlich im Lager aufgestellt werden?

58. Sie arbeiten im Wareneingang und sollen verschiedene Güter einlagern. Ordnen Sie zu, welche vier Güter Sie in die angegebenen Regalarten sinnvoll einlagern würden!

Güterart	**Regalart**
a) 400 Mehlsäcke auf Paletten	1) HRL mit Kleinteillager
b) 20 Tonnen loses Getreide	
c) ¾-Zoll Kupferrohre (8 m lang)	2) Palettenregal
d) 2.000 Muttern M5	
e) 2 Lkw-Motoren à 4 Tonnen	3) Kragarmregal
f) 200 Liter Motoröl 10 W 30	
g) 10 Wasserfässer (1.000 Liter)	4) Lager für brennbare Flüssigkeiten

Lösungsbuchstaben ______________________ 1) ☐ 2) ☐ 3) ☐ 4) ☐

59. Eine Ihrer Aufgaben ist es, Lebensmittel mit MHD ein- und auszulagern. Nach welchen Verfahren gehen Sie vor?

a) Nach dem LiFo-Verfahren, da so die Kunden immer die Güter mit dem längsten MHD erhalten.
b) Nach dem LiFo-Verfahren, da so die zuletzt eingekauften Güter im Lager bleiben.
c) Nach dem HiFo-Verfahren, da so die teuersten Güter zuerst ausgelagert werden müssen.
d) Nach dem FiFo-Verfahren, da so die zuerst eingelagerten Güter auch zuerst ausgelagert werden.
e) Nach dem FiFo-Verfahren, da so die zuerst eingelagerten Güter den Endbestand bilden.

Lösungsbuchstabe ______________________ ☐

60. Durch das Ersetzen eines Fachbodenregals durch ein Durchlaufregal vergrößert sich die Lagerfläche um 25 %. Die Lagerfläche beträgt nach dem Umbau 5.000 m². Berechnen Sie die Lagerfläche vor dem Umbau!

61. Sie haben einen Teil Ihres Fuhrparks auf Flüssiggas umgerüstet und benötigen ein Flüssiggaslager. Worauf müssen Sie achten?

a) Zur Brandbekämpfung muss eine Sprinkleranlage im Lager eingebaut sein.
b) Es muss auf genügend Sicherheitsabstand und eine gute Belüftung geachtet werden.
c) Die Raumtemperatur darf 20 °C nicht übersteigen.
d) Eine Werksfeuerwehr muss eingerichtet werden.
e) Da sich Flüssiggas bei Austritt verflüchtigt, muss auf nichts geachtet werden.

Lösungsbuchstabe ______________________ ☐

62. Sie haben den Auftrag die Lagerfläche Ihres Lagers zu optimieren und wollen an den Außenwänden Kragarmregale anbringen. Welche Lagergüter wollen Sie so lagern?

a) PVC-Rohre mit einer Länge von 5 m
b) Auf Paletten gepackte Kartons
c) Schrankwände mit einer Höhe von 2 m
d) 4-Strang-Anschlagketten mit einer Länge von 1,5 m
e) Kunstfaserseile mit einer Länge von 20 m

Lösungsbuchstabe ______________________ ☐

63. Um die Güter sachgerecht lagern zu können, hat die Frantz GmbH unterschiedliche Lager eingerichtet. Ordnen Sie 3 Güter den Lagerarten zu!

Güterart	**Lagerart**
a) 25 t Düngemittel (lose)	1) Silolager
b) 20 Kisten Tomaten	
c) 500 l Speiseeis	2) Gefahrstofflager
d) 30 Bund Rosen	
e) 10.000 kg Kartoffeln	3) Tiefkühllager
f) 250 kg Unkrautvernichter	

Lösungsbuchstaben ______ 1) ☐ 2) ☐ 3) ☐

64. Für den kommenden Winter lagert die Frantz GmbH für die Stadt Nürnberg 200 Tonnen Splitt als Streumittel ein. Entscheiden Sie sich für ein geeignetes, kostengünstiges Lager!

a) Silolager
b) Geschlossenes Lager mit Palettenregalen
c) Freilager
d) Geschlossenes Lager mit Fachbodenregalen
e) Hochregallager

Lösungsbuchstabe ______ ☐

65. Sie lagern eine Lieferung von 20 Paletten mit Elektrokleinteilen im Palettenlager ein. Welche beiden Lagerbelege benötigen Sie zur Einlagerung?

a) Die Lagerfachkarte
b) Den Kommissionierbeleg
c) Den Ladeplan des entladenen Lkws
d) Den Lieferschein
e) Den Wareneinlagerungsauftrag

Lösungsbuchstaben ______ ☐☐

66. Wodurch kann ein Verderben von Lagergütern verhindert werden?

a) Die Lagerhöchstbestände werden angehoben.
b) Güter, deren MHD in nächster Zeit abläuft, werden mit Preisnachlass angeboten.
c) Alle Güter werden in Tiefkühllagern gelagert.
d) Die zuerst eingelagerten Güter werden zuerst ausgelagert.
e) Wir verlängern das MHD auf der Packung.

Lösungsbuchstabe ______ ☐

67. Sie lagern in einer Halle (Länge: 20 m, Breite: 16 m, Höhe 3,70 m) in Bodenlagerung lose Düngemittel. Wie viel Tonnen Düngemittel können Sie in der Halle lagern, wenn 1 m^3 eine Tonne wiegt und die Halle bis 20 cm unter dem Dach befüllt werden kann?

68. Grundsätze für eine ordnungsgemäße Lagerung sind Sauberkeit, Geräumigkeit und Übersichtlichkeit. Ordnen Sie zu, in welchen Fällen gegen die Voraussetzungen verstoßen wird!

Fall	**Grundsatz**
a) Es fehlt eine Kennzeichnung an den Lagerplätzen.	1) Sauberkeit
b) Auf einer Palette ist ein Zementsack aufgerissen und ausgelaufen.	
c) Feldlasten werden überschritten.	2) Geräumigkeit
d) Fahrwege sind durch Paletten fast zugestellt.	
e) Güter mit abgelaufenem MHD werden nicht aussortiert.	3) Übersichtlichkeit

Lösungsbuchstaben ______ 1) ☐ 2) ☐ 3) ☐

69. Die einzulagernden Güter sind mit der GTIN (= Global Trade Item Number) versehen. Welche Informationen können Sie der GTIN entnehmen?

a) Länderkennzeichen, Betriebsnummer des Herstellers, Artikelnummer, Prüfziffer
b) Betriebsnummer des Herstellers, Artikelnummer, Beförderungsart, Prüfziffer
c) MHD, Betriebsnummer des Herstellers, Artikelnummer, Preis
d) Herstellungsland, Artikelnummer, Preis, Umsatzsteuer
e) Länderkennzeichen, Zollnummer, Artikelnummer, Prüfziffer, Einlagerungsart

Lösungsbuchstabe ______ ☐

70. Welchen Vorteil bietet die Verwendung der GTIN zur Kennzeichnung von Gütern?

a) Bei der Inventur müssen Güter mit der GTIN nicht mehr erfasst werden.
b) Es können keine Übertragungsfehler auftreten.
c) Durch die GTIN wird automatisch nach dem LiFo-Prinzip ausgelagert.
d) Durch die GTIN entfällt die Wareneingangskontrolle.
e) Durch die GTIN entfällt die Lagerbestandsführung.

Lösungsbuchstabe ______ ☐

71. Sie haben 4 Packungen mit je 10 kg Nägeln erhalten, die Sie kundengerecht in Kartons vorverpacken sollen. Wie viele Kartons brauchen Sie, wenn pro Karton 250 Nägel gepackt werden sollen und ein Nagel 4 g wiegt?

72. Im Lager der Frantz GmbH wird mit einem edv-gestützten Lagerverwaltungssystem gearbeitet. Welche Informationen sind auf jeden Fall aufzunehmen?

a) Der Verkaufspreis des Lagergutes
b) Die monatliche Lohnhöhe der Lagermitarbeiter
c) Die Ein- und Ausgänge der Lagergüter
d) Die Zahlungsbedingungen der Lieferanten
e) Die Transportkosten

Lösungsbuchstabe ______ ☐

73. Neben dem Lagerverwaltungssystem werden für einige Lagergüter noch Lagerfachkarten geführt. Welche Aussage ist richtig?

a) Sie ist Grundlage für eine Mängelrüge.
b) Auf ihr kann man sehen, ob der Meldebestand erreicht ist.
c) Sie wird benötigt, wenn für eine Lieferung der Lieferschein fehlt.
d) Sie wird für die Stichtagsinventur benötigt.
e) Sie ist notwendig für das Erstellen von Packzetteln.

Lösungsbuchstabe ______ ☐

74. Im Lager der Frantz GmbH wird nach dem Festplatzsystem (starre Einlagerung) eingelagert. Warum entschließt man sich für diese Methode?

a) Durch das Festplatzsystem ist die Einlagerung auf jeden freien Lagerplatz möglich.
b) Durch das Festplatzsystem sinken auf jeden Fall die Lagerkosten.
c) Durch das Festplatzsystem wird die Lagerplatzkapazität optimal genutzt.
d) Durch das Festplatzsystem wird der Mindestbestand nicht angegriffen.
e) Durch das Festplatzsystem können neue Mitarbeiter leicht eingearbeitet werden.

Lösungsbuchstabe ______ ☐

**75. Im Lager sollen die abgebildeten Symbole angebracht werden.
Ordnen Sie jeweils die Erläuterung dem passenden Gebots- bzw. Gefahrstoffzeichen zu!**

a) Hörschutz tragen
b) ätzend
c) Augenschutz tragen
d) Schutzschuhe tragen
e) giftig
f) wasser-/umweltgefährdend
g) gesundheitsgefährdend

76. Der betriebliche Arbeitsschutz wird durch Gewerbeaufsichtsämter und Berufsgenossenschaften unterstützt und kontrolliert. Welche Aufgabe hat der betriebliche Arbeitsschutz?

a) Mögliche Gesundheitsgefahren sollen erkannt und behoben werden.
b) Arbeitsmittel sollen vor Beschädigungen geschützt werden.
c) Berufsgenossenschaftliche Vorschriften (BGV) werden zur Sicherung der Arbeitsplätze erlassen.
d) Durch die Arbeit der Berufsgenossenschaften wird der Arbeitgeberanteil an den Sozialversicherungen und der Unfallversicherung gesenkt
e) Regelmäßige Schulungen und Unterweisungen für die Lagermitarbeiter werden im Abstand von drei Jahren durchgeführt.

Lösungsbuchstabe ______ ☐

77. Wer ist neben dem Arbeitgeber für die Einhaltung der Vorschriften zum Arbeitsschutz verantwortlich?

a) Die Kommune, also der Landkreis oder die Gemeindeverwaltung
b) Die Berufsgenossenschaft
c) Die Krankenkasse
d) Der Betriebsrat
e) Die Bundesanstalt für Arbeit

Lösungsbuchstabe ______ ☐

78. Ab wie viel Mitarbeitern muss ein Betrieb einen Sicherheitsbeauftragten einsetzen?

a) Egal wie viele Mitarbeiter ein Betrieb beschäftigt, in jedem Betrieb ist ein Sicherheitsbeauftragter einzusetzen.
b) Bei mehr als 10 Beschäftigten
c) Bei mehr als 20 Beschäftigten
d) Bei mehr als 50 Beschäftigten
e) Bei mehr als 100 Beschäftigten

Lösungsbuchstabe ______ ☐

**79. Sie sollen im Lager Gebotszeichen zur Vermeidung von Arbeitsunfällen im Betrieb aufstellen.
Wie sind Gebotszeichen farblich gestaltet?**

a) Weißes Symbol, roter Grund
b) Weißes Symbol, grüner Grund
c) Weißes Symbol, blauer Grund
d) Schwarzes Symbol, gelber Grund
e) Schwarzes Symbol, weißer Grund, rote Umrandung

Lösungsbuchstabe ______ ☐

80. Welche Vorschrift müssen Sie beim Einlagern von Gefahrstoffen im Lager beachten?

a) Die berufsgenossenschaftlichen Vorschriften zur Unfallverhütung
b) Die Arbeitsstättenverordnung
c) Die schriftliche Weisung gemäß ADR
d) Die Lagerordnung für Gefahrstofflager
e) Die ADR-Vorschriften

Lösungsbuchstabe ______ ☐

81. Sie sollen aus einem Kanister mit dem abgebildeten Gefahrenkennzeichen eine Flüssigkeit entnehmen. Worauf müssen Sie achten, um die Umwelt nicht zu gefährden?

a) Beim Abfüllen der Flüssigkeit aus dem Kanister verwenden Sie eine Auffangwanne.
b) Sie füllen die Flüssigkeit über einem Waschbecken ab, damit Sie die danebengelaufene Flüssigkeit durch die Wasserleitung wegspülen können.
c) Beim Abfüllen tragen Sie Gummistiefel und Sicherheitshandschuhe.
d) Damit beim Abfüllen nichts danebenläuft, verwenden Sie einen Trichter.
e) Sie legen aufsaugende Papiertücher neben den Kanister, damit Sie auslaufende Flüssigkeit wegwischen können.

Lösungsbuchstabe ______________________ ☐

82. Grenzen Sie die Gefahrenhinweise gemäß Gefahrstoffverordnung von den Gefahrenhinweisen der Gefahrgutverordnung ab!

a) In der Gefahrstoffverordnung wird der Transport von gefährlichen Gütern auf der Schiene geregelt, die Gefahrgutverordnung regelt den Transport auf der Straße.
b) In der Gefahrstoffverordnung wird das Abfüllen, Lagern, Verwenden und Entsorgen von gefährlichen Gütern geregelt, in der Gefahrgutverordnung wird der Transport von gefährlichen Gütern, z. B. auf Straßen und Schienen geregelt.
c) In der Gefahrstoffverordnung wird die Einfuhr von gefährlichen Gütern geregelt, in der Gefahrgutverordnung die Ausfuhr von gefährlichen Gütern.
d) In der Gefahrstoffverordnung wird der Transport von explosiven Stoffen geregelt, in der Gefahrgutverordnungen die Beförderung von toxischen Stoffen.
e) In der Gefahrstoffverordnung wird der Transport von gefährlichen Gütern im Ausland geregelt, in der Gefahrgutverordnung der Transport von gefährlichen Gütern im Inland.

Lösungsbuchstabe ______________________ ☐

83. Auf den von Ihnen einzulagernden Gütern befinden sich folgende Gefahrensymbole. Ordnen Sie den Symbolen die richtigen Bedeutungen zu!

a) leicht entzündlich
b) ätzend
c) brandfördernd
d) explosive Stoffe
e) Toxizität
f) gewässergefährdend

84. Sie wollen sich über wassergefährdende Stoffe informieren. In welcher Rechtsgrundlage finden Sie entsprechende Informationen?

a) In der Arbeitsstättenverordnung
b) Im Kreislaufwirtschaftsgesetz
c) Im Chemikaliengesetz
d) In der Gefahrstoffverordnung
e) Im Wasserhaushaltsgesetz

Lösungsbuchstabe ______________________ ☐

85. Bei der Fertigung in einem Industriebetrieb kann es zu Luftbelastungen kommen. Deshalb muss regelmäßig eine Arbeitsplatzgrenzwert-Analyse durchgeführt werden. Welche Aussage ist zutreffend?

a) Es ist der Grenzwert, ab dem eine Schädigung der Gesundheit der Mitarbeiter eintreten kann.
b) Es ist der Grenzwert, bei dem die Immissionen verdunsten.
c) Es ist der Grenzwert, bei dem die Immissionen verdampfen.
d) Es ist der Grenzwert, bei dem die Immissionen gasförmig werden.
e) Es ist der Grenzwert, bei dem sich die austretenden Gase entzünden können.

Lösungsbuchstaben ______________________________ ☐

86. Zum Schutz der Umwelt wurden eine Reihe von Gesetzen und Verordnungen erlassen. Geben Sie drei Gesetze bzw. Verordnungen an, die ihre Grundlagen im Bereich des Umweltschutzes haben!

a) Verordnung über den Transport von Schwerlasten
b) Bundesimmissionsschutzgesetz
c) Wasserhaushaltsgesetz
d) Werksverkehrsgesetz
e) Gefahrgutverordnung
f) Arbeitsschutzgesetz
g) Jugendarbeitsschutzgesetz

Lösungsbuchstaben ______________________________ ☐ ☐ ☐

87. Verschiedene Gefahrstoffe dürfen unter bestimmten Bedingungen zusammengelagert werden. In welchem Fall ist eine Zusammenlagerung erlaubt?

a) Das Lager ist durch eine Alarmanlage gesichert.
b) Bei den Gefahrgütern ist ein Mindestabstand von 2 Metern einzuhalten.
c) Eine Lüftung und eine Klimaanlage sind eingebaut.
d) Von den Stoffen geht die gleiche Gefahr aus.
e) Im Lager ist eine CO_2-Löschanlage installiert.

Lösungsbuchstabe ______________________________ ☐

88. Bei der Überprüfung des Gefahrstofflagers haben Sie festgestellt, dass bei einigen Kanistern die Kennzeichnungen „leicht entzündlich" und „giftig" fehlen. Welche beiden Symbole bringen Sie an?

a) 

b) 

c) 

d) 

e) 

f) 

Lösungsbuchstaben ______________________________ ☐ ☐

89. Die Geschäftsleitung erteilt Ihnen die Anweisung, in einer Brandschutzschulung über den Gebrauch von Feuerlöschern zu referieren. Welche Angabe ist nicht korrekt?

a) Wenn Flüssigkeiten brennen, sollte die gesamte Brandfläche abgedeckt werden.
b) Die Windrichtung ist zu beachten und von vorne nach hinten zu löschen.
c) Der benutzte Feuerlöscher sollte wieder in die Halterung gehängt werden, auch wenn er noch nicht ganz leer ist.
d) Mit kurzen und gezielten Löschstößen sollte gearbeitet und möglichst eine Löschreserve behalten werden.
e) Mit dem Pulver- bzw. Schaumstrahl sollte unten beginnend nach oben gelöscht werden.

Lösungsbuchstabe ______________________________ ☐

90. Mit welcher Maßnahme verstoßen Sie gegen die Brandschutzvorschriften?

a) Sie schließen bei Bränden die Feuerschutztüren.
b) Sie setzen im geschlossenen Lager Gabelstapler ein, die mit Gas betrieben werden.
c) Sie kontrollieren in regelmäßigen Abständen die Feuerlöscher.
d) Sie lagern leicht entflammbare Güter in einem normalen Lagerraum.
e) Sie bauen im Lager eine Sprinkleranlage ein.

Lösungsbuchstabe ______ ☐

91. Sie sollen beim Erstellen einer Brandschutzordnung helfen. Welche Verhaltensweise sollten Sie aufnehmen?

a) Am Arbeitsplatz herrscht Rauchverbot.
b) Der Arbeitsplatz soll so, wie er ist, am Ende der Arbeitszeit verlassen werden.
c) Im Brandfall sind die Türen zu öffnen, damit die Feuerwehr den Brandherd sieht.
d) Ausgelaufene brennbare Flüssigkeiten müssen spätestens eine Stunde nach Auslaufen aufgenommen werden.
e) Brennbare Flüssigkeiten sind im Handlager aufzubewahren.

Lösungsbuchstabe ______ ☐

92. Wie sollte sich das Lagerpersonal im Brandfall verhalten?

a) Die Mitarbeiter sollten unverzüglich den Arbeitsplatz verlassen und die Ursache des Brandes suchen.
b) Die Mitarbeiter sollten Ruhe bewahren und über die markierten Fluchtwege das Gebäude verlassen.
c) Die Mitarbeiter sollten ihre persönlichen Sachen umgehend aus den Sozialräumen holen.
d) Die Mitarbeiter sollten die Feuerwehr alarmieren und am Brandherd warten.
e) Die Mitarbeiter sollten die Aufzüge benutzen, um schnell das Lagergebäude verlassen zu können.

Lösungsbuchstabe ______ ☐

93. Eine Brandschutztür lässt sich weder öffnen noch schließen und sollte schon vor einiger Zeit repariert werden. An wen wenden Sie sich als Lagermitarbeiter, wenn der Arbeitgeber den Mangel nicht beheben lässt?

a) An die Gewerbeaufsichtsbehörde
b) An den TÜV
c) An die Berufsgenossenschaft
d) An die Feuerwehr
e) An einen Installationsbetrieb für Brandschutztüren

Lösungsbuchstabe ______ ☐

94. Sie haben zur Brandbekämpfung einen Pulverfeuerlöscher verwendet. Was müssen Sie nach der Benutzung des Feuerlöschers tun?

a) Da der Feuerlöscher leer ist, können Sie ihn einfach an der Feuerstelle stehenlassen.
b) Der Feuerlöscher ist im Hausmüll zu entsorgen.
c) Der Feuerlöscher kommt an seinen Stellplatz und wird mit einem Schild „Nur noch halbvoll" versehen.
d) Das verbrauchte Pulver ist umgehend aufzufüllen.
e) Der benutzte Feuerlöscher ist bei der Lagerleitung abzugeben.

Lösungsbuchstabe ______ ☐

95. Sie sind für den Brandschutz im Lager, auch für die Gefahrstofflagerflächen, verantwortlich. Was ordnen Sie für den Lagerbereich an?

a) Die Flucht- bzw. Rettungspläne auszuhängen ist ausreichend.

b) Die Gefahrstofflagerfläche ist mittels Absperrband abzugrenzen und der Bereich ist mit Löschmitteln auszustatten.

c) Die Gefahrstofflagerflächen sind durch eine rote Sperrlinie abzugrenzen und ein Warn-/Hinweisschild ist aufzuhängen.

d) Die Gefahrstofflagerflächen sind mittels einer Kette von den anderen Bereichen abzugrenzen und eine Brandschutzordnung ist auszuhängen.

e) Die Gefahrstofflagerflächen sind u. a. durch eine Brandschutzwand mit selbstständig schließenden Stahltüren auszustatten.

Lösungsbuchstabe ______________________ ☐

96. Sie sollen im Lager den Brandschutz überwachen. Besonderes Augenmerk richten Sie auf das Gefahrstofflager. Was eignet sich zum frühzeitigen Erkennen eines Brandes?

a) Sie lassen Feuerlöscher und Löschdecken installieren.

b) Sie lassen das Gefahrstofflager mehrmals täglich von Ihren Mitarbeitern kontrollieren.

c) Sie lassen Rauch-, Thermo- oder Flammenmelder installieren.

d) Sie lassen regelmäßig die Freiwillige Feuerwehr bei Ihnen im Lager den Brandfall üben.

e) Sie lassen das Gefahrstofflager per Kamera vom Personalraum aus überwachen, da dort immer jemand anwesend ist.

Lösungsbuchstabe ______________________ ☐

③ Güter bearbeiten

1. Aufgabe

Situation:
Sie arbeiten bei der Frantz GmbH und sind für die Einlagerung der eingegangenen Güter verantwortlich. Um die Güter vor der Einlagerung besser bearbeiten zu können, setzt die Frantz GmbH unterschiedliche Wiege- bzw. Zähl- und Messeinrichtungen ein. Nennen Sie Beispiele!

Wiegeeinrichtungen:

Zähleinrichtungen:

Messeinrichtungen:

2. Aufgabe

Situation:
Bevor Sie die Lagergüter sachgerecht einlagern können, muss die Lagerleitung der Frantz GmbH entscheiden, ob die Güter im gelieferten Zustand einzulagern oder ob bestimmte Maßnahmen für die Lagergüter zu treffen sind. Vervollständigen Sie die freien Felder in der Tabelle!

Maßnahme	Erklärung
Vorverpackung und/oder Portionierung	
	Zusammenstellen verschiedener Einzelteile zu einer Kombinationsverpackung oder zu einem Set
Etikettierung und/oder Preisauszeichnung	

3. Aufgabe

Situation:
Sie sind im Wareneingang der Frantz GmbH eingesetzt und für die Prüfung der eingegangenen Güter zuständig. Sie erhalten eine Warenlieferung von 150 Kartons mit je 120 Linsendichtungen. Mithilfe einer Zählwaage sollen Sie die Anzahl von 30 % der Kartons überprüfen.

3.1 Wie viele der 150 Kartons müssen Sie überprüfen?

3.2 Wie viele Linsendichtungen werden somit mit der Zählwaage gezählt?

3.3 Bei dieser Kontrollmethode wird nicht jede einzelne Dichtung gezählt. Wie nennt man sie?

3.4 Welche Vor- und Nachteile hat diese Methode?

4. Aufgabe

Situation:
Sie sollen den neuen Azubis die Funktionsweise einer elektronischen Zählwaage erklären. Ihre Aufgabe ist es, eine große Menge Schrauben in Kartons mit je 250 Stück zu portionieren. Erläutern Sie, wie Sie mit der Zählwaage die Einzelmengen für die Kartons bestimmen!

5. Aufgabe

Situation:
Sie sind bei der Frantz GmbH damit beschäftigt, eine große Liefermenge mit Kartons, in denen sich Scheinwerfer befinden, in Gitterboxpaletten (Innenmaß 1.200 mm x 800 mm, 650 mm beladbare Höhe) vorzuverpacken. Die Anlieferung besteht aus 180 Kartons mit den Maßen: Länge 30 cm, Breite 30 cm, Höhe 20 cm. Wie viele Gitterboxpaletten benötigen Sie für die Lieferung?

6. Aufgabe

Situation:
Der Lagerleiter der Frantz GmbH gibt Ihnen den Auftrag, die eingelagerten Waren zu kontrollieren. Unter anderem sind das Mindesthaltbarkeits-, das Verbrauchs- und das Verfallsdatum zu prüfen. Erläutern Sie die Begriffe!

Mindesthaltbarkeitsdatum (MHD):

Verbrauchsdatum:

Verfallsdatum:

7. Aufgabe

Situation:
Sie lagern im Kühlhaus der Frantz GmbH Molkereiprodukte ein. Die Lagervorschriften geben an, dass Molkereiprodukte mindestens 30 Tage vor Ablauf des Mindesthaltbarkeitsdatums auszulagern sind. Ihre Aufgabe ist es, die Bestände zu kontrollieren.

7.1 Beschreiben Sie mögliche Gründe, warum Molkereiprodukte 30 Tage vor Ablauf des Mindesthaltbarkeitsdatums ausgelagert werden sollten!

7.2 Sie stellen bei einer routinemäßigen Bestandskontrolle fest, dass bei einigen Artikeln das Mindesthaltbarkeitsdatum überschritten ist. Was ist lager- bzw. buchungstechnisch zu tun? Nennen Sie Beispiele!

Lagertechnisch:

Buchungstechnisch:

8. Aufgabe

Situation:
Sie sind für die Kontrolle der eingelagerten Güter bei der Frantz GmbH zuständig. Um qualitative Schäden bei der Lagerung zu verhindern, müssen Sie mögliche Gefahrenquellen erkennen und beseitigen. Bestimmen Sie, welche Folgeschäden durch die möglichen Gefahren entstehen können!

Gefahr	Folgeschäden
Kälte	
Hitze	
Trockenheit	
Feuchtigkeit	
Licht	
Staub	
Schädlinge	
Druck, Erschütterung	

9. Aufgabe

Situation:
Ein Unternehmensziel der Frantz GmbH ist die Vermeidung von Abfall sowie ein sparsamer Umgang mit den gegebenen Ressourcen. Sie gehören zu einer Arbeitsgruppe, die an einem Abfallkonzept arbeitet und müssen folgende Dinge klären:

9.1 Beschreiben Sie die (Abfall-)Kreislaufwirtschaft!

9.2 Das Kreislaufwirtschaftsgesetz unterscheidet stoffliche und energetische Verwertung. Grenzen Sie die beiden Begriffe voneinander ab!

9.3 Sie lagern Gartenmöbel. Wie können die Produzenten die Entstehung von Abfällen bei der Produktion bzw. beim Transport der Gartenmöbel vermeiden? Erläutern Sie drei Möglichkeiten!

9.4 Eine besondere Vorschrift ist das Batteriegesetz.

9.4.1 Warum sind Batterien gefährliche Abfälle?

9.4.2 Nennen Sie Regelungen, die im Batteriegesetz getroffen wurden!

9.5 Nennen Sie drei Abfälle neben alten Batterien, die Sie nicht über den normalen Hausmüll entsorgen dürfen!

9.6 Im Statusbericht der deutschen Kreislaufwirtschaft 2024 wird berichtet, dass im Jahr 2021 in Deutschland von insgesamt 6.314 Mio. Tonnen Kunststoffabfällen 1.019 Mio. Tonnen Gewerbeabfälle aus Kunststoff von privaten Entsorgern gesammelt wurden*. Berechnen Sie den prozentualen Anteil! Runden Sie auf volle Prozent!

*Quelle: https://statusbericht-kreislaufwirtschaft.de/wp-content/uploads/2024/01/Statusbericht_2024_25012024_opt.pdf

10. Aufgabe

Situation:
Bei der Frantz GmbH steht die jährliche Inventur an. Sie werden beauftragt, die Bestandskontrolle durchzuführen. Dazu müssen Sie folgende Überlegungen anstellen:

10.1 Welche beiden Bestandsarten werden verglichen?

10.2 Welche Vorteile ergeben sich aus der Bestandskontrolle?

10.3 Erläutern Sie, was unter Güter-/Warenpflege zu verstehen ist!

10.4 Nennen Sie geeignete Beispiele für Güterpflege/Warenpflege!

10.5 Aufgrund betrieblicher Probleme mussten in der jüngeren Vergangenheit zwei verlegte Inventuren durchgeführt werden. Bei der vorgelagerten Inventur am 15. Oktober 2023 ergaben sich folgende Werte:

Bestandswert am Zähltag 15. Oktober 2023	1.740.000,00 €
Wert Zugänge 15. Oktober bis 31. Dezember 2023	32.800,00 €
Wert Abgänge 15. Oktober bis 31. Dezember 2023	30.600,00 €

Ermitteln Sie unter Angabe des Rechenweges den fortgeschriebenen Wert zum Bilanzstichtag!

10.6 Die nachgelagerte Inventur wurde am 20. Februar 2023 durchgeführt. Es ergaben sich folgende Werte:

Bestandswert am Zähltag 20. Februar 2023	1.950.000,00 €
Wert Zugänge 31. Dezember 2022 bis 20. Februar 2023	248.000,00 €
Wert Abgänge 31. Dezember 2022 bis 20. Februar 2023	102.400,00 €

Ermitteln Sie unter Angabe des Rechenweges den rückgerechneten Wert zum Bilanzstichtag!

11. Aufgabe

Situation:
Bei der Frantz GmbH werden die notwendigen Vorbereitungen für die Inventur getroffen. Der Lagerleiter hat Ihnen die Verantwortung für die Vorbereitung übertragen.

11.1 Erläutern Sie den Mitarbeitern die Ziele der Inventur!

11.2 Sie erstellen für die Durchführung der Inventur eine Liste, anhand derer die Bestandsaufnahme durchgeführt werden soll. Welche Angaben sollte diese Liste enthalten?

11.3 Reinigungsmittel werden bei der Frantz GmbH in bestimmten Fässern gelagert. Der Innendurchmesser eines Fasses beträgt 50 cm und die Innenhöhe 1.000 mm. Bei der Inventur zeigt der Messstab eine Füllhöhe von 600 mm an. Berechnen Sie, wie viel Liter sich noch im Fass befinden ($\pi = 3{,}14$, $1\ dm^3 = 1$ Liter)! Das Ergebnis ist auf volle Liter zu runden!

11.4 Sie stellen bei der Inventur fest, dass bei Klebeetiketten in Kürze das Mindesthaltbarkeitsdatum abläuft. Erläutern Sie, wie aus lagertechnischer Sicht mit den Klebeetiketten weiter verfahren werden sollte!

11.5 Die Geschäftsleitung der Frantz GmbH überlegt, welche Inventurarten in Zukunft angewendet werden sollen. Nennen und erläutern Sie weitere Inventurarten neben der permanenten Inventur!

11.6 Sie sollen die Inventur vorbereiten. Welche Vorbereitungen sollten Sie treffen, damit die Inventur reibungslos abläuft?

11.7 Die Geschäftsführung der Frantz GmbH entscheidet sich für die Durchführung einer permanenten Inventur. Welche Voraussetzungen müssen bei der Durchführung einer permanenten Inventur vorliegen?

11.8 Welche Vorteile ergeben sich für den Lagerbereich der Frantz GmbH bei der Durchführung einer permanenten Inventur?

12. Aufgabe

Situation:
In der Frantz GmbH steht die Jahresinventur bevor. Obwohl das Geschäftsjahr am 31.12. eines jeden Jahres endet, hat die Geschäftsleitung die Inventur für den 15.02. angesetzt. Sie sollen als Mitarbeiter im Lager die neuen Auszubildenden auf die Inventur vorbereiten.

12.1 Welche Inventurart bietet sich in der oben dargestellten Situation an? Begründen Sie Ihre Entscheidung!

12.2 Was versteht man unter körperlicher Bestandsaufnahme?

12.3 Nennen Sie Gründe, wann eine Bestandsaufnahme vorgeschrieben bzw. sinnvoll ist!

12.4 Was sollten Sie bei der Vorbereitung der Inventur beachten?

12.5 Die Lagerfachkarte muss noch geführt werden. Tragen Sie alle fehlenden Bestände ein!

<table>
<tr><th colspan="6">Lagerfachkarte</th></tr>
<tr><td colspan="4">Artikelbezeichnung</td><td colspan="2">Artikelnummer
811 633</td></tr>
<tr><td colspan="2">Meldebestand
1.200</td><td colspan="2">Mengeneinheit
Stück</td><td colspan="2">Lagerort/Location
08 05 03 01</td></tr>
<tr><th>Datum</th><th>Beleg</th><th>Zugang</th><th>Abgang</th><th>Bestand</th><th>Bemerkung</th></tr>
<tr><td>01.01.</td><td>Übertrag</td><td></td><td></td><td>1.800</td><td></td></tr>
<tr><td>06.01.</td><td>ME 0023</td><td></td><td>400</td><td></td><td></td></tr>
<tr><td>12.01.</td><td>LS 12003</td><td>2.500</td><td></td><td></td><td></td></tr>
<tr><td>14.01.</td><td>ME 0035</td><td></td><td>490</td><td></td><td></td></tr>
<tr><td>24.01.</td><td>ME 0058</td><td></td><td>420</td><td></td><td></td></tr>
<tr><td>31.01.</td><td>ME 0069</td><td></td><td>440</td><td></td><td></td></tr>
<tr><td>01.02.</td><td>ME 0095</td><td></td><td>380</td><td></td><td></td></tr>
<tr><td>13.02.</td><td>LS 12168</td><td>2.000</td><td></td><td></td><td></td></tr>
<tr><td>15.02.</td><td>Inventurbestand</td><td></td><td></td><td></td><td></td></tr>
</table>

12.6 Ermitteln Sie die Inventurdifferenz, wenn am 15.02. eine Stückzahl von 4.370 Stück ermittelt wird!

12.7 Nennen Sie Ursachen, wie Inventurdifferenzen zustande kommen können!

13. Aufgabe

Situation:
Sie sind im Lager der Frantz GmbH mit der Stichprobenkontrolle der Lagerfachkarten beschäftigt. Bei einem Artikel befinden sich zu Beginn der Woche 240 Stück eines Lagergutes im Lagerfach. Folgende Veränderungen ergeben sich im Laufe der Woche:

Wochentag	Zugänge [Stück]	Abgänge [Stück]
Montag	68	55
Dienstag	97	78
Mittwoch	26	123
Donnerstag	114	207
Freitag	84	74

Am Freitag wird der Bestand überprüft und es wird festgestellt, dass 23 defekte Artikel ausgesondert werden müssen. Ein Kunde hat 12 Stück zurückgeschickt. Es wurden 54 Artikel falsch einsortiert und dem Lagerfach entnommen. Ermitteln Sie unter Angabe des Rechenweges den Lagerbestand am Wochenende!

14. Aufgabe

Situation:
Am 30. April wird bei der Frantz GmbH eine Stichtagsinventur durchgeführt, an der Sie teilnehmen sollen. Bevor die körperliche Bestandsaufnahme beginnt, sollen noch einige rechtliche Besonderheiten geklärt werden.

14.1 Welches Gesetz verpflichtet die Frantz GmbH zur Durchführung einer Inventur?

14.2 Wann beginnt und wann endet für die Frantz GmbH das Geschäftsjahr 2024/2025?

14.3 Wie wird mit den Zu- und Abgängen zwischen dem Aufnahmetag und dem Bilanzstichtag verfahren? Erklären Sie die beiden Möglichkeiten!

14.4 Der Artikel „Locher B 256" wurde am 22. April gezählt. In der Zeit bis zum Bilanzstichtag ergaben sich folgende Zu- und Abgänge. Ermitteln Sie den Inventurbestand am Bilanzstichtag!

Zählbestand 22. April 2024	12 Kartons à 10 Stück, eine Schachtel mit 8 Stück
Zugänge 22. April bis 30. April 2024	8 Schachteln à 10 Stück
Abgänge 22. April bis 30. April 2024	48 Stück

15. Aufgabe

Situation:
Als Auszubildender sind Sie bei der Frantz GmbH in der Warenannahme tätig. Die Lagerleitung teilt Ihnen mit, dass sich die Lieferzeit für einen Artikel um vier Tage verkürzt. Ferner soll das Sortiment erweitert und die Stückzahl der einzulagernden Artikel erhöht werden. Sie erhalten von der Lagerleitung folgende Informationen, die vor der Verkürzung der Lieferzeit galten:

- Zum Verkaufsbeginn gibt es einen Anfangsbestand von 120 Stück.
- Zehn Tage nach Verkaufsbeginn ist der Mindestbestand von 20 Stück erreicht.
- Der Verbrauch erfolgt gleichbleibend.
- Die Lieferzeit beträgt zehn Tage.
- Der Höchstbestand liegt bei 350 Stück.

15.1 Ermitteln Sie den Meldebestand vor der Verkürzung der Lieferzeit!

15.2 Wie viel Stück dürfen beim in Aufgabe 15.1 ermittelten Meldebestand maximal bestellt werden, um den Höchstbestand bei Lieferung nicht zu überschreiten?

15.3 Die Lieferzeit reduziert sich nunmehr um den in der Ausgangssituation genannten Zeitraum. Ermitteln Sie den neuen Meldebestand!

15.4 Durch die Sortimentserweiterung ergeben sich bei der Frantz GmbH erhöhte Lagerbestände. Erläutern Sie negative Auswirkungen erhöhter Lagerbestände für die Frantz GmbH!

16. Aufgabe

Situation:
Als Lagermitarbeiter der Frantz GmbH sind Sie für die Erfassung und Fortschreibung der Wareneín- und -ausgänge verantwortlich. Dazu gehört auch die Ermittlung der Lagerkennziffern. Ihnen liegt folgende Lagerfachkarte für das 2. Quartal 2024 vor (Stand 16. Juni 2024):

Lagerfachkarte					
Artikelbezeichnung Ölfilter W 719/44				Artikelnummer OF 92 08 13	
Meldebestand 600		Mindestbestand 300		Lagerort/Location 33 14 24	
Datum	**Zugang**	**Abgang**	**Bestand**	**Nachbestellung**	**Bearbeiter**
01. April			500		
05. April	1.000	50	1.450		
11. April		200	1.250		
12. April		100	1.150		
15. April		300	850		
22. April		136	714		
23. April		156	558		
28. April	1.000		1.558		
30. April		154	1.404		
02. Mai		240	1.164		
05. Mai		44	1.120		
11. Mai		46	1.074		
18. Mai		156	918		
24. Mai		164	754		
31. Mai		152	602		
01. Juni	1.000	300	1.302		
04. Juni		50	1.252		
07. Juni		70	1.182		
12. Juni		50	1.132		
16. Juni		200	932		

16.1 Es sind für den Artikel bis Quartalsende noch einige Buchungen vorzunehmen. Tragen Sie diese in die Lagerfachkarte ein!

Datum	Zugang	Abgang
17. Juni		50
19. Juni		152
22. Juni	1.000	50
29. Juni		156
30. Juni		274

16.2 Zur Auswertung der Daten sollen Sie den durchschnittlichen Lagerbestand berechnen, wobei Sie lediglich den Anfangsbestand und die Monatsendbestände zur Berechnung heranziehen!

16.3 Ermitteln Sie den Absatz des Ölfilters für das gesamte erste Quartal und pro Tag (Annahme: 65 Arbeitstage)!

16.4 Überlegen Sie, ob der Meldebestand des Ölfilters aufgrund der Absatzzahlen bei einer Lieferzeit von 6 Tagen geändert werden sollte!

16.5 In der betrieblichen Praxis kann es zu Problemen kommen, wenn Bestellungen lediglich aufgrund des rechnerisch ermittelten Meldebestandes erfolgen. Erläutern Sie die Problematik!

16.6 Berechnen Sie die Umschlagshäufigkeit und die durchschnittliche Lagerdauer für den Ölfilter! Runden Sie auf eine Nachkommastelle!

16.7 Beim Vergleich der Umschlagshäufigkeit mit der des Branchendurchschnitts stellen Sie fest, dass diese höher ist als die von Ihnen berechnete. Machen Sie der Geschäftsleitung Vorschläge, wie die Umschlagshäufigkeit erhöht werden kann!

____

____

____

____

____

____

17. Aufgabe

Situation:
Die Arbeit der Lagerleitung der Frantz GmbH wird durch ein effektives Lagerverwaltungssystem erleichtert. Dieses System liefert wichtige Informationen, die durch ein Tabellenkalkulationsprogramm ermittelt werden sollen. Der Lagerleiter weist Sie in dieses System ein.

	A	B	C	D	E
1	**Betriebliche Auswertung**	Lagerkennziffern			
2					
3	Anfangsbestand 01.01.	38.00,00 €		Durchschnittlicher Lagerbestand	17.1
4	Endbestand 31.12.	50.00,00 €		Umschlagshäufigkeit	17.2
5	Warenzugänge	252.00,00 €		Durchschnittliche Lagerdauer	
6	Zinssatz p. a.	6 %		Lagerzinsen	
7					
8	**Monatsbestände**				
9	Monate	Bestände [€]			
10	Januar	42.000,00 €			
11	Februar	44.000,00 €			
12	März	36.000,00 €			
13	April	40.000,00 €			
14	Mai	38.750,00 €			
15	Juni	41.250,00 €			
16	Juli	51.000,00 €			
17	August	48.000,00 €			
18	September	29.000,00 €			
19	Oktober	32.000,00 €			
20	November	30.000,00 €			
21	Dezember	50.000,00 €			

17.1 Welches ist die korrekte Tabellenformel zur Berechnung des durchschnittlichen Lagerbestandes?

____

17.2 Welches ist die korrekte Tabellenformel zur Berechnung der Umschlagshäufigkeit?

____

17.3 Berechnen Sie die Ergebnisse folgender Lagerkennzahlen!

Durchschnittlicher Lagerbestand: ______________________________

Umschlagshäufigkeit: ______________________________

Durchschnittliche Lagerdauer: ______________________________

Lagerzinsen: ______________________________

18. Aufgabe

Situation:
Bei der Bestandskorrektur eines Lagerbereiches stellen Sie teils sehr hohe, teils sehr niedrige Lagerbestände bei einzelnen Artikeln fest. Geben Sie Gefahren an, die mit einem zu hohen bzw. zu niedrigen Lagerbestand verbunden sind!

Gefahren bei zu **hohem** Lagerbestand:

____

____

Gefahren bei zu **niedrigem** Lagerbestand:

____

____

19. Aufgabe

Situation:
Nach Durchführung der Inventur bei der Frantz GmbH arbeiten Sie an der Auswertung der Inventurdaten. Für einen Artikel wurde eine durchschnittliche Lagerdauer von 200 Tagen errechnet. Von der Geschäftsleitung wird das als zu hoch eingeschätzt.

19.1 Welche Risiken können durch eine hohe durchschnittliche Lagerdauer entstehen?

____

____

____

19.2 Erläutern Sie Maßnahmen, wie die durchschnittliche Lagerdauer des Artikels verringert werden kann!

____

____

____

20. Aufgabe

Situation:
Eine Lagerhalle der Frantz GmbH hat eine Grundfläche von 24 m x 14 m und ist mit Palettenregalen bestückt. Ein Palettenregal ist 6 m lang und 2 m breit. Der vorgelagerte Warenein-/Warenausgang misst 4 m x 14 m. Sie sollen für diese Fläche Kapazitätskennzahlen berechnen.

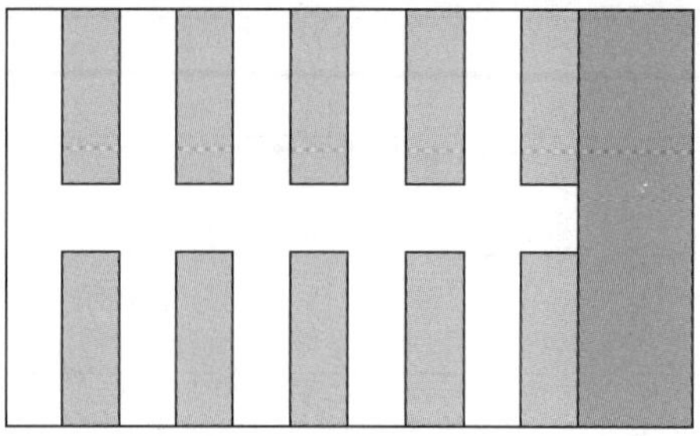

20.1 Berechnen Sie die Grundfläche sowie die Lagerfläche!

20.2 In einer anderen Lagerhalle mit den gleichen Maßen werden Schüttgüter in Bodenlagerung gelagert. Berechnen Sie die zur Verfügung stehende Lagerfläche!

20.3 Angenommen das Lager ist voll belegt, wie hoch ist der jeweilige Flächennutzungsgrad?

21. Um angelieferte Güter vorverpacken zu können sollen Zähl-/Referenzwaagen eingesetzt werden. Welche Funktion hat solch eine Waage?

a) Eine festgelegte Stückzahl wird einmalig gewogen. Das gespeicherte Gewicht dient der weiteren Vorverpackung für die restlichen Mengen.
b) Kleinteile können mit der Waage einzeln auf ihr Gewicht überprüft werden. Bei Über- oder Unterschreitung des Sollgewichts werden sie ausgesondert.
c) Es wird das Gesamtgewicht der Kleinteile gewogen und somit das durchschnittliche Gewicht ermittelt.
d) Nach der Vorverpackung werden alle Packungen einzeln gewogen und das einheitliche Gewicht kann überprüft werden.
e) Das Wiegen einer festgelegten Stückzahl und das somit ermittelte Gewicht werden als Schätzwert für die restliche Menge verwendet.

Lösungsbuchstabe ______

22. Sie führen die Quantitätsprüfung einer Einlagerung von 500 Schrauben (Stückgewicht 5 g) durch. Wählen Sie die Waage mit dem passenden Wägebereich aus, damit Sie die Anzahl der gelieferten Schrauben genau ermitteln können!

a) Wägebereich 0,01 kg bis 15 kg
b) Wägebereich 0,1 kg bis 20 kg
c) Wägebereich 0,001 kg bis 5 kg
d) Wägebereich 0,5 kg bis 10 kg
e) Wägebereich 0,001 kg bis 2 kg

Lösungsbuchstabe ______ ☐

23. Zur Mengenerfassung von Kleinteilen werden bei der Frantz GmbH verschiedene Zählwaagen eingesetzt. Eine Zählwaage hat folgende Kapazität: 5 kg x 0,001 kg. Ermitteln Sie für diese Zählwaage bei einem einmaligen Wiegevorgang in g:

1) das Maximalgewicht ______ ☐

2) das Referenzgewicht ______ ☐

24. Die Frantz GmbH benutzt im Lager unterschiedliche Arbeitsmittel für verschiedene Einsatzgebiete. Ordnen Sie 5 der insgesamt 9 Einsatzgebiete den Arbeitsmitteln zu!

Einsatzgebiete

a) Erlaubt artenreines Trennen von Müll
b) Ermöglicht Brandbekämpfung im Lager
c) Bereitstellung von Leerpaletten
d) Automat für Selbstklebebänder
e) Erlaubt ergonomisches Be- und Entladen von Paletten
f) Erstellt Etiketten für Barcodes, GTIN usw.
g) Unterstützt den Transport von Waren im Lager
h) Dient zur DV-gesteuerten Kommunikation im Lager
i) Dient zur Ladungssicherung

Arbeitsmittel

1) Klebestreifengeber
2) Etikettiergerät
3) Scanner
4) Palettensammler
5) Scherenhubtisch

Lösungsbuchstaben ______ 1) ☐ 2) ☐ 3) ☐ 4) ☐ 5) ☐

25. Messgeräte müssen in bestimmten Abständen bezüglich der Verkehrsfehlergrenze technisch überprüft werden. Welche amtliche Einrichtung überprüft die Einhaltung der Verkehrsfehlergrenze bei den Waagen der Frantz GmbH?

a) Das Zollamt
b) Das Eichamt
c) Die Berufsgenossenschaft
d) Die DEKRA
e) Der TÜV
f) Die Gewerbeaufsichtsbehörde

Lösungsbuchstabe ______ ☐

26. Sie verwenden in Ihrem Lagerbereich Waagen z. B. zur Vorverpackung. Innerhalb welcher Frist müssen diese Waagen geeicht werden?

a) Alle 3 Jahre
b) Alle 2 Jahre
c) Alle 18 Monate
d) Alle 12 Monate
e) Alle 6 Monate

Lösungsbuchstabe ______ ☐

27. Die Frantz GmbH setzt beim Befüllen von Schachteln eine automatische Waage ein. Woran erkennen Sie, ob die Waage auf Genauigkeit geprüft ist und für den Zeitpunkt des Wiegens noch zugelassen ist?

a) An der ISO-Zertifizierung
b) An dem GS-Zeichen
c) An der Eichplakette
d) Am CE-Zeichen
e) An der TÜV-Plakette

Lösungsbuchstabe ______ ☐

28. Sie lagern für ein Fertighausunternehmen Teile ein. Mit welchem Messgerät vermessen Sie ein großes Seitenteil (ca. 18 m x 6 m) fachgerecht?

a) Lineal
b) Messschieber
c) Gliedermaßstab
d) Laserdistanzmessgerät
e) Wasserwaage

Lösungsbuchstabe ______ ☐

29. Ein Grundsatz Ihrer Lagerhaltung ist optimale Sauberkeit, Ordnung und Warenpflege. Ordnen Sie 3 der insgesamt 6 Produkte den Maßnahmen zur Pflege zu!

Produkte	**Maßnahmen zur Pflege**
a) Getreide	
b) Papierrollen	1) Schutz vor UV-Strahlung
c) Stahlbleche	
d) Düngemittel	2) Schutz vor Ungeziefer
e) Fahrzeuge	
f) Computer	3) Schutz vor magnetischer Strahlung

Lösungsbuchstaben ______ 1) ☐ 2) ☐ 3) ☐

30. Die Pflege der Lagergüter, insbesondere die Qualitätserhaltung sowie Qualitätsverbesserung, fällt in Ihren Aufgabenbereich. Welche <u>beiden</u> Angaben sind richtig?

a) Sie verpflichten die Mitarbeiter zum Tragen der persönlichen Schutzausrüstung.
b) Sie stellen Bestandsdifferenzen fest und ermitteln deren Gründe.
c) Sie sortieren Güter mit abgelaufenem Haltbarkeitsdatum aus.
d) Sie ermitteln die Kommissionierzeiten pro Auftrag und pro Position.
e) Sie passen die Raumtemperatur in den Kühlräumen den gelagerten Gütern an.
f) Sie bearbeiten Kundenreklamationen.

Lösungsbuchstaben ______ ☐ ☐

31. Sie lagern Gipskarton-Platten für den Innenausbau. Vor welchen Beanspruchungen müssen Sie die Platten bei der Lagerung insbesondere schützen?

a) Vor Nässe
b) Vor Staub
c) Vor trockenem Lagerklima
d) Vor Ungeziefer
e) Vor Sonneneinstrahlung

Lösungsbuchstabe ______ ☐

32. Zum Erhalt bestimmter Qualitäten müssen geeignete Maßnahmen ergriffen werden. Ordnen Sie die 5 Güter den Maßnahmen zu!

Güter	**Maßnahmen**
a) Pflanzen	1) Auf der unteren Ebene platzieren
b) Molkereiprodukte	2) Überwachung der Kühlkette
c) Schokolade	3) Vor Hitze schützen
d) Glaskonserven	4) Belüftung kontrollieren
e) Getreide	5) Beleuchtung kontrollieren

Lösungsbuchstaben ____ 1) ☐ 2) ☐ 3) ☐ 4) ☐ 5) ☐

33. Im Tiefkühllager wird eine Störung angezeigt. Sie werden angewiesen, eine TK-Lieferung außerhalb des Tiefkühllagers anzunehmen und dabei eine Unterbrechung der Kühlkette zu verhindern. Welche Maßnahme leiten Sie ein?

a) Nach dem Entladen messen Sie alle halbe Stunde die Temperatur der TK-Ladung.
b) Nach dem Entladen decken Sie die TK-Lieferung direkt mit Thermohauben ab.
c) Nach dem Entladen lagern Sie die TK-Ladung auf der Sperrfläche.
d) Nach dem Entladen lagern Sie die TK-Ladung im Schatten.
e) Sie verweigern die Annahme der TK-Lieferung bis die Störung im Tiefkühllager beseitigt wurde.

Lösungsbuchstabe ____ ☐

34. Sie lagern 12er-Kartons Flaschen ein. In drei Kartons sind Flaschen zu Bruch gegangen:

In Karton 1 ein Sechstel der Flaschen
In Karton 2 ein Drittel der Flaschen
In Karton 3 die Hälfte der Flaschen
Wie viele Flaschen sind zu ersetzen?

35. Wodurch können Sie verderbliche Güter im Lager schützen?

a) Sie lagern nach dem FiFo-Prinzip aus.
b) Sie tragen jeden Lagerein- und Lagerausgang unverzüglich in die Lagerfachkarte ein.
c) Sie verlängern das Mindesthaltbarkeitsdatum.
d) Sie lagern alle Güter in Kühlregalen.
e) Sie kontrollieren den Wareneingang genauer.

Lösungsbuchstabe ____ ☐

36. Sie arbeiten im Kühllager und sollen die Lagergüter vor Schädlingsbefall schützen. Welche Maßnahme ist sinnvoll?

a) Sie lüften das Lager täglich.
b) Sie halten die Lagertemperatur auf max. 8 °C.
c) Sie sichern die Lebensmittel mit Schrumpffolie.
d) Sie achten auf Sauberkeit.
e) Sie entfernen umherliegende Materialien.

Lösungsbuchstabe ____ ☐

37. Ein Unternehmensziel der Frantz GmbH ist eine Verminderung der Umweltbelastungen. Welche Maßnahme dient der Abfallreduzierung?

a) Altpapier wird an Recycling-Unternehmen verkauft.
b) Verbrauchte Batterien werden über den Fachhandel entsorgt.
c) Einwegflaschen werden in Recycling-Containern gesammelt.
d) Mülltrennung wird durch entsprechende Abfallbehälter durchgeführt.
e) Getränke werden ausschließlich in Mehrwegverpackungen angeboten.

Lösungsbuchstabe ______ ☐

38. Wertstoffe und Restmüll müssen getrennt und gesondert entsorgt werden. Was zählt nicht zu den Wertstoffen?

a) Konservendosen
b) Altglas
c) Joghurtdeckel
d) Keramik, Porzellan
e) aufgeschäumte Kunststoffe, z. B. Styropor
f) Folien, z. B. Tragetaschen

Lösungsbuchstabe ______ ☐

39. Die Frantz GmbH veranlasste eine wirtschaftliche Analyse zur Energieverwendung. Die Energiekosten verminderten sich danach monatlich um 8 % auf 10.120,00 €. Berechnen Sie die monatliche Kosteneinsparung!

40. Zur Veredelung muss feucht angeliefertes Getreide getrocknet werden. Die notwendige Energie soll aus nachwachsenden Rohstoffen gewonnen werden. Welchen Energieträger werden Sie nutzen?

a) Holzpellets
b) Erdwärme
c) Erdgas
d) Photovoltaik, Sonne
e) Windenergie

Lösungsbuchstabe ______ ☐

41. In Ihrem Unternehmen soll eine Betriebsanweisung für das sichere Entsorgen von Abfällen erstellt werden. Sie wirken bei der Erstellung der Regeln mit und lesen vor der Weitergabe an die Geschäftsleitung die gesammelten Regelungen noch einmal durch. Entscheiden Sie, welche Regelung Sie streichen werden, da sie <u>nicht</u> zur Abfallbeseitigung gehört!

a) Benennung von Abfällen, die als Hausmüll kostengünstig entsorgt werden können
b) Bestimmung der Arten der Abfallsammelbehälter
c) Benennen eines Abfallbeauftragen für die Frantz GmbH
d) Einteilung der Abfälle in verschiedene Kategorien
e) Festlegung von Räumen, in denen Umwälzanlagen für die Umluft installiert werden sollen

Lösungsbuchstabe ______ ☐

42. Das Gemeinsame Rücknahmesystem Batterien (GRS) meldete am 31.05.2023, dass 2022 insgesamt 14.822,5 Tonnen Gerätebatterien in den Verkehr gebracht wurden. Wiederum betrug die Sammelquote 50,52 %*. Berechnen Sie wieviel Tonnen Altbatterien gesammelt wurden. Runden Sie auf volle Tonnen!

*Quelle: https://www.grs-batterien.de/newsroom/details/grs-erfolgskontrollen-neue-branchensysteme-sind-der-schluessel-fuer-eine-zukunftsorientierte-kreislaufwirtschaft/

43. Sie sollen die neuen Auszubildenden in das Lager einweisen und erklären Ihnen den Lagerplan. Welche Funktion hat der Lagerplan?

a) Er macht Angaben über die wertmäßigen Lagerbestände.
b) Er gibt einen Überblick über die Bezeichnungen und Funktionen der im Lager befindlichen Lagerorte.
c) Er gibt Hinweise für die Durchführung der permanenten Inventur.
d) Er gibt Auskunft über die einzelnen Lagermengen.
e) Die Kompetenzen der Lagermitarbeiter sind im Lagerplan festgelegt.

Lösungsbuchstabe ______________________

44. Die Frantz GmbH muss laut HGB eine Inventur durchführen. Was ist für die Inventur vorgeschrieben?

a) Die Inventur muss am Ende des Geschäftsjahres durchgeführt werden.
b) Die Inventur muss immer am Ende des Kalenderjahres durchgeführt werden.
c) Die Inventur muss mehrmals pro Geschäftsjahr durchgeführt werden
d) Die Inventur muss alle vorhandenen Lagergüter sowie die schon verkauften erfassen.
e) Die Inventur muss außerhalb der Geschäftszeit durchgeführt werden.

Lösungsbuchstabe ______________________

45. Sie sind mit der Durchführung der Inventur beschäftigt. Welchen Bestand ermitteln Sie?

a) Sie ermitteln den Istbestand.
b) Sie ermitteln den durchschnittlichen Lagerbestand.
c) Sie ermitteln den Höchstbestand.
d) Sie ermitteln den Sollbestand.
e) Sie ermitteln den Mindestbestand.

Lösungsbuchstabe ______________________

46. Ihnen wird die Organisation zur Durchführung der nächsten Jahresinventur übertragen. Bringen Sie die Arbeitsschritte in die richtige Reihenfolge!

a) Sie veranlassen bei Bestandsdifferenzen eine Nachzählung.
b) Sie stellen den Ist-Werten die Soll-Werte gegenüber.
c) Sie melden den Inventurabschluss.
d) Sie buchen Inventurdifferenzen aus.
e) Sie stellen Inventurdifferenzen fest.
f) Sie beauftragen die Mitarbeiter mit der Bestandsaufnahme.
g) Sie drucken die Inventurlisten aus.
h) Sie vereinbaren einen Inventurtermin mit der Buchhaltung.

Reihenfolge ______________________

47. Ihnen wird die Organisation der nächsten Inventur gemäß abgebildeter Richtlinie übertragen. Wie gehen Sie vor?

a) Sie sollen eine Stichprobeninventur durchführen.
b) Sie teilen das Personal für eine Stichtagsinventur zum Bilanzstichtag ein.
c) Sie beginnen mit der Inventur drei Monate vor dem Bilanzstichtag 31. Dezember.
d) Sie verteilen die Inventur systematisch über das ganze Jahr.
e) Sie verlegen die Inventur aus organisatorischen Gründen in den Januar und Februar des nächsten Jahres.

Lösungsbuchstabe ______________________ ☐

Richtlinie für die Aufnahme und Meldung von Vorräten im Rahmen der permanenten Inventur

Vorbemerkung

Der Verpflichtung einer ordnungsgemäßen Bestandsaufnahme der Bestände zum Bilanzstichtag können Unternehmen unter bestimmten Voraussetzungen durch eine permanente Inventur, d. h. durch eine systematisch verteilte Bestandsaufnahme verteilt auf das Geschäftsjahr, nachkommen.

Voraussetzungen für die permanente Inventur

a) Bestände sind fortzuschreiben, d. h. alle Zu- und Abgänge sind fortlaufend zu erfassen.
b) Die körperliche Bestandsaufnahme durch Messen, Zählen oder Wiegen muss zum Soll-Ist-Vergleich mindestens einmal jährlich vorgenommen werden. Nicht alle Bestände müssen gleichzeitig aufgenommen werden.
c) Berichtigungen durch den Soll-Ist-Vergleich müssen nachweislich dokumentiert werden.

[...]

48. Durch eine Inventur werden die Istbestände ermittelt und mit den Sollbeständen verglichen. Warum ist für die Frantz GmbH ein Soll-Ist-Vergleich von Bedeutung?

a) Inventurdifferenzen werden aufgedeckt.
b) Er ist Grundlage zur Ermittlung des Verkaufspreises.
c) Differenzen zwischen Bestell- und Liefermenge werden erkannt.
d) Absatzschwankungen können erkannt werden
e) Damit wird der Unternehmensgewinn ermittelt.

Lösungsbuchstabe ______________________ ☐

49. Bei der Inventur stellen Sie Differenzen fest. Wodurch kann der Istbestand höher sein als der Sollbestand?

a) Güter sind verdorben.
b) Ausgehende Güter wurden doppelt erfasst.
c) Ausgehende Güter wurden nicht erfasst.
d) Eingehende Güter wurden doppelt erfasst.
e) Güter wurden gestohlen.

Lösungsbuchstabe ______________________ ☐

50. Für die letzte Inventur benötigte die Frantz GmbH 6 Mitarbeiter, die an 4 Tagen jeweils 7,5 Stunden arbeiteten. Die Durchführung soll diesmal auf 3 Tage begrenzt werden, wobei 10 Mitarbeiter einzusetzen sind. Wie viele Stunden müssen die Mitarbeiter täglich arbeiten?

51. Nach Durchführung der Inventur müssen die Lagerbestände bewertet werden, um die Werte in das Inventar übernehmen zu können. Mit welchen Preisen erfolgt die Bewertung?

a) Sie erfolgt mit den Bruttoverkaufspreisen.
b) Sie erfolgt mit den Nettoverkaufspreisen.
c) Sie erfolgt mit den Bezugspreisen.
d) Sie erfolgt mit den Selbstkostenpreisen.
e) Sie erfolgt mit den Zieleinkaufspreisen.

Lösungsbuchstabe ______

52. Die Frantz GmbH hat bei einem losen Düngemittel am 01.01.2024 einen Anfangsbestand von 123,4 t. Im ersten Quartal kam es zu folgenden Zugängen: 23.600 kg und 54,23 t. Ausgelagert wurden 630 kg, 21,5 t sowie 4.100 kg. Berechnen Sie den Endbestand in Tonnen am Ende des ersten Quartals!

53. Welche Bedeutung hat eine Onlineerfassung von Lagerbestandsveränderungen durch das Lagerverwaltungssystem?

a) Die Fehlmengen werden automatisch an den Lieferanten weitergeleitet.
b) Die Meldebestände werden automatisch angepasst.
c) Die Bestandsdaten werden unverzüglich verarbeitet und aktualisiert.
d) Durch die Onlineerfassung entfällt die Inventur.
e) Die Onlineerfassung hat bei Bestandsveränderungen keine Auswirkungen.

Lösungsbuchstabe ______

54. Wovon hängt die Höhe der Lagerkosten hauptsächlich ab?

a) Von den Transportkosten zum Lager
b) Von der durchschnittlichen Lagerdauer
c) Von den Personalkosten des Verkaufspersonals
d) Von den Sachkosten für die Warenabgabe
e) Von den von Lieferanten gewährten Nachlässen

Lösungsbuchstabe ______

55. Im Wareneingang wurde bei einer Lieferung ein zu geringer Warenzugang in die Lagerdatei eingegeben. Auf welchen Bestand wirkt sich die zu geringe Eingabe aus?

a) Auf den Istbestand
b) Auf den Sollbestand
c) Auf den Meldebestand
d) Auf den Höchstbestand
e) Auf die Eiserne Reserve

Lösungsbuchstabe ______

56. Sie arbeiten in Ihrem Lager mit einem Tabellenkalkulationsprogramm. Für einen Artikel haben Sie folgende Maske:

	A	B	C	D	E
1	Anfangsbestand	durchschnittliche Lagerdauer			
2	80				
3					
4	Wareneinsatz	durchschnittlicher Lagerbestand			
5	80				
6					
7	durchschnittlicher Tagesabsatz	Umschlagshäufigkeit			
8	5				
9					
10	Höchstbestand	Mindestbestand			
11	120	20			
12					
13	Lieferzeit (Tage)	Meldebestand			
14	5				
15					
16	Endbestand				
17	40				

1) Mit welcher der folgenden Formeln können Sie den durchschnittlichen Lagerbestand berechnen?

a) =A8*A14+B11

b) =A5/B5

c) =360/B8

d) =(A2+A17)/2

e) =(A2+A5+A17)/3

Lösungsbuchstabe ______

2) Berechnen Sie den Meldebestand für den Artikel!

57. Es wurden 5 Paletten mit je 40 Kartons eines Artikels eingelagert. In der Lagerdatei wurde dieser Vorgang zweimal gebucht. Welche Auswirkung hat die Doppelbuchung?

a) Es wird zu früh nachbestellt, da der Sollbestand niedriger ist als der Istbestand.

b) Es kann zu Engpässen in der Produktion kommen, da der Sollbestand höher ist als der Istbestand.

c) Der Produktion stehen mehr Artikel zur Verfügung, da der Sollbestand höher ist als der Istbestand.

d) Da der Sollbestand niedriger als der Istbestand ist, braucht bei einer Inventur die Bestandsdifferenz nicht ausgeglichen zu werden.

e) Da der Sollbestand höher ist als der Istbestand, braucht bei einer Inventur die Bestandsdifferenz nicht ausgeglichen zu werden.

Lösungsbuchstabe ______

58. Sie führen in Ihrem Lager ein neues elektronisches Lagerverwaltungsprogramm ein. Welcher Beleg wird zukünftig nicht mehr benötigt?

a) Frachtbrief
b) Wareneingangsschein
c) Inventurliste
d) Materialentnahmeschein
e) Lagerfachkarte

Lösungsbuchstabe ______________

59. Sie sollen den Auszubildenden zur Fachkraft für Lagerlogistik Lagerbegriffe erklären. Was ist unter dem Mindestbestand zu verstehen?

a) Der Mindestbestand ist der Ist-Bestand, der in der Lagerdatei geführt wird.
b) Der Mindestbestand ist der Soll-Bestand laut Lagerdatei.
c) Der Mindestbestand wird bei der Inventur ermittelt.
d) Der Mindestbestand darf nur in Ausnahmefällen unterschritten werden.
e) Der Mindestbestand ist der Bestand, bei dem nachbestellt werden muss.

Lösungsbuchstabe ______________

60. In letzter Zeit kam es häufiger zu Lieferungsverzögerungen und somit zu Stockungen in der Fertigung. Durch die Veränderung welchen Bestandes könnten Stockungen in der Fertigung vermindert werden?

a) Durch Erhöhung des Mindestbestandes
b) Durch Senkung des Mindestbestandes
c) Durch Senkung des Istbestandes
d) Durch Senkung des Sollbestandes
e) Durch Erhöhung des Höchstbestandes
f) Durch Senkung des Höchstbestandes

Lösungsbuchstabe ______________

61. Sie sollen die Bestände des Artikels FL122 aus den letzten Jahren kontrollieren und Auffälliges der Lagerleitung mitteilen. Welche Aussage ist anhand des Lagerdateiauszugs zutreffend?

Warenbestände des Artikels FL122 (Bestände zum letzten des Monats)								
Jahr	**Monat**	**Bestand**	**Jahr**	**Monat**	**Bestand**	**Jahr**	**Monat**	**Bestand**
2021	Januar	220	2022	Januar	410	2023	Januar	440
	Februar	370		Februar	380		Februar	420
	März	360		März	370		März	390
	April	330		April	360		April	340
	Mai	300		Mai	320		Mai	320
	Juni	280		Juni	340		Juni	290
	Juli	300		Juli	290		Juli	280
	August	410		August	370		August	350
	September	400		September	460		September	440
	Oktober	470		Oktober	490		Oktober	480
	November	540		November	580		November	550
	Dezember	520		Dezember	520		Dezember	500

a) Für den Artikel FL122 wird das ganze Jahr hinweg ein gleichmäßig hoher Lagerbestand gehalten, um Kundenwünsche erfüllen zu können.
b) Für den Artikel FL122 haben sich die Bestände im Jahr 2023 gegenüber den Vorjahren stark erhöht.
c) Für den Artikel FL122 wird besonders im Frühjahr ein hoher Sicherheitsbestand gehalten, da mit unerwarteten Kundenwünschen zu rechnen ist.
d) Für den Artikel FL122 wird besonders in den Sommermonaten ein zusätzlicher Lagerplatz benötigt.
e) Für den Artikel FL122 wird besonders für das Weihnachtsgeschäft ein hoher Bestand gehalten, um Kundenwünsche erfüllen zu können.

Lösungsbuchstabe ______________

62. Das Controlling weist die Lagerleitung nach einer Kostenanalyse an, den Mindestbestand eines Artikels zu verringern. Welches Argument spricht für die Maßnahme?

a) Die Produktion ist um 10 % gestiegen.
b) Der Lieferant liefert demnächst „frei Haus" anstatt „ab Werk".
c) Der Anteil der Lagerkosten zu den Gesamtkosten hat sich erhöht.
d) Die Lieferzeit unseres Zulieferers erhöht sich.
e) Die neuen automatischen Hochregallager verringern die Ein- und Auslagerungszeit.

Lösungsbuchstabe ____________ ☐

63. Bei der Lagerverwaltung sind die Bestandsdaten von Bedeutung. Ordnen Sie die 5 Bestandsarten den entsprechenden Aussagen zu!

	Bestandsart		**Aussage**
a)	Istbestand	1)	Schutz vor Lieferengpässen
b)	Meldebestand	2)	Mindestbestand plus maximale Bestellmenge
c)	Verfügbarer Bestand	3)	Zeitpunkt für eine Nachbestellung
d)	Eiserne Reserve	4)	Auch reservierte Mengen sind berücksichtigt
e)	Höchstbestand	5)	Tatsächlicher Bestand

Lösungsbuchstaben ____________ 1) ☐ 2) ☐ 3) ☐ 4) ☐ 5) ☐

64. Durch den Wechsel eines Lieferanten kann bei einem Artikel die Lieferzeit verkürzt und somit der Lagerbestand verkleinert werden. Welche Auswirkung hat der Lieferantenwechsel?

a) Der Mindestbestand muss durch die kürzere Lieferzeit erhöht werden.
b) Die Lieferbereitschaft sinkt durch die kürzere Lieferzeit.
c) Das Lagerrisiko sinkt durch die kürzere Lieferzeit.
d) Die Bestellmenge steigt durch die kürzere Lieferzeit.
e) Auf den Kapitalbedarf hat die kürzere Lieferzeit keine Auswirkung.

Lösungsbuchstabe ____________ ☐

65. Von der Geschäftsleitung erhalten Sie die Anweisung, hochwertige Artikel in kürzeren Abständen zu bestellen. Der tägliche Verbrauch beträgt 20 Stück, die Lieferzeit 10 Tage. Der Mindestbestand soll 5 Tage ausreichen. Berechnen Sie den Meldebestand!

66. Beim Bestellvorgang müssen die Lieferzeit und die Höhe des Lagerbestandes berücksichtigt werden. Welche beiden Aussagen treffen zu?

a) Es besteht kein Zusammenhang zwischen Höhe des Lagerbestandes und Lieferzeit.
b) Je länger die Lieferzeit, desto größer die Lagerhaltung
c) Je länger die Lieferzeit, desto geringer die Lagerhaltung
d) Je kürzer die Lieferzeit, desto größer die Lagerhaltung
e) Je kürzer die Lieferzeit, desto geringer die Lagerhaltung

Lösungsbuchstaben ____________ ☐ ☐

67. Bei Auswertung der Lagerstatistiken haben Sie festgestellt, dass der Absatz eines im letzten Jahr neu eingeführten Artikels höher ist als angenommen. Welche Größe sollten Sie ändern?

a) Den Verkaufspreis anheben
b) Den Meldebestand erhöhen
c) Den Höchstbestand senken
d) Die Lieferzeit verkürzen
e) Den Mindestbestand senken

Lösungsbuchstabe ______

68. Damit der Produktionsprozess reibungslos abläuft, muss im Lager der Mindestbestand bekannt sein, um rechtzeitig bestellen zu können. Ermitteln Sie den Meldebestand!

Mindestbestand 80 Stück
Täglicher Verbrauch 10 Stück
Lieferzeit 4 Tage

69. Bei einem täglichen Verbrauch von 120 Stück eines Lagerartikels reicht der Vorrat 12 Tage. In der Produktion werden aufgrund eines Großauftrags 20 % mehr benötigt. Berechnen Sie, wie viele Tage der Vorrat jetzt reicht!

70. Die Frantz GmbH lagert täglich 50 Kartons eines Zubehörteiles aus. Der Mindestbestand soll für 4 Tage ausreichen. Berechnen Sie den Meldebestand, wenn die Lieferzeit 6 Tage beträgt!

71. Sie überprüfen die Lagerbestandsdaten und schlagen Ihrem Vorgesetzten vor, für einen Artikel den Meldebestand zu senken. Welchen Grund können Sie anführen?

a) Im Vergleich zu anderen Artikeln ist der Meldebestand des betrachteten Artikels am größten.
b) Der Verbrauch des Artikels ist stark gestiegen.
c) Wir lagern anstatt im Palettenregal im Hochregallager.
d) Durch einen Lieferantenwechsel konnte die Lieferzeit um eine Woche verkürzt werden.
e) Es wurde mit dem Lieferanten vereinbart, anstatt auf Einweg- nun auf Europaletten zu liefern.
f) Der Lieferant liefert „frei Haus“.

Lösungsbuchstabe ______

③ Güter bearbeiten

72. Das Lagerverwaltungsprogramm liefert Ihnen für einen Artikel folgende Daten:

Anfangsbestand 01. Januar 2023	58.600,00 €
1. Quartalsendbestand 31. März 2023	47.200,00 €
2. Quartalsendbestand 30. Juni 2023	32.400,00 €
3. Quartalsendbestand 30. September 2023	36.300,00 €
4. Quartalsendbestand 31. Dezember 2023	45.100,00 €

Der durchschnittliche Lagerbestand betrug im Jahr 2022 40.920,00 € bei ungefähr gleichbleibenden Verkäufen in beiden Jahren. Berechnen Sie den Unterschied des durchschnittlichen Lagerbestandes in den Jahren 2022 und 2023!

73. Die Frantz GmbH überlegt die Lagerkapazitäten zu erhöhen und die Lagerbestände anzupassen. Was spricht für ein großes Lager und einen hohen Lagerbestand?

a) Die Umschlagshäufigkeit steigt.
b) Durch eine höhere Kapitalbindung steigt der Gewinn.
c) Gefahr von Verderb bzw. Schwund wird geringer.
d) Die Kapitalbindung und damit auch die Lagerzinsen sinken.
e) Allgemeine Lagerkosten für z. B. Licht und Heizung sinken.
f) Kurzfristig treten weniger Lieferengpässe auf.

Lösungsbuchstabe ______

74. Die Frantz GmbH bietet Logistikdienstleistungen für unterschiedliche Betriebe an. Die Umschlagshäufigkeit ist branchenbedingt verschieden. Welche Aussage ist richtig?

a) Je niedriger die Umschlagshäufigkeit, desto niedriger die Lagerdauer
b) Je höher die Umschlagshäufigkeit, desto höher die Lagerdauer
c) Je niedriger die Umschlagshäufigkeit, desto häufiger muss nachbestellt werden
d) Je höher die Umschlagshäufigkeit, desto niedriger die Lagerdauer
e) Es besteht kein Zusammenhang zwischen Umschlagshäufigkeit und Lagerdauer.

Lösungsbuchstabe ______

75. Bei einem Lagerteil beträgt der durchschnittliche Lagerbestand zu Einstandspreisen 20.000,00 €, der Umsatz 200.000,00 € sowie der Einstandspreis der umgesetzten Güter 160.000,00 €. Berechnen Sie die Umschlagshäufigkeit des Lagerteils!

a) Zweimal
b) Viermal
c) Sechsmal
d) Achtmal
e) Zehnmal

Lösungsbuchstabe ______

76. In einem Ersatzteillager wurde eine Umschlagshäufigkeit von 8 ermittelt. Wie viele Tage betrug die durchschnittliche Lagerdauer?

a) 8 Tage
b) 15 Tage
c) 30 Tage
d) 45 Tage
e) 90 Tage

Lösungsbuchstabe ______

77. Sie sind bei der Frantz GmbH für den innerbetrieblichen Unterricht zuständig und behandeln bei den Lagerkennziffern den durchschnittlichen Lagerbestand. Welche Aussage ist zutreffend?

a) Der durchschnittliche Lagerbestand wird durch die Inventur ermittelt.
b) Der durchschnittliche Lagerbestand ist der Bestand am Jahresende.
c) Der durchschnittliche Lagerbestand ist der Bestand zur Wochenmitte.
d) Der durchschnittliche Lagerbestand ist der Jahresdurchschnitt einer Branche.
e) Der durchschnittliche Lagerbestand ist der Durchschnittsbestand einer Geschäftsperiode.

Lösungsbuchstabe ______

78. Was könnte ein zu hoher Lagerbestand für die Frantz GmbH zur Folge haben?

a) Ein zu hoher Lagerbestand führt zu einer Erhöhung der Rentabilität.
b) Ein zu hoher Lagerbestand führt zu einer erhöhten Liquidität.
c) Ein zu hoher Lagerbestand kann zu einer Erhöhung der Lagerkosten durch Schwund, Verderb oder Diebstahl führen.
d) Ein zu hoher Lagerbestand führt zu einer Erhöhung der Umschlagshäufigkeit.
e) Ein zu hoher Lagerbestand führt zu einer Verminderung der Lagerdauer.

Lösungsbuchstabe ______

79. Die Geschäftsleitung der Frantz GmbH möchte das Lager wirtschaftlicher gestalten und denkt über eine Verringerung des Lagerbestandes nach. Was könnte die Folge einer Verringerung des Lagerbestandes sein?

a) Eine Verringerung des Lagerbestandes kann zu Lieferengpässen führen.
b) Eine Verringerung des Lagerbestandes führt zu höheren Gewinnen.
c) Eine Verringerung des Lagerbestandes führt zu höheren Umsätzen.
d) Eine Verringerung des Lagerbestandes ermöglicht ein vielfältigeres Warenangebot.
e) Eine Verringerung des Lagerbestandes führt zu einer Verringerung der Umschlagshäufigkeit.

Lösungsbuchstabe ______

80. Die Lagerleitung diskutiert die Umschlagshäufigkeit unterschiedlicher Lagergüter und deren Veränderung. Was bewirkt u. a. eine Erhöhung der Umschlagshäufigkeit?

a) Die Lagerdauer verlängert sich.
b) Der Kapitaleinsatz wird vergrößert.
c) Das Risiko bei der Lagerung wird größer.
d) Die Lagerkosten erhöhen sich.
e) Die Lagerkosten sinken.

Lösungsbuchstabe ______

81. Die Nachfrage eines Artikels nimmt ab, wodurch sich die Lagerdauer erhöht. Welche Auswirkung hat diese Verlängerung?

a) Die Beschaffungsdauer verringert sich.
b) Das Lagerrisiko wird geringer.
c) Das Lagerrisiko wird größer.
d) Die Umschlagsgeschwindigkeit erhöht sich.
e) Die Wirtschaftlichkeit erhöht sich.

Lösungsbuchstabe ______

④ Güter im Betrieb transportieren

1. Aufgabe

Situation:
Die Frantz GmbH möchte sich in der Organisation des innerbetrieblichen Material- und Informationsflusses für die Zukunft besser aufstellen. Sie sollen dabei mitwirken.

1.1 Beschreiben Sie drei Ziele, die sich die Frantz GmbH bei der Optimierung des innerbetrieblichen Materialflusses sinnvollerweise stecken könnte.

1.2 Nennen Sie dazu passend die „6 R der Logistik".

1.3 Nennen Sie die vier Möglichkeiten, wie der passende Informationsfluss im Vergleich zum zugehörigen Materialfluss ablaufen kann.

2. Aufgabe

Situation:
Zwar verfügt die Frantz GmbH bereits über eine Vielzahl an verschiedenen Fördermitteln. Um den innerbetrieblichen Materialfluss aber nochmals zu verbessern, plant das Unternehmen die Anschaffung neuer Förderhilfsmittel.

2.1 Beschreiben Sie den Zweck von „Förderhilfsmitteln". Geben Sie zudem vier gängige Beispiele an.

2.2 Beschreiben Sie fünf Anforderungen, die das Unternehmen an die neuen Förderhilfsmittel stellen könnte.

2.3 Erläutern Sie drei verschiedene Möglichkeiten, wie man Fördermittel in verschiedene Kategorien einteilen/unterscheiden kann.

3. Aufgabe

Situation:
Die Frantz GmbH plant die Anschaffung von Stetigförderern für einen Großteil ihres Lagers.

3.1 Nennen Sie zwei Merkmale dieser Art von Fördermitteln und begründen Sie, warum der Einsatz von Stetigförderern ökonomisch sinnvoll für das Unternehmen sein kann.

3.2 Nennen Sie jeweils vier Stetig- sowie Unstetigförderer.

Stetigförderer	Unstetigförderer

3.3 Nach eingehender Beratung entschließt sich die Frantz GmbH schließlich, unter anderem eine Elektrohängebahn zu installieren. Beschreiben Sie zwei Bedingungen, die aus Unfallverhütungsaspekten bei dieser Art von flurfreien Stetigförderern zusätzlich zu den bisher beachteten erfüllt werden müssen.

3.4 Weiterhin besteht auch der Plan, Rollenbahnen oder Röllchenbahnen anzuschaffen. Erklären Sie den Unterschied bei diesen beiden Fördermitteln.

3.5 Beschreiben Sie grundsätzliche Nachteile des Einsatzes von Rollen- oder Röllchenbahnen. Nennen Sie zusätzlich drei Beispiele von Anbaugeräten, die diese Nachteile überwinden können.

4. Aufgabe

Situation:
Oft werden bei der Frantz GmbH auch sehr schwere und sperrige Güter ein- und ausgelagert. Dafür sind mehrere verschiedene Krane im Einsatz.

4.1 Nennen Sie die vier Bestandteile eines Krans.

4.2 Geben Sie vier Beispiele von gängigen Lastaufnahmemitteln bei Kranen an.

5. Aufgabe

Situation:
Bei der Frantz GmbH sind viele verschiedene Flurförderzeuge im Einsatz, um die zahlreichen Ein- und Auslagerungen, die tagtäglich anfallen, schneller und effizienter gestalten zu können.

5.1 Nennen Sie jeweils zwei Beispiele von manuellen, maschinellen und automatischen Flurförderzeugen.

Manuell	Maschinell	Automatisch

5.2 Unterscheiden Sie die beiden Flurförderzeuge Schlepper und Wagen.

5.3 Unterscheiden Sie die beiden Flurförderzeuge Gabelhochhubwagen und Gabelniederhubwagen.

5.4 Geben Sie vier verschiedene Möglichkeiten an, wie man Gabelstapler in verschiedene Kategorien einteilen kann.

5.5 Nennen Sie hinsichtlich der Arbeitssicherheit vier Anforderungen an Flurförderzeuge.

6. Aufgabe

Situation:
Wie so oft im Logistik-Bereich, ist der Gabelstapler auch bei der Frantz GmbH das am häufigsten eingesetzte Fördermittel überhaupt. Auch Sie arbeiten in Ihrer Tätigkeit im Lager jeden Tag damit, sodass Ihnen der Umgang sehr vertraut ist.

6.1 Sie sollen vorschriftsgemäß vor dem Einsatz eines Gabelstaplers eine allgemeine Sichtprüfung durchführen. Beschreiben Sie vier Aspekte, die Sie dabei prüfen.

6.2 Nach der Sichtprüfung führen Sie auch die Funktionsprüfung bei Ihrem Gabelstapler durch. Nennen Sie drei Prüfungen, die Sie dabei erledigen.

6.3 Erläutern Sie fünf Verhaltensregeln, die im Umgang mit dem Gabelstapler unbedingt umgesetzt werden müssen, um die Unfallgefahr bei der Frantz GmbH zu reduzieren.

6.4 Führen Sie drei Beispiele von Fehlern an, die ein Staplerfahrer im Zusammenhang mit dem Abstellen seines Gabelstaplers machen könnte. Geben Sie zu jedem Beispiel noch eine mögliche negative Folge dieses Fehlverhaltens an.

Fehler beim Abstellen des Staplers	Mögliche Folge

6.5 Benennen Sie die fünf fehlenden Bestandteile des Gabelstaplers aus der unten gezeigten Abbildung.

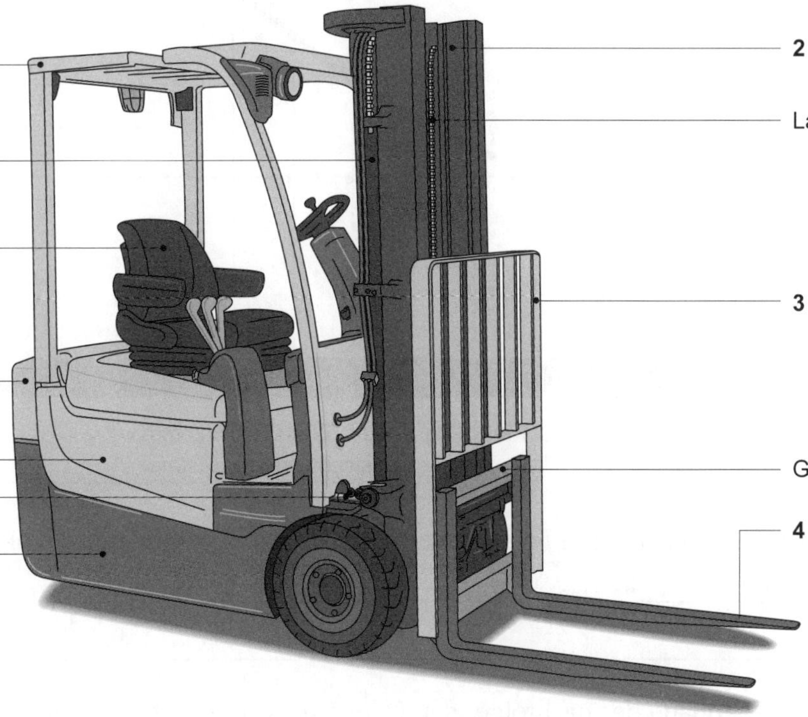

1	
2	
3	
4	
5	

6.6 Nennen Sie vier gängige Anbaugeräte für Gabelstapler. Geben Sie dazu auch jeweils ein Beispiel für typischerweise damit beförderte Güter an.

Anbaugerät	Fördergut

7. Aufgabe

Situation:
Als erfahrener Gabelstapler-Fahrer wissen Sie, dass an jedem Gabelstapler ein sogenanntes Tragfähigkeitsdiagramm (siehe Seite 94) des betreffenden Staplers angebracht sein muss.

7.1 Erläutern Sie den Zweck dieses Diagramms.

____

____

____

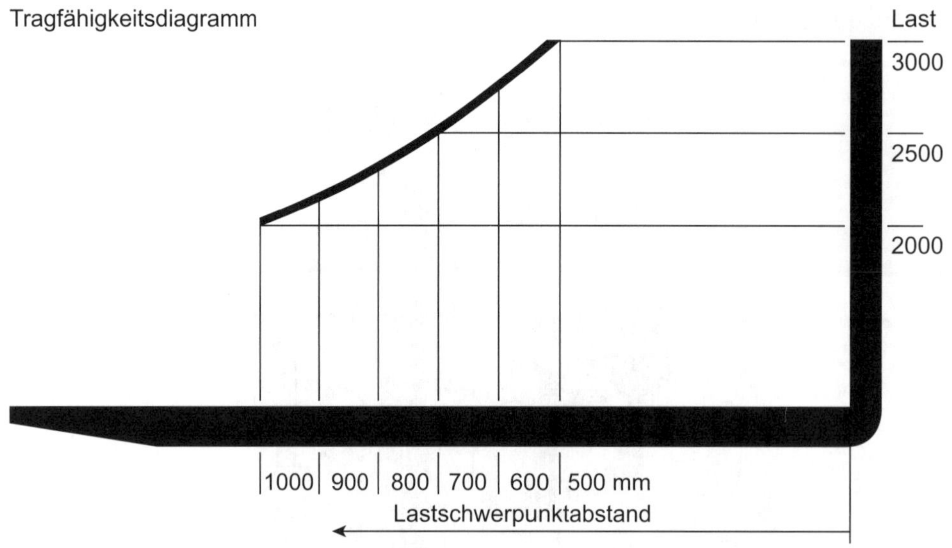

7.2 Nennen Sie zwei negative Folgen, wenn das Tragfähigkeitsdiagramm nicht beachtet wird.

7.3 Geben Sie anhand des nachfolgenden Diagramms an, welchen Abstand der Schwerpunkt der folgenden Lasten jeweils maximal vom Gabelrücken haben darf (die Hubhöhe soll hierbei vernachlässigt werden).

7.3.1 Eine Überseekiste (Tara 230 kg) beladen mit zwei Bootsmotoren à 1.200 kg.

7.3.2 Eine Europalette mit maximaler vollflächiger und gleichförmiger Lastverteilung.

7.3.3 Ein Stahlcontainer (Tara 800 kg) beladen mit 2.100 kg Auto-Ersatzteilen.

8. Aufgabe

Situation:
Im Rahmen einer Fortbildung zum Themenbereich Fördermittel erweitern Sie Ihre Kenntnisse. Denn Ihr Arbeitgeber, die Frantz GmbH, zählt natürlich nur einen kleinen Teil der am Markt befindlichen Fördermittel zu ihrem Inventar, sodass Sie einige der während der Fortbildung angesprochenen Geräte noch nie in der Praxis gesehen haben. Besonders interessant fanden Sie spezielle Gabelstapler, Regalbediengeräte und fahrerlose Transportsysteme.

8.1 Erläutern Sie die besonderen Merkmale eines explosionsgeschützten Gabelstaplers.

8.2 Unterscheiden Sie bei den Regalbediengeräten die regalabhängigen und die regalunabhängigen.

8.3 Erklären Sie drei verschiedene Steuerungsarten von fahrerlosen Transportsystemen (FTS).

8.4 Nennen Sie drei Sicherungen, die in ein FTS eingebaut werden können, um Zusammenstöße bzw. Unfälle zu vermeiden.

9. Aufgabe

Situation:
Sie sind für die Bereitstellung von beladenen Gitterboxpaletten für die Warenausgabe zuständig. Dort sollen die auszuliefernden Güter in gekennzeichneten Zonen bereitgestellt werden.

Nennen Sie zwei für diese Situation geeignete Fördermittel, mit denen Sie diese Aufgabe erledigen können!

10. Aufgabe

Situation:
Sie werden beauftragt, die Einlagerung von Automotoren für die Frantz GmbH zu organisieren. Diese werden zukünftig von einem Lieferanten per Lkw auf Europaletten (Gesamtgewicht etwa 1.600 kg je Palette) angeliefert.

10.1 Geben Sie ein sinnvolles Fördermittel zur Entladung der Güter aus dem Lkw an. Unterstellen Sie dabei, dass die Lkw des Lieferanten mit der Heckklappe voran an die höhenverstellbare Laderampe der Warenannahme fahren werden.

10.2 Geben Sie ein sinnvolles Fördermittel an, welches die Güter bis zum Übernahmeplatz im Hochregallager transportieren soll.

10.3 Geben Sie ein sinnvolles Fördermittel an, welches die Güter im 12m hohen, vollautomatischen Hochregallager einlagern soll.

11. Aufgabe

Situation:
Nennen Sie fünf verschiedene manuelle Hebe- und Transportmittel, die bei der Frantz GmbH sinnvoll zum Einsatz kommen können.

12. Aufgabe

Situation:
Nach einer Reihe von Arbeitsunfällen bei der Frantz GmbH in der letzten Zeit, mit teilweise sogar schweren Verletzungen, reicht es der Geschäftsführung nun: Es soll ab sofort verstärkt an der Arbeitssicherheit gearbeitet werden, damit in Zukunft Unfälle möglichst vermieden werden können. Zu diesem Zweck wurde eine Projektgruppe gegründet, der auch Sie angehören.

12.1 Nennen Sie drei Personen bzw. Institutionen, die bei der Frantz GmbH für die Sicherheit / die Organisation des Arbeitsschutzes verantwortlich sind.

12.2 Beschreiben Sie die „fünf Ws", die beim Absetzen eines Notrufes nach einem Unfall unbedingt eingehalten werden sollten.

12.3 Nennen Sie drei Angaben, die eine Betriebsanweisung für den Einsatz von Gabelstaplern gemäß der Berufsgenossenschaft mindestens enthalten muss.

13. Damit die Frantz GmbH die Kundenwünsche bestmöglich befriedigen kann, hat das Unternehmen sich Ziele hinsichtlich des Materialflusses gesetzt. Tragen Sie die korrekte Aussage zu den Zielen der Logistik ein.

a) Die richtigen Materialien – mit der richtigen Qualität – zur richtigen Zeit – zum vereinbarten Ort – mit maximaler Menge – und maximalen Kosten.

b) Die gerade vorrätigen Materialien – mit der vorrätigen Qualität – zur richtigen Zeit – zum richtigen Ort – mit richtiger Menge – und minimalen Kosten.

c) Die richtigen Materialien – mit der richtigen Qualität – zur richtigen Zeit – zum richtigen Ort – mit richtiger Menge – und richtigen Kosten.

d) Die richtigen Materialien – mit zumutbarer Qualität – an den Herstellungsort – mit kürzestem Transportweg – mit korrekter Menge – und geringsten Kosten.

e) Die richtigen Materialien – mit der richtigen Qualität – zur richtigen Zeit – zum richtigen Lagerort – mit minimaler Menge – und annehmbaren Kosten.

Lösungsbuchstabe ______________________________ ☐

14. Bei der Gestaltung des innerbetrieblichen Materialflusses sind verschiedene Aspekte zu betrachten. Tragen Sie den Faktor ein, der keinen Einfluss auf den Materialfluss hat.

a) Die Häufigkeit der Beförderung.

b) Das Gut bzw. die Güter, welche befördert werden sollen.

c) Der Weg, auf dem die Güter transportiert werden sollen.

d) Die tägliche Arbeitszeit, die die Lagerlogistiker ableisten sollen.

e) Die entstehenden Kosten der Beförderung der Güter.

Lösungsbuchstabe ______________________________ ☐

15. Ordnen Sie den nachfolgenden Informationsflüssen jeweils eine Aussage zu:

1) dem Materialfluss entgegenlaufender Informationsfluss

2) dem Materialfluss vorauslaufender Informationsfluss

3) dem Materialfluss nachlaufender Informationsfluss

a) Der Kunde erhält zu den gelieferten Gütern eine Rechnung.

b) Eine Entnahme von Material wird auf dem Materialentnahmeschein vermerkt.

c) Dem Staplerführer wird zu der Europalette ein Warenbegleitschein übergeben.

d) Von Artikel XY wird eine Nachbestellung beim Lieferanten getätigt.

e) Ein Kunde reklamiert, dass eine Lieferung nur defekte Ware enthielt.

Lösungsbuchstaben ______________________________ 1) ☐ 2) ☐ 3) ☐

16. Tragen Sie aus der nachstehenden Aufzählung die beiden Förderhilfsmittel ein.

a) Röllchenbahn

b) Wendelrutsche

c) Regalbediengerät

d) Tablar

e) Beutel

Lösungsbuchstaben ______________________________ ☐ ☐

17. Die Frantz GmbH besitzt eine Vielzahl an verschiedenen Förderhilfsmitteln, um den innerbetrieblichen Materialfluss möglichst optimal ablaufen zu lassen. Ordnen Sie bei der nachstehenden Liste an Beispielen von diesen Förderhilfsmitteln zu, ob diese

1) = formstabil oder
2) = forminstabil sind.

a) Europalette
b) Netz
c) Sack
d) Kanister
e) Gitterbox
f) Schachtel
g) Fass
h) Collico

Lösungsziffern ____________ a) ☐ b) ☐ c) ☐ d) ☐ e) ☐ f) ☐ g) ☐ h) ☐

18. Tragen Sie von den folgenden Beispielen von Fördermitteln die beiden Stetigförderer ein.

a) Rutsche
b) Hochregalstapler
c) Niederhubwagen
d) Becherwerk
e) Deckenkran

Lösungsbuchstaben ____________ ☐ ☐

19. Tragen Sie von den folgenden Beispielen von Fördermitteln den einzigen Unstetigförderer ein.

a) Elektrohängebahn
b) Unterflurschleppkettenförderer
c) Gurtförderer
d) Wendelrutsche
e) Schlepper

Lösungsbuchstabe ____________ ☐

20. Tragen Sie aus der nachfolgenden Auswahl an Stetigförderern die beiden flurfreien ein.

a) Elektrohängebahn
b) Unterflurschleppkettenförderer
c) Becherwerk
d) Rutsche
e) Power-and-free-Förderer

Lösungsbuchstaben ____________ ☐ ☐

21. Tragen Sie ein, für welche der nachfolgenden Beförderungsvarianten sich Stetigförderer insbesondere eignen.

a) Einlagern von Gütern in ein Lager mit chaotischer Lagerung.
b) Regelmäßiger Transport auf jeweils fest vorgegebenen Förderwegen.
c) Flexibler Transport auf stets unterschiedlichen Förderwegen.
d) Bedarfsmäßiger bzw. seltener Transport zwischen der Warenannahme und dem Warenausgang.
e) Unregelmäßiger Transport von sehr sperrigen Gütern.

Lösungsbuchstabe ____________ ☐

Situation für die Aufgaben 22 bis 24:
Die Frantz GmbH plant den Bau eines neuen Lagergebäudes als vollautomatisches Hochregallager. Dieses wird allerdings einen Förderweg vom Wareneingang bis in das neue Hochregallager von 200 bis 250 Metern mit sich bringen.

22. Für die Strecke zwischen Wareneingang und Hochregallager soll ein Fördermittel eingesetzt werden, welches fahrerlos sowie möglichst flurfrei die Fördergüter bewegt. Im Lager werden die Güter dann automatisch an den Übergabepunkten übernommen werden. Entscheiden Sie, welches der folgenden Fördermittel sich in diesem Fall am besten eignet.

a) Elektrohängebahn
b) Wendelrutsche
c) Gurtförderer
d) Unterflurschleppkettenförderer
e) Rollenbahn

Lösungsbuchstabe ____ ☐

23. Begründen Sie, weshalb es für die Frantz GmbH wirtschaftlich sinnvoll ist, sich in diesem Fall für den Einsatz eines Stetigförderers zu entscheiden.

a) Stetigförderer transportieren die Fördergüter stets mit erhöhter Geschwindigkeit.
b) Stetigförderer bieten eine ständige Bereitschaft zur Beförderung.
c) Stetigförderer sind gut geeignet für verschiedene Förderwege.
d) Stetigförderer sorgen stets für eine Halbierung der Energiekosten.
e) Stetigförderer arbeiten langsamer, dafür aber flexibler als die Alternative Gabelstapler.

Lösungsbuchstabe ____ ☐

24. Die Unternehmensleitung entschied sich letztlich gegen den Einsatz eines Unterflurschleppkettenförderers. Entscheiden Sie, in welchem der nachfolgenden Fälle sich die Installierung dieses Fördermittels als sinnvoll erweisen würde.

a) Gelegentlicher Transport von palettierter Ware.
b) Stetiger Transport von schweren Motorblöcken in der Lkw-Fertigung.
c) Vertikaler Transport von unpalettierter Ware in einem Hochregallager.
d) Transport von Bekleidungsstücken in einer Wäscherei.
e) Transport von kleinen Kisten an verschiedene Übernahmestellen.

Lösungsbuchstabe ____ ☐

25. Welche Aussage zum Kreiskettenförderer ist zutreffend?

a) Der Kreiskettenförderer gehört zu den flurgebundenen Stetigförderern.
b) Der Kreiskettenförderer besitzt zwei übereinander angeordnete Schienen.
c) Der Kreiskettenförderer benötigt keine Laufwagen, um das Fördergut zu transportieren.
d) Der Kreiskettenförderer kann Verzweigungen und Staumöglichkeiten nicht realisieren.
e) Der Kreiskettenförderer benötigt keine tragfähige Deckenkonstruktion.

Lösungsbuchstabe ____ ☐

26. Tragen Sie aus den nachfolgenden Aussagen zum Power-and-free-Förderer die beiden falschen ein.

a) Der Power-and-free-Förderer bietet die Möglichkeit zu Weichen und Verzweigungen beim Förderweg.
b) Der Power-and-free-Förderer kann keine Steigungen überwinden.
c) Der Power-and-free-Förderer ist gut geeignet für Stückgüter.
d) Der Power-and-free-Förderer ist durch zwei übereinander angeordnete Schienen („Power" und „Free") wesentlich flexibler als der Kreiskettenförderer.
e) Der Power-and-free-Förderer hat in der unteren Schiene die Antriebskette.

Lösungsbuchstaben ____ ☐ ☐

27. Tragen Sie aus den folgenden Aussagen zur Elektrohängebahn die beiden korrekten ein.

a) Die Elektrohängebahn ist grundsätzlich teurer in der Anschaffung als vergleichbare flurfreie Stetigförderer.
b) Die Elektrohängebahn ist für den Einsatz in Explosionsschutzzonen geeignet.
c) Die Elektrohängebahn verfügt über einen zentralen Elektromotor als Antrieb.
d) Die Elektrohängebahn hat als Vorteil die stets gleichmäßige Geschwindigkeit aller Laufwagen.
e) Die Elektrohängebahn benötigt stets gleiche Förderwege und Förderziele.

Lösungsbuchstaben ______________________ ☐ ☐

28. In einem Teil des Lagers der Frantz GmbH sollen zukünftig unpalettierte Stückgüter mittels Rollenbahnen befördert werden. Geben Sie an, welche Auswirkung dieser Entscheidung auf den innerbetrieblichen Materialfluss beim Unternehmen richtig ist.

a) Der Einsatz von Rollenbahnen ermöglicht eine größere Flexibilität hinsichtlich der Beförderungswege.
b) Der Einsatz von Rollenbahnen führt dazu, dass die Personalkosten steigen werden.
c) Der Einsatz von Rollenbahnen löst große Kosten sowohl in der Anschaffung als auch in der Wartung aus und ist dementsprechend ungeeignet für den Materialfluss.
d) Der Einsatz von Rollenbahnen ermöglicht einen stetigen Materialfluss unter geringen Personalkosten.
e) Der Einsatz von Rollenbahnen behindert den Materialfluss immens durch die flurfreie Installation.

Lösungsbuchstabe ______________________ ☐

29. Entscheiden Sie, wie der Einsatz eines neuen Gurtförderers sowohl aus ökonomischen als auch aus ökologischen Aspekten organisiert sein sollte.

a) Der Gurtförderer läuft stets durch, außer der Notaus-Schalter wird betätigt.
b) Der Gurtförderer schaltet automatisch ab, sobald eine Mindestmenge an Fördergütern unterschritten ist.
c) Der Gurtförderer wird in jeder Schicht erst eingeschaltet, sobald eine Mindestmenge an förderbereiten Verpackungseinheiten gesammelt und erreicht wurde.
d) Der Gurtförderer schaltet sich bei längerem Leerlauf automatisch ab und bei erneutem Förderbedarf wird er manuell von einem zentralen Bedienknopf aus wieder angeschaltet.
e) Der Gurtförderer schaltet sich bei längerem Leerlauf automatisch ab und bei erneutem Förderbedarf auch automatisch wieder an.

Lösungsbuchstabe ______________________ ☐

30. Bei einem kürzlich installierten neuen Gurtförderer stellen Sie fest, dass der Motor beim Betrieb merkwürdige Geräusche von sich gibt. Tragen Sie ein, wie Sie sich in dieser Situation korrekt verhalten.

a) Sie lassen den Gurtförderer weiterhin laufen, denn noch funktioniert er ja.
b) Sie stellen den Gurtförderer sofort ab und benachrichtigen einen fachkundigen Techniker.
c) Sie stellen den Gurtförderer sofort ab und reparieren das Gerät selbst, um dem Unternehmen Kosten durch die Fremdreparatur zu ersparen.
d) Sie lassen den Gurtförderer laufen und reparieren das Gerät während des Betriebs, um den Materialfluss nicht zu stören.
e) Sie stellen den Gurtförderer sofort aus und prüfen am nächsten Tag, ob die Störgeräusche vielleicht verschwunden sind.

Lösungsbuchstabe ______________________ ☐

31. Ordnen Sie bei den nachstehenden Beispielen von Hebezeugen zu, ob es sich um

1) = fahrbare Hebezeuge oder
2) = ortsfeste Hebezeuge handelt.

a) Portalkran
b) Lastenaufzug
c) Hebebühne an der Laderampe der Warenannahme
d) Zweiträger-Laufkran
e) Kleingüteraufzug

Lösungsziffern ______ a) ☐ b) ☐ c) ☐ d) ☐ e) ☐

Situation für die Aufgaben 32 bis 36:
Sie werden vom Lagerleiter der Frantz GmbH damit beauftragt, eine Spezialmaschine von 13 t Gewicht, die fest auf eine unterfahrbare Holzbalkenkonstruktion verschraubt ist, auf den Lkw der beauftragten Spedition zu verladen. Noch steht die Spezialmaschine in Bodenlagerung, sie besitzt vier Anschlagpunkte für Ladegeschirr.

32. Entscheiden Sie sich für eines der nachfolgenden Geräte, um die Verladung auf den Lkw ordnungsgemäß nach den Sicherheitsvorschriften durchführen zu können.

a) Hebebühne 15 t Tragkraft
b) Lastenaufzug 15 t Tragkraft
c) fahrbarer Kran 12 t Tragkraft
d) Portalkran 14 t Tragkraft
e) Dieselstapler mit Seitenschubgerät 11 t Tragkraft

Lösungsbuchstabe ______ ☐

33. Entscheiden Sie sich für das in diesem Fall am besten geeignete Ladegeschirr.

a) Es wird beim gewählten Gerät kein Ladegeschirr benötigt.
b) Zurrgurte für insgesamt 14 t Tragfähigkeit
c) Zweistrang-Anschlagseil für 12 t Tragfähigkeit
d) Einstrang-Anschlagkette mit 16 t Tragfähigkeit
e) Vierstrang-Anschlagkette mit 14 t Tragfähigkeit

Lösungsbuchstabe ______ ☐

34. Angenommen, Sie wählen einen Kran als Verladegerät: Sie übernehmen bei der Verladung der Spezialmaschine auch die Einweisung und das Anschlagen. Tragen Sie ein, welche Schutzausrüstung Sie gemäß der gesetzlichen Bestimmungen bei dieser Arbeit unbedingt tragen müssen.

a) Es gibt keine zwingend vorgeschriebenen Ausrüstungsgegenstände für diese Art von Verladearbeiten.
b) Schutzhelm und Gehörschutz
c) Schutzbrille und Warnweste
d) Schutzhelm und Arbeitsschutzschuhe
e) Schutzhandschuhe und Wetterschutzbekleidung

Lösungsbuchstabe ______ ☐

35. Bei der Verladung wird der Kran vom Führerstand aus bedient. Sie selbst schlagen die Spezialmaschine am Kranhaken an. Geben Sie an, unter welchen Bedingungen der Kran durch den Kranführer bewegt werden darf.

a) Der Kranführer darf den Kran bewegen, sobald die Last angeschlagen ist.
b) Der Kranführer darf den Kran bewegen, sobald er der Meinung ist, dass die Last angeschlagen ist.
c) Der Kranführer darf den Kran bewegen, wenn er vom Spediteur dazu ermächtigt worden ist.
d) Der Kranführer darf den Kran bewegen, sofern er freie Sicht auf die Last und die Anschlagpunkte hat.
e) Der Kranführer darf den Kran bewegen, wenn er vom Anschläger eindeutige Anweisung dazu erhält durch Funk oder Handzeichen.

Lösungsbuchstabe ______________________ ☐

36. Geben Sie an, zu welchen beiden Zeitpunkten die benutzten Lastaufnahmeeinrichtungen (z. B. Anschlagkette) von einem Sachverständigen geprüft werden müssen.

a) Vor der ersten Inbetriebnahme.
b) Vor jedem Gebrauch.
c) Nach jedem Gebrauch.
d) In regelmäßigen Abständen von längstens einem Jahr.
e) In regelmäßigen Abständen von längstens zwei Jahren.

Lösungsbuchstaben ______________________ ☐ ☐

37. Bei der Verwendung von Kranen ist die Beachtung der korrekten Spreiz- bzw. Neigewinkel von sicherheitsrelevanter Bedeutung. Welche zwei der nachfolgenden Aussagen sind korrekt?

a) Die Tragfähigkeit der Anschlagmittel ist unabhängig von Neigungswinkel und Spreizwinkel.
b) Ein Neigungswinkel von 60° darf nicht überschritten werden.
c) Ein Neigungswinkel von 60° darf nicht unterschritten werden.
d) Ein Spreizwinkel von 120° darf nicht überschritten werden.
e) Ein Spreizwinkel von 120° darf nicht unterschritten werden.

Lösungsbuchstaben ______________________ ☐ ☐

38. Entnehmen Sie dem unten abgebildeten Ausschnitt einer Tragfähigkeitstabelle für ein Anschlagmittel die jeweilige Kettendicke, die in den nachfolgenden drei Verladesituationen notwendig sind.

Ketten-Nenndicke mm	Tragfähigkeit in kg				
	Einzelstrang	Doppelstrang mit Neigungswinkeln von 0° bis 45°	Doppelstrang mit Neigungswinkeln von 45° bis 60°	Drei- und Vierstrang mit Neigungswinkeln von 0° bis 45°	Drei- und Vierstrang mit Neigungswinkeln von 45° bis 60°
4	500	700	500	1.050	750
6	1.000	1.400	1.000	2.100	1.500
8	2.000	2.800	2.000	4.250	3.000
10	3.200	4.500	3.200	6.700	4.750
13	5.000	7.100	5.000	10.000	7.500
16	8.000	11.200	8.000	17.000	11.800
18	10.000	14.000	10.000	21.200	15.000
20	12.500	18.000	12.500	26.500	18.000
22	15.000	21.200	15.000	32.000	22.400
26	20.000	28.000	20.000	40.000	30.000
28	25.000	35.500	25.000	50.000	37.500
32	32.000	45.000	32.000	63.000	47.500
36	40.000	56.000	40.000	80.000	60.000
40	50.000	71.000	50.000	–	–
45	63.000	90.000	63.000	–	–

a) Eine mit fünf jeweils 90 kg schweren Achsen beladene Holzkiste (Tara 60 kg) soll mit einem Einzelstrang auf die Ladefläche eines Lkw gehoben werden.
b) Eine Metallkiste, Leergewicht 180 kg, beladen mit drei Fahrzeug-Getrieben à 195 kg, soll mit Doppelstrang und einem Neigungswinkel von unter 45° gehoben werden.
c) Eine Blechpresse mit einem Gewicht von 32 t und verpackt in einem Holzverschlag (Tara 355 kg) soll mit Vierstrang und maximalem Neigungswinkel gehoben werden.

Kettendicke ______________ a) ☐ b) ☐ c) ☐

39. Geben Sie an, welche der nachfolgenden Institutionen für die Unfallverhütungsvorschriften beim Einsatz von Kranen zuständig ist.

a) Die Berufsgenossenschaft.
b) Der Betriebsrat.
c) Der Sicherheitsbeauftragte des jeweiligen Unternehmens.
d) Die Industrie- und Handelskammer.
e) Der Betriebsarzt.

Lösungsbuchstabe ______________ ☐

40. Gabelstapler sind mit die häufigsten und auch vielseitigsten Fördermittel, die in einem Lager anzutreffen sind. Geben Sie an, welchen besonderen Vorteil der Gabelstapler besitzt.

a) Er kann von allen Mitarbeitern ab dem 18. Lebensjahr benutzt werden.
b) Er bietet sowohl die Möglichkeit des Hebens als auch des horizontalen Transportierens.
c) Er bietet völlig gleichmäßige Förderhöhen, unabhängig vom Fördergewicht.
d) Er bietet für alle Güter unabhängig von Gewicht und Abmessung eine Fördermöglichkeit.
e) Er kann sowohl auf schrägen als auch auf ebenen Flächen völlig gleichwertig eingesetzt werden.

Lösungsbuchstabe ______________ ☐

41. Vor dem Gebrauch sind selbstverständlich auch die Mitarbeiter der Frantz GmbH angehalten, bei ihren Gabelstaplern eine Sicht- und Funktionsprüfung durchzuführen. Entscheiden Sie, welcher der nachfolgenden Aspekte dabei zur Funktionsprüfung gehört.

a) Prüfung des Lenkungsspiels.
b) Prüfung auf Risse am Fahrzeug.
c) Prüfung der Tiefe des Reifenprofils.
d) Prüfung auf ordnungsgemäße Befestigung des Fahrerschutzdaches.
e) Prüfung auf Risse in den Lastaufnahmemitteln.

Lösungsbuchstabe ______________ ☐

42. Geben Sie die beiden korrekten Bestandteile einer Sicht- und Funktionsprüfung vor Ingebrauchnahme eines Gabelstaplers an.

a) Überprüfung der Betriebsbremse.
b) Visuelle Überprüfung der Fahrzeuglackierung.
c) Überprüfung der korrekten Sitzhöhe.
d) Überprüfung der Beleuchtung.
e) Überprüfung der Fahrgestellnummer.

Lösungsbuchstaben ______________ ☐ ☐

Situation für die Aufgaben 43 und 44:
Sie werden als Mitarbeiter der Frantz GmbH gebeten, zusammen mit Ihrem Lagerleiter den optimalen Lieferanten für neu anzuschaffende Gabelstapler auszuwählen.

43. Wichtig ist der Unternehmensleitung bei der Neuanschaffung der Gabelstapler vor allem, dass diese eine lange betriebliche Nutzungsdauer sowie eine hohe Umweltverträglichkeit mit sich bringen. Entscheiden Sie, welche Aspekte somit in einem Herstellervergleich von besonderer Bedeutung sein sollten.

a) Art der Antriebsenergie und Energieverbrauch
b) Höhe der Wartungskosten und maximale Traglast
c) Tragfähigkeit und Höhe der Nebenkosten
d) Energieverbrauch und Art der Sitzposition
e) Maximale Hubhöhe und Energieverbrauch

Lösungsbuchstabe ______________________ ☐

44. Der neue Betriebsrat hat die Geschäftsleitung davon überzeugt, dass die neuen Gabelstapler auch den neuesten Anforderungen der Arbeitsergonomie gerecht werden müssen. Entscheiden Sie, auf welche Merkmale dann beim Kauf der Gabelstapler besonders geachtet werden sollte.

a) Möglichst viele verschiedene denkbare Anbauteile
b) Möglichst geringer Wendekreis sowie geringer Energieverbrauch
c) Möglichst gut auf die jeweiligen Bedürfnisse des Fahrers einstellbare Bedieneinrichtungen
d) Möglichst große Hubhöhe und möglichst großes Leergewicht
e) Möglichst hohe Tragfähigkeit und geringe Spurbreite

Lösungsbuchstabe ______________________ ☐

45. Geben Sie an, wann (MM.JJJJ) der Gabelstapler mit nebenstehender Prüfplakette geprüft werden muss.

Lösung ______________________ ☐

46. Tragen Sie die korrekte Antwort ein, die wiedergibt, in welchem Zeitabstand ein Sachkundiger die Gabelstapler der Frantz GmbH überprüfen muss.

a) Keine genauen Vorschriften, da die Überprüfung auf freiwilliger Basis abläuft.
b) Überprüfung jährlich.
c) Überprüfung alle zwei Jahre.
d) Überprüfung alle drei Jahre.
e) Überprüfung nur bei Bedarf (Unfall usw.).

Lösungsbuchstabe ______________________ ☐

47. Sie werden beauftragt, mit einem Gabelstapler eine Gitterbox aus dem Außenlager zur Warenausgabe zu transportieren. Dabei stellen Sie fest, dass die Prüfplakette des betreffenden Gabelstaplers bereits abgelaufen ist. Geben Sie an, wie Sie sich in dieser Situation korrekt verhalten.

a) Sie nehmen einen anderen Gabelstapler und lassen es damit auf sich beruhen.
b) Sie benutzen den Gabelstapler und informieren alle anderen Lagermitarbeiter.
c) Sie benutzen den Gabelstapler nicht und lassen die Gitterbox am Lagerstandort.
d) Sie benutzen den Gabelstapler, fahren aber besonders vorsichtig.
e) Sie benutzen den Gabelstapler nicht und informieren Ihren Vorgesetzten.

Lösungsbuchstabe ______________________ ☐

48. Sie erhalten von Ihrem Vorgesetzten den Auftrag, die Wartungspläne für alle im Einsatz befindlichen Gabelstapler der Frantz GmbH zu überprüfen. Geben Sie an, welche Information aus der nachfolgenden Auflistung Sie in diesen Plänen wiederfinden sollten.

a) Gebrauchsanleitung
b) Rechnung für angeschaffte Anbauteile
c) Intervall für Ölwechsel
d) Name des Einkäufers des Staplers
e) Höhe der jährlichen Abschreibung des Staplers

Lösungsbuchstabe ______________

49. In der Warenausgabe bekommen Sie für zwei Wochen aushilfsweise einen neuen Kollegen. Dieser ist 20 Jahre alt und bereits seit mehr als einem Jahr im Besitz eines Führerscheins für Flurförderzeuge. Der Kollege soll für die Frantz GmbH während seiner zweiwöchigen Versetzung natürlich auch Gabelstapler bewegen. Ihr Vorgesetzter weiß allerdings nicht, ob dazu auch die nötigen Voraussetzungen erfüllt sind. Geben Sie an, wann Ihr Vorgesetzter den Kollegen auch Gabelstapler fahren lassen kann.

a) Der Kollege darf gar nicht Gabelstapler fahren, da dies in Logistik-Unternehmen lediglich den Lagerleitern zusteht.
b) Der Kollege darf Gabelstapler fahren, weil er bereits volljährig ist.
c) Der Kollege darf Gabelstapler fahren, weil er die einjährige Probezeit für Flurförderzeuge erfüllt hat und nun Gabelstapler auch effektiv bewegen kann.
d) Der Kollege darf Gabelstapler fahren, wenn er zusätzlich den Führerschein Klasse B vorweisen kann.
e) Der Kollege darf Gabelstapler fahren, weil er eine ausreichende Ausbildung dazu hat und weil er vom Arbeitgeber dazu auch beauftragt wurde.

Lösungsbuchstabe ______________

50. Ein Auszubildender der Frantz GmbH soll zukünftig ebenfalls Waren mit dem Gabelstapler befördern. Er soll zu einer Schulung geschickt werden, um den Führerschein für Flurförderzeuge zu erwerben. Welche der folgenden Aussagen zu den Voraussetzungen für die Benutzung eines Gabelstaplers sind korrekt? Geben Sie die beiden richtigen Aussagen an.

a) Der Auszubildende muss mindestens 18 Jahre alt sein.
b) Weitere Voraussetzungen sind nicht gegeben, da eine Einweisung durch den Lagerleiter als Schulung hinreichend ist.
c) Der Auszubildende muss sowohl körperlich als auch geistig für die Gabelstapler-Führung geeignet sein.
d) Der Auszubildende benötigt eine Einverständniserklärung der Industrie- und Handelskammer, damit er an der Schulung teilnehmen kann.
e) Der Auszubildende benötigt einen Lkw-Führerschein, um zur Schulung zugelassen zu werden.

Lösungsbuchstaben ______________

51. Eine der Laderampen der Warenausgabe bei der Frantz GmbH verfügt über ein deutliches Gefälle. Geben Sie an, wie sich ein Staplerfahrer in einer solchen Situation korrekt verhält.

a) Der Staplerfahrer muss darauf achten, dass die Last bei Gefälle und Steigung stets talseitig befördert wird.
b) Hier ist nichts weiter zu beachten, da eine solche Rampe nicht benutzt werden darf.
c) Der Staplerfahrer muss darauf achten, dass die Last unabhängig vom Gewicht in einer solchen Situation stets in die höchste Stellung gebracht wird.
d) Der Staplerfahrer muss darauf achten, dass die Last bei Gefälle und Steigung stets bergseitig befördert wird.
e) Der Staplerfahrer muss darauf achten, die Rampe stets rückwärts hoch- und herunterzufahren.

Lösungsbuchstabe ______________

④ Güter im Betrieb transportieren

52. Die Frantz GmbH bekommt von einem Lieferanten eine lang erwartete Teilelieferung. Leider stellen Sie in der Warenannahme noch im Lkw fest, dass die für die Frantz GmbH bestimmte Palette mit 300 Schachteln völlig überladen ist und damit die Tragfähigkeit des einzigen derzeit zur Verfügung stehenden Gabelstaplers übersteigt. Entscheiden Sie, wie Sie sich in dieser Situation korrekt verhalten.

a) Sie laden die 300 Schachteln in eine Gitterbox um, da diese Teile stets in Gitterboxen gelagert werden und benutzen den Stapler nun für die Beförderung.
b) Sie gehen in eines der benachbarten Logistik-Unternehmen und versuchen dort, einen Stapler mit einer höheren Tragfähigkeit zu organisieren.
c) Sie verweigern mit Hinweis auf die genannte Problematik die Warenannahme und bewegen den Lieferanten dazu, innerhalb der nächsten Tage eine Lieferung auf mehreren Paletten durchzuführen.
d) Sie teilentladen die Schachteln mit der Hand auf eine andere Palette und befördern die leichter gewordene Palette nun mit dem bereitstehenden Stapler.
e) Sie organisieren ein Becherwerk, mit dem auch die überladene Palette leicht abtransportiert werden kann.

Lösungsbuchstabe ______________

53. Laut Anweisung des Lagerleiters sind bei der Frantz GmbH in Zukunft jegliche Güter nur noch derart zu befördern, dass der Hubmast des Gabelstaplers stets nach hinten geneigt ist. Entscheiden Sie, ob diese Anweisung sinnvoll ist.

a) Nein, so muss lediglich bei Bergfahrten vorgegangen werden.
b) Ja, denn in dieser Fahrweise liegt die Last sicher am Gabelrücken des Staplers an.
c) Nein, denn in der betrieblichen Praxis ist dafür keine Zeit.
d) Ja, denn so erhöht sich der Lastschwerpunktabstand, was die Fahrt sicherer macht.
e) Nein, so muss lediglich bei Rückwärtsfahrten vorgegangen werden.

Lösungsbuchstabe ______________

54. Die Frantz GmbH schafft sich mehrere neue batteriebetriebene Elektro-Gabelstapler an, die ausschließlich in den Lagerhallen zum Einsatz kommen sollen. Geben Sie den korrekten Grund an, warum sich das Unternehmen für batteriebetriebene Stapler entschieden hat.

a) Weil diese Stapler keine Abgase ausstoßen.
b) Weil die Mitarbeiter für solche Stapler keinen Staplerschein benötigen.
c) Weil diese Stapler keine regelmäßigen technischen Überprüfungen mit sich bringen.
d) Weil diese Stapler größtenteils flurfrei funktionieren.
e) Weil diese Stapler eine höhere Tragfähigkeit besitzen als vergleichbare Diesel-Stapler.

Lösungsbuchstabe ______________

55. Sie stellen fest, dass bei einem Gabelstapler die Feststellbremse offenkundig defekt ist. Entscheiden Sie, wie Sie sich in dieser Situation korrekt verhalten.

a) Sie legen nach jeder Fahrt Festlegekeile vor und hinter alle Räder zur Sicherung des Staplers.
b) Sie unternehmen nichts, da es kaum Unebenheiten/Gefälle im Lager der Frantz GmbH gibt.
c) Sie legen den Stapler still und informieren Ihren Vorgesetzten darüber.
d) Sie versuchen, den Stapler gegen einen anderen aus einer anderen Abteilung zu tauschen.
e) Sie versuchen selbstständig eine Reparatur der Feststellbremse.

Lösungsbuchstabe ______________

56. Bei der Frantz GmbH wird sehr darauf geachtet, dass die angeschafften Elektro-Stapler möglichst immer einsatzbereit sind. Geben Sie an, mit welchem Verhalten am Ende des Arbeitstages sichergestellt wird, dass die Stapler auch am Folgetag sofort benutzbar sind.

a) Entlüftung des Bremssystems
b) Nachfüllung von Bremsflüssigkeit
c) Abkühlung des durch den Einsatz erhitzten Hydrauliksystems
d) Anschluss der Antriebsbatterie an ein Ladegerät
e) Absenken des Hydraulikdrucks über das Druckventil

Lösungsbuchstabe ______ ☐

57. Wichtig beim Befördern von Gütern mittels Gabelstaplern ist, dass die Last sich nicht unbeabsichtigt verschieben kann. Entscheiden Sie, wie dies in den nachfolgenden Möglichkeiten sinnvoll verhindert werden kann.

a) Durch ein Festzurren der Last auf den Gabelzinken
b) Durch Anbringen von Antirutschmatten auf den Gabelzinken
c) Durch Vorneigen des Hubmastes
d) Durch Zurückneigen des Hubmastes
e) Durch Festhalten von weiteren Lagermitarbeitern während des Transports

Lösungsbuchstabe ______ ☐

58. Bei einem Schubmaststapler stellen Sie fest, dass an einem Hydraulikzylinder Öl ausgetreten ist. Entscheiden Sie, wie Sie sich in dieser Situation korrekt verhalten.

a) Sie veranlassen nichts weiteres, denn Ölaustritt ist völlig normal.
b) Sie organisieren einen Werkstatt-Termin für den betreffenden Stapler.
c) Sie wechseln das Hydrauliköl des betreffenden Zylinders.
d) Sie wechseln eigenständig den Hydraulikzylinder gegen einen mängelfreien.
e) Sie melden Ihrem Vorgesetzten, dass bei diesem Stapler Öl austritt.

Lösungsbuchstabe ______ ☐

59. Sie sollen mit einem Gabelstapler eine Gitterbox aufnehmen, welche sich gestapelt auf einer weiteren Gitterbox befindet. Entscheiden Sie, wie Sie sich in dieser Situation korrekt verhalten.

a) Sie organisieren sich einen Einweiser, da die Lastaufnahme allein nicht zu veranlassen wäre.
b) Sie dürfen diesen Auftrag nicht ausführen, da Gitterboxen grundsätzlich nicht mit Gabelstaplern transportiert werden dürfen.
c) Sie achten darauf, dass das Hubgerüst beim Einfahren zwischen die beiden Gitterboxen senkrecht gestellt ist.
d) Sie achten darauf, dass das Hubgerüst beim Einfahren zwischen die beiden Gitterboxen nach vorne geneigt ist.
e) Sie achten darauf, dass das Hubgerüst beim Einfahren zwischen die beiden Gitterboxen nach hinten geneigt ist.

Lösungsbuchstabe ______ ☐

60. Sie stellen bei der Sichtprüfung vor Benutzung Ihres Gabelstaplers fest, dass bei einem der Kabelstränge die Schutzisolierung aufgerissen ist. Entscheiden Sie, wie Sie sich in dieser Situation korrekt verhalten.

a) Sie melden diesen Schaden an Ihren Vorgesetzten.
b) Sie veranlassen nichts, da dies nur ein geringfügiger Schaden ist.
c) Sie wechseln den gesamten Kabelstrang eigenständig aus.
d) Sie legen den Gabelstapler still und veranlassen telefonisch einen Wartungstermin mit der Herstellerfirma.
e) Sie umwickeln den Schaden notdürftig mit Klebeband.

Lösungsbuchstabe ____________________

61. Sie wollen eine Pause machen. Entscheiden Sie, welche Kontrolle Sie beim Abstellen des Staplers tätigen müssen, damit keine unnötige Unfallgefahr besteht.

a) Kontrolle des Ladezustandes der Batterie
b) Kontrolle, ob der Zündschlüssel abgezogen ist
c) Kontrolle der Beleuchtungseinrichtung
d) Kontrolle des Reifendrucks
e) Kontrolle, ob genügend Bremsflüssigkeit vorhanden ist

Lösungsbuchstabe ____________________

62. Sie bekommen den Auftrag, mit einem Gabelstapler eine Kiste mit einem Bruttogewicht von 950 kg und einem Lastschwerpunkt der Ladung bei 1 m in ein Hochregal einzulagern. Dabei muss die Kiste auf eine Höhe von 4m hinaufbefördert werden. Entscheiden Sie sich anhand des folgenden Diagramms für die richtige Antwort in dieser Situation.

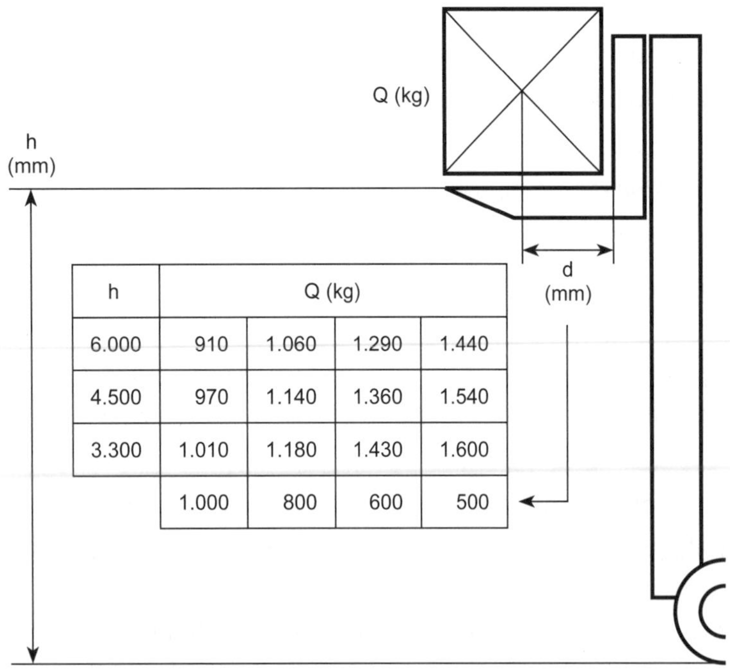

h	Q (kg)			
6.000	910	1.060	1.290	1.440
4.500	970	1.140	1.360	1.540
3.300	1.010	1.180	1.430	1.600
	1.000	800	600	500

a) Die Kiste darf nicht auf diese Höhe hinauf befördert werden.
b) Die Kiste darf bis auf maximal 3,5 m Höhe hinauf befördert werden.
c) Die Kiste darf auf die Höhe von 4,5 m Höhe hinauf befördert werden.
d) Die Kiste darf auf die Höhe von 6,0 m Höhe hinauf befördert werden.
e) Die Kiste darf mit diesem Stapler gar nicht befördert werden, da die Tragfähigkeit überschritten wurde.

Lösungsbuchstabe ____________________

63. Bei einem Beladungsauftrag ist es nötig, den Gabelstapler mit einem Anbaugerät zur Lastaufnahme zu versehen. Dadurch verschiebt sich bei Last der Schwerpunkt von 800 mm auf 900 mm. Entscheiden Sie anhand des folgenden Tragkraftdiagramms, welche Auswirkung dies besitzt.

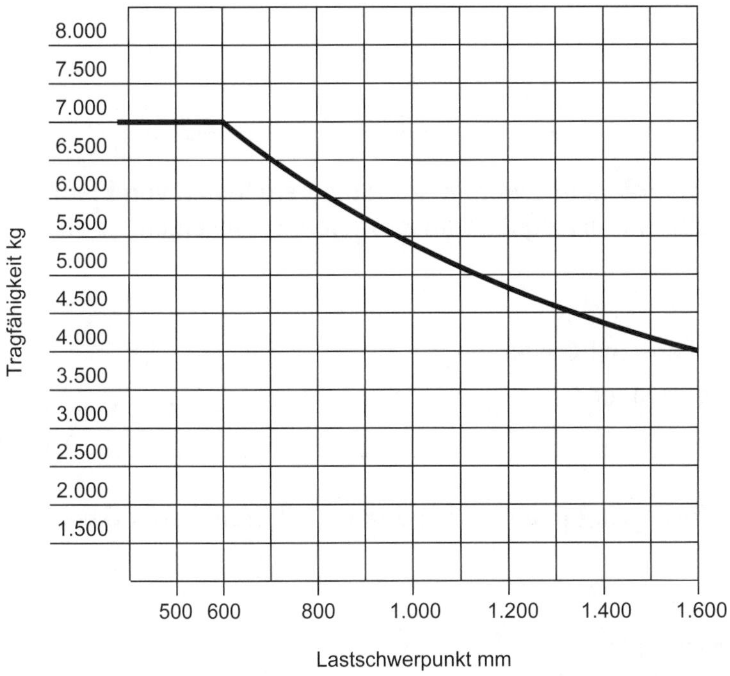

a) Keine Auswirkung gemäß Tragkraftdiagramm.
b) Die Last darf nun nur noch wenige Zentimeter vom Boden angehoben werden.
c) Die Last darf nun nur noch bis auf einen Meter Hubhöhe hinaufbefördert werden.
d) Die Last darf nun maximal 5.000 kg wiegen.
e) Die Last darf nun maximal 5.700 kg wiegen.

Lösungsbuchstabe ______

64. Geben Sie an, wofür ein Schubmaststapler besonders geeignet ist.

a) Für den Einsatz in Regalgängen
b) Für die Beladung von Lkw
c) Für die Entladung von Eisenbahnwagons
d) Für den Einsatz in einem Freilager
e) Für die Beförderung sehr schwerer Güter

Lösungsbuchstabe ______

65. Die Frantz GmbH möchte für ihr Palettenregal (Höhe etwa 4 m) möglichst umweltschonende Flurfördermittel anschaffen, die die Ein- und Auslagerung von Gitterboxpaletten übernehmen sollen. Entscheiden Sie sich für das sinnvollste Flurfördermittel in dieser Situation.

a) Dieselstapler
b) Benzinstapler
c) Schlepper
d) Elektrostapler
e) Handgabelhubwagen

Lösungsbuchstabe ______

66. Geben Sie an, wodurch sich Regalbediengeräte auszeichnen.

a) Es sind schienengeführte Förderzeuge.
b) Sie haben keinerlei Leerfahrten.
c) Sie sind für den Einsatz in Freilägern konzipiert.
d) Sie funktionieren stets vollautomatisch.
e) Sie sind für Höhen bis zu 4 m konzipiert.

Lösungsbuchstabe ______

67. Sie sollen aus einem selten benutzten Lagerraum im zweiten Stock mehrere Kisten von Kleinteilen über die Treppe ins Erdgeschoss zur Warenausgabe transportieren. Entscheiden Sie sich für eines der folgenden manuellen Fördermittel.

a) Fasskarre
b) Viereckroller
c) Rollwagen
d) Sackkarre mit Gleitkufen
e) Etagenwagen

Lösungsbuchstabe ______

68. Entscheiden Sie, welches gleislose Flurförderzeug in einem Lagerraum mit brennbaren Gasen sinnvoll eingesetzt werden sollte.

a) Kreiskettenförderer
b) Schwenkkran
c) Elektrostapler
d) Dieselstapler
e) Ex-geschützter Stapler

Lösungsbuchstabe ______

69. Zukünftig müssen im Lager der Frantz GmbH auch schwere Teile mit bis zu 20 t Gewicht befördert werden. Dazu soll ein Transportsystem mit einem maschinellen Antrieb angeschafft werden. Entscheiden Sie sich für das sinnvollste System aus der nachfolgenden Auflistung.

a) Hubwagen
b) Schubmaststapler
c) Schlepper
d) Elektrohängebahn
e) Rollenbahn

Lösungsbuchstabe ______

70. Probleme bereiten bei der Frantz GmbH oftmals die Verladung von Langgütern. Entscheiden Sie, welches der nachfolgenden Fördermittel für diese Tätigkeiten am besten geeignet ist, um die Probleme zukünftig in den Griff zu bekommen.

a) Stechkarre
b) Handgabelhubwagen
c) Elektrogabelstapler
d) Deckenkran mit Anschlaghaken und verschiedenen Ketten
e) Portalkran mit Saugnapf

Lösungsbuchstabe ______

71. Entscheiden Sie, welches der aufgeführten Fördermittel Sie in den folgenden drei Situationen für die Verladung am sinnvollsten einsetzen können. Geben Sie jeweils nur ein Fördermittel an.

Zu verladende Güter:

1) Mit Stückgut beladene Euroflachpalette, Gewicht 300 kg
2) Glasscheiben mit einer Abmessung von 2,5 m x 4,5 m
3) Altöl in einem 50 Liter-Kanister

Zur Verfügung stehende Fördermittel:

a) Kreiskettenförderer
b) Schwenkkran mit Greifarm
c) Elektrostapler
d) Sackkarre
e) Kran mit Vakuum-Saugnäpfen
f) Lastenaufzug
g) Gurtförderer

Lösungsbuchstaben ______ 1) ☐ 2) ☐ 3) ☐

72. Geben Sie die beiden Fördermittel an, die sinnvoll sind, um den innerbetrieblichen Transport von beladenen Flachpaletten umsetzen zu können.

a) Elektrohängebahn
b) Kran mit Greifarm
c) Schlepper
d) Schubmaststapler
e) Handgabelhubwagen
f) Viereckroller
g) Laufkran

Lösungsbuchstaben ______ ☐ ☐

73. Geben Sie an, welches Fördermittel sinnvoll eingesetzt werden kann, um genormte Flachpaletten in ein vollautomatisches Hochregallager von 18 m Höhe einzulagern.

a) Schubmaststapler
b) Deckenlaufkran
c) Kommissionierstapler
d) Regalbediengerät mit Teleskopgabel
e) Elektrostapler

Lösungsbuchstabe ______ ☐

74. Entscheiden Sie, welches Fördermittel sinnvoll eingesetzt werden kann, um innerhalb des Lagergebäudes kleinere Stückgüter in kleinen Verpackungseinheiten zu einem Regalbediengerät (welches die Ein- und Auslagerung automatisch übernimmt) hin zu befördern.

a) Dieselstapler
b) Unterflurschleppkettenförderer
c) Rollenbahn
d) Becherwerk
e) Wendelrutsche

Lösungsbuchstabe ______ ☐

75. Entscheiden Sie, auf welches Fördermittel die Frantz GmbH in Zukunft im Schwergüter-Bereich des Lagers verzichten sollte.

a) Röllchenbahn
b) Unterflurschleppkettenförderer
c) Lastenroller
d) Laufkran
e) Schlepper

Lösungsbuchstabe ______ ☐

76. Für die Frantz GmbH sollen Flurfördermittel angeschafft werden, die die Ein- und Auslagerung in die neuen Palettenregale übernehmen sollen, wobei die maximale Entnahmehöhe hierbei 2,5 m beträgt. Als besondere Anweisung des Lagerleiters für den Einkauf der Flurförderzeuge gilt, dass diese besonders platzsparend sein sollen. Entscheiden Sie, welches der folgenden Fördermittel in dieser Situation am sinnvollsten ist.

a) Gabelniederhubwagen
b) Gabelhochhubwagen
c) Fahrerloses Transportsystem
d) Elektrostapler
e) Regalbediengerät

Lösungsbuchstabe ______

77. In einem Teil des Lagers der Frantz GmbH wird seit neuestem täglich eine Vielzahl an Überseecontainern mit Paletten beladen. Pro Stunde beträgt die Packleistung dabei bis zu 180 Paletten. Um die Vorgänge noch effizienter zu gestalten, soll dafür ein neues Transportmittel angeschafft werden, welches den Transport aus dem Lager zur Containerpackstation möglichst personalsparend durchführen kann. Entscheiden Sie, welches Fördermittel in dieser Situation am sinnvollsten ist.

a) Gabelniederhubwagen
b) Schlepper mit Anhängern für Schwerlasten
c) Dieselstapler mit verlängerten Gabelzinken
d) Gabelhochhubwagen
e) induktiv geführtes FTS

Lösungsbuchstabe ______

78. Gemäß den Vorschriften der Berufsgenossenschaft muss die Frantz GmbH vor dem Einsatz von Flurfördermitteln eine Betriebsanweisung schriftlich erstellen. Geben Sie den Verantwortlichen für die Beachtung dieser Betriebsanweisung an.

a) Der Arbeitgeber
b) Die Berufsgenossenschaft
c) Der Sicherheitsbeauftragte der Frantz GmbH
d) Die Sicherheitsfachkraft der Frantz GmbH
e) Der Betriebsarzt der Frantz GmbH

Lösungsbuchstabe ______

79. Markieren Sie aus den folgenden Aussagen zu den Grundregeln zum korrekten Heben und Tragen von Lasten die falsche.

a) Die Last sollte möglichst nah am Körper gehoben und gefasst werden.
b) Die Last sollte mit geraden Knien und gebeugtem Rücken abgesetzt werden.
c) Beim Tragen der Last sollte der Rücken möglichst gerade gehalten werden.
d) Vorhandene Transporthilfen/Hebehilfen sind unbedingt zu benutzen.
e) Beim Heben der Last ist ein Verdrehen der Wirbelsäule zu verhindern.

Lösungsbuchstabe ______

80. Markieren Sie aus den folgenden Aussagen zur korrekten Benutzung von Fördermitteln in Schmalgängen die falsche.

a) Die Einfahrt in Schmalgänge ist nur gestattet, wenn sich dort keine Fußgänger befinden.
b) Die Schmalgänge müssen im Gefahrenfall ungehindert über Fluchtwege verlassen werden können.
c) Schmalgänge sind unbedingt für den Durchgangsverkehr vorzusehen.
d) In Schmalgängen muss der Fahrer des Fördermittels besondere Vorsicht walten lassen.
e) Der gleichzeitige Einsatz von mehreren Fördermitteln in einem Schmalgang ist nur erlaubt, wenn automatische Schutzeinrichtungen vorhanden sind, die ein Zusammenstoßen verhindern.

Lösungsbuchstabe ______

81. Entscheiden Sie, welche der nachfolgenden Aussagen der Vorschriften der Deutschen Gesetzlichen Unfallversicherung (DGUV) für die Nutzung von Gabelstaplern nicht zutrifft.

a) Verkehrswege dürfen nicht durch Transportgüter, abgestellte Fördermittel o. ä. verstellt werden.
b) Gabelstapler mit einer Hubhöhe von mehr als 4 Metern müssen als Schutz gegen herabfallende Güter mit einem Fahrerschutzdach ausgerüstet sein.
c) Bei Staplern, die vorwiegend in Freilagern benutzt werden, muss eine geschlossene Fahrerkabine sowie Standheizung oder Klimaanlage vorhanden sein.
d) Ein Tragfähigkeitsdiagramm ist an jedem Gabelstapler anzubringen.
e) Mit den eingesetzten Gabelstaplern dürfen nur solche Verkehrswege befahren werden, die zuvor für den Gabelstaplerverkehr freigegeben wurden.

Lösungsbuchstabe ______

82. Entscheiden Sie, welche der nachfolgenden Aussagen der Vorschriften der Deutschen Gesetzlichen Unfallversicherung (DGUV) für die Nutzung von Kranen nicht zutrifft.

a) Die Betriebsvorschriften müssen in der Nähe der Steuereinrichtungen und leicht für den Kranführer einsehbar angebracht sein.
b) Angaben über die höchstzulässigen Belastungen sind an jedem Kran anzubringen.
c) Kranschienen müssen über Fahrbahnbegrenzungen an ihren Enden verfügen.
d) Auffällig gekennzeichnete und leicht erreichbare Notendhalteeinrichtungen sind lediglich an Portalkranen zwingend vorgeschrieben.
e) Jeder Kran muss über eine Warneinrichtung verfügen.

Lösungsbuchstabe ______

⑤ Güter kommissionieren

1. Aufgabe

Situation:
Im Rahmen Ihrer Ausbildung bei der Frantz GmbH sollen Sie in den nächsten Wochen vornehmlich im Tätigkeitsbereich des Kommissionierens eingesetzt werden. Darauf wollen Sie sich bestmöglich vorbereiten.

1.1 Definieren Sie den Begriff „Kommissionieren“.

1.2 Beschreiben Sie fünf verschiedene Gründe, warum es im Lager der Frantz GmbH zu einem Güterausgang kommen kann.

1.3 Erklären Sie die drei Bestandteile eines Kommissioniersystems.

2. Aufgabe

Situation:
Gemäß einer neuen Anweisung der Geschäftsführung der Frantz GmbH soll zukünftig hinsichtlich der Aufbereitung von Kundenaufträgen vom bisherigen „Realtime-Modus“ zum „Batch-Modus“ umgestellt werden.

Unterscheiden Sie diese beiden Verfahren kurz.

3. Aufgabe

Situation:
Wie Sie während Ihrer Ausbildung schnell mitbekommen, wird bei der Frantz GmbH seit längerer Zeit bereits die beleglose Kommissionierung durchgeführt.

3.1 Beschreiben Sie zunächst die beleghafte Kommissionierung.

3.2 Nennen Sie vier Möglichkeiten der beleglosen Kommissionierung.

3.3 Bewerten Sie die beleglose Kommissionierung gegenüber der beleghaften Kommissionierung, indem Sie jeweils zwei Vorteile und Nachteile erläutern.

4. Aufgabe

Situation:
Die Geschäftsleitung der Frantz GmbH erwägt, bei der Kommissionierung das bisherige System des „Pick by Scan" zu ersetzen. Als denkbare Alternativen werden „Pick by Light" und „Pick by Voice" ins Auge gefasst.

4.1 Erklären Sie alle drei genannten Systeme, indem Sie auf den typischen Ablauf beim Kommissionieren eingehen.

4.2 Letztlich entscheidet sich die Frantz GmbH gegen das „Pick by Voice"-Verfahren. Beschreiben Sie zwei mögliche Probleme, die bei diesem System auftauchen könnten und somit den Ausschlag für die Entscheidung der Geschäftsleitung gegen das Verfahren gegeben haben könnte.

5. Aufgabe

Situation:
Ein wichtiger Teilbereich des Materialflusses bei der Kommissionierung ist, wie die zu kommissionierende Ware bereitgestellt wird. Hierbei wird zwischen der statischen und der dynamischen Bereitstellung unterschieden.

5.1 Erläutern Sie, was darunter jeweils zu verstehen ist.

5.2 Ordnen Sie den oben beschriebenen Bereitstellungsverfahren die Prinzipien „Mann zur Ware" und „Ware zum Mann" zu.

5.3 Stellen Sie das bisherige Verfahren der statischen Bereitstellung dar, indem Sie einen typischen Ablauf der dabei vorkommenden Tätigkeiten angeben.

5.4 Die Frantz GmbH entschließt sich nach reiflicher Überlegung, in allen Lagerbereichen zukünftig nach und nach auf die dynamische Bereitstellung umzustellen. Beschreiben Sie jeweils zwei Vorteile und zwei Nachteile der dynamischen gegenüber der statischen Warenbereitstellung.

5.5 Nennen Sie jeweils vier Regalarten, die bei den beiden Arten der Warenbereitstellung gut geeignet sind.

Statische Warenbereitstellung	Dynamische Warenbereitstellung

6. Aufgabe

Situation:
Schnell bemerken Sie während Ihres Einsatzes als Kommissionierer, dass es einen großen Unterschied im Arbeitsablauf mit sich bringt, auf welche Weise sich der Kommissionierer fortbewegt.

6.1 Unterscheiden Sie die drei Fortbewegungsarten eines Kommissionierers.

6.2 Beurteilen Sie die beiden Fortbewegungsarten zweidimensional und dreidimensional, indem Sie jeweils einen Vorteil und einen Nachteil zu beiden Bewegungsarten darstellen.

7. Aufgabe

Situation:
Bei der Frantz GmbH soll zukünftig hinsichtlich der Kommissionierung nicht mehr manuell oder mechanisch entnommen werden. Stattdessen soll auf eine automatische Entnahme umgestellt werden.

7.1 Unterscheiden Sie zunächst die neue und die mechanische Entnahme.

7.2 Nennen Sie für die geplante automatische Entnahme zwei Möglichkeiten, wie diese in der betrieblichen Praxis bei der Frantz GmbH umgesetzt werden kann.

7.3 Beschreiben Sie zur geplanten automatischen Entnahme zwei Vorteile und zwei Nachteile gegenüber den bisherigen Entnahmeverfahren.

8. Aufgabe

Situation:
Der neue Lagerleiter der Frantz GmbH ist verwundert, dass im Unternehmen bislang noch nicht das sogenannte „Pick-Pack-Verfahren" verwendet wird. Dieses möchte er in Zukunft einführen.

8.1 Beschreiben Sie das Pick-Pack-Verfahren.

8.2 Erklären Sie zwei Voraussetzungen, die bei der Frantz GmbH erfüllt sein müssen, damit das Pick-Pack-Verfahren auch sinnvoll eingesetzt werden kann.

9. Aufgabe

Situation:
Verbessern muss sich die Frantz GmbH laut des neuen Lagerleiters auch bezüglich der Kommissionierfehler. Dazu sollen die Kontrollen nach der Kommissionierung nochmals intensiviert werden. Das Unternehmen benutzt bislang sowohl die manuelle als auch die automatische Kontrolle.

Beschreiben Sie diese beiden Kontrollarten.

10. Aufgabe

Situation:
Im Gespräch mit Auszubildenden aus anderen Betrieben stellen Sie fest, dass in den unterschiedlichen Logistik-Unternehmen ganz unterschiedliche Methoden des Kommissionierens genutzt werden.

10.1 Nennen Sie die drei gängigen grundlegenden Kommissioniermethoden.

10.2 Bei der Frantz GmbH wird momentan noch die auftragsorientierte serielle Kommissionierung durchgeführt. Erläutern Sie diese Kommissioniermethode.

10.3 Beurteilen Sie die verwendete Methode anhand von zwei Vorteilen und zwei Nachteilen.

10.4 Um die Kommissionierleistung in der Frantz GmbH zu erhöhen, soll bei dieser Kommissioniermethode zukünftig mit Übergabestellen gearbeitet werden. Erklären Sie das Vorgehen, wie in Zukunft kommissioniert werden soll. Beschreiben Sie zudem einen Vorteil sowie einen Nachteil, der sich für das Unternehmen durch die Einführung dieser Übergabestellen ergibt.

11. Aufgabe

Situation:
Schon seit längerer Zeit vertraut die Frantz GmbH bei der Kommissionierung auf die sog. Stichgangsstrategie und hat diese in den meisten Lagerzonen realisiert.

11.1 Beschreiben Sie diese Strategie und verdeutlichen Sie ihre Beschreibung mit einer beispielhaften Zeichnung, wie die Stichgangsstrategie bei einem Kommissionierauftrag aussehen könnte.

Zeichnung:

11.2 Nennen Sie den grundlegenden Vorteil der Realisierung der Stichgangsstrategie bei der Kommissionierung.

12. Aufgabe

Situation:
Nach mehreren Verbesserungsvorschlägen aus der Belegschaft wird bei der Frantz GmbH derzeit geprüft, ob ein Wechsel zur auftragsorientierten parallelen Kommissionierung für die Zukunft nicht sinnvoller wäre.

12.1 Erläutern Sie diese Kommissioniermethode und unterstützen Sie Ihre Ausführungen mit einer Zeichnung.

Zeichnung:

12.2 Beurteilen Sie diese Kommissioniermethode anhand von zwei Vorteilen und zwei Nachteilen.

13. Aufgabe

Situation:
Nach reiflicher Überlegung wird von der Geschäftsführung der Frantz GmbH entschieden, dass in der Zukunft die serienorientierte parallele Kommissionierung angewendet werden soll.

13.1 Erläutern Sie diese Kommissioniermethode. Unterstützen Sie Ihre Erklärung mit einer beispielhaften Zeichnung.

Zeichnung:

13.2 Beurteilen Sie die für die Zukunft geplante Kommissioniermethode in der Frantz GmbH anhand von zwei Vorteilen und zwei Nachteilen.

14. Aufgabe

Situation:
Einer Ihrer Vorgesetzten bei der Frantz GmbH verrät Ihnen, dass er in den letzten Monaten mehr und mehr unzufrieden mit seinen Mitarbeitern ist. Als Grund für seine Unzufriedenheit nennt er Ihnen, dass seiner Meinung nach die Kommissionierzeiten zu hoch sind und kontinuierlich weiter ansteigen.

14.1 Nennen Sie die fünf Bestandteile, aus denen sich die Kommissionierzeit zusammensetzt.

14.2 Geben Sie für jede der fünf Zeiten, aus denen sich die Gesamt-Kommissionierzeit zusammensetzt, jeweils eine konkrete Tätigkeit an.

Zeit	Konkrete Tätigkeit als Beispiel

14.3 Selbstverständlich ist man bei der Frantz GmbH stets daran interessiert, die Kommissionierzeiten zu verkürzen. Geben Sie für jede der fünf Zeiten, aus denen sich die Gesamt-Kommissionierzeit zusammensetzt, jeweils eine Möglichkeit zur Optimierung an.

Zeit	Konkreter Vorschlag zur Optimierung

14.4 Gemäß einer Arbeitsanalyse in den letzten Wochen bei der Frantz GmbH sind für die zu hohen Kommissionierzeiten besonders die beiden Zeitbausteine Wegzeit und Greifzeit verantwortlich. Benennen Sie jeweils vier Faktoren, die Einfluss haben auf diese beiden Zeiten.

15. Aufgabe

Situation:
In einem Teil des Lagers der Frantz GmbH wird die auftragsorientierte parallele Kommissioniermethode verwendet. Zur Abarbeitung eines bestimmten Kommissionierauftrags liegen dazu die folgenden Informationen vor:

Kommissionierer	Lagerzone	Anzahl der Positionen	Zeit je Position
1	A	15	20 Sekunden
2	B	30	28 Sekunden
3	C	27	40 Sekunden

Geben Sie die genaue Uhrzeit an, wann dieser Auftrag beendet ist, wenn alle drei Kommissionierer gleichzeitig um 10:02 Uhr mit der Bearbeitung der Teilaufträge beginnen.

16. Aufgabe

Situation:
Seitdem vor kurzer Zeit ein neuer Lagerbereichsleiter bei der Frantz GmbH eingestellt wurde, wird in der Belegschaft heftig diskutiert über die vom neuen Vorgesetzten eingeforderte „drastische Erhöhung der Kommissionierleistung". Die Angst vor Arbeitsplatzreduzierungen geht um im Unternehmen.

16.1 Beschreiben Sie, was die Kennzahl „Kommissionierleistung" ist. Geben Sie dazu auch die übliche Formel mit an.

Formel:

16.2 Erklären Sie fünf Faktoren, von denen die Kommissionierleistung im Allgemeinen abhängt.

16.3 Erläutern Sie zwei konkrete Verbesserungsvorschläge, die Ihrer Meinung nach gut geeignet sind, die Kommissionierleistung bei der Frantz GmbH zu verbessern.

17. Aufgabe

Situation:
In den vergangenen Jahren lag die Kommissionierzeit bei der Frantz GmbH bei den besten Messungen im Bereich von 120 Sekunden je Position und Mitarbeiter. Das ist der Geschäftsführung zu viel. Sie möchte, dass Verbesserungen erreicht werden.

17.1 Berechnen Sie aus den gegebenen Informationen die bisherige Kommissionierleistung.

17.2 Durch verschiedene Verbesserungsmaßnahmen ist es nun gelungen, die Kommissionierzeit auf nur noch 100 Sekunden zu verringern. Berechnen Sie die aktuelle Kommissionierleistung und geben Sie an, um wie viel pro Mitarbeiter und Stunde sich die Frantz GmbH in diesem Bereich verbessert hat.

18. Aufgabe

Situation:
In einem alten Teil des Lagers der Frantz GmbH wird aus Fachbodenregalen kommissioniert. Hier läuft zurzeit eine Überprüfung, ob eine Anschaffung von Umlaufregalen sinnvoller wäre. Beim alten Regaltyp wurde eine Kommissionierleistung von 90 Picks pro Stunde bei ausgelösten Betriebskosten von 1,80 €/Stunde erreicht. Laut Angaben des Vertreters des Regalherstellers würden bei einer Umstellung auf Umlaufregale problemlos 135 Picks pro Stunde erreicht werden, allerdings verbunden mit einer Kostensteigerung um 30 %.

18.1 Berechnen Sie die Steigerung der Kommissionierleistung (in Prozent) sowie die genauen Betriebskosten (in Euro) für den neuen Regaltyp.

18.2 Auch in den anderen Teilen des Lagers spielt die Wirtschaftlichkeit eine große Rolle. Ermitteln Sie aus den nachfolgenden Informationen die Kommissionierleistung „Positionen je Stunde".

Basiszeit:	0,04 Minuten
Wegzeit:	0,04 Minuten
Verteilzeit:	0,01 Minuten
Greifzeit:	0,11 Minuten

18.3 Im Außenlager der Frantz GmbH beträgt nach der letzten Ermittlung die Kommissionierleistung 200 Positionen je Stunde und Mitarbeiter. Gearbeitet wird im Dreischichtbetrieb. Ermitteln Sie die Kommissionierkosten je Position anhand der folgenden Daten:

Personalkosten je 8-Stunden-Schicht und je Mitarbeiter:	136,00 €
Maschinenkosten (Fördermittel usw.) je Arbeitstag:	1.680,00 €
Raumkosten je Monat (30 Tage):	46.800,00 €

19. Aufgabe

Situation:
Für einen weiteren Lagerbereich der Frantz GmbH liegen aus dem vergangenen Geschäftsjahr die folgenden Pickzahlen vor:

	Anzahl der Picks			
Artikel	Quartal 1	Quartal 2	Quartal 3	Quartal 4
0180001	1.548	1.499	1.687	1.801
0180002	2.984	3.122	3.056	2.845
0180003	4.888	4.701	4.003	3.958
0180004	10.845	11.771	11.824	12.047
0180005	1.847	1.496	1.278	1.559

Berechnen Sie für alle fünf Artikel die Picks für das gesamte Jahr sowie die Picks je Arbeitsstunde. Unterstellen Sie dabei einen Arbeitstag von zwei 8-Stunden-Schichten sowie 260 Arbeitstage im vergangenen Jahr. Füllen Sie die Tabelle unten aus.

Artikel	Picks pro Jahr	Picks pro Arbeitsstunde
0180001		
0180002		
0180003		
0180004		
0180005		

20. Aufgabe

Situation:
Die Frantz GmbH plant die Anschaffung eines Kommissionierroboters. Bislang betrug die Kommissionierzeit bei Einsatz eines manuellen Kommissionierstaplers 144 Sekunden je entnommener Position. Der Vertreter des Roboter-Herstellers verspricht für den infrage kommenden Lagerbereich eine Leistung von 40 Picks pro Stunde.

20.1 Berechnen Sie, wie viele Picks der geplante Kommissionierroboter mehr leisten würde als die bisherige Kommissionierung. Geben Sie zudem an, um wie viel Prozent sich die Kommissionierleistung erhöhen würde.

20.2 Die bisherigen Kommissionierkosten bei Einsatz des manuellen Staplers lagen bei 102,00 € pro Stunde. Sollte der Kommissionierroboter angeschafft werden, so verändern sich die Kosten auf 148,00 € je Stunde. Berechnen Sie, um wie viel die Kommissionierkosten durch die Anschaffung pro Position sinken würden (in Euro und in Prozent).

21. Aufgabe

Situation:
Gegen Ende Ihres Einsatzes als Auszubildender im Bereich der Kommissionierung werden Sie von einem Ihrer Vorgesetzten gelobt, denn laut seinen Aufzeichnungen haben Sie von allen Mitarbeitern in diesem Lagerbereich mit am wenigsten Kommissionierfehler gemacht.

21.1 Beschreiben Sie drei typische Fehler, die bei der Kommissionierung vorkommen können.

21.2 Beschreiben Sie vier mögliche Ursachen, die zu einer fehlerhaften Kommissionierung führen können.

21.3 Erläutern Sie zwei mögliche Folgen von fehlerhaften Kommissionierungen.

21.4 Berechnen Sie die prozentualen Anteile der Kommissionierfehler, indem Sie die fehlenden Werte in die nachfolgende Tabelle eintragen. Runden Sie die Prozentzahlen auf zwei Nachkommastellen.

	Anzahl der Kommissionierungen	Anzahl der Kommissionierfehler	%-Anteil der Kommissionierfehler
1. Quartal Vorjahr	6.411	42	
2. Quartal Vorjahr	6.994	30	
3. Quartal Vorjahr	7.412	53	
4. Quartal Vorjahr	7.166	14	

22. Aufgabe

Situation:
In der Frantz GmbH gibt es für alle Lagerbereiche die Vorgabe, dass die Fehlerquote bei der Kommissionierung höchstens 0,5 % betragen darf. In einem Quartal wurden bei insgesamt 9.633 Picks allerdings 114 Fehler gemessen.

22.1 Berechnen Sie die hier erreichte Fehlerquote und geben Sie zudem an, wie viele fehlerhafte Kommissionierungen in diesem Quartal zu viel getätigt wurden.

22.2 Stellen Sie vier Maßnahmen dar, wie die Frantz GmbH zukünftig Kommissionierfehler vermeiden kann.

23. Benennen Sie aus den folgenden Möglichkeiten diejenige, die nicht Grund für einen Güterausgang aus dem Lager sein kann.

a) Auslieferung von Waren an einen Kunden
b) Lieferung von Waren von einem Lieferanten
c) Aussortierung von veralteter Ware
d) Aussortierung von Ausschuss
e) Materialbereitstellung für die Produktion

Lösungsbuchstabe ______________________

24. Zu einem Kommissioniersystem gehört unter anderem der Teilbereich des Informationssystems. Geben Sie an, welcher der folgenden Aspekte nicht zum Informationssystem gehört.

a) Die Erfassung des Kundenauftrags
b) Die Aufbereitung des Kundenauftrags zu einem Kommissionierauftrag
c) Die Weitergabe des Kommissionierauftrags an einen Kommissionierer
d) Die Entnahme der Artikel aus dem Regal durch den Kommissionierer
e) Die Verbuchung der Artikelentnahme in der Lagerbuchführung

Lösungsbuchstabe ______________________

25. Zu einem Kommissioniersystem gehört unter anderem auch der Teilbereich des Materialflusssystems. Geben Sie an, welcher der folgenden Aspekte nicht zum Materialflusssystem gehört.

a) Die Bereitstellung der Ware
b) Die Bewegung des Kommissionierers hin zur Ware
c) Die Bereitstellung des Kommissionierauftrags an den Kommissionierer
d) Die Entnahme der Artikel aus dem Regal durch den Kommissionierer
e) Die Kontrolle der Artikel nach der Kommissionierung

Lösungsbuchstabe ______________________

26. Im Rahmen der beleghaften Kommissionierung wurden bei der Frantz GmbH früher papierhafte Kommissionierbelege verwendet. Nennen Sie die beiden korrekten Anforderungen, die man allgemein an solcherlei Belege stellen sollte.

a) Auf dem Beleg sollte keinesfalls abgehakt werden dürfen, um Fehler zu vermeiden.
b) Die Liste der Artikel auf dem Beleg sollte übersichtlich und gut lesbar sein.
c) Die Bezeichnung der Artikel auf dem Beleg sollte ausschließlich in der Artikelnummer vorkommen.
d) Mengenangaben sollten möglichst ausschließlich in Stückzahlen angegeben werden, sodass der Kommissionierer durch etwaige Rechenvorgänge am Regal konzentriert bleibt.
e) Die Liste der Artikel auf dem Beleg sollte möglichst bereits wegeoptimiert gestaltet sein.

Lösungsbuchstaben ______________________

27. Nachfolgend sind unterschiedliche Möglichkeiten der beleglosen Kommissionierung genannt. Geben Sie daraus die falsche an.

a) Pick by Light
b) Pick by Vision
c) Pick by Trainee
d) Pick by Voice
e) Pick by Scan

Lösungsbuchstabe ______________________

28. Bei der Frantz GmbH ist seit langem bereits die beleglose Kommissionierung eingeführt. Geben Sie die korrekte Aussage zur beleglosen Kommissionierung an.

a) Bei der beleglosen Kommissionierung ist die Quote der Kommissionierfehler geringer als bei der beleghaften Kommissionierung.
b) Die beleglose Kommissionierung ist typischerweise langsamer als die beleghafte.
c) Bei der beleglosen Kommissionierung ist keine Stichgangsstrategie möglich.
d) Bei der beleglosen Kommissionierung sind Hilfsmittel wie Kommissionierstapler nicht mehr nötig.
e) Beleglose und beleghafte Kommissionierung unterscheiden sich in der Praxis nicht.

Lösungsbuchstabe ______ ☐

29. Kennzeichnen Sie aus den nachfolgenden Beschreibungen diejenige einer dreidimensionalen Fortbewegung des Kommissionierers.

a) Der Kommissionierer entnimmt die Ware per Kommissionierstapler mit hebbarem Bedienstand.
b) Der Kommissionierer entnimmt die Ware per Hand und transportiert sie mittels Sackkarre ab.
c) Der Kommissionierer entnimmt die Ware und transportiert sie mittels Gabelstapler ab.
d) Der Kommissionierer entnimmt die Ware per Hand und transportiert sie mittels Saugkran ab.
e) Der Kommissionierer entnimmt die Ware und transportiert sie mittels Handwagen ab.

Lösungsbuchstabe ______ ☐

30. Bei der Frantz GmbH soll zukünftig im sogenannten Pick-Pack-Verfahren kommissioniert werden. Erläutern Sie Ihren Kollegen dieses Verfahren, indem Sie die nachfolgenden Arbeitsschritte in die korrekte Reihenfolge bringen.

a) Der Kommissionierer wählt ein geeignetes Packmittel.
b) Der Kommissionierer entnimmt die Ware aus dem Regal.
c) Der Kommissionierer geht bzw. fährt zum Lagerort.
d) Der Kommissionierer legt die Ware in das Packmittel.
e) Der Kommissionierer nimmt den Kommissionierauftrag entgegen.
f) Der Kommissionierer bringt die nötigen Versandpapiere am Packmittel an.

Reihenfolge ______ ☐ ☐ ☐ ☐ ☐ ☐

31. Die Frantz GmbH plant die Anschaffung einer Kommissionierstraße. Dabei soll es ermöglicht werden, dass ein Kommissionierauftrag in verschiedenen Lagerzonen gleichzeitig durchgeführt wird und in der Warenausgabe wieder zusammengeführt wird. Benennen Sie die zugrunde liegende Kommissioniermethode.

a) Auftragsorientierte serielle Kommissionierung
b) Auftragsorientierte parallele Kommissionierung
c) Auftragsorientierte zentrale Kommissionierung
d) Serienorientierte parallele Kommissionierung
e) Auftragsorientierte manuelle Kommissionierung

Lösungsbuchstabe ______ ☐

32. Geben Sie an, woran man als Kommissionierer anhand des schriftlichen Kommissionierauftrags erkennen kann, dass es sich um eine auftragsorientierte serielle Kommissionierung handelt.

a) Daran, dass alle für den Kunden zu kommissionierenden Artikel auf dem Auftrag enthalten sind.
b) Daran, dass es weniger als 100 verschiedene Positionen auf dem Auftrag gibt.
c) Daran, dass Artikel aus verschiedenen Lagerzonen zu kommissionieren sind.
d) Daran, dass es von den einzelnen Artikeln verschiedene Stückzahlen gibt.
e) Daran, dass die einzelnen zu kommissionierenden Artikel aus unterschiedlichen Regalgängen und Fächern sind.

Lösungsbuchstabe ______ ☐

33. In einem Lager wird bisher wie folgt kommissioniert: Die Kommissionieraufträge werden nach dem Eingang sofort als Einzelauftrag von einem Kommissionierer vollständig ausgeführt. Zukünftig soll aber derart kommissioniert werden: Sammlung der Kommissionieraufträge jeweils zwei Stunden, um dann die gesammelten Aufträge in einer Serie gleichzeitig von mehreren Kommissionierern abarbeiten zu lassen. Benennen Sie aus den unten angegebenen Möglichkeiten die korrekte bisherige und die korrekte geplante Kommissioniermethode.

	Bisherige Kommissioniermethode	Zukünftige Kommissioniermethode
a)	Auftragsorientiert seriell	Auftragsorientiert parallel
b)	Auftragsorientiert parallel	Auftragsorientiert seriell
c)	Auftragsorientiert parallel	Serienorientiert parallel
d)	Auftragsorientiert seriell	Serienorientiert parallel
e)	Auftragsorientiert manuell	Auftragsorientiert maschinell

Lösungsbuchstabe ______ ☐

⑤ Güter kommissionieren

34. Ordnen Sie den folgenden Tätigkeiten jeweils zu, um welchen Zeitbaustein der Kommissionierzeit es sich dabei handelt. Kennzeichnen Sie mit einer

1) für die Basiszeit,
2) für die Wegzeit,
3) für die Totzeit,
4) für die Verteilzeit
5) für die Greifzeit.

a) Der Kommissionierer entnimmt Ware aus dem Regalfach.
b) Der Kommissionierer wartet darauf, dass ein Gabelstapler frei wird.
c) Der Kommissionierer sucht sich für den nächsten Kommissionierauftrag einen geeigneten Behälter.
d) Der Kommissionierer stimmt einen Termin mit einem Kunden ab.
e) Der Kommissionierer geht zu Fuß zum nächsten Entnahmeort.
f) Der Kommissionierer quittiert eine Entnahme.
g) Der Kommissionierer sucht den Lagerplatz des nächsten Artikels.
h) Der Kommissionierer führt einen Toilettengang durch.
i) Der Kommissionierer legt den entnommenen Artikel in seinen Behälter.

Lösungsziffern ______ a) ☐ b) ☐ c) ☐ d) ☐ e) ☐ f) ☐ g) ☐ h) ☐ i) ☐

35. Benennen Sie aus den folgenden Möglichkeiten diejenige Regalart, bei der am meisten Wegzeit im Sinne der Kommissionierzeit eingespart werden kann.

a) Durchlaufregal
b) Kragarmregal
c) Fachbodenregal
d) Palettenregal
e) Kabeltrommelregal

Lösungsbuchstabe ______ ☐

36. Bei der Frantz GmbH sind in letzter Zeit vermehrt Kundenreklamationen vorgekommen, dass bei gelieferten Artikeln bereits das Verfalldatum überschritten war. Geben Sie an, wie in Zukunft organisiert werden kann, dass stets die Waren mit dem ältesten Verfalldatum zuerst kommissioniert werden.

a) Es gibt eine Arbeitsanweisung, dass zukünftig der entsprechende Artikel nach dem LiFo-Verfahren kommissioniert werden soll.
b) Es wird eine Umlagerung aller abgelaufenen Waren des entsprechenden Artikels in einen anderen Lagerbereich angeordnet.
c) Es wird eine Lagerung in einem Durchlaufregal veranlasst.
d) Es gibt eine Arbeitsanweisung, dass zukünftig der entsprechende Artikel nach dem HiFo-Prinzip kommissioniert werden soll.
e) Es gibt die Arbeitsanweisung, dass zukünftig gemäß der serienorientierten parallelen Kommissioniermethode verfahren werden soll.

Lösungsbuchstabe ______ ☐

37. Um die Kommissionierzeit zu verkürzen, sollen ab sofort bei der Frantz GmbH die benutzten Kommissionierbelege überarbeitet werden. Zukünftig sollen diese eine verbesserte Übersichtlichkeit bieten. Benennen Sie denjenigen Zeitbaustein aus der Gesamt-Kommissionierzeit, der (unter ansonsten gleichen Rahmenbedingungen) hier beeinflusst wird.

a) Basiszeit
b) Wegzeit
c) Totzeit
d) Verteilzeit
e) Greifzeit

Lösungsbuchstabe ______ ☐

38. Um die Kommissionierzeit zu verkürzen, sollen ab sofort alle Schrauben aus dem Sortiment der Frantz GmbH nicht mehr wie bislang lose angeliefert und auch gelagert werden. Stattdessen soll auf eine Vorverpackung in sinnvollen Mengeneinheiten umgestellt werden. Benennen Sie denjenigen Zeitbaustein aus der Gesamt-Kommissionierzeit, der (unter ansonsten gleichen Rahmenbedingungen) hier beeinflusst wird.

a) Basiszeit
b) Wegzeit
c) Totzeit
d) Verteilzeit
e) Greifzeit

Lösungsbuchstabe ______ ☐

39. Geben Sie denjenigen Zeitbaustein aus der Gesamt-Kommissionierzeit, der (unter ansonsten gleichen Rahmenbedingungen) beeinflusst wird, wenn sich bei der Frantz GmbH die Lagerfläche durch einen Anbau verdoppelt.

a) Basiszeit
b) Wegzeit
c) Totzeit
d) Verteilzeit
e) Greifzeit

Lösungsbuchstabe ______ ☐

40. Die Frantz GmbH plant die Einführung eines Prämienlohnsystems für die Mitarbeiter. Neben mehreren anderen positiven Effekten soll sich diese Maßnahme auch auf die bislang stets zu langen Kommissionierzeiten positiv auswirken. Benennen Sie denjenigen Zeitbaustein aus der Gesamt-Kommissionierzeit, der (unter ansonsten gleichen Rahmenbedingungen) hier beeinflusst wird.

a) Basiszeit
b) Wegzeit
c) Totzeit
d) Verteilzeit
e) Greifzeit

Lösungsbuchstabe ______________________

41. Geben Sie denjenigen Zeitbaustein aus der Gesamt-Kommissionierzeit an, der (unter ansonsten gleichen Rahmenbedingungen) wegfällt, wenn in einem Lager die dynamische Warenbereitstellung realisiert wird.

a) Basiszeit
b) Wegzeit
c) Totzeit
d) Verteilzeit
e) Greifzeit

Lösungsbuchstabe ______________________

42. Geben Sie denjenigen Zeitbaustein aus der Gesamt-Kommissionierzeit an, der (unter ansonsten gleichen Rahmenbedingungen) durch die Einführung von Zählwaagen verkürzt wird.

a) Basiszeit
b) Wegzeit
c) Totzeit
d) Verteilzeit
e) Greifzeit

Lösungsbuchstabe ______________________

43. Seit kurzer Zeit setzt die Frantz GmbH neben Fachkräften für Lagerlogistik auch ungelernte Kräfte für die Kommissionierarbeiten in einem Teil des Lagers ein. Die bisherigen Mitarbeiter kamen durchschnittlich auf eine Kommissionierleistung von 60 Positionen je Stunde und Mitarbeiter, während die ungelernten Mitarbeiter 90 Sekunden für eine Position benötigen. Geben Sie die korrekte Aussage bezüglich der Kommissionierleistung der ungelernten Kräfte an.

a) Die ungelernten Mitarbeiter kommen auf eine identische Kommissionierleistung wie die Facharbeiter.
b) Die ungelernten Mitarbeiter kommen mit einer Kommissionierleistung von 20 Positionen je Stunde und je Mitarbeiter auf eine geringere Leistung.
c) Die ungelernten Mitarbeiter kommen mit einer Kommissionierleistung von 30 Positionen je Stunde und je Mitarbeiter auf eine geringere Leistung.
d) Die ungelernten Mitarbeiter kommen mit einer Kommissionierleistung von 40 Positionen je Stunde und je Mitarbeiter auf eine geringere Leistung.
e) Die ungelernten Mitarbeiter kommen mit einer Kommissionierleistung von 50 Positionen je Stunde und je Mitarbeiter auf eine geringere Leistung.

Lösungsbuchstabe ______________________

Situation für Aufgabe 44 und 45:
Im Monat August wurde in einem Teil des Lagers der Frantz GmbH eine Betriebsprüfung durchgeführt. Diese ergab, dass in diesem Monat insgesamt 5.892 Kommissionieraufträge ausgeführt wurden, davon 41 fehlerhaft. Es sind Gesamtkosten für die Kommissionierung von 69.820,00 € entstanden.

44. Geben Sie aus den nachfolgenden Aussagen zu den Kommissionierkosten die korrekte Antwort an.

a) Die Kommissionierkosten je Auftrag lassen sich aus den gegebenen Daten nicht errechnen.
b) Die Kommissionierkosten je Auftrag betragen 10,85 €.
c) Die Kommissionierkosten je Auftrag betragen 11,85 €.
d) Die Kommissionierkosten je Auftrag betragen 11,93 €.
e) Die Kommissionierkosten je Auftrag betragen 12,14 €.

Lösungsbuchstabe ______ ☐

45. Kreuzen Sie aus den nachfolgenden Aussagen zur Kommissionierfehlerquote die korrekte an, wenn die Vorgabe der Geschäftsleitung lautet, dass eine Fehlerquote von höchstens 0,6 % erlaubt ist.

a) Die Kommissionierfehlerquote lässt sich aus den gegebenen Daten nicht errechnen.
b) Die Kommissionierfehlerquote liegt für diesen Monat bei 0,4 %, sodass die Vorgabe der Geschäftsleitung sogar übererfüllt wurde.
c) Die Kommissionierfehlerquote liegt für diesen Monat bei 0,5 %, sodass die Vorgabe der Geschäftsleitung sogar übererfüllt wurde.
d) Die Kommissionierfehlerquote liegt für diesen Monat bei 0,6 %, sodass die Vorgabe der Geschäftsleitung exakt erfüllt wurde.
e) Die Kommissionierfehlerquote liegt für diesen Monat bei 0,7 %, sodass die Vorgabe der Geschäftsleitung nicht erfüllt wurde.

Lösungsbuchstabe ______ ☐

46. Sie kommissionieren gerade einen größeren Auftrag für einen Stammkunden der Frantz GmbH. Währenddessen stellen Sie fest, dass vom gewünschten Artikel Nr. 0816 keine Teile mehr vorrätig sind. Der Kunde hatte 25 davon bestellt. Geben Sie an, welche Maßnahme Sie in dieser Situation sinnvollerweise ergreifen sollten.

a) Sie setzen die Liefermenge bei diesem Artikel auf Null und benachrichtigen den für diesen Kunden zuständigen Kundenbetreuer.
b) Sie verwerfen die Bearbeitung dieses Auftrags bis der gewünschte Artikel wieder lieferbar ist.
c) Sie bitten den Kunden telefonisch, sich diesen Artikel anderweitig zu beschaffen.
d) Sie senden dem Kunden einen ähnlichen Artikel mit der gewünschten Menge zu und vermerken die geänderte Artikelnummer auf dem Auftrag.
e) Sie haken diese Position auf dem Auftrag ab und senden den Artikel an den Kunden nach, sobald dieser lieferbar ist.

Lösungsbuchstabe ______ ☐

47. Bei der Frantz GmbH kommen in letzter Zeit des Öfteren Verwechselungen als Kommissionierfehler vor. Benennen Sie diejenige aus den nachfolgenden Maßnahmen, die geeignet ist, solche Fehler in Zukunft zu vermeiden oder zumindest zu verringern.

a) Es werden neuartige und schnellere Kommissionierstapler angeschafft.
b) Jeder Verwechselungsfehler führt beim zuständigen Kommissionierer zu einem Lohnabzug.
c) Alle Artikel werden vorverpackt bereitgestellt.
d) Es wird das System „Pick by voice" eingeführt.
e) Es werden vermehrte Pausen in den Arbeitszeiten eingeführt.

Lösungsbuchstabe ______________________ ☐

48. Ebenfalls sollen Vorkehrungen gegen die große Anzahl von Zählfehlern getroffen werden. Benennen Sie diejenige aus den nachfolgenden Maßnahmen, die geeignet ist, solche Fehler in Zukunft zu vermeiden oder zumindest zu verringern.

a) Es werden neuartige und schnellere Kommissionierstapler angeschafft.
b) Jeder Zählfehler führt beim zuständigen Kommissionierer zu einem Lohnabzug.
c) Alle Artikel werden vorverpackt bereitgestellt.
d) Alle Artikel werden nach der ABC-Analyse angeordnet und bereitgestellt.
e) Es wird das Prinzip Mann zur Ware eingeführt.

Lösungsbuchstabe ______________________ ☐

⑥ Güter verpacken

1. Aufgabe

Situation:
Ein neuer Kollege fragt Sie, warum bei der Frantz GmbH so viel Wert auf die Verpackung gelegt wird. Bei seinem bisherigen Arbeitgeber seien die meisten Artikel ohne Verpackung eingelagert und auch verkauft worden. Das sei seiner Meinung nach doch viel einfacher. Bei der Frantz GmbH aber wird Wert darauf gelegt, dass alle Lagermitarbeiter gut geschult sind in Sachen Verpackung.

1.1 Ergänzen Sie die nachfolgende Tabelle mit Fachbegriffen zum Thema Verpackung und deren Erklärung.

Begrifflichkeit	Erklärung
Packstück	
	Packgut und Verpackung zusammen
Packstoff	
	Packmittel und alle Packhilfsmittel

1.2 Bewerten Sie die Notwendigkeit der Verpackung, indem Sie jeweils zwei Vorteile und zwei Nachteile von Verpackungen darlegen.

1.3 Nennen Sie die fünf Funktionen (bzw. Aufgaben) einer Verpackung und erläutern Sie diese.

1.4 Die Schutzfunktion ist die wohl zentrale Funktion von Verpackungen. Beschreiben Sie drei Dinge, die gemäß dieser Funktion von der Verpackung geschützt werden und geben Sie jeweils ein Beispiel mit an, vor welcher Gefahr geschützt wird.

2. Aufgabe

Situation:
Der neue Lagerbereichsleiter der Frantz GmbH ist der Meinung, dass sich das Unternehmen noch stark verbessern müsse im Bereich der Lade- und Transportfunktion der Verpackung.

2.1 Nennen Sie drei Vorteile, die sich aus dieser Funktion ergeben, wenn sie im Betrieb möglichst optimal umgesetzt wird.

2.2 Wichtig ist bei Verpackungen auch, dass diese die Ware auf dem Weg bis zum Endabnehmer vor den vielfältigen Gefahren schützen. Nennen Sie vier Beanspruchungen, denen die Ware (bzw. die Verpackung) ausgesetzt ist.

2.3 Nennen Sie drei Beispiele von mechanischen Beanspruchungen, die auf eine Verpackung einwirken können. Geben Sie auch drei Möglichkeiten zur Vorbeugung mit an.

3. Aufgabe

Situation:
In den letzten Monaten litt die Frantz GmbH unter vermehrten Diebstählen aus den Lagerräumen. Das will die Geschäftsführung so in Zukunft nicht mehr hinnehmen, denn durch die Diebstähle entgehen dem Unternehmen mögliche Gewinne in beträchtlicher Höhe.

Erläutern Sie drei Maßnahmen aus dem Bereich der Verpackung, wie die Diebstahlgefahr für die Zukunft wieder verringert werden kann.

4. Aufgabe

Gemäß des Verpackungsgesetzes (vor 2019: Verpackungsverordnung) können drei verschiedene Arten von Verpackungen unterschieden werden. Grenzen Sie diese voneinander ab und nennen auch jeweils ein Beispiel zu jeder Art.

5. Aufgabe

Situation:
Ein älterer Kollege beklagt sich bei Ihnen: Heutzutage im „Informationszeitalter" seien viel zu viele Angaben auf einer Verpackung angebracht. Diese seien auch für Lagerlogistiker sehr verwirrend – früher habe es solcherlei Dinge kaum gegeben.

5.1 Beschreiben Sie drei Informationen, die der Verpackung entnommen werden können und die wichtig für Transport und Einlagerung sein können.

5.2 Geben Sie drei weitere Informationen an, die speziell auf Verkaufsverpackungen sinnvoller Weise angebracht werden könnten.

6. Aufgabe

Situation:
Bei der Frantz GmbH werden Überlegungen angestellt, die meisten Verpackungsmittel auf Mehrwegverpackungen umzustellen. Momentan seien es noch viel zu viele Einwegverpackungen, wie die Geschäftsführung angibt.

6.1 Unterscheiden Sie Einweg- und Mehrwegverpackungen und geben Sie für jede Art jeweils zwei Beispiele an.

6.2 Beurteilen Sie die oben angedeutete Überlegung, indem Sie zwei Vorteile und zwei Nachteile von Mehrweg- gegenüber Einwegverpackungen erläutern.

7. Aufgabe

Unterscheiden Sie die beiden Begriffe „Packmittel" und „Packhilfsmittel" und geben Sie jeweils drei Beispiele mit an.

8. Aufgabe

Wichtige Fachbegriffe aus dem Bereich der Verpackungen sind diese:
Packmittel, Packhilfsmittel, Umverpackung, Transportverpackung, Verkaufsverpackung, Einwegverpackung, Mehrwegverpackung, Packstoff, Packstück, Packgut.

Ordnen Sie den nachfolgenden Beispielen diese Fachbegriffe korrekt zu. (Hinweis: Mehrfachnennungen sind möglich!)

Beispiel	Zugeordnete Begriffe
Weinflasche	
Europalette	
Stretchfolie	
Buch Prüfungsvorbereitung Lageristen	
Holz	
Zahnpastatube	
Folie um eine Zigarettenschachtel	

9. Aufgabe

Situation:
Am Markt befindet sich eine immense Vielzahl an verschiedenen Packmitteln. Auch die Frantz GmbH benutzt viele unterschiedliche Varianten für die vielen unterschiedlichen Artikel aus dem Sortiment. Des Weiteren bestehen die Packmittel auch aus verschiedenen Packstoffen.

9.1 Unterscheiden Sie Packmittel anhand von drei verschiedenen Packstoffen und geben Sie jeweils drei Beispiele an.

Packstoff	Beispiele an Packmitteln

9.2 Erläutern Sie drei Vorteile von Packmitteln aus Holz gegenüber anderen Packstoffen.

10. Aufgabe

Situation:
In letzter Zeit waren die Verantwortlichen bei der Frantz GmbH mehr und mehr unzufrieden mit der Mehrzahl der vom Unternehmen verwendeten Packmittel. Daher überlegt man derzeit, dass in Zukunft nur noch Packmittel aus Pappe bzw. Wellpappe verwendet werden sollen.

10.1 Begründen Sie, warum die Umstellung auf Packmittel aus Wellpappe oder Pappe sinnvoll sein kann gegenüber Packmitteln aus Holz, Kunststoff oder Metall. Geben Sie dazu drei Argumente an.

10.2 Die Vorteile von Wellpappe-Boxen sind überzeugend, sodass in Zukunft ein Großteil der Verpackungen auf diese Packmittel umgestellt werden soll. Dabei setzt die Frantz GmbH vor allem auf die beiden Varianten zweiwellig und dreiwellig (mit unterschiedlicher Dicke der Wellen), jeweils zweiseitig beklebt. Zeichnen Sie diese beiden Varianten von Wellpappe skizzenartig. Geben Sie zudem jeweils an, wie viele Lagen diese Packmittel besitzen.

Zeichnung:

11. Aufgabe

Situation:
Der größte Teil aller Artikel, die ein- und ausgelagert werden sind palettiert. Dabei sind bei der Frantz GmbH viele verschiedene Arten von Paletten in Gebrauch.

11.1 Unterscheiden Sie die beiden Palettenarten Zweiwegpalette und Vierwegpalette.

11.2 Die wohl wichtigste aller Paletten (auch für die Frantz GmbH) ist die sogenannte Europalette. Geben Sie die normierten Maße dieser Palette, ihr Eigengewicht sowie ihre Tragfähigkeit an.

11.3 Berechnen Sie die Fläche einer Eurostandardpalette. Errechnen Sie außerdem, wie viel Lagerplatz benötigt wird, wenn Sie 70 Paletten lagern sollen. Gehen Sie dabei davon aus, dass jeweils vier Paletten übereinander gestapelt gelagert werden können.

12. Aufgabe

Situation:
Die Europalette ist eine Mehrweg-Transportverpackung, welche im Rahmen des sogenannten Europäischen Palettenpools zwischen Unternehmen getauscht werden kann. Auch die Frantz GmbH macht von diesem System Gebrauch.

12.1 Erklären Sie, was unter dem Europäischen Palettenpool zu verstehen ist.

12.2 Beschreiben Sie, woran Sie eine Europalette erkennen können.

12.3 Nennen Sie drei wichtige Kriterien, die bei einer Europalette zu prüfen sind, bevor Sie entscheiden, ob die betreffende Palette getauscht werden kann oder nicht.

12.4 Erläutern Sie fünf Vorteile, die Europaletten mit sich bringen.

12.5 Ein Kollege meint Ihnen gegenüber, dass er statt Europaletten lieber Kunststoffpaletten bevorzuge. Beschreiben Sie drei Vorteile, die Kunststoffpaletten gegenüber den Europaletten besitzen.

13. Aufgabe

Situation:
Sie erstellen ein Packstück für einen Kunden der Frantz GmbH. Dazu bestücken Sie eine Kunststoff-Mehrwegpalette (Tara 18 kg) mit 120 Schachteln. Das Packgut in den Schachteln beträgt jeweils 2,9 kg, die Schachteln selbst besitzen ein Eigengewicht von 300 Gramm.

Berechnen Sie das Bruttogewicht der voll beladenen Palette.

14. Aufgabe

Auf einer Europalette sollen würfelförmige Kunststoffkisten (Seitenlänge 40 cm) verladen werden. Geben Sie an, wie viele Kisten auf die Palette passen. Gehen Sie dabei von einer Beladungshöhe von 1,6 m aus.

15. Aufgabe

Situation:
Sie beladen eine Europalette (Eigengewicht 22.000 g) mit drei verschiedenen Arten von Schachteln, deren Gewicht sich wie folgt zusammensetzt:
Kistenart 1 = 230 ¼ kg Gesamtgewicht
Kistenart 2 = 0,154 t Gesamtgewicht
Kistenart 3 = 188,5 kg Gesamtgewicht

Ermitteln Sie das Bruttogewicht dieses Packstückes in Kilogramm.

16. Aufgabe

Situation:
Sie bekommen den Auftrag, besonders empfindliche Ware versandfähig zu machen. Dazu benötigen Sie nicht stapelfähige Kisten aus Kunststoff mit den Maßen 40 x 30 cm. Insgesamt befüllen Sie 22 dieser Kisten.

Berechnen Sie, wie viele Europaletten Sie für diese Warensendung bereitstellen müssen.

17. Aufgabe

Situation:
Die häufigste Form, wie bei der Frantz GmbH Waren versandfähig gemacht werden, ist die Bereitstellung auf Paletten. Die korrekte Verpackung auf Paletten ist somit überaus wichtig, um keine Reklamationen durch Kunden hervorzurufen, die den Ruf des Unternehmens verschlechtern.

17.1 Unterscheiden Sie zeichnerisch die Verbundstapelung und die Reihenstapelung (bzw. lineare Stapelung). Geben Sie außerdem zu beiden Stapelvarianten jeweils einen Vorteil an.

Skizze: Verbundstapelung

Vorteil:

Reihenstapelung

Vorteil:

17.2 Nennen Sie drei Kriterien, die Sie stets bei der Palettenbildung beachten müssen.

18. Aufgabe

Situation:
In letzter Zeit häuft sich bei der Frantz GmbH der Einsatz von genormten Eurogitterboxpaletten. Allerdings wird im Unternehmen derzeit noch darüber diskutiert, ob dieses Packmittel für die Zukunft weiterhin als sinnvoll erachtet wird oder ersetzt werden soll durch ein anderes Packmittel.

18.1 Beschreiben Sie den Unterschied hinsichtlich der Bauart zwischen den erwähnten Eurogitterboxpaletten und den ansonsten von der Frantz GmbH oft benutzten Euroflachpaletten.

18.2 Geben Sie an, welche Abmessungen die normierte Eurogitterboxpalette (sowohl in den Innen- als auch in den Außenmaßen) besitzt. Errechnen Sie zusätzlich das Volumen einer Gitterbox.

18.3 Erläutern Sie zwei Vorteile, die der Gebrauch von Eurogitterboxen gegenüber der Benutzung von Flachpaletten mit sich bringt.

19. Aufgabe

Situation:
Sie sollen verschiedene Ersatzteile versandfähig machen. Die Artikel sind in Pappschachteln vorverpackt, die die Maße 40 cm x 30 cm x 20 cm (L x B x H) aufweisen. Insgesamt sollen 215 Schachteln in Eurogitterboxen gelegt und verschickt werden, wobei wegen besonderer Vorsicht lediglich bis zu einer Höhe von 70 cm gepackt werden soll.

Berechnen Sie, wie viele Gitterboxen Sie für diesen Kundenauftrag benötigen.

20. Aufgabe

Situation:
Das Unternehmen Niemann KG, ein bedeutender Großkunde der Frantz GmbH, ordert 630 Luftfilter für den Einsatz in Großküchen. Dieser Artikel hat einen Durchmesser von 28 cm, eine Höhe von 4 cm und sollte nur flach liegend jeweils in Zweierpacks verpackt und transportiert werden. Das Gewicht eines Luftfilters liegt bei 2.300 Gramm. Sie werden mit der Bearbeitung dieses Kundenauftrags betraut.

20.1 Nachfolgend finden Sie eine Liste aller Schachteln, die die Frantz GmbH als Verpackungsmittel benutzt. Wählen Sie die optimale Verpackung für diesen Auftrag aus, wenn jeweils zwei Luftfilter in eine Schachtel verpackt werden sollen, wie es der Kunde verlangt. Geben Sie die entsprechende Artikelnummer an.

Artikel-Nr.	Innenmaße in Zentimetern			Leergewicht in kg
	Länge	Breite	Höhe	
0815	30	20	10	0,5
0816	30	30	10	0,7
0817	10	30	5	0,8
0818	40	30	10	0,9
0819	40	40	20	1,2

20.2 Geben Sie an, wie viele Schachteln für die Bearbeitung dieses Auftrags benötigt werden.

20.3 Berechnen Sie, wie viele der von Ihnen ausgewählten Schachteln in eine genormte Eurogitterboxpalette passen.

20.4 Ermitteln Sie, wie viele Gitterbox-Paletten Sie demnach für diesen Kundenauftrag benötigen.

20.5 Geben Sie das Gesamtgewicht dieser Lieferung an. Bedenken Sie dabei die Tara einer Gitterboxpalette von 70 Kilogramm.

21. Aufgabe

Situation:
Bei der Frantz GmbH herrscht mit einigen der verwendeten Packhilfsmitteln Unzufriedenheit. Es gab bereits eine Menge an Beschwerden von Kunden in diese Richtung, zudem ist der Lagerleiter der Meinung, dass die Kosten dafür insgesamt zu hoch seien. Es wurde eine Arbeitsgruppe gebildet, die die Probleme mit den Packhilfsmitteln in der Frantz GmbH angehen sollen.

21.1 Nennen Sie die drei verschiedenen Arten von Packhilfsmitteln und geben Sie jeweils drei Beispiele an.

21.2 Es sollen möglicherweise neue Füllmittel beschafft werden. Beschreiben Sie drei Kriterien, nach denen Sie bei der Beschaffung dieser neuen Füllmittel vorgehen würden.

21.3 Zukünftig soll bei der Frantz GmbH auch mehr Wert auf die Verwendung von Trockenmitteln gelegt werden. Erklären Sie, was diese Art von Packhilfsmitteln bewirken soll.

22. Aufgabe

Situation:
Sie sollen zur besseren Sicherung eine Holzkiste mit Stahl-Umreifungsband versehen. Die Kiste hat die Abmessungen 110 cm x 70 cm x 50 cm (Länge x Breite x Höhe) und soll auf der Längsseite zweimal umreift werden und auf der Breitseite einmal.

Berechnen Sie (unter Vernachlässigung von Überlappungen), wie viel Stahlband Sie in diesem Fall benötigen.

23. Aufgabe

Situation:
Ein beträchtlicher Teil aller Artikel, die die Frantz GmbH an Kunden versendet, ist aus Metall. Um alle Kunden stets zufriedenzustellen, ist es hier besonders wichtig, keine Fehler im Bereich der Packhilfsmittel zu machen.

23.1 Nennen Sie die besondere Beanspruchung, welcher Metallteile auf dem Transport ausgesetzt sind. Geben Sie zudem drei Packhilfsmittel an, welche die Frantz GmbH einsetzen könnte, um dieser Beanspruchung entgegenzuwirken.

23.2 Fast alle versendeten Packstücke enthalten Füllmittel bzw. Schutzmittel. Nennen Sie drei geeignete solcher Packhilfsmittel, die einer Beanspruchung durch Druck bzw. Stoß sinnvoll entgegenwirken.

24. Aufgabe

Situation:
Sie erhalten den Auftrag, 36 mit Spezialreiniger gefüllte Ein-Liter-Glasflaschen an den Kunden Swiss Metal SA zu versenden. Dazu muss die Ware allerdings zuerst verpackt werden. Der Kunde gilt als „schwieriger Geschäftspartner", sodass laut den Vorgaben Ihres Vorgesetzten keinerlei Fehler verziehen werden.

24.1 Beschreiben Sie für die Ware ein auch aus Umweltschutz-Gesichtspunkten geeignetes Packmittel sowie ein geeignetes Packhilfsmittel.

24.2 Zusammen mit noch anderen Artikeln für denselben Kunden wird der Spezialreiniger auf eine Palette verpackt. Sie erhalten die Anweisung, diese zur besseren Stabilität zu stretchen. Beschreiben Sie zwei Möglichkeiten des Stretchens.

24.3 Leider ist gerade die Stretchfolie bei der Frantz GmbH ausgegangen. Geben Sie vier andere Möglichkeiten an, wie die Waren auf der Palette gesichert werden können.

24.4 Unterscheiden Sie den typischen Umgang mit Schrumpffolie und mit Stretchfolie.

25. Aufgabe

Situation:
Es sollen größere Maschinen-Ersatzteile aus Metall zu einem Kunden nach Kanada verschifft werden. Das Gesamtgewicht des Versandstücks liegt bei knapp 400 Kilogramm. Sie helfen bei diesem „Übersee-Auftrag" eines Neukunden mit.

25.1 Erklären Sie, für welche Packmittel und Packhilfsmittel Sie sich in diesem Fall entscheiden. Begründen Sie auch Ihre Wahl.

25.2 Besonders bei solchen Übersee-Transporten ist die Markierung von Packstücken von großer Bedeutung. Geben Sie die drei Bestandteile einer vollständigen Markierung an.

25.3 Natürlich stehen den Lagermitarbeitern der Frantz GmbH auch vielfältige Kennzeichnungsetiketten zur Verfügung, um die Packstücke jeweils korrekt zu kennzeichnen. Benennen Sie die folgenden drei Bildzeichen, die unter anderem bei diesem Auftrag verwendet werden sollen, richtig.

26. Aufgabe

Situation:
Nachdem der Kunde aus Kanada mit der ersten Belieferung durch die Frantz GmbH vollständig zufrieden gewesen ist, folgen viele weitere Aufträge. Diesmal bekommen Sie den Auftrag eine größere Wellpappeschachtel zu packen und zu kennzeichnen. Das darin verpackte Packgut ist sehr leicht zerbrechlich, weshalb es nicht gestürzt oder gekippt werden sollte und keinesfalls ein weiteres Packstück darauf gestapelt werden sollte.

26.1 Mit welchen drei Symbolen kennzeichnen Sie das Packstück? Benennen Sie die Bezeichnungen der Bildzeichen und skizzieren Sie diese.

Zeichnungen:

26.2 Als nochmalige Verbesserung der Verpackung für den kanadischen Kunden schlagen Sie das Anbringen von Kippindikatoren vor. Erklären Sie, wie solche Kippindikatoren funktionieren.

26.3 Wie in diesem Fall gehen viele Versandstücke von der Frantz GmbH aus ins Ausland, genauso wie das Unternehmen Ware aus dem Ausland bezieht. Darum ist es wichtig, die textlichen Hinweise auf Verpackungen auch in der englischen Sprache zu kennen. Vervollständigen Sie dazu die nachfolgende Tabelle.

Hinweis in englischer Sprache	Bedeutung in deutscher Sprache
handle with care, fragile	
	Packstück ist vor Wärme zu schützen
sling here	
	Packstück darf nicht gerollt werden

27. Aufgabe

Nennen Sie technische Hilfsmittel, die die Frantz GmbH zum Verpacken nutzen kann.

28. Aufgabe

Situation:
Ganz wichtig ist es der Frantz GmbH, sich hinsichtlich der Verpackungskosten wirtschaftlicher aufzustellen. Nach Aussage der Geschäftsführung ist dies eine gute Möglichkeit, wie man sich positiv von den Konkurrenten abheben kann. Und zusätzlich können hier große Einsparungen gemacht werden, was die Gewinnsituation des Unternehmens weiter verbessern kann.

28.1 Nennen Sie die drei Gruppen von Verpackungskosten.

28.2 Ein bestimmter Artikel aus dem Sortiment der Frantz GmbH kostet 84,95 €. Berechnen Sie die Verpackungskosten, wenn diese einen Anteil von 14 % vom Gesamtpreis haben.

29. Aufgabe

Situation:
Sie sind geschockt: Ein Auszubildender eines anderen Betriebes erzählt Ihnen, wie es in seinem Unternehmen um das Thema Umweltschutz steht. Dort spielen Gedanken um Energiesparen, Mülltrennung usw. überhaupt keine Rolle. Sie erzählen, dass es bei der Frantz GmbH einen sog. Umweltbeauftragten gibt, der die Mitarbeiter immer wieder über die rechtlichen Vorgaben im Bereich des Umweltschutzes informiert.

29.1 Erläutern Sie die Zielsetzung des Kreislaufwirtschafts- und Abfallgesetzes, indem Sie auf die Rangfolge bei der Abfallbewirtschaftung eingehen.

29.2 Erklären Sie die Hauptziele, denen sich das Verpackungsgesetz in Deutschland widmet.

29.3 Nennen Sie die drei Arten von Verpackungen gemäß des Verpackungsgesetzes.

29.4 Besondere Vorschriften macht das Verpackungsgesetz für Transportverpackungen. Beschreiben Sie vier Möglichkeiten, wie Betriebe wie die Frantz GmbH in der Praxis mit gebrauchten Transportverpackungen umgehen können.

29.5 Aufgrund des Umweltschutzgedankens baut die Frantz GmbH vermehrt auf Mehrwegtransportverpackungen in einem Pfandsystem. Beschreiben Sie, was die einzelnen Beteiligten in einem solchen Pfandsystem zu tun haben.

30. Aufgabe

Situation:
Neuerdings kommen bei der Frantz GmbH auch vermehrt Gefahrguttransporte vor. Hierbei kommt der vorherigen Verpackung eine noch größere Bedeutung zu. Da Sie in der Berufsschule darüber gut informiert wurden, bieten Sie Ihren Kollegen Ihre Hilfe an.

30.1 Vervollständigen Sie die nachfolgende Tabelle zu den verschiedenen Gefahrgutklassen.

Gefahrenklasse	Bedeutung (deutsch)	Englische Übersetzung
1		
	Gase	
		flammable liquids
7		

30.2 Beschreiben Sie, was im Bereich des Gefahrgutversands mit der „UN-Stoffnummer" gemeint ist.

30.3 Erläutern Sie, was der nachfolgend abgebildete Gefahrzettel (Label) bedeutet und geben Sie ein Beispiel an, was als Packgut eine solche Kennzeichnung erhalten könnte.

____

____

____

30.4 Benennen Sie die folgenden Gefahrensymbole, indem Sie die Tabelle ausfüllen.

31. Geben Sie aus den nachfolgenden Möglichkeiten die korrekte Definition für den wichtigen Begriff „Packgut" an.

a) Das Material, aus dem das Packmittel besteht.
b) Die Ware, die verpackt werden soll.
c) Die Verpackung zusammen mit den verwendeten Packhilfsmitteln.
d) Die Packung, die durch weitere Verpackungstätigkeiten versandfähig gemacht wurde.
e) Das Material, aus dem das Packhilfsmittel besteht.

Lösungsbuchstabe ______________________________ ☐

32. Geben Sie aus den nachfolgenden Möglichkeiten die korrekte Definition für den wichtigen Begriff „Packstoff" an.

a) Das Material, aus dem das Packmittel besteht.
b) Die Ware, die verpackt werden soll.
c) Die Verpackung zusammen mit den verwendeten Packhilfsmitteln.
d) Die Packung, die durch weitere Verpackungstätigkeiten versandfähig gemacht wurde.
e) Das Material, aus dem das Packhilfsmittel besteht.

Lösungsbuchstabe ______________________________ ☐

33. Geben Sie aus den nachfolgenden Möglichkeiten die korrekte Definition für den wichtigen Begriff „Packstück" an.

a) Das Material, aus dem das Packmittel besteht.
b) Die Ware, die verpackt werden soll.
c) Die Verpackung zusammen mit den verwendeten Packhilfsmitteln.
d) Die Packung, die durch weitere Verpackungstätigkeiten versandfähig gemacht wurde.
e) Das Material, aus dem das Packhilfsmittel besteht.

Lösungsbuchstabe ______________________________ ☐

34. Bei der Frantz GmbH wird viel Wert darauf gelegt, dass die Verpackung der einzelnen Artikel möglichst gut sichtbare und nützliche Hinweise und Warnungen für die Abnehmer enthält. Benennen Sie diejenige Funktion der Verpackung, die hiermit insbesondere angesprochen ist.

a) Die Schutzfunktion
b) Die Lagerfunktion
c) Die Ladefunktion
d) Die Verkaufsfunktion
e) Die Informationsfunktion

Lösungsbuchstabe ______ ☐

35. Ein neuer Mitarbeiter macht gegenüber der Geschäftsführung der Frantz GmbH den Verbesserungsvorschlag, dass in Zukunft mehr darauf geachtet werden sollte, dass die benutzten Verpackungen für den Kunden einen echten Zusatznutzen bieten. Beispielsweise könnten die Verpackungen noch als Behälter für verschiedenste Kleinteile beim Kunden dienen. Benennen Sie diejenige Funktion der Verpackung, die hiermit insbesondere angesprochen ist.

a) Die Schutzfunktion
b) Die Lagerfunktion
c) Die Ladefunktion
d) Die Verkaufsfunktion
e) Die Informationsfunktion

Lösungsbuchstabe ______ ☐

36. Benennen Sie aus den nachfolgenden Möglichkeiten diejenige, welche keine typische Beanspruchung einer Verpackung auf dem Weg bis zum Kunden darstellt.

a) Beanspruchung durch Lebewesen.
b) Beanspruchung durch Diebstahl.
c) Beanspruchung durch hohe Temperaturen.
d) Beanspruchung durch lange Arbeitszeiten.
e) Beanspruchung durch Schädlinge.

Lösungsbuchstabe ______ ☐

37. Nachfolgend sind verschiedene Beanspruchungen für Verpackungen aufgeführt. Geben Sie die beiden an, welche keine mechanischen Beanspruchungen darstellen.

a) Beanspruchung durch Druck.
b) Beanspruchung durch Kondenswasser.
c) Beanspruchung durch Schimmelpilze.
d) Beanspruchung durch Erschütterung.
e) Beanspruchung durch Fall.
f) Beanspruchung durch Schub.

Lösungsbuchstaben ______ ☐ ☐

38. Ordnen Sie bei den nachfolgenden Beispielen zu, ob es sich um

1) eine Verkaufsverpackung,
2) eine Umverpackung,
3) eine Transportverpackung handelt.

a) Einwegpalette
b) Überseecontainer
c) Glasflasche für Obstsaft
d) Folie um Stange Zigaretten
e) Schuhkarton
f) Tube Kleber
g) Pappschachtel für Cremedose

Lösungsziffern ______ a) ☐ b) ☐ c) ☐ d) ☐ e) ☐ f) ☐ g) ☐

39. Geben Sie aus der nachstehenden Liste die einzige Transportverpackung an.

a) Weinflasche
b) Six-Pack-Ring für Bierdosen
c) Kartoffelsack
d) Konservendose
e) Flachpalette

Lösungsbuchstabe ______

40. In Zukunft sollen bei der Frantz GmbH hauptsächlich dreiwellige Packmittel benutzt werden. Geben Sie aus den nachstehenden Aussagen die korrekte hinsichtlich eines dreiwelligen Verpackungsmaterials an.

a) Dreiwellig bedeutet, dass ein Packmittel aus drei verschiedenen Packstoffen besteht.
b) Dreiwellig bedeutet, dass drei wellige Pappen mit vier glatten Pappen verklebt werden.
c) Dreiwellig bedeutet, dass zwei glatte Pappen mit einer welligen Pappe verklebt werden.
d) Dreiwellig bedeutet, dass die Belastung je Quadratmeter dreimal so hoch ist wie bei einfacher Verklebung.
e) Dreiwellig bedeutet, dass diese Packmittel maximal dreimal übereinander gestapelt werden dürfen.

Lösungsbuchstabe ______

41. Benennen Sie den zentralen Vorteil, den der Einsatz von Drehstapelbehältern als Packmittel mit sich bringt.

a) Drehstapelbehälter sind sehr diebstahlsicher.
b) Drehstapelbehälter sind in vielen verschiedenen Farben erhältlich.
c) Drehstapelbehälter bieten eine Raumeinsparung beim Leerguttransport von 50 % oder mehr.
d) Drehstapelbehälter bieten eine Raumeinsparung beim Volltransport von 50 % oder mehr.
e) Drehstapelbehälter bieten eine hohe Recycelfähigkeit.

Lösungsbuchstabe ______

42. Benennen Sie die korrekte Aussage zur maximalen Tragfähigkeit einer Europalette.

a) Bei Punktbelastung maximal 2.000 kg.
b) Bei gleichförmiger Belastung maximal 2.000 kg.
c) Bei gleichförmiger Belastung maximal 3.000 kg.
d) Bei gleichförmiger und vollflächiger Belastung 2.000 kg.
e) Bei gleichförmiger und vollflächiger Belastung 3.000 kg.

Lösungsbuchstabe ______

43. Kreuzen Sie an, woran Sie bei für die Frantz GmbH angelieferten Paletten erkennen können, dass es sich um Europaletten handelt.

a) Eine Europalette hat ein sehr geringes Eigengewicht von nur 10 kg.
b) Eine Europalette hat normierte Maße von 1,2 x 1,0 m.
c) Eine Europalette hat standardisierte Kennzeichen auf den Holzklötzen in Form von Brandzeichen.
d) Eine Europalette besitzt einen Aufbau aus Gitterstahl.
e) Eine Europalette besteht aus besonders eingefärbter Wellpappe.

Lösungsbuchstabe ______

44. Sehr häufig werden bei der Frantz GmbH auch Eurogitterboxpaletten benutzt. Geben Sie die korrekte Aussage bezüglich der Tragfähigkeit und der zulässigen Auflast dieses Packmittels an.

a) Eine Eurogitterboxpalette kann maximal 500 kg tragen und besitzt eine maximale Auflast von ebenfalls 500 kg.
b) Eine Eurogitterboxpalette kann maximal 1.000 kg tragen und besitzt eine maximale Auflast von 3.000 kg.

c) Eine Eurogitterboxpalette kann maximal 1.500 kg tragen und besitzt eine maximale Auflast von 6.000 kg.
d) Eine Eurogitterboxpalette kann maximal 2.000 kg tragen und besitzt eine maximale Auflast von 8.000 kg.
e) Sowohl Tragfähigkeit als auch Auflast kommen stets auf die Bauweise, die genauen Abmessungen und den Hersteller der Gitterbox an.

Lösungsbuchstabe ______ ☐

45. Ordnen Sie den nachfolgenden Packhilfsmitteln zu, ob es sich um

1) ein Schutzmittel bzw. Füllmittel,
2) ein Kennzeichnungsmittel oder
3) ein Verschlussmittel handelt.

a) Rollenwellpappe	e) Packband
b) Stoßindikator	f) Warnetikett
c) Ölpapier	g) Trockenmittel
d) Kordel	h) Verpackungsflocken

Lösungsziffern ______ a) ☐ b) ☐ c) ☐ d) ☐ e) ☐ f) ☐ g) ☐ h) ☐

46. Sie erhalten den Auftrag, mehrere Pappschachteln versandfähig zu machen. Dazu müssen Sie das Packmittel natürlich auch verschließen. Kreuzen Sie an, welches Packhilfsmittel dazu nicht geeignet ist.

a) Klebeband

b) Klebstoff	d) Heftklammern
c) Stretchfolie	e) Packband

Lösungsbuchstabe ______ ☐

47. Besonders wichtig ist der Frantz GmbH die Umsetzung von möglichst hoher Umweltverträglichkeit in allen Unternehmensbereichen. Aus diesem Grund sollen zukünftig auch nur noch Packhilfsmittel verwendet werden, die aus nachwachsenden Rohstoffen hergestellt werden. Geben Sie dasjenige Packhilfsmittel an, welches diesen Grundsatz nicht erfüllt.

a) Rollenwellpappe

b) Seidenpapier	d) Luftpolsterfolie
c) Holzwolle	e) Papierwolle

Lösungsbuchstabe ______ ☐

48. Ein Neukunde der Frantz GmbH verlangt, dass die an ihn ausgelieferten Waren vor dem Versenden jeweils mit einem Temperaturindikator versehen werden. Geben Sie an, warum der Kunde die Verwendung von solchen Packhilfsmitteln bei Kühlgut vorgibt.

a) Da nun der Empfänger sofort feststellen kann, ob die Ware während des Transports zu hohen Temperaturen ausgesetzt war.
b) Da nun die korrekte Temperatur für die Ware automatisch eingehalten wird.
c) Da nun die ordnungsgemäße Lagerung bei der Frantz GmbH durch den Indikator angezeigt wird.
d) Da nun die Ware noch besser gegen Diebstahl gesichert ist.
e) Da nun ein Auftauen des Kühlgutes auf dem Transport verhindert wird.

Lösungsbuchstabe ______ ☐

49. Häufig benutzt werden bei der Frantz GmbH auch Stoßindikatoren. Kreuzen Sie aus den nachfolgenden Aussagen die korrekte bezüglich dieser Packhilfsmittel an.

a) Ein Stoßindikator wird direkt an der Ware angebracht und verhindert eine Beschädigung.

b) Ein Stoßindikator wird neben die Ware in das Packmittel gelegt und veredelt während des Transports das Packgut.

c) Ein Stoßindikator misst die mechanischen Erschütterungen während des Transports und der Lagerung und gibt Funksignale darüber an den Empfänger.

d) Ein Stoßindikator wird an der Verpackung der Ware angebracht und gibt einen Signalton, sobald eine mechanische Beanspruchung erfolgt.

e) Ein Stoßindikator wird an der Transportverpackung angebracht und verfärbt sich bei mechanischer Beanspruchung durch Stoß.

Lösungsbuchstabe ______ ☐

50. Der Kunde Ersatzteile-Georg OHG aus Dresden wünscht die Anlieferung von bestellten Waren in einem Packmittel, welches die dringend benötigten Artikel gut vor Niederschlag schützt. Des Weiteren sollen zwecks Verringerung der Umweltbelastung nur Mehrwegverpackungen genutzt werden. Geben Sie an, für welches der nachfolgenden Packmittel Sie sich entscheiden.

a) Harass

b) Europalette mit Verbundstapelung und Stretchfolie

c) Einwegpalette mit Verbundstapelung und Schrumpffolie

d) genormte Eurogitterboxpalette

e) Wellpappeschachtel mit Umreifung durch Kunststoffbänder

Lösungsbuchstabe ______ ☐

51. Sie kennzeichnen ein großes Packstück mit dem nachfolgenden Bildzeichen. Geben Sie an, warum es wichtig sein kann, ein solches Symbol auf einer Verpackung anzubringen.

a) Das Packstück soll keineswegs mit Ketten angehoben werden, denn so könnten Transportschäden entstehen.

b) Der Schwerpunkt des Packstücks ist nicht mittig, es ist besondere Vorsicht beim Verladen und Transportieren geboten.

c) Es handelt sich um ein rundes Packgut, sodass besonders viele Füllmittel in dem Packmittel vorzufinden sind.

d) Es handelt sich um explosionsfähige Ware, die vorsichtig verladen werden muss.

e) Es ist zwingend eine Umreifung durch Stahlband um dieses Packstück vorzunehmen.

Lösungsbuchstabe ______ ☐

52. Nachfolgend finden Sie ein gängiges Bildzeichen. Geben Sie den entsprechenden englischen Text an, der zu diesem Symbol passend ist.

a) Keep dry

b) Tear off here

c) Centre of gravity

d) Do not use fork lift here

e) Do not stack

Lösungsbuchstabe ______ ☐

53. Sie sollen mehrere Dutzend Schachteln verschiedenartig kennzeichnen. Geben Sie an, welches Hilfsgerät Sie dazu am besten einsetzen können.

a) Etikettiergerät

b) Umreifungsmaschine

c) Schrumpfpistole

d) Zangenhefter

e) Klebestreifengeber

Lösungsbuchstabe ______ ☐

54. Viele Waren der Frantz GmbH werden, bevor sie in die verschiedenartigen Schachteln verpackt werden, in Plastikbeutel verpackt. Geben Sie an, welches Hilfsgerät dafür geeignet ist, solche Beutel luftdicht zu verschließen.

a) Umreifungsmaschine
b) Stretchwickelmaschine
c) Klammergerät
d) Schachtelverschließgerät
e) Schweißzange

Lösungsbuchstabe ______

55. Aufgrund eines Planungsfehlers kommt es bei der Frantz GmbH zu der Situation, dass für die anfallenden Aufträge schlichtweg zu wenige Packtische bereit stehen. Entscheiden Sie, welche der nachfolgenden Maßnahmen Sie in dieser Situation nicht ergreifen würden, da sie ungeeignet zur Problemlösung erscheint.

a) Sie besorgen aus anderen Teilen des Lagers nicht benötigte Hubtische.
b) Sie besorgen aus anderen Abteilungen des Unternehmens momentan nicht benötigte Tische.
c) Sie lassen einen Teil der Verpackungsvorgänge auf dem Fußboden erledigen.
d) Sie lassen einen Teil der Aufträge sofern es es geht schon vorverpacken und führen die Einzelteile eines Auftrags am Ende des Prozesses wieder zusammen.
e) Sie lassen einzelne Teile eines Auftrags an einem Packband erledigen und führen diese dann am Ende wieder zusammen.

Lösungsbuchstabe ______

56. Den Mitarbeitern der Frantz GmbH steht eine Vielzahl von Hilfsmitteln für ihre Tätigkeiten zur Verfügung. Geben Sie an, welche der nachfolgenden Hilfsgeräte nur für den Verpackungsvorgang benutzt werden.

a) Umreifungsmaschine, Hubwagen, Handhefter
b) Stretchwickelmaschine, Packmesser, Klebebandabroller
c) Klammergerät, Etikettierautomat, Tacker
d) Schachtelverschließgerät, Kommissionierstapler, Tacker
e) Schweißzange, Schrumpfpistole, mobile Hebebühne

Lösungsbuchstabe ______

57. Es wird geplant, zukünftig bei der Frantz GmbH vollautomatische Packstraßen einzusetzen. Geben Sie an, welche positive Folge sich daraus für den Verpackungsvorgang im Unternehmen ergibt.

a) Die Warenausgangskontrolle kann entfallen, da dies durch die Packstraße übernommen wird.
b) Die Wareneingangskontrolle kann entfallen, da die Packstraße einen Fehler der zu verpackenden Ware anzeigen würde.
c) Ein Großteil der körperlichen Arbeit für die Lagermitarbeiter entfällt.
d) Die Produktivität im Lager sinkt.
e) Die Kosten im Lager sinken durch verringerten Verbrauch an Verpackungen.

Lösungsbuchstabe ______

58. Einige Artikel der Frantz GmbH werden mithilfe von Zählwaagen vorverpackt. Nennen Sie die Aufgabe, die dieses Hilfsmittel dabei erfüllt.

a) Die Zählwaage wiegt eine festgelegte Anzahl eines Artikels bei der Vorverpackung und speichert diesen Wert, der für alle weiteren Vorverpackungen dieses Artikels verwendet werden kann.
b) Die Zählwaage ermittelt bei jedem einzelnen Stück eines Artikels, ob Gewichtsdifferenzen vorliegen.
c) Die Zählwaage übernimmt das genaue Wiegen einer Stichprobe einer Ware, von der dann auf die restliche Menge geschätzt werden kann.
d) Die Zählwaage errechnet aus dem Gesamtgewicht einer Vorverpackung mit einer festgelegten Stückzahl das durchschnittliche Gewicht eines Stücks dieses Artikels.
e) Die Zählwaage ermittelt die Anzahl der von einem Lagermitarbeiter vorgenommenen Vorgänge der Vorverpackung eines Artikels.

Lösungsbuchstabe ______

59. Kreuzen Sie an, bei welcher der nachfolgenden Möglichkeiten die Grundsätze der Abfallhierarchie des Kreislaufwirtschaftsgesetzes in der korrekten Reihenfolge anzutreffen sind.

a) Vermeidung, Beseitigung, Verwendung/Verwertung
b) Verwendung/Verwertung, Beseitigung, Vermeidung
c) Beseitigung, Vermeidung, Verwendung/Verwertung
d) Vermeidung, Verwendung/Verwertung, Beseitigung
e) Verwendung/Verwertung, Vermeidung, Beseitigung

Lösungsbuchstabe ______

60. Ordnen Sie den nachfolgenden Maßnahmen der Frantz GmbH zu, welche Zielsetzung gemäß des Kreislaufwirtschaftsgesetzes damit verfolgt wird. Kennzeichnen Sie mit

1), wenn es sich um das Ziel der Abfallvermeidung handelt,
2), wenn es sich um das Ziel der Abfallverwertung handelt,
3), wenn es sich um das Ziel der Abfallbeseitigung handelt.

a) Alle Wellpappe-Schachteln aus der Warenannahme werden später wiederverwendet.
b) Altpapier wird gesammelt und den Altpapiercontainern zugebracht.
c) Einige Einweg-Verpackungen aus Holz werden zur Wärmegewinnung im Unternehmen direkt verbrannt.
d) Durch verschiedene Chemikalien beschmutzte Papierwolle als Packhilfsmittel wird den Restmüllcontainern zugebracht.
e) Kunststoffteile der Verpackung werden speziell gesammelt und zeitnah zur nächsten Mülldeponie transportiert.

Lösungsziffern ______ a) ☐ b) ☐ c) ☐ d) ☐ e) ☐

61. Ein Ziel jedes Unternehmens sollte es sein, die Gesamt-Abfallmenge zu verringern. Geben Sie aus den nachfolgenden Maßnahmen diejenige an, die allerdings eher zu einer Zunahme der Abfallmenge führen wird.

a) In der Produktion wird darauf geachtet, weniger Verschnitt zu produzieren.
b) Es wird darauf geachtet, eine Erhöhung des Materialeinsatzes zu gewährleisten.
c) Es wird verstärkt daran geforscht, die Waren langlebiger herstellen zu können.
d) Zusammen mit den Lieferanten wird entwickelt, dass die Waren bessere Reparaturmöglichkeiten bieten.
e) Bei allen Versendungen zwischen Unternehmen wird darauf geachtet, Packmittel mehrfach zu verwenden.

Lösungsbuchstabe ______

62. Angestrebt wird durch das Kreislaufwirtschaftsgesetz vor allem die Vermeidung von Abfall, was aber nicht in allen Situationen möglich ist. Geben Sie aus den nachfolgenden Maßnahmen diejenige an, die lediglich die Beseitigung von Abfall zur Folge hat.

a) Sammlung von Weißblech zur wiederholten Konservendosenproduktion
b) Dauerhafte Lagerung von Müll auf bestimmten Deponien
c) Verbrennung von Müll zur Energiegewinnung
d) Sammlung von Altpapier zur Erzeugung von Recycling-Papier
e) Benutzung von Altglas in der Flaschenproduktion

Lösungsbuchstabe ______

63. Geben Sie an, welche der nachfolgenden Regelungen aus der Frantz GmbH nicht den Bereich der Abfallbeseitigung betreffen.

a) Es werden in den einzelnen Lagerbereichen „Abfallbeauftragte" ernannt.
b) Der Abfall wird in bestimmte Kategorien eingeteilt.
c) Es werden bestimmte Abfälle als Hausmüll eingeordnet, welcher günstiger in der Entsorgung ist.
d) Es werden in verschiedenen Räumen des Lagers Absauganlagen installiert.
e) Es werden die verschiedenen Behälter für die unterschiedlichen Abfallarten genau beschrieben.

Lösungsbuchstabe ______

64. Ein neuer Mitarbeiter bei der Frantz GmbH hört zum ersten Mal von einer Rücknahmepflicht bei Transportverpackungen. Geben Sie an, auf welches Gesetz bzw. welche Verordnung Sie verweisen können, aus der sich diese Regelung ableitet.

a) Verpackungsgesetz
b) Bürgerliches Gesetzbuch (BGB)
c) Handelsgesetzbuch (HGB)
d) Betriebsverfassungsgesetz
e) Straßenverkehrsordnung

Lösungsbuchstabe ______

65. Geben Sie an, welche der folgenden Aussagen bezüglich der Rücknahmepflicht von Transportverpackungen korrekt ist.

a) Ein Spediteur ist verpflichtet, die Transportverpackung selbst zurückzunehmen.
b) Ein Spediteur ist verpflichtet, die Transportverpackung zu seinem Auftraggeber (= Verkäufer) zurückzubringen.
c) Ein Spediteur ist verpflichtet, die Transportverpackung auf eigene Kosten der stofflichen oder energetischen Verwertung zuzuführen.
d) Ein Spediteur ist verpflichtet, die Transportverpackung zurückzunehmen, sobald die Gesamtladung ein Gewicht von 15 Tonnen überschreitet.
e) Ein Spediteur ist nicht zur Rücknahme von Transportverpackungen verpflichtet.

Lösungsbuchstabe ______

66. Geben Sie an, wie korrekt mit gebrauchten Transportverpackungen verfahren werden muss.

a) Transportverpackungen dürfen nicht wiederverwendet werden.
b) Transportverpackungen sollten vom Endverbraucher entsorgt werden.
c) Transportverpackungen müssen vom Hersteller oder Vertreiber zurückgenommen werden.
d) Transportverpackungen gelten in aller Regel als Sondermüll.
e) Transportverpackungen sind durch den Spediteur dem Recycling zuzuführen.

Lösungsbuchstabe ______

67. Das Verpackungsgesetz widmet sich auch der Herstellung von Verpackungen. Stellen Sie fest, was dabei gemäß der Regelungen des Gesetzes beachtet werden soll.

a) Verpackungen sollten nur im Ausland hergestellt werden.
b) Verpackungen sollten nur äußerst kostengünstig hergestellt werden.
c) Verpackungen sollten aus unbehandelten Naturstoffen hergestellt werden.
d) Verpackungen sollten aus möglichst umweltverträglichen Materialien hergestellt werden.
e) Verpackungen sollten nur von im Vorhinein biosiegel-zertifizierten Produzenten hergestellt werden.

Lösungsbuchstabe ______ ☐

68. Stellen Sie fest, welche Funktion das Duale System Deutschland (DSD) hauptsächlich im Bereich der Entsorgung von Verpackungen übernimmt.

a) Entsorgung von Sondermüll
b) Lagerung von Verpackungen für Gefahrguttransporte
c) Sammlung, Sortierung und Entsorgung von Altöl
d) Sammlung, Sortierung und Verwertung von Wertstoffen
e) Sammlung, Sortierung und energetische Verwertung von Einwegflaschen

Lösungsbuchstabe ______ ☐

69. Die Frantz GmbH überlegt, sich dem Dualen System Deutschland („Der Grüne Punkt") anzuschließen. Geben Sie an, welche Verpflichtung das Unternehmen in diesem Fall eingehen würde.

a) Benutzte Verpackungen sollten einer Verwertung zugeführt werden.
b) Alle Auszubildenden des Unternehmens werden an zwei Lernorten, Betrieb und Berufsschule, ausgebildet.
c) Alle Waren im Sortiment dürfen nur noch vom Dualen System Deutschland bezogen werden, dafür allerdings gegen entsprechende Rabatte beim Einkauf.
d) Die Schadstoffemissionen der Abgasanlagen im Unternehmen müssen drastisch reduziert werden.
e) Alle Aufenthalts- und Büroräume des Unternehmens müssen mit Grünpflanzen bestückt werden.

Lösungsbuchstabe ______ ☐

70. Stellen Sie fest, welche Verpackungen ausschließlich getrennt von anderen Abfällen als Sondermüll entsorgt werden müssen.

a) Zweikomponenten-Verpackungen mit Kunststoff und Aluminium
b) Altpapier
c) Packmittel für schadstoffhaltige Packgüter
d) Weißblechdosen
e) Europaletten mit Herstellungsort im Ausland

Lösungsbuchstabe ______ ☐

71. Sie bekommen den Auftrag, die Schachtel aus der nachfolgenden Abbildung versandfähig zu machen. Stellen Sie fest, aufgrund welcher Angabe Sie davon ausgehen können, dass das von Ihrem Kollegen gewählte Packmittel für den Transport von Gefahrgut zulässig ist.

a) Aufgrund des Aufklebers „Flammable Liquids"
b) Aufgrund der bräunlichen Färbung der Pappe
c) Aufgrund des Aufdrucks „UN 1219"
d) Aufgrund des Aufdrucks „UN 4G/Y7/S/07/D/BAM 4138-WSG"
e) Aufgrund der zwei senkrecht stehenden Pfeile

Lösungsbuchstabe ______ ☐

72. Bringen Sie die folgenden Schritte bei der Verpackung eines Gefahrstoffs in die korrekte Reihenfolge.

a) Geeignetes Packmittel auswählen
b) Packmittel ordnungsgemäß verschließen
c) Zusammenpackverbote beachten
d) Packgut in das Packmittel hinein geben
e) Kennzeichnung der Packung mit UN-Nummer und Gefahrenzettel

Korrekte Reihenfolge ______ 1) ☐ 2) ☐ 3) ☐ 4) ☐ 5) ☐

73. Ordnen Sie dem nachfolgenden Label zu, vor welcher Art von Gefahr dieser warnt.

a) Vor zerbrechlichem Glas
b) Vor nicht entzündbaren Gasen
c) Vor klinischem, ansteckendem Abfall
d) Vor explosionsgefährdeten Feuerwerkskörpern
e) Vor ätzenden Stoffen

Lösungsbuchstabe ______ ☐

74. Sie sollen ein Packstück kennzeichnen, welches schwefelsäurehaltige Lkw-Batterien beinhaltet. Geben Sie an, für welche Kennzeichnung in Form eines Gefahrzettels Sie sich entscheiden.

a)	b)	c)	d)	e)

Lösungsbuchstabe ______ ☐

⑦ Touren planen

1. Aufgabe

Nennen Sie alle Nachbarländer Deutschlands! Geben Sie auch deren Hauptstadt an!

Nachbarland	Hauptstadt

2. Aufgabe

Situation:
Die Frantz GmbH möchte im europäischen Ausland mehrere Verteilzentren einrichten, damit die Kunden schneller beliefert werden können. Dafür kommen folgende Regionen in Betracht: Südfrankreich, Spanien (zentral), Norditalien, Südengland, Polen. Die Umschlagszentren sollen immer in großen Wirtschaftszentren und in der Nähe von einer großen Stadt gebaut werden. Geben Sie für jede Region eine größere Stadt an, die dafür in Frage kommen könnte!

Region	Stadt
Südfrankreich	
Spanien (zentral)	
Norditalien	
Südengland	
Polen	

3. Aufgabe

In welchen Ländern liegen die Flughäfen folgender Städte:

Stadt	Land
Chicago	
Brüssel	
Zürich	
Atlanta	
Amsterdam	
Madrid	

4. Aufgabe
In welchen Ländern liegen folgende Nordseehäfen?

Nordseehafen	Land
Antwerpen	
Brügge-Zeebrügge	
Wilhelmshaven	
Bergen	
Rotterdam	

5. Aufgabe
In welchen Ländern liegen die größten Seehäfen der Welt?

Seehafen	Land
Singapur	
Shanghai	
Hong Kong	
Los Angeles	
Busan	
Tokio	
Dubai	

6. Aufgabe
Die Donau fließt von ihrem Ursprung im Schwarzwald durch viele andere Städte und Staaten.

6.1 Bringen Sie folgende Städte in die richtige Reihenfolge (flussabwärts)!

☐ Wien

☐ Budapest ☐ Bratislava

☐ Passau ☐ Belgrad

6.2 Welche Stadt von Aufgabe 6.1 liegt nicht innerhalb der Europäischen Union?

____

6.3 Welche Stadt von Aufgabe 6.1 ist keine Hauptstadt?

____

6.4 In welches Meer mündet die Donau?

____

6.5 Nennen Sie vier Staaten außer Deutschland, durch die die Donau fließt!

____

____

7. Aufgabe

Gegeben ist die folgende Deutschlandkarte mit den wichtigsten Autobahnverbindungen. Ordnen Sie die Städte ihrer richtigen Lage in der Karte zu!

Berlin, Bremen, Dortmund, Dresden, Frankfurt/Main, Hamburg, Hannover, Köln, Leipzig, München, Nürnberg, Stuttgart

a) ______________

b) ______________

c) ______________

d) ______________

e) ______________

f) ______________

g) ______________

h) ______________

i) ______________

j) ______________

k) ______________

l) ______________

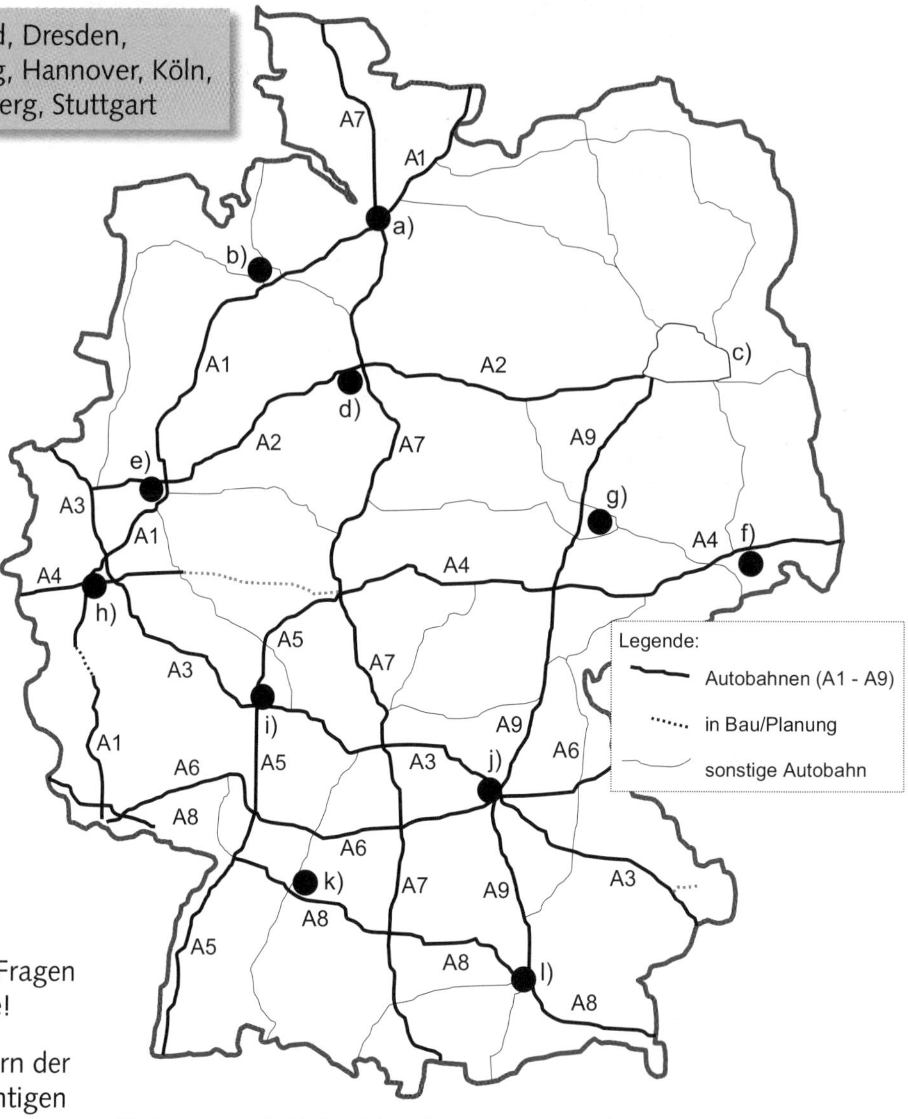

8. Aufgabe

Beantworten Sie folgende Fragen mithilfe der Autobahnkarte!

8.1 Geben Sie die Nummern der Autobahnen in der richtigen Reihenfolge an, wenn man von Stuttgart nach Köln fährt (kürzeste Route)! ______________

8.2 Welche Autobahn verbindet Berlin und München? A ________

8.3 Welche Autobahn verläuft von Nord nach Süd und ist die längste Deutschlands? A ________

8.4 Welche Autobahn verbindet Berlin mit dem Ruhrgebiet? A ________

8.5 Die Nummerierung der deutschen Autobahnen A1 – A9 erfolgte nach einem besonderen Prinzip. Beschreiben Sie dieses kurz!

____

____

8.6 Auf welchen Autobahnen gelangt man nach Österreich? ______________

8.7 Welche Autobahnen kreuzen sich bei Nürnberg? ______________

8.8 Nennen Sie vier Bundesländer von Nord nach Süd, durch die die A7 verläuft!

____

____

⑦ Touren planen

9. Aufgabe

Gegeben ist folgende Entfernungskarte in km!

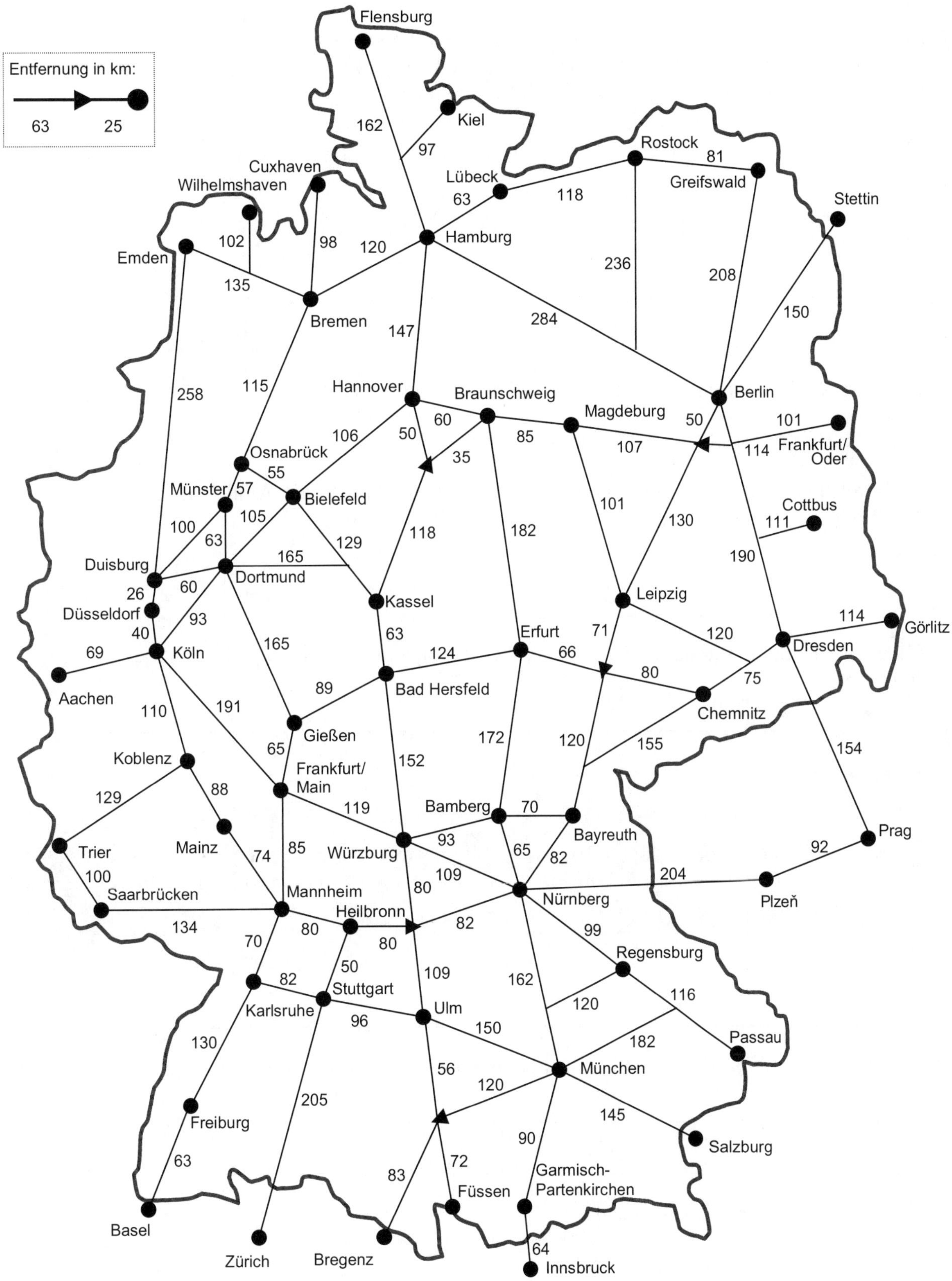

Beantworten Sie bitte folgende Fragen mithilfe der Entfernungstabelle:

9.1 Ein Lkw fährt von Kiel nach Köln. Berechnen Sie die Kilometerzahl der kürzesten Strecke!

9.2 Der Routenplaner im Internet errechnet von Kiel bis Köln eine Entfernung von 510 km. Berechnen Sie, um wie viel Prozent das Ergebnis von Aufgabe 9.1 von der tatsächlichen Entfernung abweicht! Runden Sie das Ergebnis auf zwei Stellen nach dem Komma!

9.3 Erklären Sie, warum sich auf einer langen Strecke eine große Abweichung von der tatsächlichen Entfernung ergeben kann!

9.4 Wie groß ist die kürzeste Entfernung von München und Regensburg? ________ km

9.5 Wie weit ist es von Berlin nach Dresden? ________ km

9.6 Ein Sattelzug fährt von Flensburg über Braunschweig und Erfurt nach München. Berechnen Sie die Anzahl der Kilometer auf der kürzesten Strecke!

9.7 Zählen Sie die Bundesländer in der richtigen Reihenfolge auf, die der Sattelzug auf jeden Fall durchfährt!

10. Aufgabe

Situation:
Als verantwortlicher Mitarbeiter für die Tourenplanung bei der Frantz GmbH müssen Sie einen eiligen Schwerguttransport per Lkw vom Außenlager in Köln nach Lissabon organisieren. In Brüssel werden noch wichtige Teile zugeladen.

10.1 Geben Sie alle Länder in der richtigen Reihenfolge an, die der Lkw befährt!

10.2 Der Transport mit dem Lkw hat vor allem ökologische Nachteile. Nennen Sie zwei!

10.3 Nennen Sie drei weitere Nachteile!

10.4 Erklären Sie zwei ökologisch sinnvolle Alternativen, wie der Transport von Köln nach Lissabon durchgeführt werden könnte (ohne die Zuladung in Brüssel)! Zudem gibt es für den Transport keine Terminvorgabe!

11. Aufgabe

Bei Lufttransporten werden spezielle Container eingesetzt (siehe Abbildung).

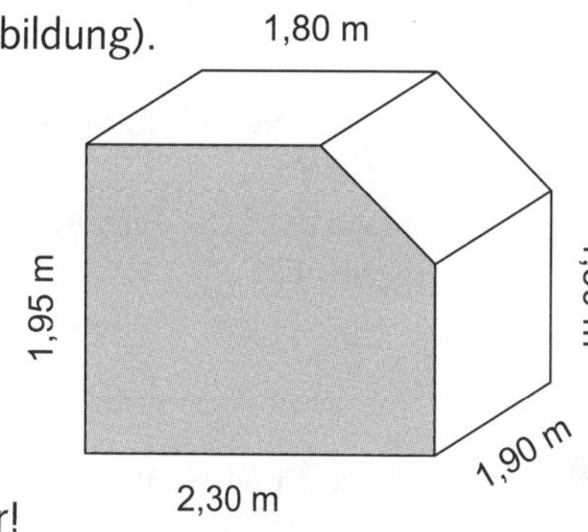

11.1 Warum haben die Transportbehälter bei der Luftfracht diese spezielle Form?

11.2 Berechnen Sie das Volumen dieses Luftfrachtcontainers in Liter!

11.3 Wie viele Schachteln der Größe 45 cm x 45 cm x 30 cm können maximal in diesem Behälter gestapelt werden? Da sich in den Schachteln empfindliche Teile befinden, dürfen diese nur aufrecht transportiert und nicht umgekippt werden.

11.4 Wie schwer ist die gesamte Sendung, wenn der Container 84 kg wiegt. Eine Schachtel wiegt beladen 12,5 kg.

11.5 Berechnen Sie die prozentuale Raumausnutzung des Luftfrachtcontainers, wenn dieser mit den Schachteln maximal beladen wird!

12. Aufgabe

Situation:
Der Auszubildende Mark Müller der Frantz GmbH möchte 10 Kisten mit wichtigen Ersatzteilen zu einem Kunden nach Moskau verschicken. Damit die Ware schnellst möglich zum Kunden kommt, soll diese mit dem Flugzeug transportiert werden.

12.1 Nennen Sie zwei große deutsche Flughäfen in der Nähe von Solingen (Rhein-Ruhr Metropolregion)!

12.2 In einem Atlas informiert sich Mark über die Entfernung. Auf der Karte beträgt der Abstand 13 cm. Der Maßstab der Karte ist 1 : 16 000 000. Wie viel Kilometer ist Moskau entfernt (Luftlinie)?

12.3 Mark weiß, dass Flugzeuge eine durchschnittliche Reisegeschwindigkeit von ca. 800 km/h schaffen.
Wie lange wird der Flug ungefähr dauern, wenn man für Start und Landung noch 30 Minuten dazurechnet?

12.4 Der Kunde in Moskau möchte wissen, wann er die Ware am Flughafen abholen soll. Der nächst mögliche Abflug wäre um 9:25 Uhr (UTC +1). Moskau liegt in der Zeitzone UTC +4. Um wie viel Uhr russischer Ortszeit kommt das Flugzeug an?

13. Aufgabe

Situation:
Ein Flugzeug fliegt von Frankfurt/Main (UTC +1) nach New York (UTC –5). Die Flugzeit beträgt 8 Stunden und 56 Minuten. Der Flug startet um 15:20 Uhr.

Berechnen Sie, um wie viel Uhr Ortszeit das Flugzeug in New York landet!

14. Aufgabe

Situation:
Die Frantz GmbH erhält um 8:00 Uhr früh einen Transportauftrag von Köln nach Hamburg (425 km). Der Lkw, der diesen Transport durchführen soll, befindet sich gerade in Köln und ist frei. Bei dem Transport handelt es sich um einen Eilauftrag, der Kunde erwartet die Ware bis spätestens 13:00 Uhr in seiner Produktionsstätte in Hamburg.

14.1 Beurteilen Sie, ob der Auftrag in der vorgegebenen Zeit realisiert werden kann!

14.2 Berechnen Sie, wann der Lkw (1 Fahrer) in Hamburg ankommen wird, wenn man für das Beladen 30 Minuten einplant und von einer Durchschnittsgeschwindigkeit von 60 km/h ausgeht!

15. Aufgabe

Situation:
Ein Lkw der Frantz GmbH fährt von Solingen nach Würzburg. Die Entfernung beträgt 325 km. Es werden ca. 80 % der Strecke auf einer mautpflichtigen Autobahn zurückgelegt. Die Mautkosten betragen bei diesem Transport 38,48 €.

15.1 Berechnen Sie den Mautsatz pro Kilometer in Cent!

15.2 Wovon hängt die Höhe des Mautsatzes beim Straßengüterverkehr ab?

15.3 Welche Lkws sind in Deutschland mautpflichtig?

16. Aufgabe

Situation:
Ein Güterzug kann ca. 80 TEUs (Twenty-foot Equivalent Unit) transportieren (abhängig vom Gewicht). Ein Binnenschiff kann bis zu 500 TEUs auf einmal befördern.

16.1 Was ist ein TEU?

16.2 Wie viel Mal mehr TEUs kann ein Binnenschiff transportieren als ein Güterzug?

17. Aufgabe

Situation:
Für den Abtransport von Bauschutt benötigen 4 Kieslaster drei Tage (jeweils 8 Stunden). Aufgrund eines Motorschadens fällt ein Laster zu Beginn aus. Berechnen Sie, wie lange die restlichen Kieslaster täglich fahren müssen, damit der Bauschutt in der gleichen Zeit abtransportiert wird!

18. Aufgabe

Situation:
Ein Fahrer der Frantz GmbH startete seine Tour um 7:30 Uhr und kommt um 10:15 Uhr beim Kunden an. Die Fahrtstrecke betrug 81 km. Unterwegs hat der Fahrer eine 30-minütige Pause eingelegt.

18.1 Berechnen Sie die Durchschnittsgeschwindigkeit der Fahrt!

18.2 Wie könnte sich die relativ niedrige Durchschnittsgeschwindigkeit erklären lassen? Beschreiben Sie zwei unterschiedliche Gründe!

19. Aufgabe

Situation:
Eine Seemeile oder auch nautische Meile beträgt 1.852 m. Die Geschwindigkeit bei der Seeschifffahrt wird in Knoten angegeben (1 Knoten = 1 Seemeile/Stunde). Ein Containerschiff fährt von Hamburg nach Singapur, die Entfernung beträgt 8.541 Seemeilen.

19.1 Rechnen Sie die Distanz in km um.

19.2 Wie lange (Tage und Stunden) dauert die Fahrt, wenn man eine durchschnittliche Reisegeschwindigkeit von 22 Knoten erreicht? Runden Sie das Ergebnis auf ganze Stunden!

19.3 Die tatsächliche Reisedauer beträgt 22 Tage. Erklären Sie, warum das Schiff wesentlich länger unterwegs ist, als bei Aufgabe 19.2 berechnet!

20. Aufgabe

Situation:
Die Frantz GmbH möchte einen Transportauftrag an einen fremden Frachtführer vergeben. Es liegen zwei Angebote vor. Die Fuchser GmbH aus Bonn verlangt für den Transport 480,00 € (netto), bietet aber bei einer Bezahlung innerhalb von 10 Tagen einen Skontoabzug von 2 % an. Die Danske Transport A/S aus Kopenhagen verlangt für den gleichen Transport 3.500,00 dkr (netto) zahlbar ohne jeden Abzug. Der Wechselkurs ist 1 € = 7,2550 dkr (Dänische Kronen).

20.1 Berechnen Sie, welches Angebot günstiger ist!

20.2 Berechnen Sie, ab welchem Wechselkurs der dänische Anbieter günstiger ist!

21. Aufgabe

Gegeben ist die Verkehrsleistung der verschiedenen Verkehrsträger in Deutschland des Jahres 2017.

21.1 Berechnen Sie, wie viel Prozent durch den Verkehrsträger „Straße“ erbracht wurden! (Runden Sie das Ergebnis auf zwei Nachkommastellen)!

Verkehrsleistung in Milliarden Tonnenkilometer (tkm):

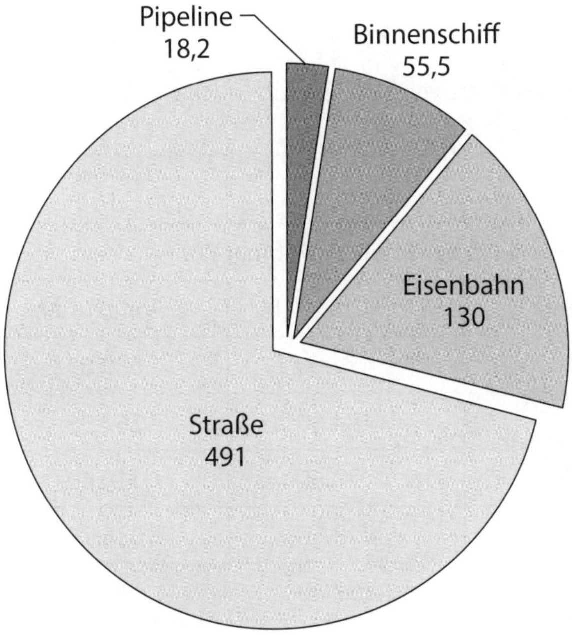

Quelle: Statistisches Bundesamt

21.2 Es wurden nicht alle Verkehrsträger erfasst. Welche beiden Verkehrsträger fehlen im oberen Schaubild?

21.3 Was besagt die Einheit „Tonnenkilometer“? Geben Sie ein Beispiel an!

22. Aufgabe

Berechnen Sie die Verkehrsleistung in Tonnenkilometer (tkm), wenn 23.000 kg Elektronikteile über eine Strecke von 550 km transportiert werden!

23. Aufgabe

Berechnen Sie das transportierte Warengewicht in Tonnen, wenn die Ware über eine Strecke von 250 km transportiert wurde und die Transportleistung 4.625 Tonnenkilometer (tkm) beträgt!

24. Aufgabe

Wie weit wurden Waren mit einem Gesamtgewicht von 450,5 Tonnen transportiert, wenn die Verkehrsleistung 171.550,4 tkm beträgt?

25. Aufgabe

Situation:
Die Frantz GmbH hat einen eigenen Fuhrpark mit vier Kraftfahrzeugen. Gegeben ist die Kostenaufstellung der eingesetzten Fahrzeuge hinsichtlich des Verbrauchs.

	A	B	C	D	E
1	**Kostenaufstellung des Fuhrparks der Firma Frantz GmbH im Februar 20..**				
2	Fahrzeug	Kilometer	Fahrten	verbrauchte Liter	Gesamtkosten
3	SG – FA 215		50	472,50	689,85
4	SG – FA 264	1680		184,80	267,96
5	SG – FA 889	800	10	77,60	116,40
6	SG – FA 133	3375	27	418,50	636,12
7	Summe	10355	103	1.153,40	
8	**Durchschnittliche Werte der einzelnen Fahrzeuge**				
9	Fahrzeug		Ø Kilometer/Fahrt	Ø Verbrauch/ 100 km	Ø Preis/Liter
10	SG – FA 215		90	10,5	1,46
11	SG – FA 264		105		1,45
12	SG – FA 889		80	9,7	
13	SG – FA 133			12,4	1,52
14					
15	Gesamtwerte Durchschnitt	(gerundet auf 2 Nachkommastellen)	100,53		1,48

25.1 Berechnen Sie die fehlenden Werte in den grauen Feldern der Tabelle!

25.2 Geben Sie die Formeln eines Tabellenkalkulationsprogramms an, mit denen die jeweiligen Werte errechnet werden können!

E 7 : ______ oder ______

D 11 : ______ oder ______

E 12 : ______

C 13 : ______

D 15 : ______ oder ______

26. Aufgabe

Situation:
Die Geschäftsleitung der Frantz GmbH überlegt, ob im Bereich Fuhrpark „Outsourcing" sinnvoll ist.

26.1 Erklären Sie den Begriff „Outsourcing" in diesem Fall!

____

____

26.2 Nennen Sie zwei Vorteile, die die Frantz GmbH dadurch hätte!

____

____

26.3 Führen Sie ebenfalls zwei Nachteile auf!

____

____

27. Aufgabe

Situation:
Die Frantz GmbH hat einen eigenen Fuhrpark (drei Sattelzüge). Im letzten Jahr war ein Fahrzeug durchschnittlich 80.000 km im Einsatz. An Steuern und Versicherung wurden pro Fahrzeug 4.250,00 € fällig.

Der jährliche Wertverlust eines Fahrzeugs beträgt 12,5 % der ursprünglichen Anschaffungskosten von 96.000,00 €. Die Kosten pro gefahrenen Kilometer werden mit 2,80 € angesetzt. Das Fahrpersonal (Festgehalt) verursachte einen gesamten Aufwand von 180.000,00 €.

Aufgrund der gestiegenen Nachfrage nach Transportdienstleistungen überlegt die Frantz GmbH, ob sie einen weiteren Sattelzug anschafft oder ein Angebot von einem externen Dienstleister annimmt.

Es liegen zwei Angebote vor:

Logistikdienstleister Fuchser: Fixkosten pro Jahr 30.000,00 €, Kosten pro gefahrenen Kilometer 3,90 €
Spedition Schnellinger: Fixkosten pro Jahr 21.000,00 €, Kosten pro gefahrenen Kilometer 4,10 €

27.1 Berechnen Sie die voraussichtlichen Gesamtkosten für das kommende Jahr, wenn sich die Frantz GmbH für die Anschaffung eines vierten Sattelzuges entscheidet! Auch für das neue Fahrzeug wird eine Kilometerleistung von 80.000 km erwartet. Die Lohnkosten werden auch proportional steigen. Benutzen Sie dabei folgendes Kalkulationsschema:

	Kosten pro Fahrzeug	Kosten für 4 Sattelzüge
Kosten für Kilometerleistung		
Versicherung und Steuer		
Lohnaufwand		
Abschreibungen		
Gesamtkosten		

27.2 Vergleichen Sie die Angebote der beiden Fremdanbieter für ein Fahrzeug!

Logistikdienstleister Fuchser		**Spedition Schnellinger**	
	Kosten pro Fahrzeug		Kosten pro Fahrzeug
Variable Kosten		Variable Kosten	
Fixkosten		Fixkosten	
Gesamtkosten		**Gesamtkosten**	

27.3 Welche Empfehlung werden Sie dem Logistikleiter der Frantz GmbH bei einer voraussichtlichen Kilometerleistung von 80.000 km geben?

27.4 Wie hoch ist die Kostenersparnis?

27.5 Aufgrund einer Rezession gehen die Prognosen für das Transportvolumen für das nächste Jahr zurück. Es wird nunmehr nur von einer Transportleistung von 40.000 km ausgegangen. Berechnen Sie nun die Kosten für einen Sattelzug!

27.6 Welche Entscheidung sollte die Frantz GmbH für die verminderte Transportleistung treffen? Geben Sie auch hier den Kostenvorteil an!

28. Aufgabe

Die Auswahl eines für einen Transport geeigneten Verkehrsmittels hängt von vielen Faktoren ab. Nennen Sie fünf ausschlaggebende Kriterien, die bei dieser Auswahl eine entscheidende Rolle spielen!

29. Aufgabe

Situation:
Am Morgen liegen verschiedene Versandaufträge zur Disposition bereit. Sie sollen dem Versandleiter dabei helfen, für jeden Auftrag ein geeignetes und wirtschaftliches Verkehrsmittel auszuwählen! Es sind manchmal mehrere Antworten möglich oder notwendig!

Auftrag	Strecke	Ausgewähltes Verkehrsmittel
a) 2.800 t Streusalz, möglichst kostengünstig	Basel – Köln	
b) ein 20-Fuß-Container mit Gartengeräten	München – Passau	

c) 300 Pkw zur Endmontage und Lackierung	Wolfsburg – München	
d) 300.000 l Öl möglichst umweltfreundlich	Hamburg – Prag	
e) Ersatzteil (8 kg), dringend benötigt, bei dichtem Nebel	Augsburg – Berlin	
f) 50 kg Medikamente	Frankfurt (Main) – London	
g) 20.000 t Kaffeebohnen	Rio de Janeiro – Hamburg	
h) 30 Schweine	Bremen – Regensburg	
i) 200 Bücher (in 4 Schachteln) für eine Buchmesse	Solingen – Frankfurt/M.	
j) 20 mal 15 m (1 t) lange Stahlrohre	Duisburg – Ulm	
k) 5.000 t Getreide (lose)	Bremen – Nürnberg	
l) sieben 40-Fuß-Container (leer)	Kassel – Shanghai	
m) 10 Reitpferde zur WM	Mannheim – New York	
n) 10 Kisten mit Tulpen	Amsterdam – Mailand	
o) drei ISO-Container (40') Spielzeug	Hongkong (China) – München	

30. Aufgabe

Die jeweiligen Verkehrsträger haben unterschiedliche Stärken und Schwächen. Geben Sie zu den jeweiligen Kriterien den jeweils besten und schlechtesten Verkehrsträger an!

Eigenschaften	Verkehrsträger	
	Bester	Schlechtester
Schnelligkeit (Langstrecke)		
Ladekapazität		
Umweltfreundlichkeit		
Verkehrsnetz		
Sicherheit/Unfallgefahr		

31. Aufgabe

Situation:
Sie sind als Verantwortlicher der Frantz GmbH, Solingen mit dem Versand von Packstücken beschäftigt. Heute sollen Sie vier Versandaufträge als Sammelladung an verschiedene Niederlassungen verschicken. Dazu müssen Sie einen bereitstehenden Lkw (Ladefläche: 2,45 m x 7,85 m, Eigengewicht 11 t) beladen und überprüfen, ob alle Versandaufträge verladen werden können. Die Warensendungen sind alle auf Europaletten (Leergewicht 20 kg) verpackt und nicht stapelbar.
1. Auftrag: 4 Europaletten (jeweils 400 kg Warengewicht) nach Köln
2. Auftrag: 5 Europaletten (Bruttogewicht gesamt 3,5 t) nach Duisburg
3. Auftrag: 7 Europaletten (komplettes Warengewicht 6 t) nach Düsseldorf
4. Auftrag: 3 Europaletten (jede Palette wiegt 480 kg brutto) nach Dortmund

31.1 Berechnen Sie das Gesamtgewicht aller Warensendungen in Tonnen!

31.2 Berechnen Sie, ob das zulässige Gesamtgewicht des Lkws von 24 t eingehalten wird! Der Fahrer wiegt 90 kg!

31.3 Wie viel kg können noch zugeladen werden?

31.4 Berechnen Sie die Anzahl der Europaletten-Stellplätze des Lkws! Fertigen Sie dazu eine Skizze (Draufsicht) an!

31.5 Der Kunde in Dortmund muss als erstes beliefert werden, da die Sendung dringend erwartet wird. In welcher Reihenfolge müssen die anderen drei Niederlassungen beliefert werden, damit die Kilometeranzahl möglichst gering ist?

	Solingen	Dortmund	Duisburg	Düsseldorf	Köln
Solingen	x	67	54	37	36
Dortmund	67	x	57	83	95
Duisburg	54	57	x	28	72
Düsseldorf	37	83	28	x	45
Köln	36	95	72	45	x

31.6 Berechnen Sie die gesamte Kilometerzahl! Der Lkw muss am Ende wieder in Solingen ankommen!

31.7 Wie lange wird der Lkw bei einer Durchschnittsgeschwindigkeit von 60 km/h unterwegs sein, wenn für das Entladen jeweils noch 30 Minuten eingerechnet werden?

31.8 Die Tourenplanung wurde hier aufgrund der Entfernung entschieden. Nennen Sie zwei weitere Kriterien, die man bei dieser Planung noch berücksichtigen muss!

32. Aufgabe

Situation:
Die Frantz GmbH aus Solingen hat heute mehrere Versandaufträge zur Disposition vorliegen. Sie sollen dem Versandleiter bei der Tourenplanung helfen.

Versandaufträge:

Kunde	Ort	Sendung	Maße einer Ladeeinheit in m	Termin der Lieferung	Sonstiges
Müller KG	Hagen	4 Europaletten	1,2 x 0,8 x 1,5	heute, bis spätestens 10:00 Uhr	nicht stapelbar
Kleine AG	Overath	10 Gitterboxen	1,24 x 0,84 x 0,97	heute, bis spätestens 11:30 Uhr	stapelbar
Heise OHG	Lüdenscheid	6 Collico	1,0 x 0,8 x 1,2	heute, bis spätestens 10:00 Uhr	stapelbar
Munck GmbH	Grevenbroich	10 Holzkisten	1,4 x 1,0 x 1,0	morgen, spätestens bis 10:00 Uhr	stapelbar
Lang e. K.	Kerpen	4 Industriepaletten	1,2 x 1,0 x 1,5	heute, spätestens bis 15:00 Uhr	nicht stapelbar

Hinweise: Der Lkw wird um 7:00 Uhr durch einen Lagermitarbeiter beladen. Die Zeit für die Beladung dauert 30 Minuten. Der Lkw fährt mit einer Durchschnittsgeschwindigkeit von 50 km/h. Runden Sie die Fahrzeit zwischen zwei Lieferorten auf volle Minuten **auf!**
Für das Entladen werden jeweils 25 Minuten angesetzt. Der Fahrer muss bei der Entladung mithelfen und darf währenddessen keine Pause machen. Nach spätestens 4,5 Stunden Lenkzeit muss der Fahrer eine Pause von 45 Minuten machen.
Am Ende muss der Lkw wieder in Solingen ankommen.

Entfernungstabelle:

	Solingen	Hagen	Lüdenscheid	Grevenbroich	Kerpen	Overath
Solingen	x	45	50	54	55	60
Hagen	45	x	30	85	94	93
Lüdenscheid	50	30	x	120	92	80
Grevenbroich	54	85	120	x	35	71
Kerpen	55	94	92	35	x	60
Overath	60	93	80	71	60	x

32.1 Planen Sie die bestmögliche Reihenfolge der Lieferorte unter Berücksichtigung der Liefertermine und Entfernungskilometer. Füllen Sie dazu folgende Tabelle „Tourenplanung" aus!

Tourenplanung

Abfahrt von ...	Ankunft in ...	Strecke in km	Dauer der Fahrt in min	Abfahrt um ... Uhr	Ankunft um ... Uhr	Entladen/ Pause
–	Gesamt			–	–	–

32.2 Berechnen Sie die Gesamtlenkzeit und die Gesamtstrecke und tragen Sie das Ergebnis in die Tabelle ein!

32.3 Berechnen Sie die gesamte Arbeitszeit des Lkw-Fahrers!

32.4 Der Lkw-Fahrer steht zwischen Hagen und Lüdenscheid 30 Minuten im Stau. Welche Liefertermine können dadurch nicht mehr eingehalten werden?

32.5 Die Beladung und Entladungen erfolgen jeweils an einer Laderampe. In welcher Reihenfolge muss der Sattelzug (Ladefläche 13,2 m x 2,44 m, Ladehöhe 2,8 m) der Frantz GmbH beladen werden? Zeichnen Sie die Sendungen in die Skizze (1 cm = 1 m) ein und beschriften Sie die jeweiligen Empfänger!

32.6 Kurz vor der Abfahrt möchte die Müller KG die doppelte Menge geliefert haben. Berechnen Sie, wie viele Europaletten-Stellplätze noch zur Verfügung stehen!

32.7 Kann der Lieferwunsch der Firma Müller erfüllt werden?

33. Aufgabe

Situation:
Ein Sattelzug mit einer Ladefläche von 13,55 m x 2,44 m und einer Ladehöhe von 3,0 m soll mit Europaletten beladen werden. Diese sind stapelbar und bis zu einer Höhe von 1,3 m beladen (inklusive Palettenhöhe).

33.1 Berechnen Sie, wie viele Europaletten maximal transportiert werden können!

33.2 Berechnen Sie die prozentuale Auslastung der Ladefläche, wenn der Sattelzug mit der maximalen Anzahl an Europaletten beladen wird! Runden Sie das Endergebnis auf zwei Nachkommastellen!

33.3 Berechnen Sie die prozentuale Raumausnutzung bei der maximalen Beladung! Runden Sie das Endergebnis auf zwei Nachkommastellen!

34. Aufgabe

Situation:
Ein Sattelzug mit einer Ladefläche von 2,44 m x 13,60 m soll Fässer mit Olivenöl von Neapel nach Kopenhagen transportieren. Die Ladehöhe beträgt 3,0 m und das zulässige Gesamtgewicht 40 t bei einem Leergewicht von 23,5 t (inklusive Fahrer). Die Fässer haben einen Durchmesser von 70 cm, sind 1,2 m hoch und wiegen im Leerzustand 12,5 kg. Die Fässer sind stapelbar.

34.1 Berechnen Sie das Volumen eines Fasses in dm^3 ($\pi = 3,14$)!

34.2 Wie viel Liter Olivenöl passen in ein Fass? ________________ Liter

34.3 Es sollen nun 48.000 Liter Olivenöl in diese Fässer abgefüllt werden. Die Fässer dürfen allerdings nur zu 90 % befüllt werden. Berechnen Sie, wie viele Fässer benötigt werden!

34.4 100 ml Olivenöl wiegen 91 g. Berechnen Sie das Bruttogewicht eines maximal befüllten Fasses!

34.5 Die Fässer sollen nun mit dem Sattelzug transportiert werden. Die Fässer dürfen aber nur gleichmäßig und nicht versetzt aufgeladen werden (siehe Skizze). Berechnen Sie, wie viele Fässer maximal verladen werden können!

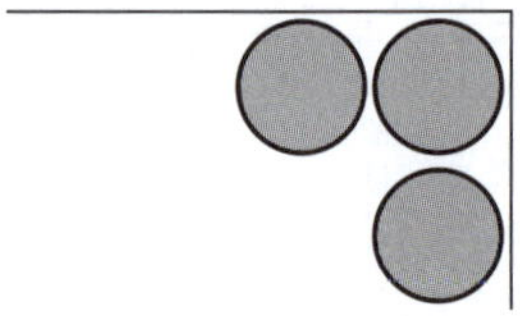

34.6 Berechnen Sie, wie viel Prozent der Ladefläche nicht genutzt werden kann ($\pi = 3{,}14$)!

34.7 Wie viele Sattelzüge werden benötigt, damit alle Fässer transportiert werden?

34.8 Der Transport soll nur durch EU-Länder führen. Zählen Sie alle Länder in der Reihenfolge auf, die auf dem direkten Weg befahren werden!

34.9 Welcher Alpenpass muss beim Transport überquert werden?

34.10 Welche Probleme könnten den Transport verzögern?

34.11 Welches Dokument muss für den Transport ausgefüllt werden?

34.12 Auf dem Rückweg nimmt der Sattelzug leere Fässer mit. Die Stapelung ist ebenfalls linear. Wie viele Fässer können transportiert werden?

Benutzen Sie bitte für die folgenden Aufgaben die Deutschlandkarte mit den wichtigsten schiffbaren Flüssen und Kanälen:

35. Ein Binnenschiff fährt von Karlsruhe nach Hamburg. Bringen Sie die Flüsse/Wasserstraßen in die richtige Reihenfolge!

a) Rhein
b) Mittellandkanal
c) Elbe-Seiten-Kanal
d) Rhein-Herne-Kanal
e) Elbe
f) Dortmund-Ems-Kanal

Reihenfolge ______________________________ ☐ ☐ ☐ ☐ ☐ ☐

36. Ein Binnenschiff fährt von Karlsruhe nach Rotterdam auf dem Rhein. Bringen Sie die Städte in die richtige Reihenfolge!

a) Köln
b) Mannheim
c) Koblenz
d) Düsseldorf
e) Mainz
f) Duisburg

Reihenfolge ______ ☐☐☐☐☐☐

37. Welcher Kanal wird hauptsächlich von Seeschiffen befahren?

a) Main-Donau-Kanal
b) Mittellandkanal
c) Elbe-Seiten-Kanal
d) Nord-Ostsee-Kanal
e) Rhein-Herne-Kanal

Lösungsbuchstabe ______ ☐

38. Welcher Kanal ermöglicht eine Verbindung der Nordsee mit dem Schwarzen Meer auf dem Binnenwasserweg?

a) Elbe-Donau-Kanal
b) Main-Donau-Kanal
c) Dortmund-Ems-Kanal
d) Mittellandkanal
e) Rhein-Main-Kanal

Lösungsbuchstabe ______ ☐

39. Welche deutsche Großstadt liegt nicht an einem für die Binnenschifffahrt geeigneten Fluss/Kanal?

a) Hamburg
b) Nürnberg
c) München
d) Berlin
e) Köln

Lösungsbuchstabe ______ ☐

40. Welche dieser Städte liegt nicht am Rhein?

a) Köln
b) Wiesbaden
c) Duisburg
d) Frankfurt
e) Mainz

Lösungsbuchstabe ______ ☐

41. Welcher Fluss entspringt in Deutschland?

a) Elbe
b) Oder
c) Donau
d) Mosel
e) Rhein

Lösungsbuchstabe ______ ☐

42. Welcher Fluss fließt durch das Ruhrgebiet?

a) Donau
b) Weser
c) Rhein
d) Elbe
e) Main

Lösungsbuchstabe ______ ☐

43. Welcher Fluss fließt nicht durch Deutschland?

a) Mosel
b) Spree
c) Weichsel
d) Lech
e) Saale

Lösungsbuchstabe ______

44. Welcher Fluss mündet in die Ostsee?

a) Oder
b) Weser
c) Elbe
d) Rhein
e) Spree

Lösungsbuchstabe ______

45. Welcher Fluss ist kein Zufluss des Rheins?

a) Neckar
b) Ems
c) Mosel
d) Main
e) Ruhr

Lösungsbuchstabe ______

46. Ordnen Sie den folgenden Städten die entsprechenden Flüsse richtig zu!

a) Hamburg
b) Bremen
c) Düsseldorf
d) München
e) Regensburg
f) Frankfurt
g) Berlin
h) Köln
i) Duisburg

1) Rhein
2) Havel
3) Weser
4) Donau
5) Elbe
6) Isar
7) Main

Lösungsziffern ______ a) ☐ b) ☐ c) ☐ d) ☐ e) ☐ f) ☐ g) ☐ h) ☐ i) ☐

47. Welcher Seehafen liegt nicht an der Ostsee?

a) Danzig
b) Stockholm
c) Kopenhagen
d) Helsinki
e) Oslo

Lösungsbuchstabe ______

48. In welchem Bundesland liegt der drittgrößte deutsche Seehafen „Bremerhaven"?

a) Bremen
b) Niedersachsen
c) Hamburg
d) Schleswig-Holstein
e) Mecklenburg-Vorpommern

Lösungsbuchstabe ______

49. Welcher Ostseehafen liegt nicht in Deutschland?

a) Kiel
b) Lübeck
c) Rostock
d) Schwerin
e) Stettin

Lösungsbuchstabe ______

50. Aufgabe

Ordnen Sie die folgenden Meere und Wasserstraßen richtig zu!

1) Mittelmeer
2) Atlantik
3) Indischer Ozean
4) Pazifischer Ozean
5) Straße von Singapur
6) Panama-Kanal
7) Ostchinesisches Meer
8) Rotes Meer
9) Ärmelkanal

Lösungsziffern ______ a) ☐ b) ☐ c) ☐ d) ☐ e) ☐ f) ☐ g) ☐ h) ☐ i) ☐

51. Welcher künstlich geschaffene Kanal hat 1914 eine Verbindung zwischen dem Atlantik und dem Pazifik ermöglicht?

a) Suez-Kanal
b) Panama-Kanal
c) Ärmelkanal
d) Pazifik-Kanal
e) Nicaragua-Kanal

Lösungsbuchstabe ______

52. Ein Seeschiff fährt von Hong Kong nach Genua.
Bringen Sie folgende Wasserstraßen in die richtige Reihenfolge!

a) Rotes Meer
b) Indischer Ozean
c) Südchinesisches Meer
d) Straße von Singapur
e) Suez-Kanal
f) Mittelmeer

Reihenfolge ______

53. Ein Seeschiff fährt von Bremerhaven nach Los Angeles.
Bringen Sie folgende Wasserstraßen in die richtige Reihenfolge!

a) Atlantik
b) Ärmelkanal
c) Karibisches Meer
d) Pazifischer Ozean
e) Panama-Kanal
f) Nordsee

Reihenfolge ______

54. Welcher Seehafen liegt nicht am Mittelmeer?

a) Genua
b) Triest
c) Marseille
d) Lissabon
e) Valencia

Lösungsbuchstabe ______

55. Welches Land hat keinen Zugang zum Meer?

a) Bulgarien
b) Rumänien
c) Serbien
d) Slowenien
e) Kroatien

Lösungsbuchstabe ______

56. Welcher Kanal wurde nicht künstlich geschaffen, sondern ist eine natürliche Wasserstraße?

a) Ärmelkanal
b) Nord-Ostsee-Kanal
c) Panamakanal
d) Suezkanal
e) Mittellandkanal

Lösungsbuchstabe ______

57. Ordnen Sie den folgenden Staaten ihren jeweiligen Kontinent zu!

a) China
b) Marokko
c) Argentinien
d) Mexiko
e) Ukraine

1) Nordamerika
2) Südamerika
3) Asien
4) Afrika
5) Europa

Lösungsziffern ______ a) b) c) d) e)

58. In Berlin ist es gerade 12:00 Uhr. In welcher anderen Stadt ist es schon Abend (gleicher Tag)?

a) Hong Kong
b) Los Angeles
c) Johannesburg
d) Istanbul
e) Rio de Janeiro

Lösungsbuchstabe ______

59. Ein Containerschiff fährt von Hamburg nach New York auf dem/der …

a) … Süd-Pazifischen Seeweg
b) … Nord-Ost-Passage
c) … Nord-Atlantischen Seeweg
d) … Suez-Indik-Route
e) … Kap-Route

Lösungsbuchstabe ____________________ ☐

60. Bei einem Seetransport überquert das Containerschiff den Äquator. Welche der nachfolgenden Aussagen ist richtig?

a) Der Äquator trennt die Erde in eine West- und in eine Osthälfte.
b) Wenn südlich des Äquators Sommer ist, so ist nördlich Winter.
c) Südlich des Äquators geht die Sonne früher unter.
d) Beim Überqueren des Äquators muss die Uhr umgestellt werden.
e) Der Äquator verläuft von Nord nach Süd.

Lösungsbuchstabe ____________________ ☐

61. Welche Aussage ist falsch?

a) Das Schwarze Meer ist von Deutschland aus sowohl auf dem Binnenwasserweg als auch auf dem Seeweg erreichbar.
b) Die Adria ist ein Teil des Mittelmeers.
c) Das Kaspische Meer ist nicht auf dem Seeweg erreichbar.
d) Russland hat keinen Zugang zur Ostsee.
e) Die Straße von Gibraltar trennt das Mittelmeer vom Atlantik.

Lösungsbuchstabe ____________________ ☐

62. Die Seeschifffahrt hat in den letzten Jahrzehnten enorme Zuwachsraten. Es wurden immer mehr Güter durch Seeschiffe transportiert. Vor allem der Containerverkehr aus Asien hat stark zugenommen. Welcher Umstand hat hauptsächlich dazu beigetragen?

a) Globalisierung
b) Euro-Einführung
c) Gründung der EU
d) NATO-Beitritt von China
e) EU Osterweiterung

Lösungsbuchstabe ____________________ ☐

63. Für einen Lkw-Transport von Deutschland nach Italien kommen verschiedene Alpenpässe in Frage. Welcher der folgenden Pässe kommt dafür nicht in Betracht?

a) Brenner
b) St. Gotthard
c) Fernpass
d) St. Bernhardino
e) Mont-Blanc-Tunnel

Lösungsbuchstabe ____________________ ☐

64. Welche Region liegt nicht in Deutschland?

a) Schwarzwald
b) Eifel
c) Schlesien
d) Rhön
e) Fränkische Schweiz

Lösungsbuchstabe ______

65. Welches Mittelgebirge liegt nicht in Deutschland?

a) Rhön
b) Eifel
c) Vogesen
d) Erzgebirge
e) Fränkische Schweiz

Lösungsbuchstabe ______

66. Welches Gebirge trennt Asien und Europa?

a) Alpen
b) Balkan
c) Ural
d) Karpaten
e) Pyrenäen

Lösungsbuchstabe ______

67. Ordnen Sie den geografischen Regionen die folgenden Länder richtig zu!

Land	**geografische Region**
a) Norwegen	1) Baltikum
b) Lettland	2) Iberische Halbinsel
c) Serbien	3) Skandinavien
d) Spanien	4) Apennin Halbinsel
e) Italien	5) Balkan

Lösungsbuchstaben ______ 1) 2) 3) 4) 5)

**68. Ein Güterzug fährt von Bremen nach Salzburg.
Bringen Sie folgende Städte in die richtige Reihenfolge!**

a) Kassel
b) München
c) Ingolstadt
d) Hannover
e) Würzburg

Reihenfolge ______

69. Welcher Staat ist von Deutschland auch auf dem Landweg erreichbar?

a) Irland
b) Schweden
c) Kanada
d) Brasilien
e) Japan

Lösungsbuchstabe ______

70. In welcher Stadt kann ein Transport mit allen Verkehrsträgern durchgeführt werden?

a) Hamburg
b) Berlin
c) Köln
e) Kiel
d) München

Lösungsbuchstabe ______

71. Ein Container wird von Augsburg nach Hamburg per Lkw transportiert. Der Fahrer aus Augsburg transportiert den Container bis zu einem Rastplatz bei Kassel. Dort übergibt er die Ladung einem Frachtführer aus Hamburg. Im Gegenzug erhält er dessen Ladung, die er nach Augsburg transportiert. Wie wird diese Transportart in der Fachsprache bezeichnet?

a) Kombinierter Verkehr
b) Begegnungsverkehr
c) Sammelladungsverkehr
d) Einzelwagenverkehr
e) Übergabeverkehr

Lösungsbuchstabe ______________________ ☐

72. Bei welchem Lkw-Transport handelt es sich nicht um einen grenzüberschreitenden Verkehr?

a) von Paris nach Mailand
b) von Madrid nach Lissabon
c) von Berlin nach Salzburg
d) von Turin nach Rom
e) von Basel nach Wien

Lösungsbuchstabe ______________________ ☐

73. Welcher Gütertransport führt zu den höchsten Kapitalbindungskosten?

a) Lkw-Transport von Solingen nach Lissabon
b) Seetransport von Hamburg nach New York
c) Eisenbahntransport von Berlin nach München
d) Transport durch den Kombinierten Verkehr von Stuttgart nach Mailand
e) Lufttransport von Düsseldorf nach Tokio

Lösungsbuchstabe ______________________ ☐

74. Die Frantz GmbH möchte in Ostdeutschland ein neues Umschlagslager eröffnen. Um einen geeigneten Standort zu finden, möchte ihr Lagerleiter, dass Sie eine Standortanalyse durchführen. Welcher Aspekt muss bei dieser Standortanalyse nicht untersucht werden?

a) die Höhe der Gewerbesteuer
b) die Höhe der Grundstücks- und Mietpreise
c) die Verkehrsanbindungen
d) die Konkurrenzbetriebe in der Umgebung
e) die Höhe der Umsatzsteuer

Lösungsbuchstabe ______________________ ☐

75. Ein Lkw fährt auf der A7 von Hamburg nach Würzburg und Ulm. Die Entladung erfolgt an einer Laderampe. In welcher Reihenfolge muss der Lkw beladen werden, damit beim Kunden kein Zeitverlust durch Umladen entsteht?

a) Zuletzt die Fracht für den Würzburger Kunden, da diese zuletzt entladen wird.
b) Zuerst die Fracht für den Ulmer Kunden, da diese zuerst entladen wird.
c) Zuletzt die Fracht für den Würzburger Kunden, da diese zuerst entladen wird.
d) Zuerst die Fracht für den Würzburger Kunden, da diese zuletzt entladen wird.
e) Zuletzt die Fracht für den Ulmer Kunden, da diese zuletzt entladen wird.

Lösungsbuchstabe ______________________ ☐

76. Für eine optimale Tourenplanung sind verschiedene Faktoren wichtig. Welcher Aspekt ist normalerweise eher von untergeordneter Wichtigkeit?

a) Entfernung zum Kunden
b) Witterungsbedingungen
c) Warenwert der Transportgüter
d) Annahmezeit der Kunden
e) Transportkosten für Versender

Lösungsbuchstabe ______

77. Welche deutsche Wirtschaftsmetropole ist der Hauptsitz der Europäischen Zentralbank und fast jeder Zweite ist in der Dienstleistungsbranche beschäftigt?

a) München
b) Berlin
c) Hamburg
d) Frankfurt/Main
e) Köln

Lösungsbuchstabe ______

78. Welche Region in Deutschland gilt als strukturschwach?

a) Rhein-Neckar-Region
b) Ruhrgebiet
c) Rhein-Main-Gebiet
d) Mittlere-Neckar-Region
e) Mecklenburg-Vorpommern

Lösungsbuchstabe ______

79. Welche deutsche Stadt hat deutlich weniger als 1 Million Einwohner?

a) Köln
b) Berlin
c) Hamburg
d) Dortmund
e) München

Lösungsbuchstabe ______

80. Welche Stadt liegt nicht in der Europäischen Union?

a) Bukarest
b) Sofia
c) Kiew
d) Ljubljana
e) Bratislava

Lösungsbuchstabe ______

81. Welches direkte Nachbarland Deutschlands ist kein Mitglied der Europäischen Union?

a) Schweiz
b) Österreich
c) Liechtenstein
d) Luxemburg
e) Dänemark

Lösungsbuchstabe ______

Situation zu den Aufgaben 82–84:
In Stockholm wurde 1960 die EFTA als Gegenpol zur Europäischen Gemeinschaft gegründet. Die Gründungsstaaten waren Dänemark, Österreich, Portugal, Norwegen, Schweden, Schweiz und das Vereinigte Königreich. Später traten Finnland, Island und Liechtenstein bei.

82. Von welchem Land ist Stockholm die Hauptstadt?

a) Dänemark
b) Norwegen
c) Schweden
d) Schweiz
e) Österreich

Lösungsbuchstabe ______________________ ☐

83. Was bedeutet die Abkürzung „EFTA" in Englisch und Deutsch?

a) European Free Trade Association (Europäische Freihandelszone)
b) Eastern Freight and Transport Association (Östliche Fracht- und Transportgemeinschaft)
c) European Freight and Trade Association (Europäische Frachtgemeinschaft)
d) Eastern Free Trade Agency (Östliche Freihandelsagentur)
e) English Free Trade Agency (Freie Englische Handelsagentur)

Lösungsbuchstabe ______________________ ☐

84. Viele Staaten sind mittlerweile der Europäischen Union beigetreten. Welche Länder sind heute noch in der EFTA verblieben?

a) Schweiz, Finnland, Österreich
b) Schweiz, Liechtenstein, Island, Norwegen
c) Schweiz, Liechtenstein
d) Norwegen, Schweden, Finnland, Island
e) Schweiz, Schweden, Island, Finnland

Lösungsbuchstabe ______________________ ☐

85. Zum Entladen eines Güterzuges benötigen 5 Arbeiter insgesamt 13 Stunden. Wie lange dauert die gesamte Entladung, wenn nach drei Stunden 1 Arbeiter ausfällt?

86. Ein Transportfahrzeug der Frantz GmbH verbrauchte in der letzten Woche für 1.540 km Fahrt insgesamt 142,45 Liter Treibstoff.

86.1 Wie viel Liter hat das Fahrzeug durchschnittlich pro 100 km verbraucht?

86.2 Wie viel € Treibstoffkosten entfallen auf 100 km, wenn der Preis pro Liter 1,52 € betrug?

⑧ Güter verladen

1. Aufgabe

Situation:
Die Geschäftsleitung der Frantz GmbH überlegt, ihre veraltete Verladeeinrichtung zu modernisieren. Da es bei der Verladung eine Vielzahl von Verladesystemen und Verladeschutzeinrichtungen gibt, möchte sie sich zunächst einen Überblick über diese verschaffen.

1.1 Benennen Sie die in der folgenden Tabelle abgebildeten Verladesysteme/-schutzeinrichtungen mit ihrem Namen.

Verladesystem/Verladeschutz		

Verladesystem/Verladeschutz		

Verladesystem/Verladeschutz		

1.2 Erklären Sie den Unterschied zwischen statischen und dynamischen Verladesystemen.

___

___

___

1.3 Welche Gefahren können während einer Verladung auftreten?

2. Aufgabe

Situation:
Bei der Frantz GmbH werden täglich verschiedene Verkehrsträger beladen. Um Unfälle und wirtschaftliche Schäden zu vermeiden, hat der Gesetzgeber für die Verladung von Waren verschiedene Gesetze und Verordnungen aufgestellt. Dabei unterscheidet der Gesetzgeber die Ladungssicherung in die betriebssichere und in die beförderungssichere Verladung. Trotzdem kommt es in der Praxis immer wieder zu Fällen, bei denen auf eine ausreichende Ladungssicherung verzichtet wird. Auf den unten stehenden Bildern sehen Sie eine gerade angelieferte Warensendung, die aufgrund mangelnder Ladungssicherung beim Transport mit einem Lkw beschädigt wurde.

2.1 Nennen Sie zwei Rechtsvorschriften, die bei der Ladungssicherung von Bedeutung sind.

2.2 Erklären Sie den Unterschied zwischen der betriebssicheren und der beförderungssicheren Ladungssicherung. Beantworten Sie in diesem Zusammenhang auch die Frage, welche Person für die jeweilige Ladungssicherung verantwortlich ist. Geben Sie bei Ihren Erklärungen Beispiele für die jeweilige Ladungssicherung mit an.

2.3 Wer muss laut Sachverhalt aus der Situation für den oben abgebildeten Schaden nach dem Gesetz haften?

2.4 Erläutern Sie allgemein, wie es zu Transportschäden (wie in der Ausgangssituation) kommen kann.

2.5 Wie hätte der links abgebildete Transportschaden allgemein vermieden werden können?

2.6 Innerhalb welcher Frist muss der abgebildete Schaden dem Lieferer angezeigt werden?

2.7 Welche Folgen können durch mangelnde Ladungssicherung neben defekter Ware noch entstehen? Nennen Sie drei.

2.8 Welche Konsequenzen können durch eine mangelnde Ladungssicherung auf den Verlader zukommen? Nennen Sie drei.

3. Aufgabe

Situation:
Die Frantz GmbH möchte eine Sendung mit einem Lkw versenden. Nennen Sie drei Anforderungen an einen Lkw, die im Rahmen einer guten Ladungssicherung erfüllt sein müssen.

4. Aufgabe

Situation:
Bevor eine Ladung bei der Frantz GmbH auf dem Lkw verladen wird, wird die Ladeeinheit zunächst in sich selbst gesichert. Die Frantz GmbH verschickt 30 Kartons, die auf eine Palette geladen werden, an die Ersatzteile-Service Georg OHG per Lkw.

4.1 Nennen Sie drei Vorteile, die sich der Frantz GmbH durch den Versand mit Europaletten bieten.

4.2 Betrachten Sie die abgebildete Palette. Würden Sie diese für den Güterversand verwenden? Begründen Sie Ihre Meinung.

4.3 Nennen Sie drei Sicherungsmittel, mit denen die Kartons auf der Palette samt Ladung vor einem Verrutschen oder Auseinanderfallen gesichert werden können.

5. Aufgabe

Situation:
Sie als Mitarbeiter der Frantz GmbH haben einen Lkw beladen. Bei dem folgenden geplanten Transport der Ladung mit dem Lkw wirken verschiedenen Kräfte auf die Ladung.

5.1 Nennen Sie diese Kräfte, die beim Transport auf die Ladung einwirken und geben Sie an, in welchen Situationen diese auftreten.

5.2 Welche Kraft ist in der abgebildeten Grafik dargestellt?

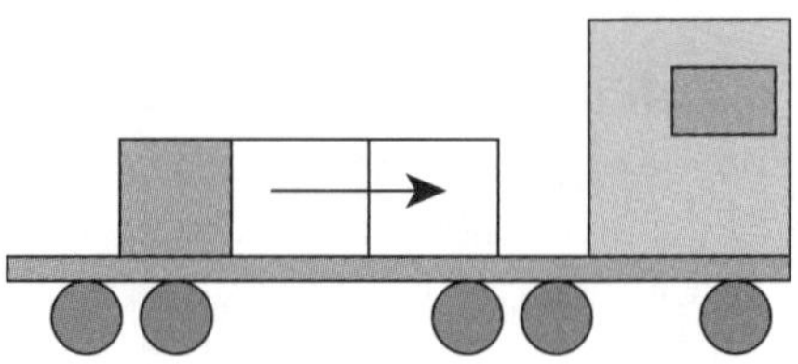

6. Aufgabe

Situation:
Sie sollen für die Frantz GmbH die Europalette auf einen Lkw mit Holzboden verladen. Die Palette hat ein Bruttogewicht von 1000 kg. Ihnen steht die folgende Tabelle mit den verschiedenen Gleitreibbeiwerten zur Verfügung. Der Zustand ist trocken.

Material-Paarung / Zustand	Gleitreibbeiwert μ		
	trocken	nass	fettig
Holz/Holz	0,20–0,50	0,20–0,25	0,05–0,15
Metall/Holz	0,20–0,50	0,20–0,25	0,02–0,10
Metall/Metall	0,10–0,25	0,10–0,20	0,01–0,10
Beton/Holz	0,30–0,60	0,30–0,50	0,10–0,20

6.1 Berechnen Sie die Massenkraft F_M, die bei einem Verrutschen der Ware nach vorne wirkt. Gehen Sie bei Ihrer Berechnung von einer Gewichtskraft F_G = 1000 daN aus.

6.2 Berechnen Sie die Reibungskraft F_R mithilfe der Tabelle. Nehmen Sie für Ihre Berechnungen den sichersten Wert.

6.3 Berechnen Sie die noch zu sichernde Kraft F_S.

7. Aufgabe

Situation:
Auf dem nebenstehenden Bild sehen Sie ein beladenes Baufahrzeug. Um die Ladung vor einem Verrutschen auf der Ladefläche des Lkw zu schützen, gibt es verschiedene Ladungssicherungsmittel.

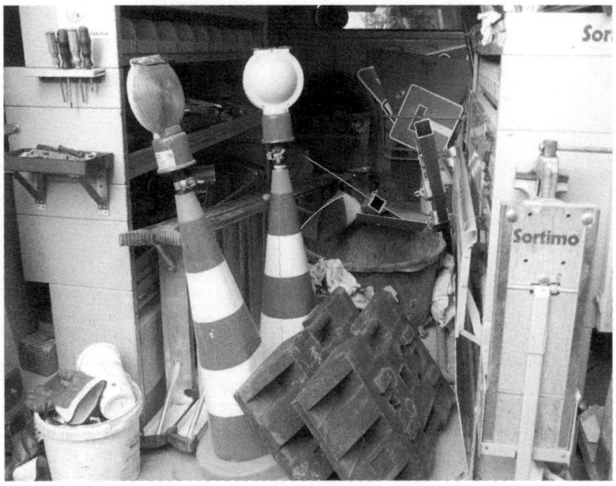

7.1 Nehmen Sie zur Beladung des Fahrzeugs Stellung und geben Sie Verbesserungsvorschläge für die Ladungssicherung an.

7.2 Nennen Sie vier Ladungssicherungsmittel, die bei der Ladungssicherung auf Fahrzeugen sinnvoll eingesetzt werden können.

7.3 Nennen Sie je zwei Vor- und zwei Nachteile von Luftpolsterkissen.

Vorteile	Nachteile

8. Aufgabe

Situation:
Ein neuer Mitarbeiter der Frantz GmbH fragt Sie nach den drei Arten der Ladungssicherung (kraft-, formschlüssige und kombinierte Ladungssicherung).

8.1 Erklären Sie ausführlich den Unterschied dieser Ladungssicherungen. Geben Sie bei Ihren Erklärungen auch Beispiele mit an. Welche Sicherungsmittel eignen sich für die jeweilige Sicherungsart? Nennen Sie jeweils zwei Beispiele.

8.2 Welche Art der Ladungssicherung wird im nebenstehenden Bild gezeigt?

8.3 Beurteilen Sie die abgebildete Ladungssicherung.

8.4 Welche Vorteile ergeben sich durch diese Art der Ladungssicherung?

9. Aufgabe

Situation:
Als Mitarbeiter der Frantz GmbH sind Sie beauftragt worden, einen zu beladenden Container zu überprüfen.

9.1 Nennen Sie jeweils drei Punkte, die Sie vor dem Beladen außen und innen am Container überprüfen müssen. Nutzen Sie für Ihre Antwort die unten stehende Tabelle.

Prüfung vor dem Beladen außen am Container	Prüfung vor dem Beladen innen am Container

9.2 Nennen Sie vier allgemeine Grundsätze, die beim Beladen eines Containers beachtet werden müssen.

9.3 Nennen Sie drei verschiedene Containertypen und geben Sie jeweils ein Beispiel für ein Gut an, für das sich der jeweilige Containertyp eignet. Nutzen Sie für Ihre Antwort die unten stehende Tabelle.

Containertyp	Ladungsgut

9.4 Wie nennt man einen Container ohne Dach und ohne Seitenwände? Wofür sind diese Container besonders geeignet?

9.5 Für welche Güter ist der nebenstehende Container geeignet?

9.6 Wie lautet die internationale Bezeichnung dieses Containers?

10. Aufgabe

Situation:
Auf dem Betriebsgelände der Frantz GmbH steht ein Überseecontainer, dieser ist mit folgender CSC Zulassungsplakette ausgestattet.

MAX GROSS WEIGHT	35.000 KG 77.162 LB
TARE	5340 KG 11.773 LB
MAWP : 3,00 bar	
CAPACITY: 32,5 CUM	
IDENTIFIKATION NO: TRIU 95	

10.1 Wie groß ist das Ladevolumen dieses Überseecontainers in m³?

10.2 Was bedeuten die folgenden Begriffe der CSC Zulassungsplakette im Deutschen?

Englisch	Deutsch
MAX GROSS WEIGHT	
IDENTIFIKATION NO	
TARE	

10.3 Nennen Sie allgemein drei Möglichkeiten, wie eine Ladung auf dem Container gesichert werden kann.

____

____

____

____

10.4 Welche Kontrollen werden am Container nach der Beladung durchgeführt?

____

____

10.5 Nennen Sie zwei Vorteile einer Containerbeladung im Vergleich zu einer Stückgutverladung.

____

____

11. Aufgabe

Situation:
Im Lager der Frantz GmbH befinden sich sowohl See- als auch Inlandskisten. Diese sind im Folgenden abgebildet.

a)

b)

11.1 Benennen Sie die abgebildeten Kisten, indem Sie die Namen den Buchstaben zuordnen.

a) Seekiste

b) Inlandskiste

Lösungsbuchstaben ______________________________ 1) ☐ 2) ☐

11.2 Begründen Sie, ob der Transport mit Seekiste oder der Transport mit Inlandskiste für die Frantz GmbH in der Regel teurer ist.

12. Aufgabe

Situation:
Auf der folgenden Abbildung sehen Sie eine Sendung, die von einem Mitarbeiter der Frantz GmbH festgezurrt wurde.

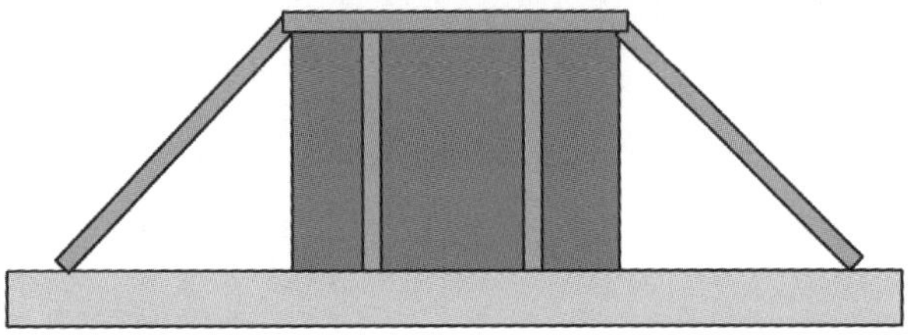

12.1 Welche Zurrart wird auf der Abbildung dargestellt? Wie ist die Wirkungsweise dieser Zurrart? Zu welcher Art der Ladungssicherung gehört sie? Nutzen Sie zum Beantworten die unten stehende Tabelle.

Zurrart	Wirkung	Ladungssicherung

12.2 Erklären Sie den Unterschied und die Wirkungen der beiden Zurrarten Nieder- und Direktzurren ausführlich. Erklären Sie in diesem Zusammenhang auch die Begriffe Schrägzurren, Diagonalzurren und Schlingenzurren.

12.3 Geben Sie drei mögliche Ladungssicherungsmittel an, die Sie zum Zurren einsetzen können.

12.4 Nennen Sie vier Punkte, worauf Sie beim Umgang mit Zurrgurten achten müssen.

12.5 Wann dürfen Sie einen Zurrgurt nicht mehr verwenden?

12.6 Was bedeutet es, wenn ein Zurrgurt seine Ablegereife erreicht hat?

13. Aufgabe

Situation:
Als Fachlagerist der Frantz GmbH erhalten Sie die unten stehende Ladeliste.

<table>
<tr><th colspan="5">Ladeliste</th></tr>
<tr><th>Kundennummer</th><th>Lademittel</th><th>Datum der Auslieferung</th><th>Tauschpaletten</th><th>Anzahl</th></tr>
<tr><td>12-1332</td><td>Container</td><td>20.09.</td><td>Europaletten</td><td>10</td></tr>
<tr><td colspan="5">Frachtvermerk: unfrei
Diese Sendung enthält folgende Gefahrgüter:</td></tr>
<tr><th>Pos. Nr.</th><th colspan="3">Benennung</th><th>Gewicht brutto in t</th></tr>
<tr><td>UN 1203</td><td colspan="3">40 Fässer mit Benzin
Flüssigkeit und Dampf leicht entzündbar
Klasse 3, Sicherheitsdatenblatt Nr. 453/2010</td><td>1,5</td></tr>
<tr><td colspan="5"></td></tr>
<tr><td colspan="5">Beförderung nach Randnummer 14 GGVSEB/RID, Ausnahme Nr. E54</td></tr>
</table>

13.1 Mit welchem Transportmittel wird die Sendung transportiert? Begründen Sie Ihre Meinung.

13.2 Was bedeuten die vier Kennzeichnungselemente von links nach rechts?

13.3 Was bedeutet der Frachtvermerk unfrei auf der Ladeliste?

14. Aufgabe

Situation:
Als Mitarbeiter bei der Franz GmbH sollen Sie eine schwere Ladung an die Gattmann KG versenden. Es handelt sich um eine Schwergutkiste, die 13 t wiegt und 8 m lang ist. Ihr Lastschwerpunkt ist mittig. Erklären Sie, wozu der Lastverteilungsplan dient und beurteilen Sie anhand des vorliegenden Lastverteilungsplans, ob die Ladung auf den Lkw geladen werden darf.

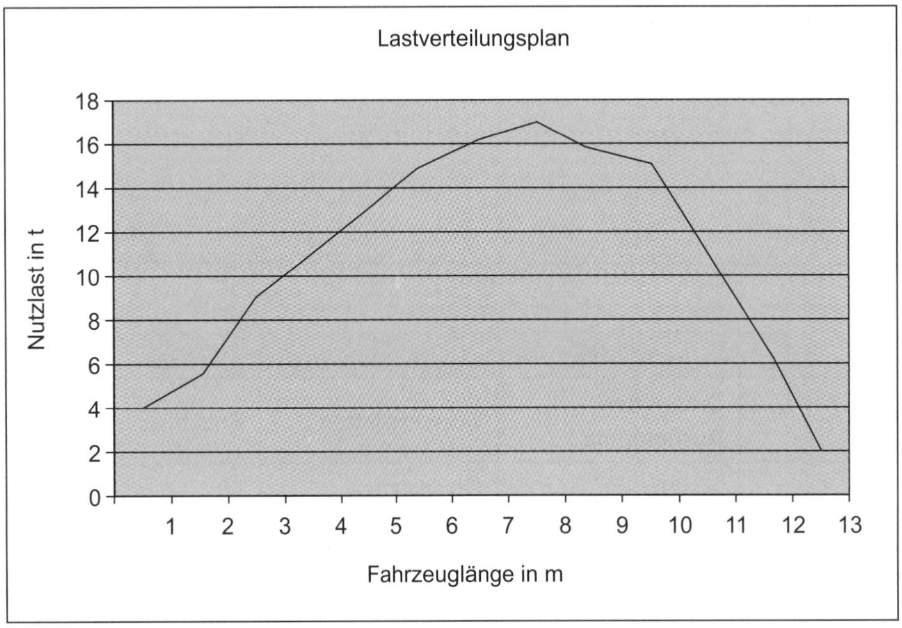

15. Aufgabe

Situation:
Als Mitarbeiter der Frantz GmbH sind Sie beauftragt worden, einen Stauplan zu erstellen.

15.1 Warum ist diese Tätigkeit vor dem Versenden der Ladung sinnvoll?

15.2 Welche Angaben brauchen Sie zum Erstellen des Stauplans?

15.3 Nehmen Sie Stellung zu den unten stehenden Aussagen und begründen Sie knapp Ihre Antwort.

- Leichte Packstücke sind unten, schwere oben zu verstauen.

- Bei der Verladung muss auf das LiFo-Prinzip geachtet werden.

- Fässer sollten stets liegend transportiert werden.

- Schwere Güter sollten stets hinten im Lkw verladen werden.

16. Aufgabe

Situation:
Im Warenausgang der Frantz GmbH stehen insgesamt 8 Europaletten versandfertig bereit. Die beladenen Paletten sind nicht stapelbar. 4 Paletten wiegen je 0,5 t, 3 Paletten wiegen je 370 kg und 1 Palette wiegt 200 kg. Die gesamte Sendung soll auf einen Lkw mit einem zulässigen Gesamtgewicht von 7,5 t geladen werden. Die Innenmaße (Länge x Breite x Höhe) des Lkw sind 6,05 m x 2,43 m x 2,35 m und sein Eigengewicht beträgt 5,25 t.

16.1 Wie groß ist die Fläche in m², die für die Europaletten benötigt wird?

16.2 Berechnen Sie, wie viel Prozent der Ladefläche durch die Ladung insgesamt in Anspruch genommen wurde.

16.3 Berechnen Sie das Gesamtgewicht der Ladung einschließlich des Fahrers in kg, wenn der Fahrer 75 kg wiegt.

16.4 Berechnen Sie die maximale Nutzlast des Lkw in kg.

16.5 Kann die Ladung auf den Lkw geladen werden? (Begründen Sie kurz Ihre Antwort.)

17. Aufgabe

Situation:
Die Frantz GmbH möchte einen Sattelauflieger mit einem Eigengewicht von 5 Tonnen und einem zulässigen Gesamtgewicht von 20 Tonnen beladen. Die Ladung besteht aus 10 Europaletten mit je einem Bruttogewicht von 800 kg und zwei Seekisten mit jeweils 3 Tonnen Bruttogewicht.

17.1 Prüfen Sie unter Angabe des Rechenweges, ob diese Ladung auf dem Sattelauflieger verladen werden darf.

17.2 Die Paletten sollen mit Hauben aus Plastik abgedeckt werden. Die Paletten sind alle 1,20 m hoch beladen. Wie viel m² Plastik benötigen Sie zum Herstellen aller Hauben, wenn zusätzlich pro Haube ein 6-prozentiger Zuschlag berücksichtigt werden muss? (Runden Sie erst im letzten Kommaschritt)

18. Aufgabe

Situation:
Als Mitarbeiter der Frantz GmbH bereiten Sie eine Lieferung mit 64 Paketen mit den Maßen 20 cm breit, 30 cm lang und 25 cm hoch vor. Um die Transportsicherheit zu erhöhen, wird die Ware palettiert versandfertig gemacht. Die Europalette soll in linearer Stapelung gepackt werden.

18.1 Wie viele Pakete können im günstigsten Fall auf die Fläche der Palette gelegt werden?

18.2 Wie viele Lagen liegen auf der Palette, wenn alle Pakete auf die Palette gestapelt werden?

18.3 Berechnen Sie die Gesamthöhe der beladenen Palette (die Palette hat eine Höhe von 14,5 cm).

18.4 Sie möchten die Palette mit Umreifungsbändern umreifen. Dabei möchten Sie zwei quer und zwei längs über die Palette spannen.

a) Wie viel Meter Band brauchen Sie dafür, wenn Sie pro Band jeweils 6cm zum Verschweißen brauchen.

b) Wie viel Band brauchen Sie für 40 Paletten dieser Art?

18.5 Sie möchten 40 Stück dieser Paletten in dem Abholraum mit den Maßen Länge = 12 m, Breite = 2,05 m und Höhe = 2,4 m für eine Lieferung bereit stellen. Stapeln Sie die Paletten zweifach und ordnen Sie diese nach folgendem Muster. Prüfen Sie, ob alle Paletten im Abholraum untergebracht werden können.

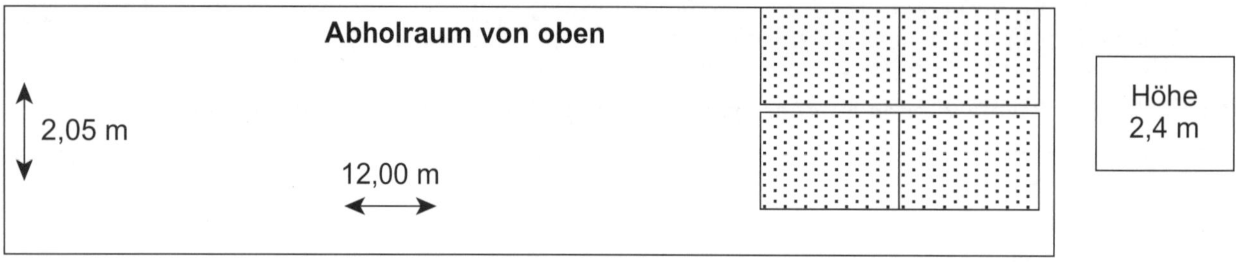

18.6 Berechnen Sie den Prozentanteil des ungenutzten Raumes.

19. Aufgabe

Situation:
Als Mitarbeiter der Frantz GmbH wollen Sie einen mit Flüssigkeit gefüllten Bulkcontainer versenden. Der Container hat die folgenden Innenmaße: Länge 5934 mm, Breite 2358 mm und Höhe 2340 mm. Berechnen Sie den Rauminhalt des Containers in Litern (m^3). Runden Sie das Ergebnis auf zwei Kommastellen.

20. Aufgabe

Situation:
Sie möchten für die Frantz GmbH Kisten mit jeweils 3000 kg Gewicht verladen. Folgende Fahrzeuge stehen Ihnen zur Verfügung:

Fahrzeug	Sattelauflieger	Wechselbrückenfahrzeug	Volumenzug
Länge	13.600 mm	7.450 mm	7.700 mm
		7.450 mm	7.700 mm
Breite	2.480 mm	2.480 mm	2.480 mm
		2.480 mm	2.480 mm
Höhe	2.700 mm	2.400 mm	3.000 mm
		2.400 mm	3.000 mm
Größe der Ladefläche	33,73 m^2	18,48 m^2	19,10 m^2
		18,48 m^2	19,10 m^2
Volumen	91,06 m^3	44,34 m^3	57,29 m^3
		44,34 m^3	57,29 m^3
Nutzlast	25.000 kg	12.000 kg	11.000 kg
		12.000 kg	11.000 kg

Wie viele Kisten können Sie auf dem Fahrzeug mit der größten Ladefläche mitnehmen?

21. Aufgabe

Situation:
Es sollen bei der Frantz GmbH verschiedene Gefahrgüter versendet werden. Dabei gelten beim außerbetrieblichen Transport verschiedene verkehrsträgerspezifische Verordnungen. Ordnen Sie die folgenden verschiedenen Abkürzungen den jeweiligen Verordnungen zu.

ADR – GGVSee – RID – IATA DGR – GGVSEB

Verordnung	Abkürzung
Gefahrgutverordnung Straße, Eisenbahn und Binnenschiff	
Europäisches Übereinkommen über die internationale Beförderung gefährlicher Güter auf der Straße	
Gefahrgutverordnung See	
Regelung über die Beförderung gefährlicher Güter mit dem Flugzeug	
Europäisches Übereinkommen über die internationale Beförderung gefährlicher Güter auf der Schiene	

22. Aufgabe

Situation:
Sie sind bei der Frantz GmbH im Gefahrgutlager eingesetzt und haben dort mit der Lagerung und dem Versand von Gefahrgütern zu tun. Hierbei arbeiten Sie eng mit Ihrem Gefahrgutbeauftragten zusammen. Oft werden die Gefahrgüter der Frantz GmbH auf Lkw verladen.

22.1 Erklären Sie einem neuen Mitarbeiter der Frantz GmbH, worin der Unterschied zwischen Gefahrstoffen und Gefahrgütern besteht?

____

____

____

22.2 Nennen Sie drei verschiedene Aufgaben, die der Gefahrgutbeauftragte der Frantz GmbH zu erfüllen hat.

____

____

____

22.3 Welche Farbe haben die Warntafeln, mit denen Lkw ausgestattet werden, sobald Gefahrgut transportiert wird?

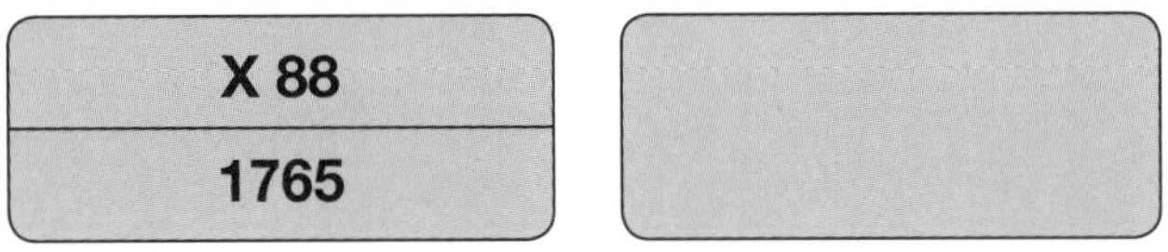

____

22.4 Was bedeutet es, wenn die rechte Warntafel am Heck eines Lkw angebracht ist?

____

____

22.5 Wie heißen diese Nummern und welche allgemeinen Informationen enthalten die Nummern auf der Warntafel?

Obere Nummer: ____

Untere Nummer: ____

22.6 Welche Personengruppen haben ein besonderes Interesse an der Gefahrnummer?

____

____

22.7 Was bedeutet das „X“ in der Gefahrnummer?

____

22.8 Was bedeutet die Verdopplung einer Ziffer in der Gefahrnummer?

22.9 Bei dem Transport von Gefahrgut muss die Frantz GmbH die Lkws mit einer besonderen Ausrüstung ausstatten. Nennen Sie 5 Gegenstände, die zu dieser Ausrüstung gehören.

23. Aufgabe

Situation:
Beim Transport von Gefahrgut durch die Frantz GmbH gelten nach dem deutschen Gesetz besonders strenge Regeln. Der Gesetzgeber verteilt die Verantwortung u. a. auf den Verlader, den Beförderer und den Fahrzeugführer.

23.1 Nennen Sie für jede der genannten Personen eine gesetzlich vorgeschriebene Pflicht.

Verlader	Beförderer	Fahrzeugführer

23.2 Was ist die ADR Zulassungsbescheinigung?

23.3 Welche Angaben müssen die schriftlichen Weisungen laut ADR enthalten, die während des Transports mitgeführt werden müssen?

23.4 Wo müssen diese Weisungen während des Transports vom Fahrer der Frantz GmbH aufbewahrt werden?

23.5 In welcher Sprache müssen diese Weisungen vom Fahrer der Frantz GmbH mitgeführt werden?

24. Aufgabe

Situation:
Eine Ladung der Frantz GmbH wird wie nebenstehend gekennzeichnet.

24.1 Welche Informationen entnehmen Sie dem Gefahrenzettel?

24.2 Erklären Sie den Begriff Kleinmengenregelung sowie die Abkürzung LQ in Bezug auf den Transport von Gefahrgut.

25. Aufgabe

Situation:
Die Frantz GmbH möchte Fässer mit Salzsäure verladen.

25.1 Welche der folgenden Gefahrenzettel wählen Sie für den Transport der Salzsäure mit dem Lkw aus? Kreuzen Sie die richtige Antwort an.

☐

☐

☐

☐

25.2 Worauf müssen Sie achten, wenn Sie verschiedene Arten von Gefahrgütern auf einem Lkw verladen wollen?

25.3 Ordnen Sie radioaktives Gefahrgut einer Gefahrenklasse (1–9) zu.

26. Aufgabe

Situation:
Auf den folgenden Bildern sehen Sie eine Gefahrgutladung, die durch eine mangelhafte Ladungssicherung verrutscht und ausgelaufen ist.

Nennen Sie jeweils drei Folgen des Unglücks für den Unternehmer, die Umwelt und die Gesellschaft.

Unternehmer	Umwelt	Gesellschaft

27. Sie beladen für die Frantz GmbH einen Lkw mit Hilfe einer Ladebrücke, die zwischen der Betonrampe und dem Lkw befestigt ist. Worauf müssen Sie aufgrund sicherheitstechnischer Regeln achten?

a) Alter des Fahrers
b) Unterlegkeile unter den Reifen des Lkw
c) Maximale Tragfähigkeit der Ladebrücke
d) Länge der Ladefläche des Lkw

Lösungsbuchstaben ____________________

28. Die Frantz GmbH möchte ihre Be- und Entladezone optimieren. Ordnen Sie die Optimierungsvorhaben den Verladesystemen zu.

a) Plattform an der Betonrampe, um Höhenunterschiede zwischen dem Lkw und der Laderampe zu überbrücken
b) Damit wird ein zu frühes losfahren des Lkw verhindert
c) Die Ware soll beim Entladen vor Regen geschützt werden
d) Damit ein Lkw die Hallenwand nicht beschädigt

Verladesysteme:

Gebäuderammschutz ____________________

Elektrokeil ____________________

Hubtisch ____________________

Wetterschutz ____________________

29. Bei der Frantz GmbH wird ein Lkw beladen. Die Ware ist für die Gattmann GmbH. Transportiert wird die Ware durch die Trans AG. Der Fahrer des Lkw heißt Hans Meier. Wer trägt laut HGB die Verantwortung für das Verladen?

a) Die Trans AG als Transportunternehmen
b) Die Frantz GmbH als Absender
c) Die Gattmann AG als Empfänger
d) Hans Meier als Fahrer

Lösungsbuchstabe ______

30. Sie möchten für die Frantz GmbH einen Lkw beladen. Welchen Beleg benötigen Sie hierfür?

a) Inventurliste
b) Ladeliste
c) Artikelstammdaten
d) Mangelrüge
e) Einlagerungsschein

Lösungsbuchstabe ______

31. Warum müssen auftretende Transportschäden dem Fahrer unverzüglich angezeigt werden? Tragen Sie die richtige Antwort in das unten stehende Kästchen ein.

a) Damit für die Frantz GmbH als Empfänger kein Schaden entsteht.
b) Damit der Frachtführer den Schaden unverzüglich für die Frantz GmbH nachbessern kann.
c) Damit der Frachtführer die Frantz GmbH als Empfänger schnellstmöglich informieren kann.
d) Dem Frachtführer wird der Schaden nicht angezeigt.

Lösungsbuchstabe ______

32. Welche Aussagen treffen auf die Europaletten der Frantz GmbH zu?

a) Es sind Einwegpaletten, die einfach durch die Frantz GmbH entsorgt werden können.
b) Die Frantz GmbH darf die Europaletten selbst reparieren.
c) Die Frantz GmbH weiß stets die Größe und das Gewicht der Europaletten.
d) Die Frantz GmbH kann die Paletten tauschen.

Lösungsbuchstaben ______

33. Als Mitarbeiter der Frantz GmbH werden Sie gebeten, die Ladungssicherung eines Lkw zu übernehmen. Sie entscheiden sich, Sicherungskeile zu verwenden. Für welche Transportgüter sind diese Keile besonders gut geeignet?

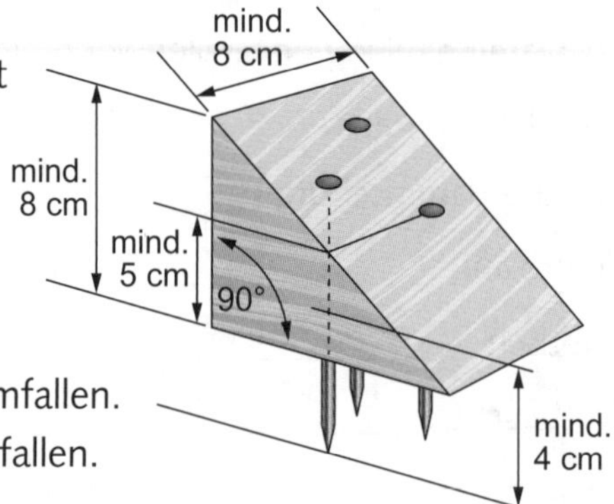

a) Um Papierrollen vorm Verrutschen zu sichern, damit sie nicht hin und her rollen.
b) Für Fässer, die stehend transportiert werden, damit sie nicht umfallen.
c) Für gestapelte Säcke, damit diese nicht verrutschen oder umfallen.
d) Für Kartons, damit diese nicht herunterfallen können oder umfallen.
e) Für Getränkekisten, damit sich diese nicht berühren oder umfallen.

Lösungsbuchstabe ______

34. Sie wollen für die Frantz GmbH eine Sendung mit Hilfe eines Containers versenden. Was spricht für den Einsatz von Containern?

a) Die Gesamtladung kann besser umgeladen werden.
b) Einzelne kleine Teile können besser umgeladen werden.
c) Sie sind sehr gut für den Versand kleinerer Mengen an viele verschiedene Empfänger geeignet.
d) Ihre Größe kann individuell an die Ladung angepasst werden und somit entsteht kein toter Raum.

Lösungsbuchstabe ______ ☐

35. Sie sollen als Mitarbeiter der Frantz GmbH eine Containerbeladung durchführen. Bringen Sie dafür die folgenden Schritte in die richtige Reihenfolge.

a) Leerräume ausfüllen
b) Container verschließen
c) Ladungssicherung kontrollieren
d) Beladen des Containers
e) Container verplomben
f) Sendung und Beladeplan übernehmen

Reihenfolge ______ ☐ ☐ ☐ ☐ ☐ ☐

36. Als Mitarbeiter der Frantz GmbH sollen Sie einen 12 t schweren Motor verladen. Der Lastschwerpunkt des Motors ist kopflastig. Wie stellen Sie sicher, dass der Motor nicht zur Seite wegrutschen kann?

a) Durch Niederzurren werden kopflastige Güter gesichert.
b) Durch das Diagonalzurren werden kopflastige Güter gesichert.
c) Durch das Nieder- und Diagonalzurren werden kopflastige Güter gesichert.
d) Durch Formschluss werden kopflastige Güter gesichert.
e) keine Sicherung nötig

Lösungsbuchstabe ______ ☐

Situation:
Sie werden als Mitarbeiter der Frantz GmbH beauftragt, eine große Maschine mit einem Gewicht von 12 t zu verladen. Ihnen stehen dafür die folgenden Arbeitsmaschinen sowie Förder- und Hebezeuge zur Verfügung.

37. Welches Gerät wählen Sie zur Verladung der Maschine aus?

a) Mobilkran 10 t
b) Stapler mit Seitenschubgerät 8,5 t
c) Hebebühne 12 t
d) Portalkran 16 t
e) Förderband

Lösungsbuchstabe ______ ☐

38. Welches der unten aufgeführten Ladegeschirre ist zum Verladen der Maschine geeignet? Tragen Sie den entsprechenden Buchstaben in das Kästchen ein.

a) Einstrang-Anschlagkette für 15 t Tragfähigkeit
b) Zurrgurte für 11 t Tragfähigkeit
c) Zurrketten für 13 t Tragfähigkeit
d) Vierstrang-Anschlagkette mit entsprechender Tragfähigkeit
e) kein Ladegeschirr nötig

Lösungsbuchstabe ☐

39. Sie möchten als Mitarbeiter der Frantz GmbH den Gleitreibbeiwert zwischen der Lkw-Ladefläche und der Maschine erhöhen. Welche der folgenden Maßnahmen ist hierfür geeignet?

a) durch Unterlegen von Pappe
b) durch Unterlegen von Holzspänen
c) durch Unterlegen von Luftpolsterfolie
d) durch Unterlegen von Antirutschmatten
e) durch Unterlegen von angerauten Metallplatten

Lösungsbuchstabe ☐

40. Nachdem Sie die Maschine verladen haben, müssen Sie diese nun mit Zurrmitteln auf einem Lkw sichern. Wie müssen Zurrmittel dimensioniert werden, damit ein sicherer Transport erfolgen kann?

a) Absicherung zur Fahrtrichtung mit 0,5 F_G
b) Absicherung zur Fahrtrichtung mit 12,5 t
c) Absicherung zur Fahrtrichtung mit 0,8 F_G
d) Absicherung quer zur Fahrtrichtung mit 0,8 F_G
e) keine Sicherung nötig

Lösungsbuchstabe ☐

41. Bei den Zurrmitteln handelt es sich um Zurrgurte. Welche Informationen können Sie dem Etikett des Zurrgurtes entnehmen?

a) zulässige Zurrkraft
b) den maximalen Zurrwinkel
c) den Kaufpreis
d) den Reibbeiwert

Lösungsbuchstabe ☐

42. Als Mitarbeiter der Frantz GmbH liegt Ihnen folgende Ladeliste vor.

LADELISTE / PACKING LIST

Empfänger	Datum 25.08.
Swiss Metal SA Klaus Ottmann Stutz 37 1820 Montreux SCHWEIZ	Kundennummer: 22366 Lkw

Pos-Nr.	Bezeichnung	Packungs-einheit	Nettogewicht in KG	Bruttogewicht in KG	Maße in cm
1	258 2552	Europalette	1700	1850	120*80*160
2	249 2669	Europalette	1200	1350	120*800*60
3	445 8889	Colli	420	500	60*60*60

Sie werden beauftragt, die Güter für die Frantz GmbH ordnungsgemäß zu versenden. Welche Informationen aus der Ladeliste sind für Sie bei der Beladung des Lkw von besonderer Bedeutung?

a) das Nettogewicht der Ladung, um das zulässige Gesamtgewicht des Lkw nicht zu überschreiten
b) die Bezeichnung der Packstücke, um die genaue Anzahl zu ermitteln
c) die Kundennummer, um eine Rechnung zu erstellen
d) das Bruttogewicht der Ladung, um das zulässige Gesamtgewicht des Lkw nicht zu überschreiten
e) die Höhe der Packstücke, um die zulässige Gesamthöhe nicht zu überschreiten

Lösungsbuchstabe ______

43. Die Frantz GmbH transportiert Gefahrgut mit einem Verkehrsträger, der den Vorschriften der IATA unterliegt. Um welchen der folgenden Transporte handelt es sich?

a) Transport mit dem Zug nach Bayern
b) Transport mit dem Schiff nach Australien
c) Transport mit dem Flugzeug nach Rom
d) Transport mit der Pipeline nach Russland
e) Transport mit dem Lkw nach Münster

Lösungsbuchstabe ______

44. Ein neuer Mitarbeiter der Frantz GmbH möchte von Ihnen wissen, welche beiden Rechtsgrundlagen zuständig sind, wenn gefährliche Stoffe in den Verkehr gebracht werden.

a) Gefahrgutbeauftragtenverordnung
b) Gefahrgutbeförderungsgesetz
c) Arbeitsstättenverordnung
d) Gefahrstoffverordnung
e) Gefahrgutverordnung

Lösungsbuchstaben ______

45. Ordnen Sie die vier folgenden Begriffe den jeweiligen Erklärungen zu, indem Sie die jeweilige Ziffer in das entsprechende Kästchen eintragen.

1. Gefahrzettel
2. Schriftliche Weisung
3. Gefahrgutaufkleber
4. Sicherheitsdatenblatt

a) Enthält Hinweise für Polizei, Feuerwehr und Fahrer
b) Zur Kennzeichnung gefährlicher Güter
c) Gefahrenhinweise des Herstellers
d) Ordnet Gefahrstoffe den Gefahren zu

Lösungsziffern ______ a) ☐ b) ☐ c) ☐ d) ☐

46. Sie sollen für die Frantz GmbH eine Sendung Gefahrgut nach den ADR Bestimmungen versandfertig bereit stellen, damit diese anschließend transportiert werden kann. Welche Informationen benötigen Sie dafür?

a) Ausgeber, Menge, Materialnummer, Datum
b) Empfänger, Absender, Kostenstelle
c) Mengeneinheit, Ausgeber, Menge
d) Absender, Gefahrgutmasse, Materialbezeichnung
e) Ausgeber, Gefahrgutmasse, Kostenstelle

Lösungsbuchstabe ______ ☐

47. Gefahrgüter werden in verschiedene Klassen eingeteilt. Einen Auszug über diese Einteilung bietet die folgende Tabelle.

Klasse 1	Explosive Stoffe und Gegenstände mit Explosionsstoff
Klasse 2.1	Entzündbare und brennbare Gase
Klasse 2.3	Giftige Gase
Klasse 4.3	Stoffe, die in Berührung mit Wasser entzündbare Gase entwickeln
Klasse 6.1	Giftige Stoffe
Klasse 8	Ätzende Stoffe

In welche Gefahrgutklasse würden Sie als Mitarbeiter der Frantz GmbH die folgenden Gefahrgüter einordnen? Tragen Sie die entsprechende Ziffer in die jeweiligen Kästchen ein.

a) Propangas
b) Schädlingsbekämpfungsmittel
c) Feuerwerkskörper
d) Buttersäure

Klasse ______ a) ☐ b) ☐ c) ☐ d) ☐

⑨ Güter versenden

1. Aufgabe

Situation:
Der Straßengüterverkehr transportiert mit Abstand die meisten Güter innerhalb Deutschlands. Dabei sind bezüglich der Gütervielfalt fast keine Grenzen gesetzt. Die häufigste Lastwagenform ist ein geschlossener Aufbau, in dem häufig Europaletten oder Gitterboxen transportiert werden. Zählen Sie neben dem normalen Kofferaufbau noch vier weitere Fahrzeugarten auf und geben Sie allgemein an, welche Güter diese transportieren!

____

____

____

____

2. Aufgabe

2.1 Vergleichen Sie den CMR-Frachtbrief auf der nächsten Seite mit folgenden Angaben und finden Sie **sechs fehlerhafte** Eintragungen! Streichen Sie die fehlerhaften Eintragungen an!

Transportunternehmen:	K. Schnell, Baumstr. 39, 50667 Köln
Empfänger:	A. Zurbel, Wilhelm-Tell-Str. 12, Wareneingang Halle 4 , 8041 Zürich
Spedition, die Transport organisiert:	Spedition Fuchser, Zinglerstr. 4, 53111 Bonn
Beladestelle:	Frantz GmbH, Akazienstr. 16, 42651 Solingen
Beförderte Ware:	14 Europaletten Farbdosen (Nr. 48/01 – 48/14), Stretchfolie um das Packgut, die Paletten sind jeweils 125 cm hoch beladen (inkl. Palette), Bruttogewicht einer Palette: 850 kg Gefahrgut, mittlere Gefahr, UN 1993, Gefahrzettelnummer 12345
Beigefügte Dokumente:	Handelsrechnung 3-fach, Zollpapiere
Bemerkungen des Frachtführers bei Warenübergang:	Stretchfolie ist bei einer Palette eingerissen; vorsichtiges Entladen erforderlich
Ausfertigung des Frachtbriefes:	Bonn, 10.02., 08:30 Uhr
Transportkosten:	frei Haus, Fracht (850,00 €)
amtliches Kennzeichen:	K-DC 714 (Einzelfahrzeug)
zulässiges Gesamtgewicht: Eigengewicht:	25.000 kg 11.300 kg
Warenempfang: Genehmigung:	nächster Tag, 09:00 Uhr Gemeinschaftslizenz Nr. 4711
Palettentausch:	Schnell hat 15 leere E-Pal dabei, Zurbel tauscht ebenfalls
Fahrtstrecke:	Solingen – Zürich: 603 km Solingen – Basel (Grenze): 518 km

2.2 Korrigieren Sie die fehlerhaften Eintragungen mit den richtigen Angaben!

2.3 Welche Aufgaben/Funktionen hat ein Frachtbrief (drei Antworten)?

____

____

____

1 Absender (Name, Anschrift, Land)	**Internationaler Frachtbrief** **Lettre de voiture International** Diese Beförderung unterliegt trotz einer gegenteiligen Abmachung den Bestimmungen des Übereinkommens über den Beförderungsvertrag im Internationalen Straßengüterverkehr (**CMR**)
Spedition Fuchser Zinglerstr. 4 53111 Bonn Deutschland	
2 Empfänger (Name, Anschrift, Land) A. Zurbel Wilhelm-Tell-Str. 12 8041 Zürich Deutschland	14 Frachtführer (Name, Anschrift, Land) K. Schnell Baumstr. 39 50667 Köln Deutschland
3 Auslieferungsort des Gutes Ort: WE Halle 4, Wilhelm-Tell-Str. 12, 8041 Zürich Land: Schweiz	15 Nachfolgende Frachtführer
4 Ort und Datum der Übernahme des Gutes Ort: Akazienstr. 16, 42651 Solingen Land: Deutschland Datum: 10.02.	16 Vorbehalte und Vermerke des Frachtführers Stretchfolie bei einer Palette ist eingerissen, vorsichtiges Entladen erfoderlich
5 Beigefügte Dokumente Handelsrechnung (3-fach) Zollpapiere	

6 Kennzeichen und Nummern	7 Anzahl der Packstücke	8 Art der Verpackung	9 Bezeichnung des Gutes	10 Bruttogewicht in kg	11 Umfang in m³
48/01 - 48/14 0	14 168	Eurogitterboxpal.	Farbdosen		11.90

Gefahrzettel-Nr.	Un-Nummer	Verp.Gruppe
12345	UN 1993	III

17 Zu zahlen von	Absender		Währung		Empfänger	
Fracht				€	850	00
Ermäßigungen						
Zwischensum.						
Zuschläge						
Nebengebüh.						
Sonstiges						
Gesamt				€	850	00

12 Hinweise des Absenders (zoll- und sonstige amtliche Behandlung)

13 Frachtzahlungsanweisung

Frei Haus

~~Unfrei~~

18 Besondere Vereinbarungen

19 Ausgefertigt in Bonn am 10.02.

20 *Neumann* Unterschrift und Stempel des Absenders	21 *Schnell* Unterschrift und Stempel des Frachtführers	22 Gut empfangen am 11.02. *Zurbel* Unterschrift und Stempel des Empfängers

23 Angaben zur Ermittlung der Entfernung

von	bis	km
Solingen	Basel	518
Basel	Zürich	85

24	Amtliches Kennzeichen	Nutzlast in kg
Kfz	K-DC 714	25.000
Anhänger		

Paletten-Absender			Paletten-Empfänger		
Art	Anzahl	Tausch	Art	Anzahl	Tausch
Europalette	15	15	Europalette	15	15
Gitterboxpal.			Gitterboxpal.		
Bestätigung des Empfängers Datum/Unterschrift *10.02. Schnell*			Bestätigung des Fahrers Datum/Unterschrift *11.02. Zurbel*		

Benutzte Gen.-Nr. 4711 ☐ National ☒ EU ☐ CEMT ☐ Bilateral

2.4 Wie viele Originalausfertigungen eines Frachtbriefes gibt es und wer bekommt diese?

2.5 Für welche Transporte ist die Ausstellung eines CMR-Frachtbriefes zwingend vorgeschrieben?

3. Aufgabe

Situation:
Nennen Sie fünf Dokumente, die ein Lkw-Fahrer bei einem nationalen Transport (kein Gefahrguttransport) bei einer Kontrolle vorzeigen muss!

4. Aufgabe

Situation:
Die Frantz GmbH lässt einen 20-Fuß-Container per Lkw von ihrem Außenlager in Dortmund zum Seehafen nach Hamburg (351 km) transportieren.

4.1 Beschreiben Sie drei Vorteile des Straßentransports!

4.2 Der Transport per Lkw hat vor allem ökologische Nachteile. Nennen Sie zwei!

4.3 Nennen Sie drei weitere Nachteile des Straßengütertransports!

4.4 Der Container soll spätestens um 18:00 Uhr in Hamburg sein.
Berechnen Sie, wann der Lkw spätestens losfahren muss, wenn man von einer Durchschnittsgeschwindigkeit von 65 km/h ausgeht. Beachten Sie auch die Lenk- und Ruhezeiten!

4.5 In welchen Bundesländern liegen der Start- und der Zielort?

4.6 In welchem Ballungszentrum liegt Dortmund?

---

5. Aufgabe

Situation:
Die Frantz GmbH hat einen Fuhrpark bestehend aus drei Sattelzügen und einem Gliederzug. Worin besteht der Unterschied zwischen den unterschiedlichen Fahrzeugtypen?

---

6. Aufgabe

Situation:
Im Außenlager in Dortmund soll Kunstdünger per Lkw abtransportiert werden. Für den Einsatz steht ein Muldenkipper (Leergewicht inklusive Fahrer 14 t, zulässiges Gesamtgewicht 40 t) zur Verfügung.

Die Ladefläche hat folgende Maße:

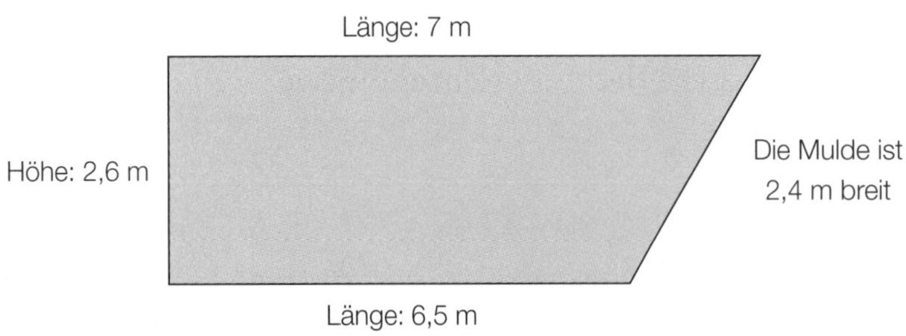

6.1 Berechnen Sie das Ladevolumen in m^3!

6.2 Ein m^3 Kunstdünger wiegt 650 kg. Berechnen Sie, wie viel m^3 der Lkw zuladen darf, damit das zulässige Gesamtgewicht nicht überschritten wird!

6.3 Der Kunstdünger befindet sich in einem Silo, das zu zwei Dritteln gefüllt ist. Das Silo hat einen Durchmesser von 4 m und ist 10 m hoch. Berechnen Sie den Inhalt des Silos ($\pi = 3{,}14$)!

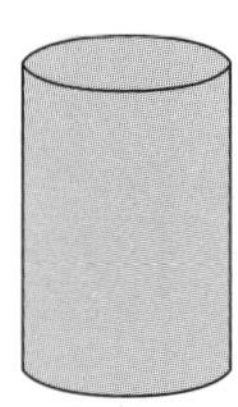

6.4 Berechnen Sie, wie oft der Lkw fahren muss, damit das Silo komplett geleert wird!

7. Aufgabe

Ein Gliederzug (Lkw mit Anhänger, die Nutzlast beträgt 18 t) hat folgende Maße:

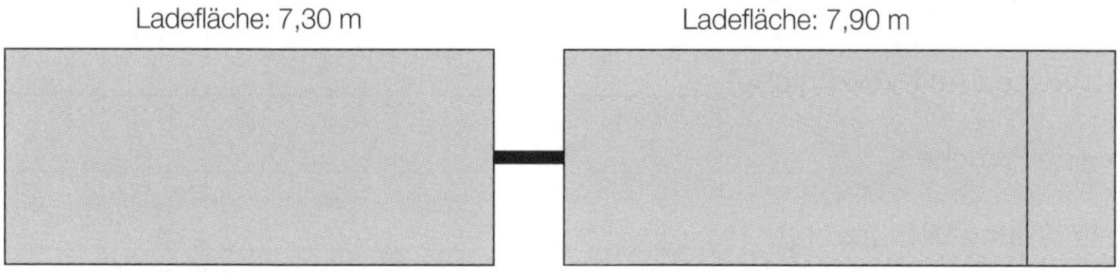

Die Ladebreite beträgt jeweils 2,45 m. Berechnen Sie, wie viele Europaletten (Gewicht jeweils 400 kg und 1-mal stapelbar) maximal transportiert werden können!

Beachten Sie für die folgenden Aufgaben den Auszug aus der Verordnung (EG) Nr. 561/2006 zur Harmonisierung bestimmter Sozialvorschriften im Straßenverkehr:

Artikel 6

(1) Die tägliche Lenkzeit darf 9 Stunden nicht überschreiten. Die tägliche Lenkzeit darf jedoch höchstens zweimal in der Woche auf höchstens 10 Stunden verlängert werden.

(2) Die wöchentliche Lenkzeit darf 56 Stunden nicht überschreiten und nicht dazu führen, dass die [...] wöchentliche Höchstarbeitszeit überschritten wird.

(3) Die summierte Gesamtlenkzeit während zweier aufeinander folgender Wochen darf 90 Stunden nicht überschreiten.

Artikel 7

Nach einer Lenkdauer von viereinhalb Stunden hat ein Fahrer eine ununterbrochene Fahrtunterbrechung von wenigstens 45 Minuten einzulegen, sofern er keine Ruhezeit einlegt. Diese Unterbrechung kann durch eine Unterbrechung von mindestens 15 Minuten, gefolgt von einer Unterbrechung von mindestens 30 Minuten, ersetzt werden, [...].

Artikel 8

(1) Der Fahrer muss tägliche und wöchentliche Ruhezeiten einhalten.

(2) Innerhalb von 24 Stunden nach dem Ende der vorangegangenen täglichen oder wöchentlichen Ruhezeit muss der Fahrer eine neue tägliche Ruhezeit genommen haben. Beträgt der Teil der täglichen Ruhezeit, die in den 24-Stunden-Zeitraum fällt, mindestens 9 Stunden, jedoch weniger als 11 Stunden, so ist die fragliche tägliche Ruhezeit als reduzierte tägliche Ruhezeit anzusehen.

(3) Eine tägliche Ruhezeit kann verlängert werden, sodass sich eine regelmäßige wöchentliche Ruhezeit oder eine reduzierte wöchentliche Ruhezeit ergibt.

(4) Der Fahrer darf zwischen zwei wöchentlichen Ruhezeiten höchstens drei reduzierte tägliche Ruhezeiten einlegen.

(6) In zwei jeweils aufeinander folgenden Wochen hat der Fahrer mindestens folgende Ruhezeiten einzuhalten:

- zwei regelmäßige wöchentliche Ruhezeiten [mindestens 45 Stunden] oder
- eine regelmäßige wöchentliche Ruhezeit und eine reduzierte wöchentliche Ruhezeit von mindestens 24 Stunden. Dabei wird jedoch die Reduzierung durch eine gleichwertige Ruhepause ausgeglichen, die ohne Unterbrechung vor dem Ende der dritten Woche nach der betreffenden Woche genommen werden muss.

Eine wöchentliche Ruhezeit beginnt spätestens am Ende von sechs 24-Stunden-Zeiträumen nach dem Ende der vorangegangenen wöchentlichen Ruhezeit.

8. Aufgabe

Geben Sie die jeweilige Dauer der vorgeschriebenen Maximal-/Mindestzeiten an!

8.1 maximale tägliche Lenkzeit (Normalfall) ______

8.2 maximale tägliche Lenkzeit (2-mal pro Woche) ______

8.3 maximale Lenkzeit ohne Fahrtunterbrechung ______

8.4 wöchentliche Mindestruhezeit (mit Verkürzung) ______

8.5 maximale Lenkzeit in einer Woche ______

8.6 tägliche Mindestruhezeit (ohne Verkürzung) ______

8.7 wöchentliche Mindestruhezeit (ohne Verkürzung) ______

9. Aufgabe

Welche Aussage zu den Lenk- und Ruhezeiten ist falsch?

a) Nach spätestens 4,5 Stunden Lenkzeit muss eine Pause von mindestens 45 min erfolgen.

b) Die tägliche Lenkzeit darf max. 3-mal in der Woche auf 10 Stunden erhöht werden.

c) Die tägliche Ruhezeit soll im Normalfall mindestens 11 Stunden betragen.

d) Die maximale tägliche Lenkzeit beträgt im Normalfall 9 Stunden.

e) Die maximale wöchentliche Lenkzeit beträgt 56 Stunden.

Lösungsbuchstabe ______ ☐

10. Aufgabe

Situation:
Der Fahrer Manfred Schnellinger der Frantz GmbH hat in den letzten beiden Arbeitswochen folgende Arbeits- und Lenkzeiten gearbeitet:

Woche	Tag	Datum	Arbeitsbeginn – Arbeitsende	Lenkzeit in Std.	Lenkzeitunterbrechung in Std.	Arbeitszeit in Std.
KW 5	Montag	01.02.	06:30 – 18:00	9,5	1,5	10
	Dienstag	02.02.	07:00 – 17:00	8	1	9
	Mittwoch	03.02.	07.00 – 19.00	10	2	10
	Donnerstag	04.02.	05:30 – 17:30	9,5	2	10
	Freitag	05.02.	07:00 – 18:00	9	1	10
	Samstag	06.02.	06:00 – 14:30	7	1,5	7
Summe (Std)						
KW 6	Montag	08.02.	07:30 – 16:00	8	0,5	8
	Dienstag	09.02.	07:30 – 18:00	9	1	9,5
	Mittwoch	10.02.	06:00 – 18:00	10	2	10
	Donnerstag	11.02.	07:00 – 15:30	7,5	1	7,5
	Freitag	12.02.	07:00 – 16:00	7,5	1,5	7,5
	Samstag	13.02.	–	–	–	–
Summe (Std)						

Berechnen Sie die Summen der wöchentlichen Lenk- und Arbeitszeit und tragen Sie diese in die Tabelle ein! Kontrollieren Sie den Auszug auf Verstöße gegen die Lenk- und Ruhezeiten! Begründen Sie Ihre Antwort!

10.1 tägliche Lenkzeit:

10.2 Lenkzeitunterbrechung:

10.3 tägliche Ruhezeit:

10.4 Lenkzeit in der Doppelwoche:

10.5 wöchentliche Ruhezeit:

11. Aufgabe

Situation:
Der Lkw-Fahrer Manfred Schnellinger hat heute für die Frantz GmbH verschiedene Kunden beliefert. Gerade ist er wieder im Lager angekommen, um den Lkw erneut zu beladen. Damit er nicht gegen die Lenk- und Ruhezeiten verstößt, möchte er von Ihnen wissen, wann er die nächste Pause machen muss und wie lange diese mindestens dauern muss. Folgende Fahr- und Arbeitszeiten liegen vor:

Arbeitsbeginn war 08:30 Uhr, Fahrt zum Kunden bis 10:20 Uhr, Abladen beim Kunden durch Lkw-Fahrer 35 Minuten, Weiterfahrt zum nächsten Kunden 40 Minuten, Abladen durch Kunden 20 Minuten (Fahrer machte währenddessen Pause), Fahrt zurück zum Lager der Frantz GmbH (Fahrer stand 30 Minuten im Stau) und Ankunft um 13:15 Uhr.

12. Aufgabe

Situation:
Die Frantz GmbH transportiert Waren mit ihren eigenen Sattelzügen. Die Transportkosten werden nach einer eigens erstellten Tabelle ermittelt und dem Kunden in Rechnung gestellt. Die Transportpreise sind in Euro und exklusive Mehrwertsteuer.

Entfernung bis einschl.	Gewicht bis einschließlich ... Tonnen									
	1	**2**	**3**	**4**	**5**	**6**	**7**	**8**	**9**	**10**
10 km	20,55	30,83	39,05	46,24	52,40	57,54	61,65	64,73	66,79	67,82
20 km	28,77	43,16	54,66	64,73	73,36	80,56	86,31	90,63	93,50	94,94
30 km	40,28	60,42	76,53	90,63	102,71	112,78	120,83	126,88	130,90	132,92
40 km	51,56	77,33	97,96	116,00	131,47	144,36	154,67	162,40	167,56	170,13
50 km	61,87	92,80	117,55	139,20	157,76	173,23	185,60	194,88	201,07	204,16
60 km	71,77	107,65	136,35	161,47	183,00	200,94	215,30	226,06	233,24	236,83
70 km	81,10	121,64	154,08	182,46	206,79	227,07	243,29	255,45	263,56	267,61
80 km	90,02	135,02	171,03	202,54	229,54	252,04	270,05	283,55	292,55	297,05
90 km	98,12	147,18	186,42	220,76	250,20	274,73	294,35	309,07	318,88	323,79
100 km	104,99	157,48	199,47	236,22	267,71	293,96	314,96	330,70	341,20	346,45
125 km	120,73	181,10	229,39	271,65	307,87	338,05	362,20	380,31	392,38	398,42
150 km	137,64	206,45	261,51	309,68	350,97	385,38	412,91	433,55	447,32	454,20
175 km	158,28	237,42	300,73	356,13	403,62	443,19	474,84	498,59	514,41	522,33
200 km	182,02	273,04	345,84	409,55	464,16	509,67	546,07	573,37	591,58	600,68
250 km	209,33	313,99	397,72	470,99	533,78	586,12	627,98	659,38	680,31	690,78
300 km	240,73	361,09	457,38	541,63	613,85	674,03	722,18	758,29	782,36	794,40
350 km	276,83	415,25	525,99	622,88	705,93	775,14	830,50	872,03	899,71	913,55
400 km	318,36	477,54	604,88	716,31	811,82	891,41	955,08	1.002,83	1.034,67	1.050,59

12.1 Wie hoch sind die Transportkosten (netto) für eine Sendung, die 3.000 kg wiegt und 250 km weit transportiert wird!

12.2 Wie hoch sind die Transportkosten (netto), wenn eine Sendung 4,75 t wiegt und 62 km weit transportiert werden soll?

12.3 Der Privatkunde Meier wohnt 44 km entfernt von uns und möchte drei Gitterboxpaletten versenden. Diese wiegen jeweils 700 kg (brutto). Wie teuer ist die Fracht (inklusive 19 % Umsatzsteuer), wenn Meier noch 10 % Stammkundenrabatt erhält?

12.4 Wie teuer ist die Sendung, wenn Kunde Meier noch eine zusätzliche Gitterbox mit dem gleichen Gewicht mitsenden möchte?

12.5 Für einen Transport steht Herrn Markus Müller ein Budget von 500,00 € zur Verfügung. Die Transportstrecke beträgt 188 km. Wie schwer darf die Ladung maximal sein, damit das zur Verfügung stehende Geld ausreicht?

12.6 Die Firma Mutzmann OHG zahlte für einen Transport 402,28 € (brutto). Berechnen Sie den Nettobetrag! Wie weit wurde die Sendung maximal transportiert?

13. Aufgabe

Situation:
Die Frantz GmbH befördert vier Kisten mit Autoteilen für die FastCar AG von Köln nach Bielefeld über eine Strecke von 195 km und erhält dafür 350,00 €. Da die Teile für die Produktion benötigt werden, müssen diese bis spätestens 13:00 Uhr geliefert werden.

Kiste	Ware	Gewicht	Wert in €
1	Autoscheiben	0,7 t	5.800,00
2	Schrauben und Kleinteile	400 kg	1.435,00
3	Motoren	1,2 t	54.000,00
4	Scheinwerfer	250 kg	2.840,00

Aufgrund eines Fehlers des Lkw-Fahrers ist das Fahrzeug in einen Unfall verwickelt. Dabei werden die Kisten 1 und 4 beschädigt und der Inhalt zerstört.

13.1 Berechnen Sie die maximale Haftungshöhe des Frachtführers in Euro (1,00 SZR = 1,15 €)! (Beachten Sie hierbei den § 431 HGB)

13.2 Welchen Betrag muss der Frachtführer der FastCar AG ersetzen?

13.3 Durch den Unfall kommen die anderen beiden Kisten verspätet an und der Firma FastCar AG entsteht ebenfalls ein Schaden. Bis zu welchem Betrag muss der Frachtführer maximal haften?

HGB § 431 Haftungshöchstbetrag

(1) Die [...] zu leistende Entschädigung wegen Verlust oder Beschädigung der gesamten Sendung ist auf einen Betrag von 8,33 Rechnungseinheiten für jedes Kilogramm des Rohgewichts des Gutes begrenzt.
(2) Besteht das Gut aus mehreren Frachtstücken (Sendung) und sind nur einzelne Frachtstücke verloren oder beschädigt worden, so ist der Berechnung nach Absatz 1
   1. die gesamte Sendung zu Grunde zu legen, wenn die gesamte Sendung entwertet ist, oder
   2. der entwerte Teil der Sendung zu Grunde zu legen, wenn nur ein Teil der Sendung entwertet ist.
(3) Die Haftung des Frachtführers wegen Überschreitung der Lieferfrist ist auf den dreifachen Betrag der Fracht begrenzt.
(4) Die in den Absätzen 1 und 2 genannte Rechnungseinheit ist das Sonderziehungsrecht des Internationalen Währungsfonds.

14. Aufgabe

Der private Postdienstleister „Flizz" bietet für den Brief- und Paketversand folgende Konditionen an:

	Deutschland	EU	Rest Europa	Rest Welt
Normalbrief S	0,48 €	0,65 €	0,70 €	0,75 €

Mindestmaße: 120 mm x 80 mm (L x B), Höchstmaße: 230 mm x 120 mm x 6 mm (L x B x H), Höchstgewicht: 30 g

	Deutschland	EU	Rest Europa	Rest Welt
Normalbrief M	0,60 €	0,73 €	0,95 €	1,20 €

Mindestmaße: 120 mm x 80 mm (L x B), Höchstmaße: 230 mm x 120 mm x 12 mm (L x B x H), Höchstgewicht: 80 g

	Deutschland	EU	Rest Europa	Rest Welt
Normalbrief L	0,90 €	1,40 €	1,80 €	2,50 €

Mindestmaße: Deutschland: 95 mm x 65 mm (L x B), International: 120 mm x 80 mm (L x B)
Höchstmaße: 350 mm x 245 mm x 25 mm (L x B x H), Höchstgewicht: 400 g

	Deutschland	EU	Rest Europa	Rest Welt
Normalbrief XL	1,80 €	3,80 €	4,20 €	6,50 €

Mindestmaße: Deutschland: 95 mm x 65 mm (L x B), International: 120 mm x 80 mm (L x B)
Höchstmaße: 350 mm x 245 mm x 50 mm (L x B x H), Höchstgewicht: 1.500 g (national), 2.000 g (international)

	Deutschland	EU	Rest Europa	Rest Welt
Paket M	3,80 €	6,80 €	8,80 €	12,50 €

Mindestmaße: Deutschland: 10 cm x 10 cm x 2 cm, International: 15 cm x 15 cm x 5 cm (L x B x H)
Höchstmaße: 20 cm x 20 cm x 10 cm (L x B x H), Höchstgewicht: 2.500 g (national), 3.000 g (international)

	Deutschland	EU	Rest Europa	Rest Welt
Paket L	6,80 €	14,80 €	18,80 €	32,50 €

Mindestmaße: Deutschland: 10 cm x 10 cm x 2 cm, International: 15 cm x 15 cm x 5 cm (L x B x H)
Höchstmaße: 150 cm x 100 cm x 100 cm (L x B x H), Höchstgewicht: 10 kg (national), 8 kg (international)

Sperrgut (Pakete, die oben genannte Maße/Gewichte überschreiten):	Deutschland	International
	+ 15,50 €	+ 20,50 €
maximale Länge: 2,50 m	maximaler Umfang: 5,50 m	maximales Gewicht: 25 kg

Zusatzleistungen

	Deutschland	International
Einschreiben (Einwurf)	+ 2,00 €	+ 3,50 €
Einschreiben (mit Rückschein)	+ 4,50 €	+ 6,50 €
Nachnahme (inkl. Übermittlung)	+ 4,80 €	+ 7,80 €
Sonn- und Feiertagszustellung		
vor 12:00 Uhr	+ 6,80 €	+ 15,80 €
vor 10:00 Uhr	+ 12,90 €	+ 35,50 €
Zustellung nächster Werktag		
vor 12:00 Uhr	+ 3,80 €	+ 9,80 €
vor 10:00 Uhr	+ 5,90 €	+ 25,50 €

FLIZZ

Ermitteln Sie das jeweilige Entgelt für folgende Sendungen:

14.1 1 Brief nach Bremen mit den Maßen (155 mm x 95 mm), 1 cm dick, 12 g schwer

14.2 2 Briefe nach München mit den Maßen (100 mm x 70 mm), 3 mm dick, 20 g schwer

14.3 1 Brief nach Stockholm mit den Maßen (23 cm x 12 cm), 6 mm dick, 50 g schwer
Zustellung bis spätestens morgen (Sonntag) um 11:00 Uhr!

14.4 5 Briefe nach Moskau mit den Maßen (27 cm x 12 cm), 1 cm dick, 80 g schwer

14.5 1 Paket nach Amsterdam mit den Maßen (200 mm x 150 mm x 100 mm), 2.700 g schwer
Der Empfänger muss die Ware bei Erhalt bezahlen!

14.6 1 Paket nach Los Angeles mit den Maßen (150 mm x 150 mm x 150 mm), 9.000 g schwer

14.7 1 Paket nach Zürich mit den Maßen (1 m x 0,8 m x 0,5 m), 7 kg schwer
Eine Bescheinigung über den Erhalt des Pakets ist erforderlich!

14.8 Berechnen Sie, ob folgendes Paket versendet werden kann:
1 Paket nach Rom mit den Maßen (2,1 m x 1,2 m x 1 m), 24 kg schwer

15. Aufgabe

Situation:
Nachdem im Jahre 2011 das letzte Postmonopol aufgehoben wurde, haben immer mehr KEP-Dienstleister den Markt erobert.

15.1 Welches staatlich garantierte Monopol wurde 2011 genau aufgehoben?

15.2 Erklären Sie die Bedeutung der Buchstaben KEP!

15.3 Welche Zusatzdienstleistungen bieten KEP-Dienstleister neben dem normalen Transport einer Sendung an? Zählen Sie mindestens vier auf!

15.4 Der Versand dieser Sendungen erfolgt meist durch das sog. hub-and-spoke-Prinzip! Erklären Sie die Begriffe!

16. Aufgabe

Situation:
Die Frantz GmbH muss für ihren Auftraggeber folgende Sendungen per Luftfracht verschicken:

Sendung	Größe	Gewicht
16.1 Autoersatzteile in einer Holzkiste	250 cm x 132 cm x 50 cm	255 kg
16.2 Austauschmotor in einem Holzverschlag	1,54 m lang, 1,26 m breit 85 cm hoch	0,345 t

Bei Luftfracht erfolgt die Frachtberechnung anhand des tatsächlichen Gewichts. Allerdings wird bei sperrigen Gütern nach dem sog. **Volumengewicht** abgerechnet. Dies bedeutet, dass 6 dm^3 als 1 kg zählen. Berechnen Sie für beide Aufträge, welches Gewicht zur Frachtberechnung herangezogen wird!

17. Aufgabe

Situation:
Die Frantz GmbH hat regelmäßig Versandaufträge nach Mailand. In letzter Zeit wurden immer ein bis zwei Wechselbrücken wöchentlich mit einem Gliederzug verschickt. Die Geschäftsleitung überlegt nun, die Wechselbrücken durch den kombinierten Verkehr transportieren zu lassen.

17.1 Erklären Sie ganz allgemein, was man unter dem kombinierten Verkehr versteht!

17.2 Welche Art des kombinierten Verkehrs ist in diesem Fall am sinnvollsten?

____

17.3 Nennen Sie je einen ökonomischen und einen ökologischen Vorteil des kombinierten Verkehrs!

ökonomisch: ____

ökologisch: ____

17.4 In welchem Land liegt Mailand? ______________________________

17.5 Welches Land wird auf dem Weg nach Mailand durchfahren? ______________________

17.6 Auf dem Weg nach Mailand wird auch ein Gebirge überquert. Wie heißt dieser Gebirgszug?

____

18. Aufgabe

Situation:
Die Stadt Solingen möchte nach dem Winter ihr Salzlager auffüllen. Die Lagerhalle (Maße 22 m x 10 m x 5 m) ist zu ¾ leer. Für den Transport wählt die Stadtverwaltung den Eisenbahntransport aus. Für den Transport kommt ein Behälterwagen mit Druckluftentladung (siehe nebenstehende Abbildung) infrage. Die Bahn bietet zwei verschiedene Varianten an:

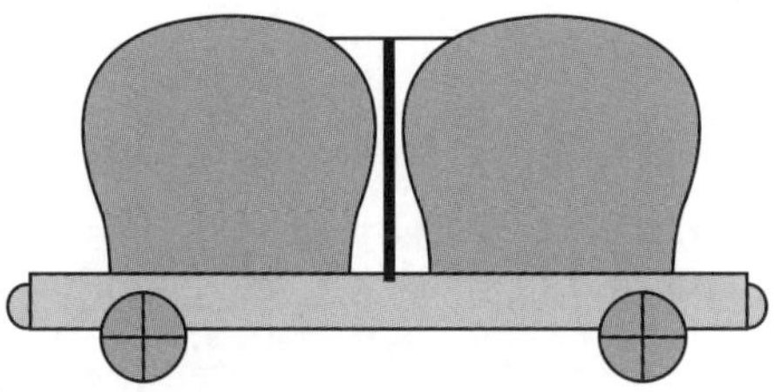

Technische Spezifikationen	Gattungsnummer	
Gattungszeichen mit Bauartnummer	**DIW 270**	**DIW 340**
Preis pro Wagen (1 Tag) in €	530,00	640,00
Innendurchmesser der Behälter (D) in mm	3.100	3.100
Laderaum in m^3	27,0	34,0
Wagenhöhe (WH) in mm	4.266	4.616
Maximales Gesamtgewicht in kg	39.000	41.000
Durchschnittliches Eigengewicht in kg	10.500	11.000

18.1 Berechnen Sie, wie viel Salz (in m^3) die Stadt Solingen bestellen muss, damit das Lager wieder gefüllt ist!

18.2 Wie schwer ist die Bestellung, wenn 1 m^3 ca. 2,1 t wiegt?

18.3 Welcher Waggontyp muss ausgewählt werden, damit die Kosten möglichst gering gehalten werden? Wie viele Waggons werden benötigt? (Bitte Rechenweg angeben!)

18.4 Berechnen Sie den Kostenvorteil des ausgewählten Waggontyps!

19. Aufgabe

Situation:
Sie sind bei der Frantz GmbH für den Versand verantwortlich. Heute Morgen erhalten Sie einen Frachtauftrag. Es sollen 3.400 t Düngemittel (Granulat) von Hamburg nach Dresden mit dem Binnenschiff transportiert werden. Die Fahrt dauert 48 Stunden, ein Binnenschiff kann rund um die Uhr fahren. Es stehen vier Binnenschiffe für den Transport zur Verfügung.

MS Johanna Schüttgutfrachter maximale Ladekapazität 1.150 t durchschnittlicher Dieselverbrauch: 190 l/Stunde flussaufwärts (Bergfahrt) 160 l/Stunde flussabwärts (Talfahrt) tägliche Mietkosten 800,00 €	**MS Marina** Stückgutschiff maximale Ladekapazität 2.050 t durchschnittlicher Dieselverbrauch: 210 l/Stunde flussaufwärts (Bergfahrt) 185 l/Stunde flussabwärts (Talfahrt) tägliche Mietkosten 1.050,00 €
MS Blue Star Bulk carrier maximale Ladekapazität 1.950 t durchschnittlicher Dieselverbrauch: 270 l/Stunde flussaufwärts (Bergfahrt) 244 l/Stunde flussabwärts (Talfahrt) tägliche Mietkosten 1.700,00 €	**MS Josef** Containerschiff maximale Ladekapazität 2.450 t durchschnittlicher Dieselverbrauch: 230 l/Stunde flussaufwärts (Bergfahrt) 208 l/Stunde flussabwärts (Talfahrt) tägliche Mietkosten 1.200,00 €

19.1 Begründen Sie, welche Schiffe wegen ihrer Bauart für den Transport in Frage kommen!

19.2 Handelt es sich bei der Fahrt von Hamburg nach Dresden um eine Bergfahrt oder eine Talfahrt?

19.3 Berechnen Sie, welches der ausgewählten Schiffe für den Transport am günstigsten ist. Der Dieselpreis beträgt zurzeit 0,60 € pro Liter. Die Treibstoffkosten erhöhen entsprechend die Mietkosten.

19.4 Berechnen Sie den Preisvorteil des ausgewählten Schiffes!

19.5 Welcher Fluss/Kanal wird beim Transport befahren? ______________________

19.6 Berechnen Sie die Transportkosten für 1 t Düngemittel!

19.7 Berechnen Sie, ob die Auswahl des Schiffs aufgrund der Kosten auch für die Umwelt vorteilhaft bzw. ressourcenschonend ist!

20. Aufgabe

Situation:
Die Frantz GmbH möchte in Deutschland ein weiteres Logistikzentrum in Süddeutschland bauen. Im Vordergrund steht dabei ein Umschlagslager für Schüttguttransporte per Binnenschiff. Dabei kommen mehrere Standorte in die engere Auswahl: Reutlingen, Regensburg, Freiburg, München, Augsburg und Stuttgart. Es wird vor allem mit einem hohen Transportaufkommen nach Rotterdam gerechnet.

20.1 Geben Sie drei Gründe an, warum die Frantz GmbH Transporte mit dem Binnenschiff durchführen möchte!

____

____

20.2 Welche der oben genannten Städte liegen an einem **schiffbaren**, d. h. für die Binnenschifffahrt geeigneten Fluss?

____

20.3 An welchen Flüssen liegen diese Städte?

____

20.4 Welcher Standort hätte den kürzesten Transportweg nach Rotterdam? ______________________

20.5 Zählen Sie die verschiedenen Wasserstraßen auf dem Weg nach Rotterdam der Reihe nach auf!

20.6 Zählen Sie vier große deutsche Städte auf, an denen man auf dem Weg nach Rotterdam vorbeikommt!

20.7 Auf dem Weg nach Rotterdam kommt man auch am größten deutschen Binnenhafen vorbei. In welcher Stadt liegt dieser Hafen?

20.8 Bei der Binnenschifffahrt wird zwischen einer **Berg-** und **Talfahrt** unterschieden. Bergfahrt heißt flussaufwärts und Talfahrt flussabwärts. Handelt es sich bei dem Transport vom ausgewählten Standort nach Rotterdam um eine Berg- oder Talfahrt?

20.9 Bei welchen Wasserstraßen gibt es keine Berg- oder Talfahrt?

21. Aufgabe

Ordnen Sie folgende Begriffe aus dem Bereich der Binnenschifffahrt den richtigen Erklärungen zu!

Schleppkähne – Reedereien – Partikuliere – Linienschifffahrt – Trampschifffahrt – Ladeschein – Frachtbrief

Begriffe	Erklärungen
	Warenwertpapier, das Aushändigen der Güter erfolgt gegen Rückgabe dieses Dokuments
	Schifffahrtsgesellschaften mit vielen Schiffen und Niederlassungen
	regelmäßige Fahrten, die fest nach Fahrplan erfolgen
	Beweisurkunde für den Abschluss eines Frachtvertrages, ist aber kein Warenwertpapier
	Eigentümer von ein bis drei Binnenschiffen, sind meist Familienbetriebe
	Transportschiffe, die ihre Last ziehen
	Transporte werden individuell, je nach Bedarf durchgeführt

22. Aufgabe

Im Bereich der Binnenschifffahrt werden beim Transport von Schüttgut häufig Schubverbände (siehe Abbildung nächste Seite) eingesetzt. Ein Schubverband ist ein leistungsstarkes Motorschiff, das mehrere Schubleichter schiebt. Schubleichter, oder auch Bargen genannt, sind große schwimmfähige Behälter. Ein Schubleichter hat eine Tragfähigkeit von maximal 2.600 t.

Situation:
Es sollen nun 68.000 t Eisenerz von Rotterdam nach Duisburg transportiert werden.

Motorschiff

22.1 Berechnen Sie, wie viele Schubleichter benötigt werden, um das Eisenerz komplett abzutransportieren!

22.2 Ein Motorschiff kann maximal 6 Schubleichter vor sich herschieben.
Berechnen Sie, wie viele Transporte insgesamt notwendig sind!

22.3 Alternativ ist ein Transport mit Eisenbahnwaggons möglich. Ein Eisenbahnwaggon kann ca. 60 t aufnehmen, ein Güterzug kann maximal 28 Waggons ziehen.
Wie viele Züge müssten fahren, damit die gesamte Menge abtransportiert werden könnte?

22.4 Wie viele Lkws (Ladegewicht 26.000 kg) müssten fahren, um die gleiche Menge zu transportieren?

22.5 Welche große Wasserstraße führt von Rotterdam nach Duisburg?

22.6 Das Eisenerz wird aus Brasilien mit einem großen Seeschiff transportiert. Welchen Ozean und welche Meerenge befährt das Schiff auf dem kürzesten Weg nach Rotterdam?

23. Aufgabe

Situation:
Ein Binnenschiff (Trockengutfrachter mit 2.950 t Tragfähigkeit) muss nach der vereinbarten Ankunft um 08:30 Uhr beim Befrachter noch längere Zeit auf die Beladung warten, da der Beladekran defekt ist und noch nicht repariert wurde. Die Beladung erfolgt erst gegen 15:00 Uhr. Berechnen Sie mithilfe der Lade- und Löschzeitenverordnung (BinSchLV) die Höhe des Standgelds für den Frachtführer!

Lade- und Löschzeitenverordnung – (BinSchLV)
§ 4 Liegegeld (1) Das dem Frachtführer geschuldete Standgeld (Liegegeld) beträgt bei einem Schiff mit einer Tragfähigkeit bis zu 1.500 Tonnen für jede angefangene Stunde, während der der Frachtführer nach Ablauf der Lade- oder Löschzeit wartet, 0,05 € je Tonne Tragfähigkeit. Bei einem Schiff mit einer Tragfähigkeit über 1.500 Tonnen beträgt das für jede angefangene Stunde anzusetzende Liegegeld 75,00 € zuzüglich 0,02 € für jede über 1.500 Tonnen liegende Tonne.

24. Aufgabe

Situation:
Die Frantz GmbH möchte einen 40-Fuß-Container von ihrem Außenlager in Dortmund zu einem Kunden in Hongkong versenden. Für den Hauptlauf wird der Transport mit einem Seeschiff von Bremerhaven nach Hongkong ausgewählt. Das Schiff läuft in acht Tagen aus. Sie werden mit der Durchführung des Containertransports von Dortmund nach Bremerhaven beauftragt.

24.1 Nennen Sie zwei Gründe, warum für den Haupttransport ein Seeschiff ausgewählt wurde!

24.2 Nennen Sie drei weitere große Seehäfen, die für diesen Transport ebenfalls in Frage kommen könnten!

24.3 Für den Transport nach Bremerhaven kommen verschiedene Transportmittel in Frage. Sie entscheiden sich für den Binnenschiffstransport. Geben Sie drei Gründe an, warum die Binnenschifffahrt hier vorteilhaft ist!

24.4 Welche Schwierigkeiten könnten den Transport mit einem Binnenschiff verzögern? Erklären Sie drei!

24.5 Welche Flüsse und Kanäle werden auf der Strecke nacheinander befahren?
Beginnen Sie mit dem Dortmund-Ems-Kanal!

24.6 Welche zwei anderen Transportmittel kommen für den Transport bis zum Seehafen noch in Frage? Geben Sie für jeden Verkehrsträger jeweils zwei Vor- und Nachteile an!

Verkehrsmittel	Vorteile	Nachteile

25. Aufgabe

Geben Sie zum jeweiligen Verkehrsträger die zugehörigen Verkehrswege und Verkehrsmittel an! Finden Sie jeweils zwei verschiedene Beispiele!

Verkehrsträger	Verkehrsmittel	Verkehrswege
Straßengüterverkehr		
Eisenbahnverkehr		
Binnenschifffahrt		
Seeschifffahrt		
Luftverkehr		

26. Aufgabe

Bitte vervollständigen Sie (**in Englisch**) das nachfolgende Transportdokument mit folgenden Angaben:

Absender:	Frantz GmbH, Akazienstraße 16, 42651 Solingen, Deutschland
Sendung:	1 Container mit Autoersatzteilen, Warengewicht 3.800 kg
Container:	40' Container, Gewicht (leer): 4,5 Tonnen; Container-Nr. EXE-5255654558
Seeschiff:	Savannah Star
Transport:	von Bremerhaven (Hafen) nach Los Angeles (Hafen)
Empfänger:	Carlogistics ltd., 12 Riverstreet, 54-255 Los Angeles, United States
Transportinformationen:	Ladeschein-Nr. 45/855-2013, Zeichen des Frachtführers HF-74/5521
Frachtkosten:	850,00 US-$ (USD), werden vom Empfänger bezahlt
Ausstellungsort-/datum:	Bremerhaven, 05.02....

Bill of Lading

Carrier: Hamak-Floyd Container Line GmbH	Hamak-Floyd		
Shipper:	Carrier's Reference:	B/L-No:	Page: 3/3
Consignee or Order:	Export References:		
Notify Address:	Forwarding Agent:		
Precarrying Vessel: Voyage-No.:	Consignee's Reference:		
Ocean Vessel: Voyage-No.:	Place of Receipt:		
Port of Loading:			
Port of Discharge:	Place of Delivery:		

Container Nos, Seal Nos. and Marks	Number and kind of packages Description of goods	Gross weight kg	Measurement
Shipper's declared Value			

Total No. of Container received by the carrier: - 1 -	Packages received by the carrier:	RECEIVED by the Carrier from the Shipper in apparent good order and condition (unless otherwise noted herein) the total number or quantity of Containers or other packages or units indicated in the box opposite entitled "Total No. of Containers/Packages received by the Carrier" for Carriage subject to all the terms and conditions hereof (INCLUDING THE TERMS AND CONDITIONS ON THE REVERSE HEREOF AND THE TERMS AND CONDITIONS OF THE CARRIER'S APPLICABLE TARIFF) from the Place of Receipt or the Port of Loading, whichever is applicable to the Port of Discharge or the Place of Delivery. One original Bill of Lading, duly endorsed, must be surrendered by Merchant to the Carrier in exchange for the Goods or a delivery order. In accepting this Bill of Lading the Merchant expressly accept and agrees to all its terms and conditions whether printed, stamped or written, or otherwise incorporated, notwithstanding non-signing of this Bill of Lading by the Merchant. IN WITNESS WHEREOF the number of original Bill of Lading stated below all of this tenor and date has been signed one of which being accomplished the others to stand void.
Movement: FCL-FCL	Currency:	
Charge | Rate	| Amount	
Total Freight Prepaid	Total freight collect	
Total freight	Freight payable at: origin	

Number of original B/L: 3/3	Place and Date of issue:	Signature

27. Aufgabe

Situation:
Die Frantz GmbH aus Solingen möchte 25 ISO-Standard Container (20 Fuß) von ihrer Niederlassung in Duisburg zu einem Kunden nach New York transportieren. Für den Haupttransport werden Stellplätze auf einem Containerschiff gebucht, das von Rotterdam nach New York fährt.

27.1 Welche Vorteile bietet der Verkehrsträger „Seeschifffahrt"?

27.2 Was muss beim Verladen der Ware in die Container beachtet werden?

27.3 Welches Meer (Ozean) durchfährt das Seeschiff? ________

27.4 In welchen Ländern liegen die beiden Seehäfen?

27.5 Entscheiden Sie sich für einen geeigneten Verkehrsträger für den Transport von der Niederlassung zum Seehafen und begründen Sie die Auswahl anhand von drei Kriterien!

28. Aufgabe

Situation:
Es wird ein 40-Fuß-Container mit Ersatzteilen von Köln nach Detroit/USA versandt. Dabei ergeben sich die nachfolgenden Kosten:

→ Einfuhrkosten und Transport zum Kunden	300,00 €
→ Seefracht für den Schiffstransport	800,00 €
→ Transportkosten von Köln zum Seehafen Bremen	450,00 €
→ Kosten für die Verladung auf das Seeschiff	150,00 €
→ Versicherungsprämie für den Überseetransport	150,00 €
→ Kosten für die Entladung im Zielhafen	180,00 €

28.1 Im Kaufvertrag wurde die Klausel „FOB" vereinbart. Erklären Sie die Transportkostenaufteilung bei dieser Regelung!

28.2 Ermitteln Sie die Kosten, die der Verkäufer übernehmen muss, wenn die Lieferbedingung „FOB" lautet!

28.3 Berechnen Sie die Höhe der Kosten, die der Käufer bei der Lieferbedingung „FOB" zu tragen hat!

28.4 Welche Kosten müsste der Verkäufer zusätzlich übernehmen, wenn die Klausel „CIF" vereinbart worden wäre?

28.5 Bei welcher Incoterms®*-Klausel müsste der Käufer sämtliche Kosten tragen? ______________

29. Aufgabe

Bei internationalen Lufttransporten werden die Dokumente in englischer Sprache ausgefüllt. Bitte übersetzen Sie folgende Begriffe ins **Deutsche**!

Englisch	Deutsch	Englisch	Deutsch
a) Air Waybill		i) invoice	
b) airport of destination		j) insurance	
c) airport of departure		k) charge	
d) not negotiable		l) spare parts	
e) issued by		m) currency	
f) shipper		n) delivery note	
g) consignee		o) customs	
h) carrier			

30. Aufgabe

Betrachten Sie den nachfolgenden Air Waybill und beantworten Sie die folgenden Fragen:

30.1 Wie viele Originale werden beim Lufttransport mindestens ausgefüllt?

30.2 Wo beginnt der Flug?

30.3 Wo endet der Flug?

* Für die Nutzung der Incoterms® in einem Vertrag empfiehlt sich die Bezugnahme auf den Originaltext des Regelwerks. Incoterms® ist eine eingetragene Marke der Internationalen Handelskammer (ICC). Incoterms®2020 ist einschließlich aller seiner Teile urheberrechtlich geschützt. Die ICC ist Inhaberin der Urheberrechte an den Incoterms® 2020. Bei den vorliegenden Ausführungen handelt es sich um inhaltliche Interpretationen zu den von der ICC herausgegebenen Lieferbedingungen durch die Autoren. Diese sind für den Inhalt, Formulierungen und Grafiken in dieser Veröffentlichung verantwortlich. Der Originaltext kann über ICC Germany unter www.iccgermany.de und www.incoterms2020.de bezogen werden.

30.4 Wie schwer ist die Sendung?

30.5 Wer muss die Transportkosten bezahlen?

30.6 Wie hoch sind die gesamten Transportkosten?

30.7 An welchem Wochentag startet das Flugzeug?

30.8 Wer ist der Empfänger der Ware?

30.9 Berechnen Sie das Volumengewicht (Vol-kg) der Sendung!

30.10 Wird das Bruttogewicht oder das Volumengewicht zur Frachtberechnung herangezogen?

30.11 Wo erhält man Informationen über den (Zoll-)Wert der Waren?

30.12 Wer ist der Frachtführer?

30.13 Bis zu welchem Betrag wurde der Transport gegen Transportschäden versichert?

---

145 | CGN | 5421 123

Shipper's Name and Address
Frantz GmbH
Akazienstr. 16
42651 Solingen
Germany

Not Negotiable
Air Waybill
issued by Air Freight Germany

Copies 1, 2 and 3 of this Air Waybill are originals and have the same validity

Consignee's Name and Address
Abu Dhabi Computer Services
15th Street
Abu Dhabi
United Arab Emirates

It is agreed that the goods described herein are accepted in apparent good order and condition (except as noted) for carriage SUBJECT TO THE CONDITIONS OF CONTRACT ON THE REVERSE HEREOF. ALL GOODS MAY BE CARRIED BY ANY OTHER MEANS INCLUDING ROAD OR ANY OTHER CARRIER UNLESS SPECIFIC CONTRARY INSTRUCTIONS ARE GIVEN HEREON BY THE SHIPPER, AND SHIPPER AGREES THAT THE SHIPMENT MAY BE CARRIED VIA INTERMEDIATE STOPPING PLACES WHICH THE CARRIER DEEMS APPROPRIATE. THE SHIPPER'S ATTENTION IS DRAWN TO THE NOTICE CONCERNING CARRIER'S LIMITATION OF LIABILITY. Shipper may increase such limitation on liability by declaring a higher value for carriage and paying a supplements charge if required.

Issuing Carrier's Agent Name and City
Air Freight Shipping Services
Rheinstr. 5
42520 Köln
Germany

Accounting Information
not restricted by IATA

Agent's IATA Code	Account No.
12-2-0047-0021	

Airport of Departure	Reference Number	Optional Shipping Information
Köln/Bonn	154/885/55	

To	By First Carrier	to	by	to	by	Currency	Declared Value for Carriage	Declared Value for Customs
DXB	Air Freight Germ.					US-$	N V D	as per invoice

Airport of Destination	Requested Flight/Date	Amount of Insurance	INSURANCE = If carrier offers insurance, and such insurance is requested, indicate amount to be insured in box marked "Amount of Insurance"
Dubai	AF1255/5	1.500,00	

Handling Information

No. of Pieces	Gross Weight	kg/lb	Rate class	Chargeable Weight	Rate/Charge	Total	Nature and Quality of Goods (incl. Dimensions or Volume)
1	45.5	k	Q	48.0	5.28	253.44	Computer parts (HDD) DIM (80x60x60 cms)
1	45.5					253.44	

Prepaid		Collect
253.44	Weight Charge	
	Valuation Charge	
	Tax	
43.10	Total Other Charges Due Agent	
	Total Other Charges Due Carrier	
Total Prepaid 296.54		**Total Collect**

Other Charges

Shipper certifies that the particulars on the face hereof are correct and that insofar as any part of the consignment contains dangerous goods, such part is properly described by name and is in proper condition for carriage by air according to the applicable Dangerous Goods Regulations.

....
Signature of Shipper or his Agent

18.02. , Köln *Maik Linder*
....
Executed on (date) at (place) Signature of Issuing Carrier or its Agent

31. Ordnen Sie den folgenden fünf Verkehrsmitteln die entsprechenden Begleitpapiere zu!

Verkehrsmittel	Begleitpapiere
a) Eisenbahn	1) Air Waybill
b) Flugzeug	2) CMR-Frachtbrief
c) Binnenschiff	3) Ladeschein
d) Lkw	4) Bill of Lading
e) Seeschiff	5) CIM-Frachtbrief

Lösungsbuchstaben ______ 1) ☐ 2) ☐ 3) ☐ 4) ☐ 5) ☐

32. Welcher Verkehrsträger zeichnet sich durch geringe Kosten bei einer geringen bis mittleren Entfernung zum Zielort und eine hohe Netzdichte aus?

a) Rohrleitungstransport
b) Eisenbahnverkehr
c) Binnenschifffahrt
d) Lufttransport
e) Straßengüterverkehr

Lösungsbuchstabe ______ ☐

33. Welche beiden Vorteile bietet der Transport von großen und schweren Gütern durch die Binnenschifffahrt gegenüber der Schiene und Straße?

a) Die ständige Fahrbereitschaft und die niedrigen Kosten
b) Die große Kapazität und die große Schnelligkeit
c) Die hohe Umweltfreundlichkeit und die große Sicherheit
d) Die hohe Zuverlässigkeit und der direkte Haus-Haus-Verkehr
e) Die geringe Unfallgefahr und das dichte Verkehrsnetz

Lösungsbuchstaben ______ ☐ ☐

34. Eine Erdölraffinerie, die 200 km vom Seehafen entfernt liegt, soll mit Rohöl beliefert werden. Bestimmen Sie die wirtschaftlichste und umweltfreundlichste Transportvariante!

a) Binnenschifffahrt (große Tankschiffe)
b) Pipelines und Rohrleitungen
c) Straßengüterverkehr durch Tanklaster
d) Kombinierter Verkehr Schienen- und Straßengüterverkehr
e) Eisenbahntransporte mit Kesselwagen

Lösungsbuchstabe ______ ☐

35. Welche Verkehrsträger eignen sich vor allem für den interkontinentalen Transport?

a) Die Binnen- und die Seeschifffahrt
b) Der Eisenbahnverkehr und der Güterkraftverkehr
c) Der Güterkraftverkehr und der Luftverkehr
d) Der Luftverkehr und der Eisenbahnverkehr
e) Die Seeschifffahrt und der Luftverkehr

Lösungsbuchstabe ______ ☐

36. Welche Aussage zum kombinierten Verkehr ist richtig?

a) Es wird ein Transport von verschiedenen Transportunternehmen durchgeführt.
b) Es werden bei einem Gütertransport verschiedene Verkehrsträger benutzt.
c) Es werden Güter von mehreren Kunden mit einem Fahrzeug transportiert.
d) Es handelt sich um einen grenzüberschreitenden Güterkraftverkehr.
e) Die Güter werden mit der Eisenbahn transportiert.

Lösungsbuchstabe ______ ☐

37. Die Frantz GmbH möchte 2.000 t Eisenerz von Rotterdam nach Duisburg mit dem Binnenschiff transportieren. Welcher Schiffstyp ist für diesen Transport am geeignetsten?

a) Ro-Ro-Schiff
b) Massengutfrachter
c) Containerschiff
d) Stückgutschiff
e) LNG-Tanker

Lösungsbuchstabe ______ ☐

38. Es soll eine 2 m x 3 m x 1 m große Kiste (600 kg) über 1.000 km transportiert werden. Für den Transport kommen alle Verkehrsträger in Frage. Ordnen Sie die folgenden Verkehrsträger nach ihrer Schnelligkeit. Beginnen Sie mit der schnellsten Versandmöglichkeit für diesen Transport!

a) Binnenschifffahrt
b) Lufttransport
c) Straßengüter
d) Eisenbahnverkehr
e) Seeschifffahrt

Reihenfolge ______ ☐ ☐ ☐ ☐ ☐

39. Die Eisenbahn transportiert im begleitenden kombinierten Verkehr komplette Sattelzüge und Lastkraftwagen. Der Fahrer fährt in einem separaten Wagen mit. Wie wird diese Art des Huckepackverkehrs bezeichnet?

a) Rollende Landstraße
b) Fahrende Autobahn
c) Rasende Trasse
d) Einzelwagenverkehr
e) Ganzzugverkehr (Variotrain)

Lösungsbuchstabe ______ ☐

40. Ordnen Sie die Fachbegriffe den Beschreibungen richtig zu!

Fachbegriffe	**Beschreibungen**
a) Sattelzug	1) besteht aus einem Lkw-Einzelfahrzeug, der einen Anhänger zieht
b) Gliederzug	2) ist ein Ladebehälter mit ausklappbaren Füßen und kann ohne Kran von einem Lkw abgeladen werden
c) Auflieger	3) eine Lkw-Zugmaschine, die einen Auflieger (auch Trailer genannt) zieht
d) Wechselbehälter	4) werden speziell im innereuropäischen Transport eingesetzt und wurden extra auf die Europalette abgestimmt
e) Binnencontainer	5) ist ein Anhänger, der durch den Königszapfen mit einer Zugmaschine verbunden ist

Lösungsbuchstaben ______ 1) ☐ 2) ☐ 3) ☐ 4) ☐ 5) ☐

41. Es werden 15 Gitterboxpaletten von Hamburg nach Wien transportiert. Prüfen Sie, welche Aussage richtig ist!

a) Es muss kein Frachtbrief ausgestellt werden, es reicht ein Warenbegleitpapier.
b) Es muss kein Frachtbrief ausgestellt werden, da der Transport innerhalb der Europäischen Union durchgeführt wird.
c) Es muss ein Frachtbrief ausgestellt werden, da ein grenzüberschreitender Transport durchgeführt wird.
d) Es muss ein Frachtbrief ausgestellt werden, da der Transport außerhalb der Europäischen Union endet.
e) Es muss nur ein Frachtbrief ausgestellt werden, wenn der Frachtführer dies verlangt.

Lösungsbuchstabe ______________________ ☐

42. Bei welchem Transport handelt es sich um einen Kabotagetransport?

a) von Marseille nach Paris
b) von Madrid nach Mailand
c) von München nach Danzig
d) von Budapest nach Bukarest
e) von Prag nach Warschau

Lösungsbuchstabe ______________________ ☐

43. Welche Aussage zum Frachtvertrag nach HGB ist falsch?

a) Der Frachtführer kann vom Absender die Ausstellung eines Frachtbriefes verlangen.
b) Der Frachtbrief wird in drei Originalausfertigungen erstellt.
c) Der Frachtvertrag wird zwischen Absender und Empfänger geschlossen.
d) Der Absender ist für das Be- und Entladen der Ware verantwortlich.
e) Der Absender ist verpflichtet, die vereinbarte Fracht zu zahlen.

Lösungsbuchstabe ______________________ ☐

44. Die Frantz GmbH besitzt eine Gemeinschaftslizenz und möchte einen Transport im Ausland durchführen. In welchem Land ist das mit dieser Genehmigung möglich?

a) Ukraine
b) Russland
c) Serbien
d) Slowakei
e) Türkei

Lösungsbuchstabe ______________________ ☐

45. Welche Voraussetzung muss ein selbstständiger Güterkraftverkehrsunternehmer nicht erfüllen, wenn dieser eine Erlaubnis für den gewerblichen Güterkraftverkehr bei der zuständigen Behörde beantragen möchte?

a) Der Unternehmer muss den erfolgreichen Abschluss als Speditionskaufmann nachweisen.
b) Der Sitz des Unternehmens muss im Inland sein.
c) Der Unternehmer muss seine Zuverlässigkeit nachweisen.
d) Die finanzielle Leistungsfähigkeit des Unternehmens muss gewährleistet sein.
e) Mindestens eine für die Beförderung bestellte Person muss fachlich geeignet sein.

46. Welche Behörde (Abkürzung) kontrolliert neben der Polizei und dem Zoll die technische Sicherheit von Lkws und die Einhaltung der Transportvorschriften (z. B. GüKG, StVZO, HGB …)?

a) BAG
b) IATA
c) CMR
d) BfA
e) TIR

Lösungsbuchstabe ______________________ ☐

47. Der Auszubildende Mark Müller muss die Fahrzeuge der Frantz GmbH beladen. Dabei muss er die maximal zulässigen Höchstgewichte und -maße beachten. In welcher Vorschrift kann Mark nachschlagen, damit er die Höchstgrenzen nicht überschreitet?

a) HGB
b) BGB
c) GÜKG
d) StVO
e) StVZO

Lösungsbuchstabe ______

48. Aus dem Frachtvertrag nach HGB ergeben sich für den Frachtführer Rechte und Pflichten. Welche der nachfolgenden Antworten ist keine Pflicht für den Frachtführer?

a) Befolgen von nachträglichen Weisungen
b) betriebssicheres Verladen der Ware
c) Ablieferung der Ware innerhalb der vereinbarten Frist
d) Zahlung der Frachtkosten
e) Ablieferung der Ware an den Empfänger

Lösungsbuchstabe ______

49. Ab welchem zulässigen Gesamtgewicht ist Güterkraftverkehr erlaubnispflichtig?

a) ab 2,8 t
b) ab 3,5 t
c) ab 7,5 t
d) ab 12 t
e) ab 40 t

Lösungsbuchstabe ______

50. Welcher Transport durch einen Lkw ist laut Güterkraftverkehrsgesetz Güterkraftverkehr?

a) Die Überführung eines reparaturbedürftigen Autos aus Gründen der Verkehrssicherheit
b) Die Beförderung medizinischer Ausrüstung in ein Katastrophengebiet
c) Der Transport von Milch vom Bauern zur Molkerei durch das Milchauto
d) Der Transport von Milcherzeugnissen durch die Spedition Jansen
e) Der Transport zweier neuer Fußballtore des Sportvereins „FC19 e. V." für sein Trainingsgelände

Lösungsbuchstabe ______

51. Welches Transportdokument wird nicht von einer Behörde ausgestellt?

a) CEMT-Genehmigung
b) Ursprungszeugnis
c) EU-Lizenz
d) Erlaubnis
e) CMR-Frachtbrief

Lösungsbuchstabe ______

52. Die Frantz GmbH verschickt einen Container von Hamburg nach New York per Seeschiff. Dabei wurde vereinbart, dass der Absender die Transportkosten mit dem Seeschiff übernimmt. Welche Transportklausel muss verwendet werden, wenn der Gefahrenübergang auf den Käufer schon beim Verladen auf das Seeschiff sein soll? Eine Versicherung des Seetransports muss vom Käufer selbst getragen werden.

a) FAS (free alongside ship)
b) DDP (delivered duty paid)
c) DAT (delivered at terminal)
d) CIF (cost insurance freight)
e) CFR (cost and freight)

Lösungsbuchstabe ______

53. Paketdienstleister bieten neben dem reinen Transport oftmals noch weitere Dienstleistungen an, z. B. kann der Empfänger die Ware bei Erhalt bezahlen. Wie wird dieser Zusatztarif bezeichnet?

a) Einschreiben
b) Nachnahme
c) Wertbrief
d) Geldpaket
e) Warensendung

Lösungsbuchstabe ______

54. Ordnen Sie die richtigen Erklärungen den folgenden englischen Fachbegriffen und Abkürzungen zu:

Fachbegriffe	Erklärungen
a) Incoterms®	1) Handel zwischen Unternehmen und Konsumenten
b) B2C	2) Identifikation durch Radiowellen
c) tracking and tracing	3) Handel zwischen Unternehmen
d) hub	4) Internationale Versandbedingungen
e) B2B	5) Internationale Lufttransportvereinigung
f) IATA	6) Sendungsverfolgung
g) RFID	7) Umschlagszentrale (Nabe)

Lösungsbuchstaben ______ 1) ☐ 2) ☐ 3) ☐ 4) ☐ 5) ☐ 6) ☐ 7) ☐

55. Die Frantz GmbH möchte Ware nach Brasilien versenden (Warenwert 2.000,00 €). Welches Dokument muss für die Warenausfuhr beim Zollamt eingereicht werden?

a) Ursprungszeugnis
b) Transport- und Frachtpapiere
c) elektronische Zollanmeldung
d) Warenbeschreibung und Garantienachweis
e) amtlich beglaubigter Kaufvertrag

Lösungsbuchstabe ______

56. Unternehmen, die Handel mit anderen Ländern der Europäischen Union betreiben, müssen dem Statistischen Bundesamt monatlich den tatsächlichen Warenverkehr mitteilen. Das Bundesamt erstellt daraus die Innergemeinschaftliche Handelsstatistik. Wie wird diese Statistik in der Fachsprache bezeichnet?

a) EU-Stat
b) Handelsbilanz
c) Extrahandel
d) Intrastat
e) Gemeinstat

Lösungsbuchstabe ______

57. Zur Europäischen Union gehört auch eine Zollunion, die sich auf den gesamten Warenaustausch erstreckt. Sie umfasst das Verbot, zwischen den Mitgliedstaaten Ein- und Ausfuhrzölle und Abgaben gleicher Wirkung zu erheben, sowie die Einführung eines gemeinsamen Zolltarifs gegenüber dritten Ländern. Welche grundlegende Bedeutung hat der Zoll für den Staat?

a) Der Zoll wird bei der Ausfuhr erhoben, um die eigene Wirtschaft zu schützen.
b) Der Zoll ist eine Gewichtseinheit, nach der die Abgaben berechnet werden.
c) Der Zoll ist eine Abgabe auf Waren, die beim Überschreiten von Zollgrenzen erforderlich wird.
d) Der Zoll vermindert die Transportkosten für Ware aus dem Ausland.
e) Der Zoll muss für die Einreise von Personen aus einem anderen Land bezahlt werden.

Lösungsbuchstabe ______

58. Die meisten Güter, die aus Deutschland in andere Länder exportiert werden, unterliegen keiner Ausfuhrbeschränkung. Manchmal aber dürfen bestimmte Waren, z. B. Kriegsgeräte, Waffen nicht in andere Staaten transportiert werden. Wie lautet der Fachbegriff für dieses Ausfuhrverbot, das in Deutschland von der Bundesregierung erlassen wird?

a) Embargo
b) Manifest
c) Quarantäne
d) Carnet-TIR
e) Präferenz

Lösungsbuchstabe ______________________ ☐

59. Sie sehen im Warenausgang einen Lkw mit einem blau-weißen Schild „TIR“. Was bedeutet diese Kennzeichnung?

a) Im Lkw befinden sich leicht verderbliche Güter.
b) Der Lkw befördert Güter im Werkverkehr.
c) Der Lkw befördert Lebewesen.
d) Der Lkw kann normalerweise die Grenzen ohne ausführliche Kontrollen passieren.
e) Im Lkw befinden sich gefährliche oder radioaktive Güter.
f) Es handelt sich hierbei um einen kombinierten Verkehr.

Lösungsbuchstabe ______________________ ☐

60. Waren, die innerhalb der Europäischen Union gehandelt werden, sind normalerweise zollfrei. Güter aus anderen Ländern müssen verzollt werden. Allerdings gibt es für bestimmte Länder (z. B. EFTA-Staaten) vergünstigte Zolltarife. Wie wird dieser bezeichnet?

a) Vorzugszoll
b) Wertzoll
c) Präferenzzoll
d) Minderzoll
e) Nachlasszoll

Lösungsbuchstabe ______________________ ☐

61. Welche Behörde stellt ein beglaubigtes Ursprungszeugnis aus?

a) Industrie- und Handelskammer
b) Finanzamt
c) Bundeskartellamt
d) Zollbehörde
e) Bundesamt für Wirtschaft und Ausfuhrkontrolle

Lösungsbuchstabe ______________________ ☐

62. Welcher Zoll wird von der Europäischen Gemeinschaft erhoben?

a) Ausfuhrzoll
b) Einfuhrzoll
c) Transitzoll
d) Durchfuhrzoll
e) Exportzoll

Lösungsbuchstabe ______________________ ☐

63. Wie wird ein zollamtlicher Verschluss (Zollplombe) bezeichnet?

a) Nämlichkeitssicherung
b) Grenzverschluss
c) Zollbeschau
d) Zollkodex
e) Sicherheitsverschluss

Lösungsbuchstabe ______

64. Laut dem Statistischen Bundesamt haben deutsche Firmen im Jahr 2018 Güter im Wert von 1.320,9 Milliarden exportiert und Güter im Wert von 1.088,6 Milliarden importiert.

a) Berechnen Sie den Ausfuhrüberschuss!

b) Der Ausfuhrüberschuss 2018 ist gegen dem Vorjahr um 5,11 % zurückgegangen. Berechnen Sie die Höhe des Ausfuhrüberschusses von 2017!

65. Die Transportkosten für einen Gütertransport betragen 267,75 € (brutto). Berechnen Sie den Nettobetrag und die Umsatzsteuer!

66. Ein Transportauftrag nach München besteht aus vier Versandstücken mit folgenden Gewichten:

Versandstück 1:	**3 ¼ kg**	**Versandstück 2:**	**1,125 kg**
Versandstück 3:	**1.700 g**	**Versandstück 4:**	**0,004 t**

Berechnen Sie das Gesamtgewicht der Warensendung in kg und in t!
Runden Sie beide Ergebnisse mathematisch auf 2 Nachkommastellen!

67. Aufgabe

Situation:
Eine Warensendung soll mit der Bahn von Ulm nach Solingen (560 km) befördert werden. Die durchschnittliche Transportdauer beträgt normalerweise 8 Stunden. Berechnen Sie die neue Transportdauer, wenn sich aufgrund von diversen Baustellen die Durchschnittsgeschwindigkeit um 10 km/h verschlechtert!

⑩ Logistische Prozesse optimieren

1. Aufgabe

Situation:
Sie sind Mitarbeiter-/in der Frantz GmbH und in der Logistikabteilung tätig. Ihnen wurde ein neuer Auszubildender zugeteilt, der Ihre Abteilung unterstützen soll. Sie erläutern ihm, dass Logistik einen wichtigen Bestandteil zu Erreichung der Unternehmensziele leistet und maßgeblich zum Erfolg des Unternehmens beiträgt.

1.1 Erläutern Sie dem Auszubildenden, was unter dem Begriff Logistik zu verstehen ist!

1.2 Gewinnmaximierung, also das Erwirtschaften eines möglichst hohen Gewinns, ist das angestrebte Ziel jedes Unternehmens. Die Logistik übernimmt dabei verschiedene Aufgaben, um dieses Ziel zu erreichen. Nennen Sie dem Auszubildenden die sechs Aufgaben der Logistik!

1.3 In der Logistik spielen die Begriffe Materialfluss und Informationsfluss eine wesentliche Rolle. Grenzen Sie die beiden Begriffe voneinander ab!

a) Materialfluss

b) Informationsfluss

1.4 Ordnen Sie folgende Begriffe dem Material- oder dem Informationsfluss zu! Warenannahme, Einkauf, Bestellung, Warenentladung, Vergleichen von Lieferschein und Bestellung, Kontrolle der Ware, Bestätigung des Empfangs

a) Materialfluss

b) Informationsfluss

2. Aufgabe

Situation:
Sie sind Auszubildende/-r der Frantz GmbH und sind momentan in der Beschaffungslogistik eingesetzt. Im Verlauf Ihrer Ausbildung durchlaufen Sie noch weitere Teile der Logistik.

2.1 Vervollständigen Sie die unten stehende Tabelle, indem Sie die freien Felder ausfüllen!

Logistikbereich	Erläuterung
Beschaffungslogistik	
	Optimiert die Standortwahl sowie die Lagertechnik und Lagerorganisation
Transportlogistik	
	Nicht mehr benötigte Materialien, werden umweltfreundlich entsorgt

2.2 Die Frantz GmbH ist bestrebt, ihre Logistikprozesse zu optimieren. Geben Sie fünf Beispiele an, wie die Frantz GmbH ihre Logistikleistung erhöhen kann!

2.3 Beschreiben Sie in diesem Zusammenhang was unter Supply Chain verstanden wird!

3. Aufgabe

Situation:
Die Frantz GmbH ist bemüht, die Logistik in ihrer Unternehmensorganisation zu verbessern, um produktiver zu arbeiten. Sie als Mitarbeiter/-in sollen die Geschäftsleitung dabei unterstützen.

3.1 Erläutern Sie Herrn Frantz welche Möglichkeiten es gibt, den Bereich der Logistik in das Unternehmen einzubinden!

3.2 Vervollständigen Sie die abgebildete Grafik Unternehmenslogistik, mit den nachfolgenden Fachbegriffen (Produktion, Beschaffung, Versand, Absatz, Informationsfluss, Wareneingang und Materialfluss).

Unternehmenslogistik

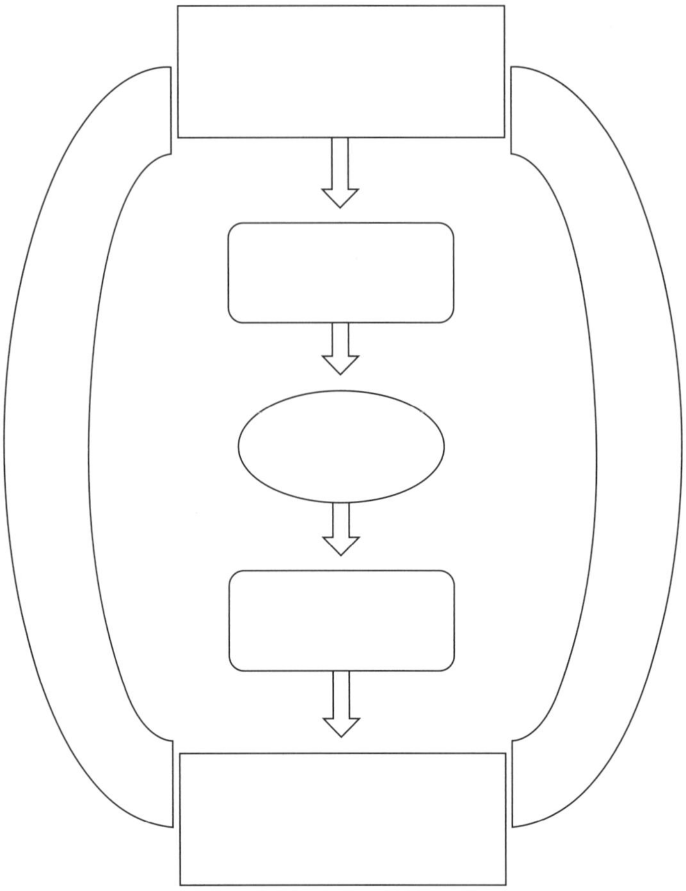

3.3 Geben Sie die drei Bereiche wieder, aus denen sich das Lean Management zusammensetzt!

3.4 Beschreiben Sie kurz die drei Bereiche, die das Total Quality Management (TQM) umfassen!

---

4. Aufgabe

Situation:
Als Auszubildende(r) im dritten Lehrjahr der Frantz GmbH sind Sie für die Optimierung der logistischen Prozesse in Ihrem Lager zuständig. Aus diesem Grund haben Sie seit einem halben Jahr die A-B-C-Analyse eingeführt. Ihre Aufgabe besteht heute darin, den neuen Auszubildenden diese Methode zu erläutern.

4.1 Erklären Sie den neuen Auszubildenden, was unter der A-B-C-Analyse verstanden wird!

4.2 Führen Sie eine A-B-C-Analyse mithilfe folgender Werte durch!

Artikel-Nr.	Menge/ Stück	Anteil an Gesamtmenge in %	Gesamtwert der Güter in €	Gesamtwert in %	Einteilung in A-, B- und C-Güter
F1	2500		250.000		
F2	3000		450.000		
F3	5000		200.000		
F4	6200		80.000		
F5	7000		30.000		
gesamt					

Nebenrechnung:

4.3 Erläutern Sie in diesem Zusammenhang, welche Aussage der XYZ-Analyse entnommen werden kann!

5. Aufgabe

Situation:
Falk Simon, Auszubildender zur Fachkraft für Lagerlogistik bei der Frantz GmbH im 2. Ausbildungsjahr, möchte mit seiner Freundin Diana zusammenziehen. Zusammen überlegen sie sich, was sie für die neue Wohnung alles benötigen. Diana zählt auf: ein Bett, ein Kleiderschrank, eine Küche mit Kühlschrank, ein Esstisch und das Laminat im Wohnzimmer müsste auch neu verlegt werden. „Das sind aber ganz schön viele Bedürfnisse, die du da hast", antwortet Falk. Diana meint aber, dass das alles Dinge sind, die sie zum Leben benötigen.

5.1 Erklären Sie, was unter dem Begriff Bedürfnis verstanden wird!

____

____

____

5.2 Unterteilen Sie die Bedürfnisse nach der Dringlichkeit und geben Sie je zwei Beispiele!

____

____

____

____

____

____

____

5.3 Ordnen Sie zu

a)	Lebensnotwendige Grundbedürfnisse	1)	Bedürfen einer hohen Finanzkraft
b)	Luxusbedürfnisse	2)	Erhöhen die Lebensqualität
c)	Wenn untere Bedürfnisse erfüllt sind	3)	Die Grenzen fließen oft ineinander
d)	Kulturbedürfnisse	4)	Kleidung, Nahrung und Unterkunft
e)	Zwischen Kultur- und Luxusbedürfnisse	5)	Höhere Bedürfnisstufen werden interessant

Lösungsziffern ______________________________ a) ☐ b) ☐ c) ☐ d) ☐ e) ☐

6. Aufgabe

Situation:
Falk erklärt Diana, dass sie in der letzten Woche in der Berufsschule gelernt haben, dass Bedürfnisse die Grundlage des Handelns sind und aus ihnen die Güter hervorgehen. Was er jedoch nicht so verstanden hätte, wäre der Unterschied zwischen den freien und den wirtschaftlichen Gütern. Bei ihnen in der Frantz GmbH gäbe es doch auch keine freien Güter.

6.1 Erklären Sie Falk, worin der Unterschied zwischen den freien und den wirtschaftlichen Gütern besteht!

______

______

______

______

______

______

6.2 Kreuzen Sie an, um welche Art von Gütern es sich in den folgenden Beispielen handelt!

	Konsumgut	Produktionsgut	Verbrauchsgut	Gebrauchsgut
a) Firmen-Pkw der Frantz GmbH				
b) Benzin für den privaten Pkw				
c) Kühlschrank für die Wohnung von Falk und Diana				
d) Schmieröl für Kettenförderfahrzeuge				
e) Stapler für den Wareneingang				
f) Brot für das Abendessen				

6.3 Geben Sie kurz an, worin sich Substitutions- und Komplementärgüter unterscheiden!

______

______

______

______

______

7. Aufgabe

Situation:
Diana und Falk sind in ihre neue Wohnung eingezogen und möchten nun für ihre Freunde eine Einweihungsparty geben. Dazu wollen sie Getränke und Grillfleisch einkaufen. Leider haben sie nur 100 € zur Verfügung. Falk, der wieder mal vor seiner Freundin angeben möchte, sagt, dass sie nach dem ökonomischen Prinzip einkaufen müssten. Diana versteht nicht, was Falk damit meint.

7.1 Stellen Sie mithilfe der Übersicht, das ökonomische Prinzip dar!

Das ökonomische Prinzip

Minimalprinzip	**Maximalprinzip**
Definition:	Definition:
Beispiele:	Beispiele:

⑩ Logistische Prozesse optimieren

7.2 Bestimmen Sie, ob in den vorliegenden Fällen nach dem ökonomischen Prinzip gehandelt wird und entscheiden Sie für die zutreffenden Fälle, ob das Minimal- oder Maximalprinzip vorliegt.

Fälle	Wird nach dem ökonomischen Prinzip gehandelt?		Nach welchem Prinzip handeln die Personen?	
	ja	nein	Minimalprinzip	Maximalprinzip
Der Auszubildende Falk hat monatlich 300 € zu seiner freien Verfügung. Er führt bei seinen Ausgaben Preisvergleiche durch.				
Die Frantz GmbH möchte eine neue Lagerhalle bauen lassen. Sie holt bei Spezialfirmen mehrere Angebote ein.				
Ein Auktionator versteigert auf einer Kunstauktion ein Gemälde.				
Der Landwirt Emil hat ein jährliches Nettoeinkommen von 20.000 €. Als Arbeiter könnte er ein Nettoeinkommen von 25.000 € erzielen.				
Die wirtschaftlichen Entscheidungen im Haushalt werden so getroffen, dass der größtmögliche Nutzen für die Familie erreicht wird.				
Eine Hausfrau versucht, durch Preisvergleich den Lebensmittelbedarf der Familie so preiswert wie möglich zu verwirklichen.				
Ein festgelegtes Produktionsziel soll mit möglichst geringem Materialeinsatz erreicht werden.				
Ein Schüler versucht mit wenig Lerneinsatz die besten Noten zu erzielen.				

8. Aufgabe

Situation:
Sie als Auszubildende/-r stellen der Frantz GmbH Ihre Arbeitskraft zu Verfügung. Dafür erhalten Sie monatlich Ihre Ausbildungsvergütung. Da Sie als Auszubildende/-r relativ wenig verdienen, geben Sie Ihren ganzen Lohn für Konsumausgaben (Güter und Dienstleistungen) aus.

8.1 Stellen Sie die Situation in einem einfachen Wirtschaftskreislaufschema dar und kennzeichnen Sie die Güterströme mit gestrichelten Linien und die Geldströme mit gepunkteten Linien!

8.2 Nennen Sie zwei Kritikpunkte, die gegenüber dem einfachen Wirtschaftskreislauf geäußert werden!

____

____

____

____

8.3 Zeichnen Sie in den nachfolgenden erweiterten Wirtschaftskreislauf mit den Sektoren Unternehmen, private Haushalte, Banken, Staat und Ausland die entsprechenden Geldströme der nachstehenden Situationen ein und beschriften Sie diese, indem Sie die entsprechende Ziffer an den dazugehörigen Strom schreiben!

1) Herr Volk verdient als Verkaufsleiter bei der Frantz GmbH im Jahr 50.000 € brutto.
2) Oma Volk bezieht eine Altersrente in Höhe von 15.000 € jährlich.
3) Marianne Volk verdient als Auszubildende zur Verwaltungsfachangestellten im Jahr 7.500 € brutto.
4) Von ihrem verfügbaren Einkommen können die Volks 15.000 € im Jahr sparen.
5) An Steuern und Sozialabgaben sind die Volks mit 20.000 € im Jahr belastet.
6) Die Frantz GmbH verkauft an die Gemeinde Produkte im Wert von 2.500 €.
7) Das Unternehmen bezahlt an Körperschaftsteuern (Steuern auf den Gewinn) 12.500 €.
8) Die Gemeinde bezuschusst den Einbau eines neuen Filters der firmeneigenen Heizungsanlage, der insgesamt 22.500 € kostet, mit 15.000 €. Der Rest wird als Investitionskredit aufgenommen.
9) Die Frantz GmbH exportiert im Jahr Güter im Wert von 85.000 €.
10) Weiterhin importiert sie Rohstoffe für 28.500 €.

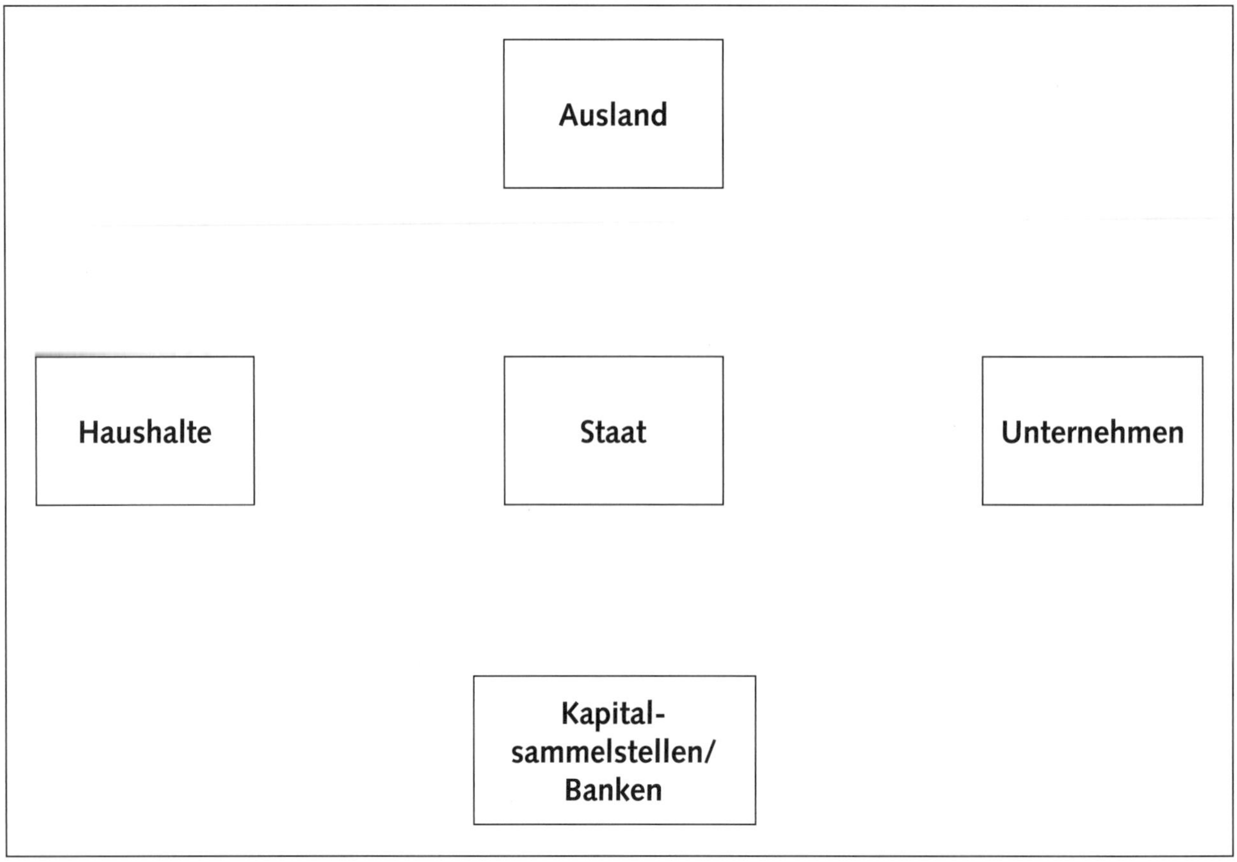

9. Aufgabe

Situation:
Bei der wöchentlichen Verkündigung in der Frantz GmbH wird nochmal ausdrücklich daraufhin gewiesen, dass die Kundenaufträge schnellstmöglich zu bearbeiten sind. Das Supply Chain Management soll optimiert werden.

9.1 Nennen Sie für das Supply Chain Management einen deutschen Begriff!

____

9.2 Was ist das Ziel des Supply Chain Management?

____

____

____

____

9.3 Vervollständigen Sie die untere Übersicht, indem Sie die Beteiligten in die Lieferkette eintragen.

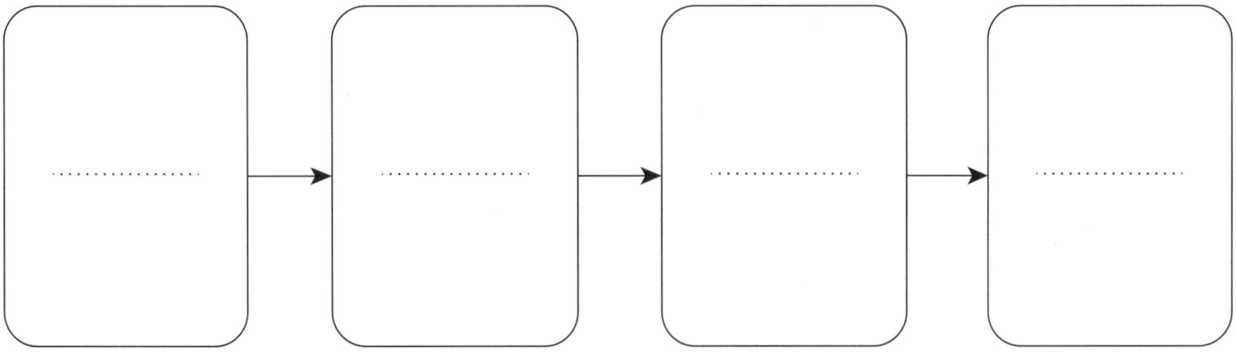

9.4 Entscheiden Sie, ob in den folgenden Fällen eine richtige (R) oder eine falsche Aussage (F) über das Supply Chain Management vorliegt!

1. Ein gemeinsames Ziel ist die wichtigste Voraussetzung für ein erfolgreiches SCM.
2. „Supply Chain Management“ kann mit Lieferkette übersetzt werden.
3. Eine informationstechnische Vernetzung innerhalb der SCM ist nicht notwendig.
4. Verbesserte Abstimmungsprozesse zwischen allen Beteiligten führen zu einer Senkung der Durchlaufzeit.
5. Im Bereich des SCM werden Kundenwünsche nur sekundär behandelt.
6. Eine gezielte Aufgabenverteilung zur Erreichung der Ziele des SCM ist nicht notwendig.

Lösungsbuchstaben ____________________ 1) ☐ 2) ☐ 3) ☐ 4) ☐ 5) ☐ 6) ☐

10. Als Auszubildender der Frantz GmbH werden Sie beauftragt, die Aufgaben der Logistik in die richtige Reihenfolge zu bringen.

Die Aufgabe der Logistik ist es u.a. dafür zu sorgen, dass …

Aufgaben	Reihenfolge
… in der richtigen Menge,	
… in der richtigen Zeit,	
… am richtigen Ort,	
… zu den minimalen Kosten,	
… die richtigen Objekte (Produkte, Waren, Informationen),	
… in der richtigen Qualität	

verfügbar sind.

11. Sie werden weiterhin beauftragt die logistischen Maßnahmen den jeweiligen Logistikbereichen zuzuordnen, indem Sie die Nr. des Bereiches in die freie Spalte eintragen.

Logistikbereich	Logistische Maßnahme	
Informationslogistik (1)	Optimale Beschaffung der Güter bis in die eigenen Abteilungen	
Entsorgungslogistik (2)	Reibungsloser Informationsfluss mit Hilfe der EDV	
Distributionslogistik (3)	Optimale Lagerorganisation	
Instandhaltungslogistik (4)	Optimale Gestaltung des Fertigungsprozesses (Materialannahme, Herstellung, Weitergabe der fertigen Produkte)	
Ersatzteillogistik (5)	Optimale Gestaltung der Transportwege, -mittel usw.	
Transportlogistik (6)	Gewährleistung der ständigen Betriebsbereitschaft der maschinellen Anlagen und Werkzeuge	
Produktionslogistik (7)	Umweltfreundliche und kostengeringe Entsorgung	
Lagerlogistik (8)	Optimale Bereithaltung von Ersatzteilen	
Beschaffungslogistik (9)	Optimale Weiterleitung der Endprodukte an die Kunden	

12. Die Maßnahmen/Aufgaben der Frantz GmbH sollen aktuell den Logistikbereichen Beschaffung, Produktion und Vertrieb in der Tabelle zugeordnet werden. Tragen Sie die Zahlen 1 bis 14 in die Tabelle ein.

1) Produktionsprogrammplanung
2) Materialflussplanung
3) Beschaffung
4) außerbetrieblicher Transport
5) Fertigwarenlagerung
6) Instandhaltung
7) Produktionssteuerung
8) Materialdisposition
9) Materialhandling
10) Distribution (Verteilung)
11) Bedarfsermittlung
12) innerbetrieblicher Transport
13) Auftragsabwicklung
14) Materiallagerung

Logistikbereich						
Beschaffung						
Produktion						
Vertrieb						

13. Bei Unternehmen wie der Frantz GmbH, die ein großes Warensortiment anbieten, stellt sich die Frage, wie der Beschaffungsaufwand optimiert werden kann. Die Güter des Sortiments werden nach Menge und Wert in die Klassen A, B und C eingeteilt. Entscheiden Sie, ob es sich bei den folgenden Klassifizierungen um A, B oder C Güter handelt:

Beschreibung	Güterart
Sorgfältige Planung der Beschaffung	
Einkauf in großen Mengen	
Keine hohen Lagerbestände	
Güter mit 20 % bis 50 % der Gesamtmenge und 10 %–20 % des Gesamtwertes	
Schrauben, Unterlegscheiben, Nägel usw.	
Güter mit hohem Wert und geringem Mengenanteil	
Güter, die weder einen hohen Wertanteil, noch einen hohen Mengenanteil im Sortiment haben	

14. Bei der XYZ-Analyse werden die Verbrauchsschwankungen der einzelnen Güter unterschieden. Bestimmen Sie bei folgendem Verbrauch, ob es sich um X, Y oder Z Güter handelt.

Verbrauch	Güterart
Unregelmäßiger Verbrauch	
Gleichmäßiger Verbrauch	
Schwankender Verbrauch	

15. Bei der Beschaffung der Güter und der Vergabe von Lagerplätzen werden in der Frantz GmbH die ABC- und die XYZ-Analyse häufig kombiniert. Tragen Sie in der folgenden Matrix die unten aufgeführten Güterkombinationen 1 bis 9 ein:

	A-Güter	B-Güter	C-Güter
X-Güter			
Y-Güter			
Z-Güter			

Güterkombinationen:

1) Geringer Wert, schwankender Verbrauch
2) Mittlerer Wert, gleichmäßiger Verbrauch
3) Hoher Wert, schwankender Verbrauch
4) Mittlerer Wert, unregelmäßiger Verbrauch
5) Geringer Wert, gleichmäßiger Verbrauch
6) Hoher Wert, gleichmäßiger Verbrauch
7) Mittlerer Wert, schwankender Verbrauch
8) Hoher Wert, unregelmäßiger Verbrauch
9) Geringer Wert, unregelmäßiger Verbrauch

16. Entscheiden Sie, ob es sich bei den folgenden Ausführungen/Beschreibungen zur „Just-in-time-Bereitstellung" von Gütern um

a) Vorteile für den Auftraggeber (Kunde) handelt,
b) Nachteile für den Auftraggeber (Kunde) handelt,
c) Vorteile für den Zulieferer handelt,
d) Nachteile für den Zulieferer handelt,
e) Vorteile für die Allgemeinheit handelt oder
f) Nachteile für die Allgemeinheit handelt.

Beschreibung	Buchstabe
Erhöhtes Verkehrsaufkommen, da kleinere Gütermengen transportiert werden	
Hohe Abhängigkeit vom Auftraggeber	
Kosteneinsparungen, da nur noch ein Pufferlager nötig ist	
Produktionsausfall bei Versagen der Lieferkette	
Planungssicherheit durch langfristige Verträge mit dem Auftraggeber	
Neue Arbeitsplätze durch Neuansiedlung von Zulieferbetrieben	
Abhängigkeit vom Lieferanten	
Höhere Umweltbelastungen durch höheres Verkehrsaufkommen	

17. Sie sind Auszubildender der Frantz GmbH und sollen als Hausaufgabe für den morgigen Berufsschultag entscheiden, ob folgende Aussagen richtig (R) oder falsch (F) sind.

Aussagen	R oder F
Wenn die betrieblichen Abläufe eines Unternehmens nach einer bestimmten Norm ausgerichtet sind, wird dies mit einer Zertifizierung nachgewiesen.	
Qualitätsstandards sind gesetzlich festgelegte Normen.	
In Deutschland werden über 80 % der technischen Details von Produkten und Verfahren durch Normen geregelt.	
Normen sollen Kosten reduzieren, Qualitätsstandards sichern und für Sicherheit sorgen.	
Vorschläge für Normen können beim Deutschen Institut für Dokumentation eingereicht werden.	
Die ISO-Normen der Reihe DIN EN 6000 enthalten Sollvorgaben für das Qualitätsmanagement.	

18. Prüfen Sie, ob die folgenden Aussagen zum Lean Management richtig (R) oder falsch (F) sind.

Aussagen	R oder F
Lean Management setzt auf Seiten der Mitarbeiter Engagement und Arbeitsfreude voraus.	
Kompetenzen sollten nicht an Untergebene abgegeben werden.	
Entscheidungen werden in Teams getroffen.	
Flache Hierarchien sollen abgebaut werden.	
Zum Lean Management gehört u. a. das Kaizen-Prinzip.	

19. Sie haben die Aufgabe, als Mitarbeiter der Frantz GmbH zu entscheiden, ob es sich in den folgenden Fällen um Kernprozesse (K), Unterstützungsprozesse (U) oder um Führungsprozesse (F) handelt.

Fälle	Prozess
Entwicklung eines neuen Produktes	
Instandhaltung der Maschinen	
Materialbestellung	
Einführung eines Qualitätsmanagementsystems	
Erfassen der Wareneingänge und -ausgänge im WWS	
Erfassung und Bearbeitung von Kundenbestellungen	
Der Lagerleiter überarbeitet mit seinen Mitarbeitern das Arbeitsschutzsystem.	
Der Fachlagerist kommissioniert die Rohstoffe für die Produktion.	

20. Ihr Ausbildungsleiter gibt Ihnen folgende Aufgabe: Welche der genannten Bedürfnisse sind Individualbedürfnisse (1) bzw. Kollektivbedürfnisse (2)?

Bedürfnisse		Bedürfnisse	
Wohnung		Straßen	
Stadtpark		Fernseher	
Bildung		Krankenhaus	
Kleidung		Urlaub	

21. Entscheiden Sie in den folgenden Fällen, ob es sich um ein

(1) Existenzbedürfnis, (2) Kulturbedürfnis oder (3) Luxusbedürfnis handelt.

Ordnen Sie den Fällen in der dritten Spalte die Begriffe Bedürfnis (A), Bedarf (B) bzw. Nachfrage (C) zu.

Bedürfnisse	1, 2 oder 3	A, B oder C
Herr Müller benötigt dringend Schuhe.		
Der Azubi Jürgen G. wird nach einem Sportunfall ins Krankenhaus gebracht und behandelt.		
Frau Koslowski hat 1.000,00 € im Lotto gewonnen und geht mit ihrer Freundin shoppen.		
Der Abteilungsleiter Herr Becker erfüllt sich einen Traum und kauft sich einen Porsche 911.		
Sie haben für sich und Ihre Freundin zwei Kinokarten gekauft.		
Nach einem langen Arbeitstag ist Frau Özil sehr hungrig.		
Der Azubi Ben E. träumt von einer Weltreise.		
Lara E. hat zum Geburtstag einen Gutschein zum Besuch eines Freizeitparks geschenkt bekommen.		

22. Ihr Ausbildungsleiter möchte von Ihnen wissen, ob es sich in den folgenden Situationen um das ...

Minimalprinzip (1), Maximalprinzip (2) oder um keines der beiden ökonomischen Prinzipien handelt (3)

Situation	Prinzip
Die Frantz GmbH kauft für die bevorstehende Heizperiode 100.000 Liter Heizöl. Der Vorrat soll so lange wie möglich reichen.	
Die vorliegenden 500 Kommissionieraufträge sollen in kürzester Zeit erledigt werden.	
Vier Container aus Indien sollen schnell entladen werden.	
Sechs Fachkräfte für Lagerlogistik haben die Aufgabe, so viele Container wie möglich zu entladen.	
Der Vorarbeiter gibt folgende Anweisung an seine Azubis: „Entladen Sie möglichst viele Container in kurzer Zeit."	
Zur Vorbereitung auf die Klassenarbeit in Lernfeld 10 haben Sie zwei Stunden Zeit und wollen das bestmögliche Ergebnis erzielen.	
Mit wenig Aufwand wollen Sie in der Abteilung Warenausgabe einen hohen Nutzen erzielen.	
Sie sollen für die Beschaffung des Hubwagens F-911 das günstigste Angebot herausfinden.	

23. Entscheiden Sie in den folgenden Fällen, ob es sich um den Produktionsfaktor Boden (1), Arbeit (2), Kapital (3) oder Bildung (4) handelt:

Fälle	Faktorart
Im Stahlwerk sind die Arbeiter hohen Temperaturen ausgesetzt.	
Ein neues Industriegebiet wird erschlossen.	
In der Berufsschule lernen Sie die Gefahren beim Transport.	
Die Frantz GmbH investiert den Unternehmensgewinn in eine neue Verpackungsmaschine.	
Die Frantz GmbH entwickelt neue Ablaufprozesse.	
Die Förderung von Erz und Kohle ist in Deutschland rückläufig.	
Planungs-, Kontroll- und Leitungsaufgaben gehören zum Produktionsfaktor ...	
Fortbildung, Wissenschaft und Forschung gehören zum Produktionsfaktor ...	

24. Die Frantz GmbH plant die Produktion von dringend benötigten Kühlaggregaten. Für die Fertigung werden Elektrospulen benötigt, die entweder fremdbezogen oder selbst hergestellt werden können. Folgende Tabelle mit unvollständigen Daten liegt vor:

Menge in Stück	Eigenfertigung			Fremdbezug
	Fixkosten	Variable Kosten	Gesamtkosten	
0				
2.000				
4.000		16.000,00 €		
6.000				
8.000				64.000,00 €
10.000	40.000,00 €			
12.000				

a) Wie hoch sind die Fixkosten bei der Produktion von 8.000 Stück? ______

b) Wie hoch sind die variablen Kosten bei der Produktion von 8.000 Stück? ______

c) Wie hoch sind die Kosten für den Fremdbezug von 10.000 Stück? ______

d) Bei welcher Stückzahl sind die Kosten gleich hoch? ______

e) Ab welcher Stückzahl lohnt sich die Eigenfertigung? ______

f) Wie hoch sind die Gesamtkosten bei 10.000 Stück? ______

25. Ihr Abteilungsleiter möchte von Ihnen wissen, welche Aussage zur Eigenfertigung bzw. zum Fremdbezug richtig ist.

a) Zur Berechnung der kritischen Menge müssen die Kostenfunktionen gleich sein.

b) Zur Berechnung der kritischen Menge müssen die Kostenfunktionen gleichgesetzt werden.

c) Die kritische Menge kann nur tabellarisch ermittelt werden.

d) Beim Fremdbezug sinkt die Abhängigkeit vom Lieferanten.

e) Der Fremdbezug ist abhängig von der eigenen Kapazitätsauslastung.

Lösungsbuchstabe ______

26. Entscheiden Sie sich in der folgenden Tabelle mit dem Buchstaben „R" für eine richtige Formel oder „F" für eine falsche Formel.

Formeln zur Bestandsplanung	R/F
Höchstbestand = Mindestbestand x optimale Bestellmenge	
Höchstbestand = Mindestbestand + optimale Bestellmenge	
Höchstbestand = Mindestbestand – optimale Bestellmenge	
Meldebestand = (Ø Mindestbestand x Tagesverbrauch) + Lieferzeit in Tagen	
Meldebestand = (Ø Tagesverbrauch x Lieferzeit in Tagen) + Mindestbestand	
Tatsächlicher Lagerbestand – reservierte Bestände – Mindestbestand = verfügbarer Lagerbestand	
Tatsächlicher Lagerbestand + reservierte Bestände – Mindestbestand = verfügbarer Lagerbestand	
Tatsächlicher Lagerbestand – reservierte Bestände + Mindestbestand = verfügbarer Lagerbestand	
Beim Eingang der neuen Lieferung wird der Höchstbestand erreicht.	
Der Meldebestand ist die Differenz zwischen Höchst- und Mindestbestand.	
Der Durchschnitt der 12 Monatsendbestände ergibt den durchschnittlichen Lagerbestand.	
Der Jahresanfangsbestand und die 12 Monatsendbestände werden bei monatlicher Inventur addiert und die Summe durch 13 geteilt, um den durchschnittlichen Lagerbestand zu erhalten.	

27. Im betriebsinternen Unterricht der Frantz GmbH haben Sie die Aufgabe, die untenstehenden Managementmethoden den Zielsetzungen bzw. Umsetzungsbereichen zu zuordnen. Tragen Sie die richtigen Buchstaben in die Spalte ein.

a) Logistikmanagement
b) Prozesskettenmanagement
c) Netzwerkmanagement
d) Szenariomanagement

Zielsetzung/Umsetzungsbereiche	Managementmethode
Strategische Bewertung alternativer Zulieferketten	
Senkung der Durchlauf- und Lieferzeiten	
Reduzierung von Verschwendung in Zulieferketten	
Organisation der Netzwerknutzung	
Entscheidung für einen Standort	
Bewertung der logistischen Leistung	
Definition von logistischen Verantwortungsbereichen	
Entwicklung von Netzwerkregeln	

28. Entscheiden Sie, ob es sich bei folgenden Sachverhalten um das Just-in-time-Prinzip (JIT), das Just-in-sequenze-Prinzip (JIS) oder das Wall-to-wall-Prinzip (WTW) handelt, indem Sie die jeweiligen Kürzel in die Tabelle eintragen.

Beschaffungsprinzipien	
Die benötigten Materialien werden zu einem bestimmten Zeitpunkt sortiert und in der Reihenfolge angeliefert, in der sie in der Produktion benötigt werden.	
Die Zulieferer siedeln sich in unmittelbarer Nähe zum Auftraggeber an.	
Der Erfolg dieses Prinzips hängt von einer noch genaueren Planung und eines umfangreicheren Datenaustausches im Vergleich zu den anderen beiden Prinzipien ab.	
Bereitstellung der Materialien zur richtigen Zeit an der richtigen Stelle	
Für den Auftraggeber entfällt die Option, einen günstigeren bzw. besseren Lieferanten auszuwählen, da er oft durch langfristige Verträge an Zulieferer gebunden ist.	
Gerät der Auftraggeber in eine wirtschaftliche Krise, ist der Zulieferer in den meisten Fällen davon genauso betroffen.	

29. Berechnen Sie den Meldebestand aufgrund folgender Daten:

Durchschnittlicher Tagesverbrauch: 120 Stück

Von der Bedarfsmeldung bis zum Wareneingang vergehen 6 Tage.

Der Mindestbestand 200 Stück darf nicht unterschritten werden.

Meldebestand: ______________________

30. Entscheiden Sie, ob es sich bei den folgenden Aussagen um Bearbeitungszeit (1), Transportzeit (2), Durchlaufzeit (3), Rüstzeit (4) oder um Liegezeit (5) handelt.

Aussage	Zeit
Die ....ist die Zeit, die benötigt wird, um z. B. eine Maschine für einen neuen Arbeitsvorgang einzurichten.	
Die Zeit, die durch den Transport eines Gutes an einen anderen Ort vergeht, nennt man	
Die Rüstzeit ist ein Bestandteil der ...., die innerhalb der Fertigung die Zeitspanne von der Auftragserteilung bis zur Ablieferung des hergestellten Produktes bezeichnet.	
Die .... ist die Zeit, die technisch bedingt für die Herstellung der Produkte benötigt wird.	
Bearbeitungszeit, Transportzeit, Rüstzeit und Liegezeit ergeben zusammen die	

31. In Qualitätszirkeln treffen sich in regelmäßigen Abständen die Mitarbeiter der Frantz GmbH um Verbesserungsvorschläge der täglichen Arbeit zu entwickeln.

Bringen Sie die folgenden Phasen des Qualitätszirkels in die richtige Rangfolge:

Phasen des Qualitätszirkels	Rangfolge
Lösungen erarbeiten	
Ergebnisse prüfen und einschätzen	
Informationen sammeln	
Lösungen und Verbesserungsvorschläge umsetzen	
Probleme benennen und Prioritäten setzen	
Ziele formulieren	

32. Sie werden von Ihrem Ausbildungsleiter beauftragt zu entscheiden, ob es sich bei den in der Tabelle genannten Auswirkungen um Vorteile oder Nachteile des autoritären bzw. des kooperativen Führungsstils handelt. Tragen Sie die Ziffern 1 bis 4 in die Tabelle ein:

1) Vorteil eines autoritären Führungsstils
2) Nachteil eines autoritären Führungsstils
3) Vorteil eines kooperativen Führungsstils
4) Nachteil eines kooperativen Führungsstils

Auswirkungen	
Die Motivation der Mitarbeiter wird gefördert.	
Mitarbeiter werden demotiviert.	
Wichtige Entscheidung werden schnell getroffen.	
Ständige Kontrolle und hoher Erwartungsdruck	
Es wird ein hohes Maß an Teamfähigkeit gefordert.	
Ideen und Vorschläge der Mitarbeiter werden gefördert.	
Gefahr der Fehlentscheidungen der Vorgesetzten	

33. Ihr Ausbildungsleiter hat Sie beauftragt, den jeweiligen Beschreibungen in der Tabelle die korrekten Bestandsbegriffe zu zuordnen, indem Sie die Ziffern 1 bis 6 in die Tabelle eintragen.

1) Istbestand
2) Mindestbestand
3) Meldebestand
4) Sollbestand
5) Ø Lagerbestand
6) Höchstbestand

Beschreibung	Bestandsarten
Der Bestand, bei dessen Erreichung eine Bestellung ausgelöst werden muss.	
Der Bestand, der nach Eintreffen einer neuen Lieferung maximal gelagert werden kann.	
Der Bestand, der in der Vergangenheit durchschnittlich vorhanden war.	
Der Bestand, der momentan im Lager vorhanden ist.	
Der Bestand, der laut Lagerbuchführung vorhanden sein müsste.	
Dieser Bestand dient als Reserve und darf nur im Notfall nach Rücksprache mit der Lagerleitung angebrochen werden.	

34. Entscheiden Sie in den folgenden Fällen, ob es sich um 1) Fixkosten oder 2) variable Kosten handelt.

Beschreibung	Kostenart
Monatliche Miete	
Gehaltszahlungen	
Lohnzahlungen	
Überstundenzahlungen	
Benzinkosten	
Abschreibungen (Wertverlust einer Maschine usw.)	
Materialkosten	
Steuern und Versicherungen für den Fuhrpark	
Kosten für den Energieverbrauch	

35. Entscheiden Sie in den folgenden Fällen, ob die Probleme aus einem 1) zu hohen Lagerbestand oder aus einem 2) zu niedrigen Lagerbestand resultieren:

Beschreibung	
Steigendes Risiko durch Verderb, Diebstahl, Veralten oder Schwund der Ware.	
Risiko bei Preissenkungen auf dem Absatzmarkt	
Hohe Bestellkosten	
Hohe Kapitalbindung	
Kundenunzufriedenheit	
Keine Ausnutzung von Mengenrabatten	
Produktions- bzw. Lieferungsverzögerungen	
Gefahr von Preissteigerungen auf dem Beschaffungsmarkt	
Hohe Lagerkosten	

36. Ordnen Sie den Beschreibungen in der Tabelle die folgenden Begriffe zu:

1) Lean Management
2) Kontinuierlicher Verbesserungsprozess
3) Total Quality Management
4) Kaizen-Prinzip
5) Warehouse Management

Beschreibung	
Verschlankung der Hierarchien zur Verbesserung der Flexibilität	
Umfassende kundenbezogene Qualitätssicherung	
Prozessorientiertes und kundenorientiertes Denken	
Ergebniskontrolle, Null-Fehler-Strategie, umfassendes Qualitätsbewusstsein	
Abstimmung der Steuerungs- und Verwaltungssysteme für die einzelnen Lagerfunktionen	
Verbesserungsvorschläge von Mitarbeitern, die durch systematische Projektorganisation unterstützt werden.	
Steuerung, Kontrolle und Optimierung komplexer Lager- und Distributionssysteme	

37. Entscheiden Sie in der folgenden Tabelle, ob die Aussagen zum Outsourcing richtig (R) oder falsch (F) sind.

Beschreibung	R/F
Frei werdende Kapazitäten können für lukrativere Geschäftsbereiche genutzt werden.	
Als ein Spezialist für bestimmte Tätigkeiten kann der Anbieter/Zulieferer Kostenvorteile für uns realisieren.	
Die Qualität der zugekauften Produkte ist wegen der Spezialisierung des Anbieters höher als die Qualität bei Eigenfertigung.	
Beim Outsourcing sind wir als Kunde unabhängiger.	
Der Anbieter ist stets auf dem neuesten Stand der Technik und auf uns als Kunden angewiesen.	
Das Auslagern einzelner Bereiche kann zu betriebsbedingten Entlassungen führen.	
Je mehr Betriebsbereiche an andere Unternehmen abgegeben werden, desto gewinnorientierter können wir arbeiten und kalkulieren.	
Outsourcing lohnt sich meist, wenn das eigene Know-how den Anforderungen nicht entspricht.	
Als Spezialist verfügt der Anbieter über größere Flexibilität als der eigene Betrieb.	

38. Als Auszubildender der Frantz GmbH haben Sie die Aufgabe bekommen, die folgenden Unternehmen/Betriebe dem 1) primären, dem 2) sekundären bzw. dem 3) tertiären Sektor zu zuordnen:

Unternehmen/Betriebe/Branchen	Sektor
Großhandel	
Spedition	
Landwirtschaft	
Bergbau	
Tischlerei	
Lagerhalter	

Unternehmen/Betriebe/Branchen	Sektor
Gebäudereinigung	
Kfz-Produktion	
Chemieindustrie	
Bäckerei	
Fischerei	
Banken, Versicherungen	

39. Das Supply Chain Management (SCM) ist ein Management-Konzept, das die Aufgabe und das Ziel hat, die Prozesskette vom Rohstofflieferanten über die Produktion, Lagerung bis zur Versendung der Ware an die Endkunden zu optimieren.

Die ganzheitliche Gestaltung der Wertschöpfungsprozesse soll durch eine Aufteilung auf die Managementbereiche erreicht werden.

Ihr Vorgesetzter gibt Ihnen den Auftrag, die folgenden Zielsetzungen/Bereiche den Management-Methoden zu zuordnen:

1) Prozesskettenmanagement
2) Logistikmanagement
3) Szenariomanagement
4) Netzwerkmanagement

Zielsetzung/Bereiche	Methode
Optimierung der Netzwerknutzung bezüglich Leistungsfähigkeit und Stabilität	
Bewertung der logistischen Leitung	
Verkürzung der logistischen Kette	
Alternative Zulieferketten mittel- und langfristig bewerten	
Distributions-, Beschaffungsstruktur und Standortwahl	
Durchlaufzeiten, Lieferzeiten, Kapazitätsauslastung, Lagerbestände	
Schnittstellenreduzierung	
Entwicklung von Netzwerkregeln	

40. Welche der genannten Kostenarten sind Kosten für die eingelagerte Ware der Frantz GmbH?

a) Versicherungsprämien für Diebstahl oder Brand
b) Wartungs- und Instandhaltungskosten
c) Löhne und Gehälter für die Lagerfachkräfte
d) Verzinsung des in den Lagerbeständen gebundenen Kapitals
e) Energiekosten
f) Ausschuss infolge unsachgemäßer Behandlung

Lösungsbuchstaben: ______________________

41. Als Auszubildender der Frantz GmbH im 3. Ausbildungsjahr sollen Sie zur Prüfungsvorbereitung folgenden Sachverhalt klären:

Die Ermittlung der Bedarfsmenge hängt u. a. ab von …

a) den eigenen Lagerbeständen.
b) den steigenden Lagerkosten.
c) erwarteten Preissteigerungen.
d) der Haltbarkeit der Produkte.
e) der eigenen Zahlungsfähigkeit.
f) den Transportkosten.

Lösungsbuchstaben: ______________________

42. Entscheiden Sie, um welche Art von Gütern es sich in folgenden Beispielen handelt.

	Konsumgut	Produktionsgut	Gebrauchsgut	Verbrauchsgut
Umlaufregal der Frantz GmbH				
Treibstoff für die Gabelstapler der Frantz GmbH				
Treibstoff des Privat-Pkws von Hans Blomberg, Mitarbeiter der Frantz GmbH				
Privat-Pkw von Hans Blomberg				
Dienstwagen von Hans Blomberg				
EDV-Anlage im Logistik-Center der Frantz GmbH				
Büroausstattung der Frantz GmbH				
Werkzeug des Hausmeisters der Frantz GmbH				
Werkzeug im Privathaushalt des Hausmeisters der Frantz GmbH				

43. Entscheiden Sie, ob es sich in den folgenden Beispielen um Komplementärgüter (K) oder Substitutionsgüter (S) handelt.

Beispiel	Güterart
Wasser und Seife	
Benzin und Pkw	
Schraube und Schraubendreher	
Butter und Brot	
Teppich und Laminat	
Toner und Drucker	
Lkw und Deutsche Bahn	

44. Entscheiden Sie, ob es sich in den folgenden Beispielen um Sachgüter (S), Rechte (R) oder Dienstleistungen (D) handelt.

Geldforderung der Nürnberger Werkzeuggesellschaft gegenüber der Frantz GmbH	
Diesel für den Fuhrpark der Frantz GmbH	
Betriebsinterner Unterricht für die Auszubildenden der Frantz GmbH	
Banküberweisung an die Nürnberger Werkzeuggesellschaft	
Patente und Lizenzen	
Logistik-Zentrum der Frantz GmbH	
Rechtsberatung in einer Anwaltskanzlei	
Versicherung des Gefahrgutlagers	

45. Entscheiden Sie, ob es sich bei den folgenden Verpackungsvorgängen um die Rüstzeit (R), Transportzeit (T), Liegezeit (L) oder Bearbeitungszeit (B) handelt.

Das umreifte Ladungsgut wird zur Versandstation transportiert.	
Das Umreifungsband schließt sich um das Versandgut.	
Das umreifte Versandgut wartet auf die Entnahme.	
Die Umreifungsmaschine wird neu eingestellt.	
Das Umreifungsband wird verklebt.	
Die Lagerfachkraft liest die Bedienungsanleitung der Umreifungsmaschine.	
Ein unverpacktes Ladungsgut wird zum Umreifen befördert.	
Eine Rolle Umreifungsband wird in die Maschine eingelegt.	

46. Aus welchen Zeiten setzt sich die Durchlaufzeit zusammen?

a) Rüstzeit + Transportzeit + Bearbeitungszeit + Totzeit
b) Greifzeit + Rüstzeit + Verteilzeit + Bearbeitungszeit
c) Liegezeit + Bearbeitungszeit + Transportzeit + Rüstzeit
d) Bearbeitungszeit + Rüstzeit + Transportzeit + Verteilzeit
e) Basiszeit + Rüstzeit + Bearbeitungszeit + Transportzeit + Liegezeit

Lösung: ______________________________

⑪ Güter beschaffen

1. Aufgabe

Situation:
Sie sind Auszubildende(r) zur Fachkraft für Lagerlogistik in der Frantz GmbH. In der Berufsschule behandeln Sie gerade das Thema „Markt und Preis". Ihr Ausbilder Herr Meyer möchte nun von Ihnen wissen was sich hinter den Unterrichtsinhalten verbirgt.

1.1 Erläutern Sie Herrn Meyer, was der Begriff Markt bedeutet!

1.2 Märkte können in verschiedene Markttypen unterschieden werden. Erklären Sie kurz, was unter den folgenden Markttypen zu verstehen ist.

Offene Märkte:

Geschlossene Märkte:

Vollkommende Märkte:

Unvollkommene Märkte:

1.3 Die einzelnen Märkte lassen sich auch nach der Anzahl der Marktteilnehmer unterscheiden. Ergänzen Sie die untenstehende Übersicht, in dem Sie die folgenden Begriffe eintragen (Nachfrageoligopol, zweiseitiges Oligopol, Nachfragemonopol, zweiseitiges Polypol, Angebotsoligopol, Angebotsmonopol, zweiseitiges Monopol, beschränktes Nachfragemonopol, beschränktes Angebotsmonopol).

Nachfrager / Anbieter	einer	wenige	viele
einer			
wenige			
viele			

1.4 Ordnen Sie den nachfolgenden Begriffen die im Schaubild aufgeführten Ziffern zu!

a) Preis	
b) Menge	
c) Nachfragekurve	
d) Angebotskurve	
e) Angebotsdefizit	
f) Nachfragedefizit	
g) Gleichgewichtspreis	
h) Gleichgewichtsmenge	

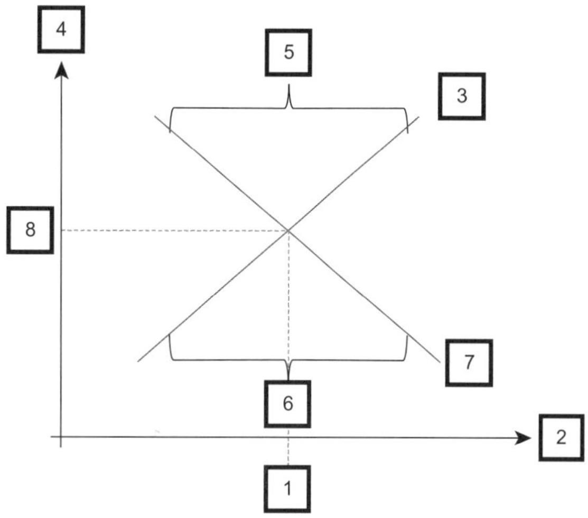

2. Aufgabe

Situation:
Sie sind Mitarbeiter/-in der Frantz GmbH und arbeiten in der Beschaffungsabteilung. Sie sind damit beauftragt die neuen Auszubildenden in die Abteilung einzuarbeiten.

2.1 Erklären Sie den Auszubildenden, welche Ziele die Beschaffung verfolgt!

____

____

____

____

2.2 Gegenstand der Beschaffung sind Waren wie Roh-, Hilfs- und Betriebsstoffe sowie Betriebsmittel. Füllen Sie die untenstehende Übersicht aus, indem sie die richtige Zuordnung mit einem Kreuz versehen.

	Betriebs-mittel	**Werkstoffe**		
		Rohstoffe	Hilfsstoffe	Betriebsstoffe
Lack				
Kreissäge				
Strom				
Produktionshalle				
Holzbretter				
Elektrohobel				
Türscharniere				
Holzleim				
Schreinergeselle				
Schmieröl für Maschine				
Betriebshelfer				
Spanplatten				
Regalbeleuchtung				
Sachbearbeiterin				

2.3 Welche der folgenden Aussagen sind als Vorteil der zentralen Beschaffung zu betrachten? Kreuzen Sie die entsprechenden Aussagen an!

a) Aufgrund höherer Einkaufsmengen können günstigere Preise erzielt werden. ☐

b) Der Kontakt zwischen Lieferanten und Kunden geht verloren. ☐

c) Durch die zentrale Beschaffung, ist eine Reduzierung der Personalkosten möglich. ☐

d) Hohe Kommunikationskosten ☐

e) Rückgang der Flexibilität durch längere Informationswege und Informationsübermittlung. ☐

2.4 Der Beschaffungsprozess untergliedert sich in acht verschiedene Schritte. Nennen Sie die acht Schritte und bringen Sie diese in die richtige Reihenfolge!

3. Aufgabe

Situation:
Sie sind Auszubildende(r) zur Fachkraft für Lagerlogistik in der Frantz GmbH und arbeiten derzeit in der Beschaffungsabteilung. In der Berufsschule haben Sie gelernt, dass es manchmal von Vorteil ist, bestimmte Produkte in Eigenherstellung zu beschaffen.

3.1 Stellen Sie für ein Produkt einen Kostenvergleich auf, ob es sich lohnt, die benötigten Mengen selbst herzustellen oder ob die Ware durch Fremdbezug beschafft werden sollte.
Benötigte Mengen: 100, 500, 750, 1.000, 1.500
Kosten bei Eigenherstellung: Fixkosten von 15.000,00 €, variable Kosten pro Stück 15,00 €
Kosten bei Fremdbezug: Fixkosten von 0,00 €, variable Kosten pro Stück 35,00 €

3.2 Herr Heinz, Ihr Ausbilder in der Beschaffungsabteilung, merkt an, dass es sehr wichtig ist die korrekte Bestellmenge zu ermitteln. Nennen Sie jeweils drei Nachteile einer zu hohen und einer zu niedrigen Bestellmenge.

3.3 Erläutern Sie Herrn Heinz, was unter einer optimalen Bestellmenge zu verstehen ist!

3.4 Bestimmen Sie die optimale Bestellmenge der Frantz GmbH für Winterreifen bei einem Jahresbedarf von 250 Stück. Die Bestellkosten pro Bestellung betragen 35,00 €. Die Lagerkosten pro Stück liegen bei 0,50 €.

3.5 Ergänzen Sie folgende Übersicht zu den Bestellverfahren!

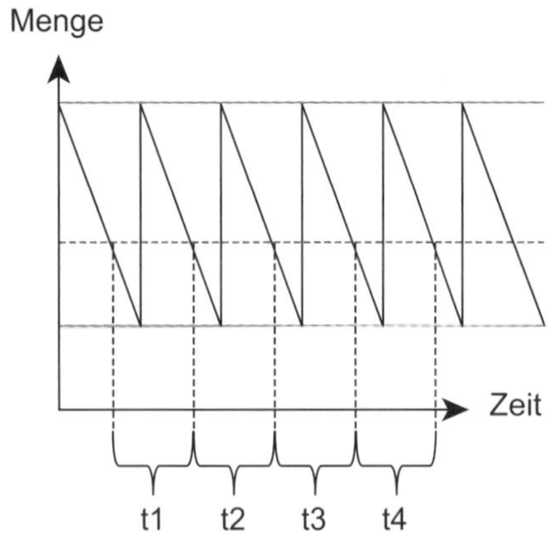

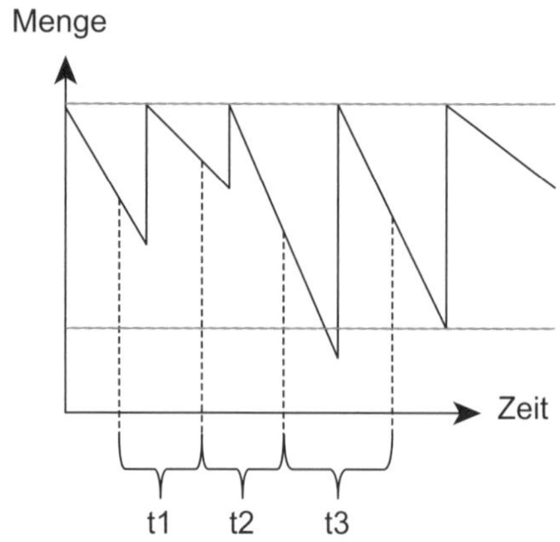

______	______
Es wird bestellt, wenn … ______ ______ ______	Es wird erst bestellt nach Ablauf … ______ ______ ______
Bestellmenge ______	Bestellmenge ______

4. Aufgabe

Situation:
Als Auszubildende(r) im dritten Lehrjahr der Frantz GmbH, sind Sie für die Beschaffung bestimmter Produkte zuständig. Aus diesem Grund ist es wichtig, die besten Bezugsquellen zu ermitteln.

4.1 Welche Möglichkeiten der Bezugsquellenermittlung stehen Ihnen zur Verfügung?

______
______
______
______

4.2 Nachdem Sie sich für einige Lieferanten entschieden haben, ist es nun notwendig, eine Anfrage zu schreiben. Erläutern Sie kurz, welche Arten von Anfragen es gibt!

4.3 Geben Sie vier Inhalte wieder, die unbedingt in einer Anfrage enthalten sein sollten!

5. Aufgabe

Situation:
Sie sind Mitarbeiter/-in der Frantz GmbH und arbeiten in der Beschaffungsabteilung. Ihnen liegen von der letzten Anfrage drei Angebote auf Ihrem Schreibtisch vor. Da Sie damit beauftragt sind, die neuen Auszubildenden in die Abteilung einzuarbeiten, erläutern Sie diesen zunächst grundlegende Informationen zum Angebot.

5.1 Erklären Sie ganz allgemein, was unter einem Angebot zu verstehen ist!

5.2 Entscheiden Sie, in welchen folgenden Fällen ein Angebot vorliegt!

a) Ein Weinhändler bietet der Frantz GmbH einen besonders günstigen Posten Rotwein als Werbegeschenk für ihre Kunden an. ☐

b) Ein Lebensmittelhändler lässt Handzettel mit aktuellen Sonderangeboten an die Haushalte in seinem Bezirk verteilen. ☐

c) Ein Verkäufer bietet seinen Kunden in der Textilabteilung eines Modehauses eine Hose an. ☐

d) Ein Elektronikfachgeschäft lässt seine Kataloge von der Post an alle Haushalte verteilen. ☐

e) Die Schaufensterauslage eines Fachgeschäftes für Antiquitäten ☐

5.3 Nennen Sie vier Inhalte eines Angebots!

____

____

____

____

5.4 Entscheiden Sie sich, ob es sich in den folgenden Fällen um einen Rabatt (R), einen Bonus (B) oder ein Skonto (S) handelt! Tragen Sie dazu die dementsprechenden Buchstaben in die Kästchen ein.

a) Die Frantz GmbH bezahlt Ihre Rechnung innerhalb von fünf Tagen und darf vom Rechnungsbetrag 2 % abziehen. ______ ☐

b) Die Flex KG hat bei der Frantz GmbH innerhalb eines halben Jahres einen bestimmten Umsatz erreicht und bekommt 500,00 € gutgeschrieben. ______ ☐

c) Der Baumarkt „Schlau beim Bau“ feiert sein 10-jähriges Bestehen und reduziert einige Artikel aus seinem Sortiment. ______ ☐

d) Der Einzelhändler Franz Grau hat beim Gemüsegroßmarkt innerhalb des letzten Jahres soviel an Ware bezogen, dass der Gemüsegroßmarkt ihm daraufhin einen Preisnachlass gewährt. __ ☐

e) Der Mitarbeiter des Baumarktes „Schlau beim Bau“ bekommt die Ware im Baumarkt günstiger. _ ☐

6. Aufgabe

Situation:
Sie sind Mitarbeiter/-in in der Frantz GmbH und arbeiten in der Beschaffungsabteilung. Im Rahmen der laufenden Modernisierungsarbeiten, soll ein neuer Parkplatz für die Angestellten angelegt werde. Um den günstigsten Anbieter herauszufinden, haben Sie den Baumarkt „Schlau beim Bau“ und den „Baustoffhandel Schneider KG“ um ein Angebot über 350 m² Pflastersteine mit der Abmessung 8 cm x 10 cm x 8 cm gebeten. Die beiden Angebote liegen Ihnen nun vor.

6.1 Ermitteln Sie den preisgünstigsten Anbieter und markieren Sie den günstigsten Angebotspreis!

Angebot Nr. 125

Sehr geehrte Damen und Herren,

vielen Dank für Ihre Anfrage. Aus unserem Pflastersteinprogramm. Bieten wir Ihnen an:

- Pflasterstein „Blue Granit"
- Maße: Höhe 8 cm; Länge 10 cm und Breite 8 cm
- Besonders hohe Beanspruchung

Der m² kostet 32,30 € zzgl. 19% Mehrwertsteuer. Ab einer Abnahmemenge von 300 m² gewähren wir Ihnen einen Rabatt von 5%. Die Transportkosten betragen einmalig 280,00 €.

Wir gewähren ein Zahlungsziel von 30 Tagen; bei Zahlung binnen 5 Tagen nach Eingang der Rechnung erhalten Sie 3% Skonto.

Wir freuen uns auf Ihre Bestellung.

Mit freundlichen Grüßen,

Schlau beim Bau

Angebot

Sehr geehrte Damen und Herren,

Für Ihr Interesse an unserem Sortiment danken wir Ihnen. Wir bieten Ihnen wunschgemäß an:

Pflasterstein 8-er Rechteck mit der Abmessung 8 cm x 10 cm x 8 cm. Dieser Pflasterstein besticht durch eine hohe Qualität, ist sehr belastbar und für den täglichen Autoverkehr geeignet. Ab einer Abnahmemenge von 400 m^2 gewähren wir Ihnen einen Rabatt von 7%.

Der Preis für den m^2 liegt bei 26,50 € (netto). Für den Transport berechnen wir Ihnen 1,10 € pro m^2, solange Vorrat reicht.

Zahlungsbedingungen: 2% Skonto bei Zahlung innerhalb von 7 Tagen nach Rechnungseingang; sonst netto Kasse innerhalb von 30 Tagen.

Wir würden uns über eine Bestellung sehr freuen.

Mit freundlichen Grüßen

Baustoffhandel Schneider KG

Artikel: Pflasterstein 8 cm x 10 cm x 8 cm				
Menge: 350 m^2				
Lieferant:	**Schlau beim Bau**		**Baustoffhandel Schneider KG**	
	%	€	%	€
Listeneinkaufspreis				
= Bezugspreis				

6.2 Das Angebot der Baustoffhandel Schneider KG beinhaltet den Satz: Solange Vorrat reicht. Damit entbindet sich die Baustoffhandel Schneider KG von der Lieferpflicht. Nennen Sie den dazugehörigen Fachbegriff!

____

6.3 Nennen Sie drei Punkte, wann der Anbieter nicht mehr an sein Angebot gebunden ist!

____

____

____

6.4 Wann muss der Käufer zahlen, wenn im Vertrag kein Zeitpunkt für die Zahlung bestimmt wurde?

____

____

6.5 Stellen Sie fest, um welche Incoterms®-Klausel es sich in den folgenden Fällen handelt.

a) Der Verkäufer trägt die Kosten und das Risiko des Transports bis zum Bestimmungsort.

____

b) Der Verkäufer trägt die Kosten bis zum Bestimmungsort. Das Risiko geht am Bahnhof auf den ersten Frachtführer über.

____

c) Der Käufer trägt die Gefahr des Transportes und die Kosten ab dem Zeitpunk, zu dem die Ware das Werksgelände des Verkäufers verlässt.

____

d) Der Verkäufer übernimmt das Risiko des Transportes bis an Bord im Verschiffungshafen und die Kosten bis zum Bestimmungshafen.

____

7. Aufgabe

Situation:
Sie sind Mitarbeiter/-in in der Frantz GmbH und in der Einkaufsabteilung tätig. Sie haben gerade das Angebot der Baustoffhandel Schneider KG, über die 350 m^2 Pflastersteine, per E-Mail bestätigt. Herr Meyer, ein Auszubildender im dritten Lehrjahr fragt Sie: Ist denn jetzt schon ein Kaufvertrag zustande gekommen?

7.1 Erklären Sie Herrn Meyer, welche Voraussetzungen erfüllt sein müssen, damit ein Kaufvertrag zustande kommt!

____

____

____

____

7.2 Bestimmen Sie durch Ankreuzen, ob in den vorliegenden Fällen ein Kaufvertrag zustande gekommen ist!

a) Die Frantz GmbH versendet an den Schlau beim Bau Baumarkt eine Anfrage über 350 m^2 Pflastersteine. Dieser liefert drei Tage später die angefragte Menge. ______ ☐

b) Frau Berndt legt ihre Waren im Supermarkt auf das Band. Die Kassiererin scannt die Waren ein und verlangt den Kaufbetrag. ______ ☐

c) Die Frantz GmbH bestellt 350 m^2 Pflastersteine bei der Baustoffhandel Schneider KG, diese nimmt die Bestellung an. ______ ☐

d) Die Flex KG hat 15 neue Computer mit 4 GB Arbeitspeicher bestellt. Geliefert wurden die Computer mit 2,3 GB Arbeitsspeicher. ______ ☐

e) Herr Bauer kauft von seinem Nachbarn ein gebrauchtes Auto mit 125.000 km. Wie sich jedoch herausstellt, ist das Auto schon 185.000 km gefahren. ______ ☐

7.3 Im Bereich des Kaufvertrages gibt es bestimmte Arten von Kaufverträgen.
Füllen Sie dazu die untenstehende Übersicht aus, indem Sie die leeren Felder ergänzen!

Art des Kaufvertrages	Erläuterung
Einseitiger Handelskauf	
	Der Verkäufer muss die Ware zu einem genau festgelegten Termin liefern – nicht vorher und nicht nachher.
Kauf nach Probe	
	Im Kaufvertrag ist nur die Art oder Klasse der Ware bestimmt, aber keine genauere Erläuterung. Der Verkäufer liefert Ware mittlerer Art und Güte
Gattungskauf	

8. Aufgabe

Situation:
Sie sind Auszubildende(r) in der Frantz GmbH und momentan in der Buchhaltung tätig. Der Baustoffhandel Schneider hat Ihnen nach Lieferung der Pflastersteine nun die Rechnung in Höhe von 9.474,50 € zugesandt.

8.1 Welche drei Zahlungsarten stehen Ihnen zur Verfügung, um die Rechnung zu begleichen?

8.2 Für welche der oben genannten Zahlungsart würden Sie sich entscheiden, um die Rechnung zu bezahlen. Geben Sie weiterhin zwei Vorteile gegenüber den anderen Zahlungsarten an.

8.3 Unterscheiden Sie den Dauerauftrag von der Banküberweisung. Welche der beiden Zahlungsmöglichkeiten wäre in diesem Fall angebracht?

9. Sie sind als Auszubildender der Frantz GmbH in der Abteilung Einkauf eingesetzt, die für die Beschaffung der Güter zuständig ist. Ordnen Sie die folgenden Begriffe den Fragestellungen in der Tabelle zu:

1) Zeitplanung, 2) Beschaffungsplanung, 3) Bezugsquellenermittlung, 4) Mengenplanung

Fragestellung	Zuordnung
Was soll eingekauft werden?	
Wie viel soll eingekauft werden?	
Wo soll eingekauft werden?	
Wann soll eingekauft werden?	

10. Ordnen Sie die folgenden Begriffe den beschriebenen Güterarten zu:

1) Betriebsstoffe, 2) Ersatzteile, 3) Rohstoffe, 4) Hilfsstoffe, 5) Verpackungsmaterial

Beschreibung der Güter/Materialien	Güterart
Materialien, die als Nebenbestandteile in das Erzeugnis eingehen (z. B. Klebstoff, Schrauben, Farbe)	
Materialien, die Hauptbestandteile des Erzeugnisses sind (z. B. Holz, Stahlblech)	
Verschleißteile im Produktionsprozess (z. B. Hydraulikmotor des Palettenkippers)	
Energie- und Schmierstoffe, die bei der Produktion eingesetzt werden, aber kein direkter Bestandteil des Erzeugnisses sind	
Materialien, die für den Schutz der Produkte notwendig sind	

11. Sie haben als Auszubildender der Frantz GmbH die Aufgabe, die Ermittlung des Nettobedarfs, ausgehend vom Gesamtbedarf in die richtige Reihenfolge zu bringen.

1) Lagerbestand
2) Vormerkbestand
3) Bestellbestand
4) Zusatzbedarf
5) Bruttobedarf

Berechnung des Nettobedarfs
Gesamtbedarf
+
=
–
–
+
= Nettobedarf

12. Entscheiden Sie, bei welcher der folgenden Aussagen es sich um Vorteile der zentralen Beschaffung handelt:

Vorteile der zentralen Beschaffung	
1) Umsetzung einheitlicher Einkaufsstrategien	
2) Enge Verbindung und Kommunikation zwischen den Auslieferungslagern und den Lieferanten	
3) Mengenrabatte sind durch größere Einkaufsmangen zu erzielen.	
4) Die Personalkosten können reduziert werden, da weniger Mitarbeiter benötigt werden.	
5) Jede Filiale hat eine eigene Beschaffungsabteilung und hat somit direkten Kontakt mit den Lieferanten.	
6) Die Bedarfsmeldungen werden an die zentrale Beschaffungsabteilung weitergeleitet. Der Gesamtbedarf wird dadurch transparenter.	
7) Die Kommunikationswege führen zu einem geringeren Verwaltungsaufwand.	

13. Bringen Sie die folgenden Begriffe bezüglich des Beschaffungsablaufs in die richtige Reihenfolge, indem Sie die Schritte von 1 bis 8 nummerieren.

Ablauf der Beschaffung	Nr.
Bestellüberwachung	
Rechnungsprüfung	
Bedarfsermittlung	
Lieferantenauswahl	
Wareneingang	
Zahlungsabwicklung	
Bestellabwicklung	
Bezugsquellenermittlung	

14. Die Frantz GmbH hat keine eigene Kantine und bezieht das tägliche Mittagessen von einem Catering-Service-Unternehmen. Es stellt sich nun die Frage, ob es für die Frantz GmbH günstiger ist, eine eigene Kantine zu betreiben (Eigenfertigung) oder weiterhin auf Fremdbezug zu setzen. Entscheiden Sie, ob die folgenden Aussagen zu diesem Thema richtig (R) oder falsch (F) sind.

Aussagen zu Eigenfertigung und Fremdbezug	R oder F
Der Fremdbezug lohnt sich in der Regel bei kleineren Mengen.	
Der Fremdbezug lohnt sich in der Regel bei größeren Mengen.	
Die variablen Kosten sind bei Eigenfertigung geringer als der Einkaufspreis beim Fremdbezug.	
Die Fixkosten entfallen beim Fremdbezug.	
Die Entscheidung ist auch abhängig von den eigenen technischen Möglichkeiten.	
Bei Fremdbezug ist man unabhängig vom Lieferanten.	
Die Höhe der Fixkosten ist für die Entscheidung ausschlaggebend.	
Bei Eigenfertigung steigen die Fixkosten proportional zur Ausbringungsmenge.	
Unterhalb der kritischen Menge ist der Fremdbezug günstiger.	

15. Berechnen Sie die kritische Menge in Stück für ein Produkt, bei der die Kosten bei Eigenfertigung bzw. Fremdbezug gleich hoch sind:

Bei Eigenfertigung betragen die variablen Kosten 15,00 € pro Stück. Es fallen zusätzlich Fixkosten in Höhe von 12.000,00 € an. Der Bezugspreis beim Fremdbezug beträgt 25,00 € pro Stück.

16. Sie sind Auszubildender der Frantz GmbH und sollen entscheiden, ob die folgenden Auswirkungen auf eine zu hohe Bestellmenge (1) oder auf eine zu niedrige Bestellmenge (2) zutreffen.

Die Lagerkosten für z. B. Energie, Personal und Mietaufwendungen steigen.	
Es besteht eine Gefahr bei zukünftigen Preissenkungen.	
Es fallen höhere Transportkosten an.	
Die Kapitalbindung ist hoch.	
Entgangene Gewinne aufgrund von verlorenen Kunden.	
Der Bestellaufwand steigt.	
Es besteht die Gefahr des Verderbs, Veraltens oder des Diebstahls.	
Es können kaum Rabatte ausgenutzt werden.	

17. Entscheiden Sie, welche der folgenden Aussagen richtig ist:

a) Bei steigender Bestellmenge steigen auch die Bestellkosten.
b) Bei steigender Anzahl der Bestellungen steigt auch der durchschnittliche Lagerbestand.
c) Die Lagerkosten sinken bei steigender Anzahl der Bestellungen.
d) Steigt die Anzahl der Bestellungen, steigt auch die Bestellmenge.

Lösungsbuchstabe ______________________

18. Ermitteln Sie den Meldebestand der Frantz GmbH für eine Ware unter Berücksichtigung folgender Angaben:

Dauer des Bestellvorgangs inkl. Postzustellung in Tagen	2
Lieferzeit ab Eingang der Bestellung beim Lieferanten in Tagen	8
Transportzeit in Tagen	2
Zeit für den Wareneingang (Annahme, Prüfung, Einlagerung) in Tagen	1
Tagesumsatz in Stück	8
Mindestbestand	2 Tagesumsätze

19. Entscheiden Sie, ob es sich in den folgenden Fällen um Vorteile der Vorratsbeschaffung (1), der fallweisen Einzelbeschaffung (2) oder des Just-in-time-Verfahrens (3) handelt (Doppeltnennungen möglich).

Durch höhere Abnahmemengen können Kostenvorteile erzielt werden.	
Geringe Kapitalbindungskosten	
Absicherung der Lieferungen durch langfristige Verträge	
Hohe Lieferbereitschaft	
Geringe Lagerhaltungskosten, da nur bei Bedarf bestellt wird	
Geringe Gefahr von Produktionsunterbrechungen	
Minimierung der Lagerkosten, da nur die Mindestreserve eingehalten werden muss	

20. Entscheiden Sie, welche der folgenden Berechnungen richtig ist:

a) Meldebestand = Tagesumsatz · eiserner Bestand + Lieferzeit

b) Meldebestand = eiserner Bestand · Lieferzeit + Tagesumsatz

c) Optimale Bestellmenge = Tagesumsatz · Lieferzeit + eiserner Bestand

d) Höchstbestand = Tagesumsatz · Lieferzeit + eiserner Bestand

e) Meldebestand = Tagesumsatz · Lieferzeit + eiserner Bestand

Lösungsbuchstabe ______________________

21. Entscheiden Sie, welche der folgenden Aussagen richtig ist:

a) Ist der Mindestbestand erreicht, muss eine neue Bestellung erfolgen.

b) Der Höchstbestand wird festgelegt, um einen zu geringen Lagerbestand zu vermeiden.

c) Der Mindestbestand ist unabhängig vom täglichen Verbrauch.

d) Der Mindestbestand und die Bestellmenge ergeben den Höchstbestand.

e) Der Meldebestand darf nie unterschritten werden.

Lösungsbuchstabe ______________________

22. Die Beschaffungszeit einer Ware beträgt 6 Tage. Der Mindestbestand ist auf 30 Stück festgelegt worden. Berechnen Sie den täglichen Absatz, wenn der Meldebestand 84 Stück beträgt.

23. Der tägliche Absatz eines Artikels beträgt 20 Stück. Der Höchstbestand von 200 Stück darf nicht überschritten werden. Die Bestellmenge ist das Sechsfache des täglichen Absatzes. Berechnen Sie den Mindestbestand.

24. Entscheiden Sie, ob die folgenden Aussagen richtig (R) oder falsch sind (F).

Beim Bestellrhythmusverfahren sind die Bestelltermine abhängig vom Bestand.	
Beim Bestellrhythmusverfahren sind die Bestelltermine unabhängig vom Bestand.	
Beim Bestellrhythmusverfahren wird in festen Zeitabständen bestellt.	
Das Kanban-System eignet sich besonders bei Handlagern für Kleinteile.	
Beim Bestellrhythmusverfahren erfolgt eine Kontrolle der Lagerabgänge.	
Das Bestellrhythmusverfahren eignet sich besonders für A-Güter.	
Eine kontinuierliche Bestandsfortschreibung (Lagerbuchführung) ist Voraussetzung für das Bestellpunktverfahren.	
Die optimale Bestellmenge ist die Menge, bei der die Summe von Bestell- und Lagerkosten am geringsten ist.	

25. Entscheiden Sie, ob die folgenden Aussagen richtig (R) oder falsch sind (F).

Beim Just-in-time-Verfahren handelt es sich um eine fertigungssynchrone Beschaffung.	
Das Just-in-time-Verfahren eignet sich besonders für kleinere Unternehmen.	
Beim Just-in-time-Verfahren verringern sich die Transportkosten.	
Das Just-in-sequence-Konzept ist eine besondere Form der Vorratshaltung.	
Beim Just-in-sequence-Konzept werden die Güter nicht nur rechtzeitig bereit gestellt, sondern auch in der richtigen Reihenfolge an den Produktionsort geliefert.	
Beim Just-in-time-Verfahren sinkt die Abhängigkeit vom Lieferanten.	
Beim Just-in-time-Verfahren steigt die Gefahr von Produktionsausfällen.	
Beim Just-in-time-Verfahren sinken die Kapitalbindungskosten.	

26. Welche Auswirkung hat eine Erhöhung der Bestellhäufigkeit?

a) Die Lagerkosten steigen.
b) Die Bestellmenge steigt.
c) Die Lagerkosten sinken.
d) Die Bestellkosten sinken.
e) Die Lagerkosten bleiben unverändert.

Lösungsbuchstabe ______

27. Die Frantz GmbH möchte für die Beschaffung einer neuen Lagerausstattung neue Bezugsquellen ermitteln und vorhandene Bezugsquellen weiterhin nutzen. Entscheiden Sie bei den folgenden Informationsquellen, ob es sich um interne (I) oder externe (E) Informationsquellen handelt.

Artikeldatei	
Informationsbroschüren der IHK	
Besuch einer Industriemesse	
Lieferantendatei	
Berichte unserer Vertreter	
Fachzeitschriften	
Gelbe Seiten, Internetrecherche	
Lieferantenkataloge	

28. Entscheiden Sie, welche der folgenden Aussagen richtig ist:

a) Die Anfrage an einen Lieferanten nach einem Produkt ist verbindlich.

b) Die Anpreisungen in der Zeitung sind rechtlich verbindliche Angebote.

c) Die Inhalte des Angebots sind rechtlich unverbindlich.

d) Die Inhalte des Angebots sind rechtlich verbindlich.

e) Freizeichnungsklauseln sind ungültige Vertragsbestandteile.

Lösungsbuchstabe ______________________________ ☐

29. In welchen der folgenden Fälle liegt ein Angebot vor? Kreuzen Sie an.

a)	Eine Anzeige in einer Fachzeitschrift mit Sonderangeboten.	
b)	Die Frantz GmbH erhält auf ihre Anfrage zur neuen Ausstattung des Kleinteilelagers eine Antwort mit Preisangaben und Lieferungsbedingungen.	
c)	Die Nürnberger Werkzeuggesellschaft mbH bietet der Frantz GmbH telefonisch ein bestimmtes Werkzeug an.	
d)	Die Nürnberger Werkzeuggesellschaft mbH verteilt an alle Unternehmen im Umkreis von 200 km Handzettel, die über ihre Produkte und Preise informieren.	
e)	Auf der Industriemesse in Hannover bietet ein Vertreter der ElWoFa AG einem Mitarbeiter der Frantz GmbH spezielle Lagereinrichtungen an.	
f)	Ihnen werden in einem Sportfachgeschäft von der Verkäuferin neue Modelle aus dem Bereich Tennisbekleidung vorgelegt.	
g)	Im Internet wirbt ein Händler mit genauer Preisangabe für die neue Playstation.	
h)	Die Schaufensterauslage eines Elektronikfachgeschäftes	

30. Entscheiden Sie, welche der folgenden Freizeichnungsklauseln für die unten genannten Fälle sinnvoll ist.

a) ohne Gewähr

b) unverbindlich

c) Preis freibleibend

d) solange der Vorrat reicht

Die Frantz GmbH schickt ihrem Kunden, der Niemann KG aus Wolfsburg, ein Angebot für logistische Dienstleistungen. Die Frantz GmbH kann aber die Angebotsinhalte noch nicht garantieren.	
Die Nürnberger Werkzeuggesellschaft mbH bietet der Frantz GmbH ein neues Werkzeug an. Da es für die Funktionstüchtigkeit noch keine nachgewiesenen Studien gibt, will die Nürnberger Werkzeuggesellschaft mbH keine Garantie für die angegebenen Werte übernehmen.	
In der Logistikbranche ist mit Preissteigerungen zu rechnen. Die Frantz GmbH macht der Ersatzteile-Service Georg OHG ein Angebot, ohne den angegebenen Preis garantieren zu können.	
Die Nürnberger Werkzeuggesellschaft mbH macht der Frantz GmbH ein Sonderangebot in dem vermerkt ist, dass die angebotene Ware nur begrenzt vorhanden ist.	

31. Entscheiden Sie, ob es sich in den folgenden Situationen um einen

1) Barkauf
2) Kauf gegen Vorausszahlung
3) Zielkauf
4) Ratenkauf
5) Sofortkauf
6) Terminkauf
7) Fixkauf
8) Kauf auf Abruf

handelt.

Die Frantz GmbH bezahlt den neuen Kommissionierstapler in Teilbeträgen.	
Die Frantz GmbH ruft die gekaufte Ware in Teilmengen nach Bedarf ab um Lagerkosten zu sparen.	
Die Lieferung des Mittagsbuffets für die Betriebsfeier der Frantz GmbH muss am 18.10. um 12:30 Uhr eintreffen.	
Herr Mittermeier aus der Abteilung Einkauf kauft in einem Schreibwarengeschäft Kopierpapier. Die Zahlung erfolgt noch im Geschäft. (Zug-um-Zug-Geschäft)	
Die auf Rechnung bestellten und gelieferten Waren werden innerhalb der nächsten 30 Tage bezahlt.	
Der Verkäufer liefert unmittelbar nach Abschluss des Kaufvertrags.	
Die Zahlung des Kaufpreises für eine Sonderanfertigung für das Kleinteilelager erfolgt vor Übergabe der Ware.	
Die Lieferung der Lagereinrichtung erfolgt innerhalb einer vereinbarten Frist oder zu einem vereinbarten Termin.	

32. Incoterms® sind internationale Handelsklauseln, die die Verteilung der Transportkosten und des Transportrisikos einheitlich regeln. Ordnen Sie die Nummern der folgenden Klauseln den beschriebenen Situationen zu:

EXW (1)	FCA (2)	CPT (3)	CIP (4)	DAT (5)
DAP (6)	DDP (7)	FAS (8)	FOB (9)	CFR (10)
CIF (11)				

Die Frantz GmbH liefert frei Längsseite Schiff im Verschiffungshafen.	
Die Frantz GmbH übernimmt eine Lieferung von Solingen nach Los Angeles (USA). Bei der Verladung im Verschiffungshafen Hamburg löst sich ein Container vom Verladekran und wird zerstört. Die Frantz GmbH haftet für den Schaden.	
Die Frantz GmbH liefert verzollt bis zum Bestimmungsort (Maximalverpflichtung).	
Die Frantz GmbH übernimmt als Verkäufer keine Transportkosten.	
Die Frantz GmbH liefert frei an Bord im Verschiffungshafen.	
Kosten, Versicherung und Fracht werden bis zum Bestimmungshafen vom Verkäufer bezahlt.	
Der Verkäufer liefert frei Frachtführer.	
Die Kosten bis zum Bestimmungshafen übernimmt die Frantz GmbH als Verkäufer (Exporteur).	

33. Die Frantz GmbH liefert Waren an die Niemann KG nach Wolfsburg. Die Waren werden zum Bahnhof in Solingen mit dem eigenen Lkw transportiert. Es entstehen Kosten in Höhe von 150,00 €. Die Frachtkosten nach Wolfsburg betragen 950,00 €, die Verlade- und Entladekosten jeweils 80,00 €. Die Transportkosten vom Empfangsbahnhof Wolfsburg bis zur Niemann KG werden mit 130,00 € kalkuliert.

Berechnen Sie die anteiligen Versandkosten bei folgenden Lieferbedingungen:

Lieferbedingung	Kosten für den Verkäufer	Kosten für den Käufer
ab Werk		
frei Lager		
unfrei		
frachtfrei		
frei Waggon		
ab hier		
frei dort		

34. Entscheiden Sie, welche Reihenfolge für die Berechnung des Einstandpreises (Bezugspreises) die Richtige ist.

Schema 1	Schema 2	Schema 3
Listeneinkaufspreis	Listeneinkaufspreis	Listeneinkaufspreis
– Lieferantenskonto	– Lieferantenrabatt	+ Bezugskosten
= Zieleinkaufspreis	= Zieleinkaufspreis	= Zieleinkaufspreis
– Lieferantenrabatt	– Lieferantenskonto	– Lieferantenrabatt
= Bareinkaufspreis	= Bareinkaufspreis	= Bareinkaufspreis
+ Bezugskosten	+ Bezugskosten	– Lieferantenskonto
= Bezugspreis	= Bezugspreis	= Bezugspreis

35. Sie haben die Aufgabe als Auszubildender der Frantz GmbH den Bezugspreis für einen neuen Kommissionierstapler zu berechnen. Es gelten die folgenden Konditionen:

Der Listenverkaufspreis des Kommissionierstaplers „Chrono 100xl" beträgt 8.500,00 €. Der Lieferant gewährt einen Neukundenrabatt in Höhe von 8 %. Bei Zahlung innerhalb von 10 Tagen werden zusätzlich 2 % Skonto gewährt. Für die Lieferung des Staplers verlangt der Verkäufer 350,00 €.

36. Entscheiden Sie, ob die folgenden Aussagen richtig (R) oder falsch (F) sind.

Die Bestellung ist eine rechtlich verbindliche Willenserklärung.	
Das Angebot ist immer der erste Antrag zum Zustandekommen eines Kaufvertrags.	
Stimmen Angebot und Bestellung überein, kommt es zum Kaufvertrag.	
Eine Anfrage ist rechtlich bindend.	
Zwei übereinstimmende Willenserklärungen sind die Voraussetzung für das Zustandekommen eines Kaufvertrages.	
Eine Bestellung muss schriftlich erfolgen, sonst ist sie nicht verbindlich.	
Bei einer vom Angebot abweichenden Bestellung gilt die Bestellung als neuer Antrag zum Abschluss eines Kaufvertrages.	
Eine Auftragsbestätigung durch den Verkäufer ist erforderlich, wenn die Bestellung ohne vorheriges Angebot erfolgte.	
Eine Auftragsbestätigung durch den Verkäufer ist erforderlich, wenn die Bestellung beim Lieferanten zu spät eintrifft.	

37. Welche der folgenden Begriffskombinationen führen zum Zustandekommen eines Kaufvertrages?

a) Bestimmte Anfrage – Verbindliches Angebot
b) Unbestimmte Anfrage – Verbindliches Angebot
c) Bestellung – Bestellungsannahme
d) Sonderangebot in der Zeitung – Bestellung
e) Persönliches Angebot – Bestellung
f) Telefonisches Angebot – Bestellung
g) Bestimmte Anfrage – Auftragsbestätigung

Lösungsbuchstaben ____________________

38. Ordnen Sie die Beispiele in der Tabelle den folgenden Marktformen zu:

a) Polypol
b) Angebotsmonopol
c) Nachfragemonopol
d) Angebotsoligopol
e) Nachfrageoligopol

Die Nutzer von Mobilfunkgeräten können unter wenigen Netzanbietern wählen.	
Niedersachsen lässt eine neue Landstraße bauen.	
In Deutschland bieten einige wenige Kaffeeproduzenten ihre Produkte an.	
Viele Landwirte bieten ihre Getreideernte den wenigen Betreibern von Getreidemühlen an.	
Durch die Globalisierung im Internet können die Nachfrager zwischen vielen Anbietern auswählen.	
Viele Bäckereien bemühen sich um die Lizenz eines Patentinhabers.	
Die Deutsche Bahn ist der alleinige Anbieter vom Fernverkehr auf Schienen.	
Aktienhandel an internationalen Finanzbörsen	

39. Welche Aussagen sind richtig?

a) Steigt der Preis, steigt auch die Nachfrage
b) Steigt der Preis, steigt auch das Angebot
c) Sinkt der Preis, sinkt auch die Nachfrage
d) Im Schnittpunkt der Angebotskurve und der Nachfragekurve bildet sich der Gleichgewichtspreis.
e) Sinkt der Preis, steigt das Angebot
f) Der Preis hat keinen Einfluss auf Angebot und Nachfrage.

Lösungsbuchstaben ______________________

40. Welche der folgenden Aussagen ist korrekt?

a) Die Produktionsmenge der Anbieter ist von der technischen Entwicklung unabhängig.
b) Die Produktionsmenge verringert sich bei steigendem Bedarf der Verbraucher.
c) Das Anbieterverhalten hat keinen Einfluss auf die Wettbewerbssituation.
d) Bei steigendem Bedarf wird die Produktionsmenge voraussichtlich steigen.
e) Das Nachfrageverhalten hat keinen Einfluss auf die Produktionsmenge.

Lösungsbuchstaben ______________________

41. Der Markt für Smartphones ist ein Käufermarkt. Welche der folgenden Aussagen beschreibt den Käufermarkt richtig?

a) Der Anbieter ist am Käufermarkt in der wirtschaftlich stärkeren Position.
b) Hohe Preissteigerungen sind am Käufermarkt oft zu beobachten.
c) Am Käufermarkt ist die Nachfrage größer als das Angebot.
d) Nachfrage und Angebot gleichen sich am Käufermarkt aus.
e) Am Käufermarkt ist das Angebot größer als die Nachfrage.

Lösungsbuchstaben ______________________

42. Entscheiden Sie, ob die folgenden Aussagen richtig (R) oder falsch (F) sind:

Wenn die Nachfrage zunimmt, sind Preissteigerungen seitens der Anbieter durchsetzbar.	
Durch die Senkung der Angebotspreise kann die Nachfrage erhöht werden.	
Die größtmögliche Warenmenge wird zum Gleichgewichtspreis abgesetzt.	
Aufgrund einer ertragreichen Kartoffelernte steigt der Preis pro Kilogramm Kartoffeln.	
Ist die Nachfrage größer als das Angebot bei einem bestimmten Preis, spricht man von einem Nachfrageüberhang.	
Aufgrund von Witterungseinflüssen wird mit einer geringen Kartoffelernte gerechnet. Die Angebotskurve verschiebt sich daraufhin nach links.	
Aufgrund von steigender Arbeitslosigkeit steigt das verfügbare Einkommen einer Volkswirtschaft.	
Aufgrund von steigender Arbeitslosigkeit in einer Volkswirtschaft sinkt die Nachfrage nach Konsumgütern und die Nachfragekurve verschiebt sich nach rechts.	
Im Schnittpunkt von Angebots- und Nachfragekurve bildet sich der Gleichgewichtspreis.	
Ist das Angebot größer als die Nachfrage, sinkt der Preis.	
Butter und Margarine sind Substitutionsgüter.	
Butter und Brötchen sind Komplementärgüter.	

⑫ Kennzahlen ermitteln und auswerten

1. Aufgabe

Situation:
Sie sind Auszubildende(r) zur Fachkraft für Lagerlogistik in der Frantz GmbH. Im Lager unterhalten Sie sich mit Ihrem Kollegen Frank. Sie erklären ihm, dass der Jahresabschluss wieder vor der Tür steht und dass in Kürze eine Inventur durchgeführt wird.

1.1 Nennen und beschreiben Sie vier verschiedene Arten der Inventur!

1.2 Erläutern Sie weiterhin, warum die Inventur eine wichtige Voraussetzung für den Jahresabschluss ist!

1.3 Erklären Sie, worin der Unterschied zwischen einem Inventar und einer Bilanz besteht!

1.4 Ergänzen Sie folgende Übersicht, ob es sich um das Anlagevermögen (AV), das Umlaufvermögen (UV), um kurzfristige Verbindlichkeiten (KV) oder um langfristige Verbindlichkeiten (LV) handelt!

Warenvorrat		Bankdarlehen	
Bankguthaben		Schreibtisch	
Grundstück		Gabelstapler	
Verbindlichkeiten gegenüber Lieferanten		Hypothek	
Kasse		Forderungen an Kunden	
Verbindlichkeiten an das Finanzamt		Lkw-Anhänger	

1.5 Erstellen Sie anhand der Inventurdaten zum 31.12.20.., das Inventar der Frantz GmbH.

Sparkassenguthaben	125.500,00 €
Gebäude Lagerhalle 11 a	238.000,00 €
Grundstücke	580.500,00 €
Kassenbestand	3.850,00 €
Lastkraftwagen	410.000,00 €
Forderungen a. LL	159.000,00 €
Postbank	91.300,00 €
Hypothek Sparkasse	985.000,00 €
Warenvorrat Gruppe A	115.000,00 €
Verwaltungsgebäude	516.000,00 €
Warenvorrat Gruppe B	95.000,00 €
Gabelstapler	18.250,00 €
Verbindlichkeiten a. LL	316.000,00 €
Bankdarlehen Volksbank	535.000,00 €
Warenvorrat Gruppe C	71.000,00 €
Standwaage	7.900,00 €

Inventar der Frantz GmbH zum 31.12.20..		
A. Vermögen	€	€
B. Schulden		
C. Ermittlung des Eigenkapitals		

2. Aufgabe

Situation:
Sie sind Mitarbeiter/-in der Frantz GmbH und arbeiten momentan in der Buchhaltung. Ihnen ist die Auszubildende Pia zugeordnet wurden, die vor Kurzem auch bei der Inventur eingesetzt wurde. Da Pia noch keine Erfahrung im Bereich Inventur und Jahresabschluss hat, ist sie verwundert, warum alles so genau aufgenommen werden muss und nicht einfach geschätzt werden kann.

2.1 Erklären Sie Pia, warum jeder Unternehmer verpflichtet ist, einen Jahresabschluss zu erstellen.

____

____

____

____

____

____

2.2 Nennen Sie mindestens vier Grundsätze ordnungsgemäßer Buchführung!

____

____

____

____

____

2.3 Fügen Sie die unten genannten Begriffe richtig in die Vorlage ein, sodass eine Bilanz nach dem Bilanzgliederungsprinzip entsteht!

I. Anlagevermögen, Passiva, Fuhrpark, Hypotheken, Verbindlichkeiten aus Lieferung und Leistung, Forderungen aus Lieferung und Leistung, I. Eigenkapital, Kasse, Warenvorräte, Bank, Gebäude, Grundstücke, Darlehensschulden, Geschäftsausstattung, Betriebsausstattung, Aktiva, II. Umlaufvermögen, II. Fremdkapital

Bilanz

Bilanzsumme		Bilanzsumme	

2.4 Erstellen Sie mithilfe der Vorgaben aus Aufgabe 1.5 die Bilanz der Frantz GmbH zum 31.12.20..!

Bilanz Frantz GmbH zum 31.12.20..

Bilanzsumme		Bilanzsumme	

3. Aufgabe

Situation:
Sie sind Auszubildende(r) zur Fachkraft für Lagerlogistik in der Frantz GmbH im dritten Ausbildungsjahr und arbeiten derzeit in der Buchhaltungsabteilung. Sie erhalten von Ihrem Ausbilder eine Vielzahl von Belegen, die vorkontiert sind und nun gebucht werden müssen.

3.1 Buchen Sie die folgenden Geschäftsvorfälle im Grund- und Hauptbuch und ermitteln Sie den Schlussbestand der jeweiligen Konten!

Anfangsbestände: Betriebsausstattung 38.500,00 €, Warenvorräte 53.400,00 €, Forderungen a. LL 23.300,00 €, Kasse 5.100,00 €, Bank 33.000,00 €, Hypothekenschulden 155.000,00 €, Darlehensschulden 25.400,00 €, Verbindlichkeiten a. LL 28.200,00 €.

Geschäftsvorfälle:

1. Die Frantz GmbH verkauft Waren auf Ziel	3.300,00 €
2. Banküberweisung zur Tilgung einer Darlehensschuld	2.800,00 €
3. Die Frantz GmbH kauft Waren auf Ziel	6.100,00 €
4. Die Frantz GmbH überweist eine Lieferantenrechnung	3.150,00 €
5. Kunde bezahlt seine Rechnung in bar	500,00 €
6. Die Frantz GmbH eröffnet ein weiteres Konto durch Bareinzahlung	1.500,00 €
7. Eine Lieferantenschuld wird in eine Darlehensschuld umgewandelt	1.350,00 €
8. Warenverkauf gegen Barzahlung	850,00 €
9. Ein Kunde überweist seine Rechnung	120,00 €
10. Wareneinkauf auf Ziel	3.800,00 €
11. Die Frantz GmbH begleicht eine Hypothekenschuld durch Banküberweisung	11.500,00 €
12. Kauf eines Umreifungsgerätes gegen Bankscheck	7.800,00 €

Grundbuch der Frantz GmbH				
Beleg.Nr.	Konten		e	e
	Soll	Haben	Soll	Haben

S	H

S	H

S	H

S	H

S	H

S	H

S	H

S	H

3.2 Ordnen Sie zu, ob die folgenden Konten über das Eigenkapitalkonto (1), Gewinn- und Verlustkonto (2) oder das Schlussbilanzkonto (3) abgeschlossen werden! Tragen Sie dazu die entsprechenden Ziffern in die Kästchen ein!

Bank		Verbindlichkeiten	
Mietaufwendung		Energiekosten	
Darlehen		Privateinlage	
Privatentnahme		Hypothekenschuld	
Kasse		Provisionserträge	
Forderungen		Gehälter	

4. Aufgabe

Situation:
Sie arbeiten zurzeit in der Lohnbuchhaltung der Frantz GmbH und sind damit beauftragt, die Gehaltsabrechnungen zu erstellen.

4.1 Erstellen Sie für einen ledigen, kinderlosen Fachlageristen eine vollständige Gehaltsabrechnung. Er ist 23 Jahre alt und Mitglied in der Kirche. Sein Bruttogehalt beträgt 2.350,00 €.

Bruttogehalt		**2.350,00 €**
= Nettogehalt		

Kinderfreibetrag			0		0,5		1		1,5		2
ab €	Stkl	LSt	SolZ	KiSt	SolZ	KiSt	SolZ	KiSt	SolZ	KiSt	SolZ
2.343,00 €											
	I	297,33	16,35	26,75	11,91	19,49	7,73	12,65	–	6,26	–
	II	266,66	–	–	10,32	16,89	6,24	10,21	–	4,17	–
	III	91,66	–	8,24	–	3,42	–	–	–	–	–
	IV	297,33	16,35	26,75	14,10	23,07	11,91	19,49	9,79	16,02	7,73
	V	550,00	30,25	49,50	–	–	–	–	–	–	–
	VI	584,33	32,13	52,58	–	–	–	–	–	–	–
2.346,00 €											
	I	298,08	16,39	26,82	11,95	19,55	7,77	12,71	–	6,32	–
	II	267,41	–	–	10,36	16,95	6,27	10,27	–	4,22	–
	III	92,33	–	8,30	–	3,46	–	–	–	–	–
	IV	298,08	16,39	26,82	14,14	23,14	11,95	19,55	9,83	16,08	7,77
	V	551,00	30,30	49,59	–	–	–	–	–	–	–
	VI	585,16	32,18	52,66	–	–	–	–	–	–	–
2.349,00 €											
	I	298,83	16,43	26,89	11,99	19,62	7,81	12,78	–	6,37	–
	II	268,08	–	–	10,39	17,01	6,31	10,32	–	4,26	–
	III	92,83	–	8,35	–	3,51	–	–	–	–	–
	IV	298,83	16,43	26,89	14,18	23,20	11,99	19,62	9,86	16,14	7,81
	V	552,16	30,36	49,69	–	–	–	–	–	–	–
	VI	586,16	32,23	52,75	–	–	–	–	–	–	–
2.352,00 €											
	I	299,50	16,47	26,95	12,03	19,68	7,84	12,83	–	6,42	–
	II	268,83	–	–	10,43	17,07	6,34	10,38	–	4,32	–
	III	93,50	–	8,41	–	3,53	–	–	–	–	–
	IV	299,50	16,47	26,95	14,22	23,27	12,03	19,68	9,90	16,20	7,84

4.2 Geben Sie an, wie das Gehalt des Fachlageristen verbucht wird!

____

____

____

____

____

____

5. Sie sind als Auszubildender der Frantz GmbH in der Abteilung Rechnungswesen eingesetzt, die für die Geschäftsbuchhaltung zuständig ist.
Welche Aussage über die Buchführungspflicht ist richtig?

a) Die Buchführungspflicht ist im Einkommensteuergesetz (EStG) geregelt.
b) Die Buchführungspflicht ist im Bürgerlichen Gesetzbuch (BGB) geregelt.
c) Die Buchführungspflicht ist im Handelsgesetzbuch (HGB) geregelt.
d) Die Buchführungspflicht ist im Wechselgesetz (WG) geregelt.

Lösungsbuchstabe ______________________________ ☐

6. Wie viel Jahre müssen Belege, Inventare und Bilanzen aufgehoben werden?

Antwort: ____________________

7. Wie viel Jahre müssen Geschäftsbriefe aufgehoben werden?

Antwort: ____________________

8. Entscheiden Sie in den folgenden Fällen, welche Inventurart beschrieben wird.

a) Stichprobeninventur
b) verlegte Inventur
c) Stichtagsinventur
d) permanente Inventur

Inventurbeschreibung	Art
Am Bilanzstichtag (Ende des Geschäftsjahres) wird die Inventur durchgeführt.	
Für einen geringen Anteil der Lagerbestände wird eine Inventur durchgeführt. Mithilfe mathematisch-statistischer Verfahren wird der Gesamtbestand errechnet.	
Die körperliche Bestandsaufnahme wird auf das Geschäftsjahr verteilt. Zugänge und Abgänge werden wert- und mengenmäßig zum Bilanzstichtag fortgeschrieben.	
Innerhalb der letzten drei Monate vor dem Bilanzstichtag oder innerhalb der ersten zwei Monate nach dem Bilanzstichtag erfolgt die Inventur. Die Zugänge und Abgänge werden auf den Bilanzstichtag fortgeschrieben bzw. zurückgerechnet.	

9. Entscheiden Sie, um welche Art von Bilanzposten es sich in der Tabelle handelt.

a) Anlagevermögen
b) Umlaufvermögen
c) langfristige Schulden
d) kurzfristige Schulden

	Bilanzposten			Bilanzposten	
1	Bankguthaben		7	Gebäude	
2	Lkw		8	Hypothek	
3	Verbindlichkeiten		9	PC-Ausstattung	
4	Maschinen		10	Warenvorrat	
5	Darlehen		11	Gabelstapler	
6	Forderungen		12	Kassenbestand	

10. Entscheiden Sie, welche der folgenden Aussagen richtig ist/sind.

a) Die Vermögenswerte und Schulden werden in der Bilanz in Staffelform dargestellt.
b) Das Inventar zeigt in übersichtlicher und kurzer Darstellungsweise die Vermögenswerte und Schulden.
c) Die Bilanz ist ein ausführliches Bestandsverzeichnis der Vermögenswerte und Schulden.
d) Die Bilanz wird in Kontoform dargestellt.
e) In der Bilanz werden die Mengen und Werte der Bestände dargestellt.
f) Das Inventar ist eine ausführliche Darstellung der Vermögenswerte und Schulden.

Lösungsbuchstabe/n: ____________________

11. Berechnen Sie das Eigenkapital der Frantz GmbH aufgrund folgender Angaben:

Summe des Anlagevermögens:	1.850.000,00 €
Summe der langfristigen Schulden:	1.400.000,00 €
Summe der kurzfristigen Schulden:	280.000,00 €
Summe des Umlaufvermögens:	650.000,00 €
Eigenkapital:	

12. Für die Auswertung des Jahresabschlusses der Frantz GmbH werden Kennzahlen ermittelt, die im Vergleich zu den Vorjahren die Entwicklung des Unternehmens widerspiegeln. Berechnen Sie die Kennzahlen aufgrund der vorliegenden Daten:

Anlagevermögen	1.850.000,00 €
Umlaufvermögen	650.000,00 €
Eigenkapital	820.000,00 €
Fremdkapital	1.680.000,00 €
Eigenkapitalquote	
Fremdkapitalquote	

13. Das Eigenkapital der Frantz GmbH hat sich im letzten Geschäftsjahr von 800.000,00 € auf 820.000,00 € erhöht. Um wie viel Prozent ist das Eigenkapital gestiegen?

Antwort: ______________________________

14. Entscheiden Sie, um welche Bilanzveränderung es sich in den folgenden Fällen handelt.

a) Aktivtausch
b) Passivtausch
c) Aktiv-Passiv-Mehrung
d) Aktiv-Passiv-Minderung

Bilanzveränderung	
Ein Kunde überweist den noch offenen Rechnungsbetrag auf unser Bankkonto.	
Die Frantz GmbH kauft eine EDV-Anlage auf Ziel.	
Wir verkaufen einen gebrauchten PC gegen Barzahlung.	
Wir wandeln eine Lieferantenverbindlichkeit in eine Darlehensschuld um.	
Wir bezahlen eine gebuchte Lieferantenrechnung durch Banküberweisung.	
Wir zahlen Bargeld auf unser Bankkonto ein.	
Wir kaufen eine Lagerhalle und nehmen dafür ein Darlehen auf.	
Wir tilgen eine Darlehensschuld durch Banküberweisung.	

15. Entscheiden Sie in den folgenden Fällen, ob die Aussagen richtig (R) oder falsch (F) sind.

Der Anfangsbestand des Kontos „Fuhrpark" steht auf der Soll-Seite.	
Der Anfangsbestand des Kontos „Bankguthaben" steht auf der Haben-Seite.	
Auf aktiven Bestandskonten werden die Mehrungen im Soll gebucht.	
Auf dem Konto „Darlehen" wird eine Zunahme im Haben gebucht.	
Das Konto „Waren" ist ein aktives Bestandskonto.	
Auf dem Konto „Waren" werden Zugänge im Haben gebucht.	
Der Schlussbestand eines aktiven Bestandskonto wird im Soll gebucht.	
Überweisungen von unserem „Bankkonto" werden im Haben als Lastschrift gebucht.	
Der Schlussbestand des Kontos „Verbindlichkeiten" steht im Haben.	
Ein Wareneinkauf auf Ziel ist erfolgsneutral.	

16. Die Frantz GmbH hat sich im letzten Jahr entschieden, Europaletten in großen Mengen einzukaufen, um sie dann ihren Kunden anbieten zu können. Berechnen Sie die fehlenden Werte.

Folgende Daten liegen vor:

Einstandspreis je Europalette:	19,50 € netto (ohne Umsatzsteuer)
Listenverkaufspreis je Europalette:	35,20 € netto (ohne Umsatzsteuer)
Jahresanfangsbestand:	2.400 Stück
Einkäufe während des Geschäftsjahres:	3.000 Stück
Schlussbestand am Ende des Geschäftsjahres:	1.700 Stück
a) Verkaufte Menge:	
b) Umsatz:	
c) Wareneinsatz in €:	
d) Rohgewinn:	

17. Entscheiden Sie, ob die folgenden Aussagen richtig (R) oder falsch (F) sind.

Ein Geschäftsfall, der nur die Bestandskonten berührt, ist erfolgsneutral.	
Aufwendungen, wie z. B. Löhne oder Miete werden auf den entsprechenden Konten im Haben gebucht.	
Alle Ertragskonten sind Unterkonten des Eigenkapitalkontos.	
Aufwendungen stellen den Wert aller erbrachten Leistungen dar und erhöhen das Eigenkapital.	
Erträge werden auf den entsprechenden Ertragskonten im Haben gebucht.	
Aufwands- und Ertragskonten werden direkt über das Eigenkapitalkonto abgeschlossen.	

18. Entscheiden Sie, ob die folgenden Aussagen zur Buchung auf Warenkonten richtig (R) oder falsch (F) sind.

Beim Kauf von Waren auf Ziel wird auf dem Bestandskonto Waren im Soll und auf dem Konto Verbindlichkeiten im Haben gebucht.	
Der Rohgewinn berechnet sich aus dem Umsatz abzüglich des Wareneinsatzes.	
Das Konto „Aufwendungen für Waren" ist ein aktives Bestandskonto.	
Warenverkäufe werden auf dem Ertragskonto „Umsatzerlöse" im Haben gebucht.	
Beim bestandsorientierten Verfahren des Wareneingangs wird von einem direkten Verkauf bzw. Verbrauch der Waren ausgegangen.	
Der Schlussbestand an Waren wird auf dem Warenbestandskonto im Soll gebucht.	
Beim verbrauchsorientierten Verfahren des Wareneingangs werden die Einkäufe direkt auf dem Aufwandskonto „Aufwendungen für Waren" gebucht.	

19. Entscheiden Sie, ob es sich in den folgenden Fällen um einen Aufwand (A), um einen Ertrag (E) oder um einen Geschäftsfall handelt, der erfolgsneutral ist und das Eigenkapital nicht verändert (N).

Die Frantz GmbH erhält eine Zinsgutschrift auf ihrem Bankkonto.	
Kauf eines Umlaufregals auf Ziel	
Unser Kunde, die Niemann KG, erhält von uns eine Rechnung über 85 ausgelieferte Europaletten.	
Wir bezahlen die Löhne an unsere Mitarbeiter.	
Die Ersatzteile-Service Georg OHG bezahlt eine offene Rechnung.	
Wir erhalten eine Bankgutschrift für ein Provisionsgeschäft.	
Wir bezahlen betriebliche Steuern per Banküberweisung.	
Wir verkaufen einen Teil unserer Lagerausstattung auf Ziel.	
Wir versenden eine Rechnung an die Ersatzteile-Service Georg OHG für ein Speditionsgeschäft.	

20. Entscheiden Sie, ob die folgenden Aussagen zur Umsatzsteuer bzw. Vorsteuer richtig (R) oder falsch (F) sind.

Die Vorsteuer mindert den Gewinn.	
Die Umsatzsteuer ist eine Verbindlichkeit gegenüber dem Finanzamt.	
Vorsteuer und Umsatzsteuer sind erfolgsneutral.	
Die Zahllast ist die Differenz zwischen Umsatzsteuer und Vorsteuer.	
Der Vorsteuerüberhang muss an das Finanzamt abgeführt werden.	
Ist die gezahlte Vorsteuer höher als die eingenommene Umsatzsteuer, hat die Frantz GmbH eine Forderung gegenüber dem Finanzamt.	
Die Umsatzsteuer muss abzüglich der Vorsteuer an das Finanzamt überwiesen werden.	

21. Die Frantz GmbH möchte ihre Eigenkapitalrentabilität des letzten Geschäftsjahres berechnen. Geben Sie an, welche der folgenden Kennzahlen die richtige ist.

a) $\frac{\textit{Eigenkapital}}{\textit{Anlagevermögen}} \cdot 100$

b) $\frac{\textit{Eigenkapital}}{\textit{Gesamtkapital}} \cdot 100$

c) $\frac{\textit{Gewinn}}{\textit{Gesamtkapital}} \cdot 100$

d) $\frac{\textit{Gewinn}}{\textit{Eigenkapital}} \cdot 100$

e) $\frac{\textit{Gewinn}}{\textit{Umsatzerlöse}} \cdot 100$

Lösungsbuchstabe ____ ☐

22. Kreuzen Sie die richtigen Aussagen zum Jahresabschluss an.

a) Der Kaufmann muss am Jahresende einen Jahresabschluss erstellen. ____ ☐
b) In der Schlussbilanz müssen die Erträge den Aufwendungen gegenüber gestellt werden. ____ ☐
c) Ist das Eigenkapital in der Eröffnungsbilanz höher als in der Schlussbilanz, wurde während des Geschäftsjahres ein Gewinn erzielt. ____ ☐
d) Das Konto 500 Umsatzerlöse wird über das Gewinn- und Verlustkonto (GuV-Konto) abgeschlossen. ____ ☐
e) Die Eröffnungsbilanz zeigt den Gewinn des letzten Geschäftsjahres. ____ ☐
f) Die Bestandskonten werden über das Gewinn- und Verlustkonto abgeschlossen. ____ ☐
g) Die Erfolgskonten werden über das Gewinn- und Verlustkonto abgeschlossen. ____ ☐
h) Das Warenbestandskonto wird buchhalterisch über das Schlussbilanzkonto abgeschlossen. ____ ☐
i) Das Schlussbilanzkonto wird aufgrund der Inventur erstellt. ____ ☐
j) Die Schlussbilanz wird aufgrund der Inventur erstellt. ____ ☐
k) Im GuV-Konto stehen die Aufwendungen im Soll und die Erträge im Haben. ____ ☐
l) Der Gewinn des Geschäftsjahres wird im GuV-Konto auf der Haben-Seite gebucht. ____ ☐

23. Folgende Konten stehen Ihnen für die Buchung der folgenden Geschäftsfälle zur Verfügung.

050 Unbebaute Grundstücke	440 Verbindlichkeiten a. LL
070 Maschinen der Energieversorgung	425 Darlehen
083 Lagereinrichtung	480 Umsatzsteuer
084 Fuhrpark	500 Umsatzerlöse für Warenverkäufe
085 BGA	540 Mieterträge
228 Waren	541 Provisionserträge
240 Forderungen	571 Zinserträge
260 Vorsteuer	605 Aufwendungen für Energie
280 Bankguthaben	620 Löhne
288 Kassenbestand	652 Abschreibungen auf Sachanlagen
290 Aktive Jahresabgrenzung	670 Mietaufwendungen

Buchen Sie die Geschäftsfälle in der Tabelle auf der nächsten Seite, in der nur die Kontonummern in der jeweiligen Spalte eingetragen werden sollen (keine Beträge).

Hinweis: Es wird **mindestens** ein Konto auf der Soll-Seite und mindestens ein Konto auf der Haben-Seite angesprochen.

	Geschäftsfälle	Soll		Haben	
a)	Die Frantz GmbH kauft für netto 4.500,00 € Waren auf Ziel + Umsatzsteuer.				
b)	Banküberweisung für die gemietete Lagerhalle: 2.000,00 €.				
c)	Die Frantz GmbH zahlt ihren Mitarbeitern Löhne für den Monat November per Banküberweisung: 40.000,00 €.				
d)	Wir verkaufen Waren auf Ziel: 15.000,00 € + Umsatzsteuer.				
e)	Der Wertverlust unserer Maschinen beträgt 12.000,00 €.				
f)	Wir bezahlen eine bereits gebuchte Eingangsrechnung in Höhe von 3.750,00 € per Banküberweisung.				
g)	Die Frantz GmbH erhält für einen durchgeführten Speditionsauftrag 3.800,00 € inklusive Umsatzsteuer in bar.				
h)	Kauf eines Paternosterregals auf Ziel: 17.000,00 € + Umsatzsteuer.				
i)	Wir erhalten umsatzsteuerfreie Mieterträge für eine Lagerhalle in Diepholz: 1.250,00 € per Banküberweisung.				
j)	Ein Kunde überweist eine offene Rechnung in Höhe von 850,00 €.				
k)	Wir bezahlen eine Lieferantenrechnung per Banküberweisung: 1.330,00 €.				
l)	Die Frantz GmbH wandelt eine kurzfristige Verbindlichkeit in ein Darlehen um: 23.000,00 €.				
m)	Wir erhalten Zinserträge auf dem Bankkonto gutgeschrieben: 580,00 €.				
n)	Eine neue Maschine wird für 38.000,00 € netto auf Ziel gekauft.				
o)	Verkauf einer gebrauchten EDV-Anlage aus der Verwaltung gegen Barzahlung				
p)	Verkauf eines gebrauchten Förderbandes für 8.000,00 €. Der Kunde zahlt bar 800,00 € an, der Rest soll in 20 Tagen fällig sein (ohne Umsatzsteuer).				

24. Sie sind im Rahmen Ihrer Ausbildung in der Personalabteilung der Frantz GmbH eingesetzt. Herr Benson gibt Ihnen die Aufgabe, folgende Aussagen durch Ankreuzen auf Richtigkeit zu überprüfen:

a)	Die Lohnsteuer ist vom Arbeitnehmer allein zu entrichten.	
b)	Beiträge zur Arbeitslosenversicherung zahlt nur der Arbeitnehmer.	
c)	Die Beiträge zur Pflegeversicherung zahlt aufgrund des Solidarpaktes der Arbeitgeber allein.	
d)	Das Bruttogehalt von Frau Larasen vermindert sich um Lohn-, evtl. Kirchensteuer, Solidaritätszuschlag und den anteiligen Sozialversicherungsanteil.	
e)	Vom Bruttolohn/Bruttogehalt wird noch die Umsatzsteuer abgezogen.	
f)	Die Sozialversicherungsbeiträge werden annähernd von Arbeitnehmer und Arbeitgeber geteilt.	
g)	Die Beiträge zur Unfallversicherung zahlt der Arbeitnehmer.	
h)	Die Höhe der Lohnsteuer ist abhängig vom Familienstand des Arbeitnehmers.	
i)	Die Abgaben zur Lohnsteuer, Kirchensteuer und die Zahlung des Solidaritätszuschlages teilen sich der Arbeitgeber und der Arbeitnehmer.	
j)	Der Abschluss einer Unfallversicherung zugunsten des Arbeitnehmers ist für den Arbeitgeber freiwillig.	

⊕ Wirtschaft- und Sozialkunde

Teil 1: Der Jugendliche in Ausbildung und Beruf

Situation zu den Aufgaben 1 bis 9:
Herr Weber, ein Vertreter der Agentur für Arbeit, ist zu Gast bei der 10. Klasse Realschule in Rottenburg. Er vermittelt den Schulabgängern einen Überblick über die verschiedenen Wirtschaftsunternehmen in der Gesamtwirtschaft und deren Funktionen.

1. Ordnen Sie zu.

Wirtschaftszweige

a) Verarbeitende Industrie
b) Handel
c) Verkehrswirtschaft
d) Landwirtschaft/Bergbau
e) Versicherungswirtschaft
f) Geld- und Kreditwirtschaft

Aufgaben

☐ Rohstoffgewinnung
☐ Risikoabsicherung
☐ Sammlung und Verteilung von Konsumgütern

2. Ordnen Sie zu.

Tätigkeiten

a) Die Krankenkasse zahlt Mutterschaftsgeld.
b) Ein Juwelier verkauft ein Armband.
c) Eine Bank gewährt einen Kredit.
d) Ein Arzt verschreibt einem Kranken Medikamente.
e) Ein Hotel vermietet Zimmer an Urlauber.
f) Ein Bäcker backt Brot und Brötchen.
g) Ein Landwirt erntet Gemüse.

Wirtschaftsbereiche

☐ Urproduktion
☐ Verarbeitung
☐ Handel

3. Die verschiedenen Wirtschaftszweige haben unterschiedliche Leistungen zu erbringen. Welche Leistung wird von dem Wirtschaftszweig „Handel" erbracht?

a) Verarbeitung verschiedener Rohstoffe
b) Weitergabe von Zahlungs- und Kreditmitteln
c) Marktorientierte Herstellung von Wirtschaftsgütern
d) Beförderung von Sachgütern und Nachrichten
e) Verteilung von Wirtschaftsgütern

Lösungsbuchstabe ____________ ☐

4. Ein Schüler beabsichtigt, im Dienstleistungssektor tätig zu werden. Zu welcher Ausbildung rät ihm Herr Weber?

a) Ausbilung als Bäcker in einer Bäckerei
b) Ausbildung als Automechaniker in einer Kfz-Werkstatt
c) Ausbildung als Maurer in einem Bauunternehmen
d) Ausbildung als Elektriker im Elektrofachbetrieb
e) Ausbildung als Restaurantfachfrau in einem Hotel

Lösungsbuchstabe ____________ ☐

5. Ordnen Sie zu.

Betriebliche Tätigkeit	**Betriebliche Funktion**
a) Planmäßiger Einsatz von Arbeit, Betriebsmitteln und Werkstoffen zur Erstellung betrieblicher Leistungen	☐ Produktion
b) Tätigkeiten, die der Verwertung von Betriebsleistungen dienen	☐ Finanzierung
c) Maßnahmen, die der Bereitstellung von Geld und Sachkapital für die betriebliche Leistungserstellung dienen	☐ Beschaffung
d) Gesamtheit aller planerischen, kontrollierenden und organisatorischen Maßnahmen	
e) Tätigkeiten, die der Bereitstellung von Sachgütern, Rechten und Dienstleistungen für Betriebszwecke dienen	
f) Maßnahmen zur Anpassung der Beschäftigung an die Auftragslage	
g) Maßnahmen zum Ausgleich zwischen Produktions- und Absatzmenge	

6. Welche Tätigkeit gehört zum Wirtschaftsbereich Weiterverarbeitung (sekundärer Wirtschaftsbereich)?

a) Ein Versicherungsvertreter vermittelt einen Vertrag für eine Lebensversicherung.
b) Ein junger Mann leistet Bundesfreiwilligendienst.
c) Ein Bergmann fährt Untertage und baut Steinkohle ab.
d) Eine Hausfrau stellt für ihre Familie eine Mahlzeit her.
e) Ein Arbeiter lackiert Autos im Automobilwerk.
f) Die Mitglieder eines Sportvereins bauen nach Feierabend ein Vereinshaus.

Lösungsbuchstabe ______________________ ☐

7. Welche zwei Unternehmen zählen zum Dienstleistungsbereich?

a) Tiefbauunternehmen
b) Ölraffinerien
c) Computerhersteller
d) Stahl- und Walzwerk
e) Spedition
f) Verkehrsbetriebe

Lösungsbuchstaben ______________________ ☐ ☐

8. Welchem Wirtschaftszweig gehört ein Computerservice-Unternehmen an, dessen Haupttätigkeiten in der Beratung von PC-Nutzern, im Erstellen individueller Software und in der Wartung von Geräten bestehen?

a) Der Urproduktion
b) Dem Handel
c) Der Industrie
d) Den privaten Dienstleistungsbetrieben
e) Den öffentlichen Dienstleistungsbetrieben

Lösungsbuchstabe ______________________ ☐

9. Die Schülerin Ingrid will wissen, ob man als Deutsche grundsätzlich das Recht hat, in einem anderen EU-Mitgliedsstaat zu arbeiten. Herr Weber erklärt ihr, dass dieses Recht grundsätzlich jedem Bürger der EU zusteht. Wie lautet der Fachbegriff für dieses Recht?

a) Allgemeinverbindlichkeit
b) Europäische Sozialcharta
c) Freizügigkeit
d) Koalitionsfreiheit
e) Mobilität

Lösungsbuchstabe ______________________ ☐

Situation zu den Aufgaben 10 bis 21:
Gabriele Maier, 16 Jahre alt, beginnt am 1. September ihre Ausbildung in Ihrem Unternehmen. Da Sie zur Zeit in der Personalabteilung beschäftigt sind, haben Sie unter anderem die Aufgabe, sich mit Berufsausbildungsverträgen zu befassen.

10. Mit Gabriele Maier wurde die längst mögliche Probezeit vereinbart. Welche Zahl müssen Sie bei Posistion B „Die Probezeit (§ 1 Nr. 2) beträgt … Monate" eintragen?

Lösung ______

11. Gabriele Maier erkundigt sich danach, welches Gesetz im Wesentlichen den Inhalt des Berufsausbildungsvertrages bestimmt. Was geben Sie ihr zur Antwort?

a) Handelsgesetzbuch
b) Betriebsverfassungsgesetz
c) Jugendarbeitsschutzgesetz
d) Berufsausbildungsförderungsgesetz
e) Berufsbildungsgesetz

Lösungsbuchstabe ______

12. Sie will auch wissen, welche konkreten Inhalte ihr in den jeweiligen Ausbildungsjahren zu vermitteln sind. Wo kann sie sich informieren?

a) Im Lehrplan der Berufsschule
b) Im Berufsbildungsgesetz
c) Im Ausbildungsrahmenplan und in der Ausbildungsordnung
d) In der mit dem Betriebsrat vereinbarten Arbeits- und Betriebsordnung
e) In dem für den Großhandel geltenden Tarifvertrag

Lösungsbuchstabe ______

13. Gabriele Maier tritt das Ausbildungsverhältnis an. Am Montag, Dienstag, Mittwoch und Freitag arbeitet sie von 09:00 Uhr 18:00 Uhr, am Donnerstag von 11:00 Uhr bis 20:00 Uhr mit Pausen von insgesamt einer Stunde an jedem Arbeitstag. Ist das zulässig?

a) Nein, da jugendliche Mitarbeiter nach 18:00 Uhr grundsätzlich nicht mehr beschäftigt werden dürfen
b) Ja, wenn die Eltern zustimmen
c) Ja, da dadurch die tägliche Arbeitszeit von 8 Stunden und die wöchentliche Arbeitszeit von 40 Stunden nicht überschritten wird.
d) Ja, da für sie das Jugendarbeitsschutzgesetz nicht mehr gilt
e) Ja, wenn ihr die Arbeitszeit nach 18:00 Uhr als Überstunden vergütet wird

Lösungsbuchstabe ______

14. Frau Maier muss laut Gesetz über Unfall- und Gesundheitsgefahren im Unternehmen unterwiesen werden. Welche Aussage dazu ist zutreffend?

a) Sie muss nur vor Beginn ihrer Ausbildung unterwiesen werden.
b) Sie muss nur bei Aufnahme der Beschäftigung unterwiesen werden.
c) Sie muss bei Aufnahme der Ausbildung und dann anschließend in regelmäßigen Abständen unterwiesen werden.
d) Sie muss nach Ablauf ihrer Probezeit und dann anschließend nach Bedarf unterwiesen werden.
e) Es besteht keine Pflicht der Unterweisung, Frau Maier muss sich selbst informieren.

Lösungsbuchstabe ______

15. Wann endet in der Regel das Berufsausbildungsverhältnis von Gabriele Maier?

a) Es endet mit Bestehen der Abschlussprüfung.
b) Es endet mit Ablauf der vertraglichen Ausbildungszeit.
c) Es endet durch Kündigung des Arbeitgebers.
d) Es endet durch Kündigung des Auszubildenden.
e) Es endet entsprechend der zwischen Arbeitgeber und Auszubildenden getroffenen Vereinbarung.

Lösungsbuchstabe ______ ☐

16. Gabriele Maier wird nach Abschluss ihres Ausbildungsvertrages der Ausbildungsrahmenlehrplan ausgehändigt. Wer ist dafür verantwortlich, dass der Inhalt dieses Ausbildungsrahmenlehrplans vermittelt wird?

a) Die Berufsschule vermittelt diese Unterrichtsthemen.
b) Eine überbetriebliche Ausbildungsstätte, die keine praktische Tätigkeit vermitteln kann
c) Die Ausbildungsstätten, die ein ergänzendes Angebot zur betrieblichen Ausbildung anbieten
d) Der Ausbildungsbetrieb, dieser erstellt daraus den Ausbildungsplan in sachlicher und zeitlicher Gliederung
e) Die IHK im Rahmen einer Vorbereitung zur Prüfung zur Fachkraft für Lagerlogistik

Lösungsbuchstabe ______ ☐

17. Gabriele Maier hat vor, während ihrer dreijährigen Ausbildung in ihrer Freizeit noch an Fortbildungsmaßnahmen teilzunehmen. Diese möchte sie sich im Sinne des Berufsbildungsgesetztes auch als Fortbildung anerkennen lassen. Für welche Maßnahme sollte sie sich entscheiden?

a) Für den Besuch einer berufsspezifischen Ausstellung
b) Für den Besuch einer berufsspezifischen Fachmesse
c) Für einen Yogakurs an der VHS, für den sie eine entsprechende Bescheinigung erhält
d) Für die Teilnahme an einem berufsspezifischen EDV-Kurs der IHK, für den sie ein entsprechendes Zertifikat erhält
e) Für Nachhilfeunterricht, um Defizite im Rechnungswesen auszugleichen

Lösungsbuchstabe ______ ☐

18. Ihnen liegt ein Berufsausbildungsvertrag zur Prüfung vor. Welche zwei Vereinbarungen in einem Berufsausbildungsvertrag sind nichtig?

a) Der Tarifvertrag ist gültig für die Ausbildungsvergütung.
b) Die Probezeit wird auf zwei Monate festgelegt.
c) Alle Änderungen des Berufsausbildungsvertrages bedürfen der Schriftform.
d) Der Auszubildende ist verpflichtet, nach Ausbildungsende zwei Jahre im Ausbildungsbetrieb zu bleiben.
e) Der Auszubildende ist verpflichtet, außer der Berufsschule auch eine überbetriebliche Bildungseinrichtung zu besuchen.
f) Zahlung einer Vertragsstrafe bei Verstößen gegen die Arbeitsordnung

Lösungsbuchstaben ______ ☐ ☐

19. Eine Ihrer Freundinnen (mit mittlerem Bildungsabschluss) will sich für einen Ausbildungsplatz bewerben. Sie bittet Sie, ihr bei der Vorgehensweise behilflich zu sein. Welche Reihenfolge erachten Sie für richtig? Tragen Sie die Ziffern 1 bis 6 jeweils in die Kästchen hinter den einzelen Schritten ein.

1) Abschluss des Berufsausbildungsvertrages ______ ☐
2) Formulieren des Bewerbungsschreibens mit dem Hinweis, warum sie sich gerade für diesen Beruf interessiert und auch geeignet hält ______ ☐

3) Erkundigungen über das Ausbildungsunternehmen einholen ____
4) Erkundigungen über Ausbildungsberuf, Ausbildungsinhalte und Perspektiven in diesem Beruf einholen ____
5) Absenden des Bewerbungsschreibens unter Beifügung von Lebenslauf, Passfoto und Referenzen ____
6) Wahrnehmung des Termins zum Vorstellungsgespräch ____

20. Eine 15-Jährige schließt einen Berufsausbildungsvertrag ab. Ihnen fällt bei Durchsicht ein Verstoß gegen das Berufsbildungsgesetz auf. Wo liegt ein Verstoß vor?

a) Im Berufsausbildungsvertrag wird vereinbart, dass das Ausbildungsunternehmen die Auslagen für Unterkunft und Verpflegung in einem Wohnheim nur zu 70 % übernimmt.
b) Mit der Niederschrift des Berufsausbildungsvertrages wird bis zum Ablauf der viermonatigen Probezeit gewartet.
c) Das Ausbildungsunternehmen kann keine Ausbildung im Rechnungswesen durchführen. Im Berufsausbildungsvertrag wird deshalb eine mehrmonatige Ausbildung bei dem Steuerberater des Betriebes vereinbart.
d) Im Berufsausbildungsvertrag wird der Jahresurlaub gemäß Jugendarbeitsschutzgesetz eingesetzt.
e) Im Berufsausbildungsvertrag wird eine über dem Tarifvertrag liegende Ausbildungsvergütung vereinbart.

Lösungsbuchstabe ____

21. Ihnen wird ein Berufsausbildungsvertrag vorgelegt. Sie sollen ihn auf überflüssige Inhalte überprüfen. Welche zwei Angaben müssen darin nicht enthalten sein?

a) Beginn und Dauer der Berufsausbildung
b) Dauer der Probezeit
c) Kündigungsgründe während der Probezeit
d) Zahlung und Höhe der Vergütung
e) Ort der Ausbildung
f) Dauer des Berufsschulunterrichts

Lösungsbuchstaben ____

Situation zu den Aufgaben 22 bis 29:
Die Auszubildende Gertrud Hobmeier wird am 10. Juli dieses Jahres 18 Jahre alt. Sie wurde drei Jahre lang zur Fachkraft für Lagerlogistik ausgebildet.

22. Frau Hobmeier will an der Abschlussprüfung teilnehmen. Welche Vorraussetzung muss erfüllt sein, damit sie teilnehmen kann?

a) Da sie vorzeitig zur Abschlussprüfung zugelassen wurde, musste sie besonders gute Leistungen erbringen.
b) Sie musste die Zwischenprüfung bestehen.
c) Sie benötigte die Zustimmung ihrer Eltern, um an der Prüfung teilnehmen zu können.
d) Der Ausbildungsvertrag musste an die zuständige Stelle weitergeleitet worden sein.
e) Sie musste an der Zwischenprüfung teilgenommen haben.

Lösungsbuchstabe ____

23. Zwischenzeitlich dachte Frau Hobmeier an ein vorzeitiges Ablegen der Abschlussprüfung. Wer entscheidet laut Berufsbildungsgesetz über die vorzeitige Zulassung zur Abschlussprüfung?

a) Die Schulleitung der Berufsschule
b) Die zuständige Industrie- und Handelskammer bzw. der zuständige Prüfungsausschuss
c) Die Jugend- und Auszubildendenvertretung zusammen mit dem Betriebsrat
d) Auf Antrag von Frau Hobmeier, ihr Ausbilder und die Geschäftsleitung
e) Auf Antrag von Frau Hobmeier, der Ausbildungsleiter in Zusammenarbeit mit dem Ausbilder

Lösungsbuchstabe ____

24. „Sicher ist sicher", denkt sich Frau Hobmeier und erkundigt sich, ob sie die Abschlussprüfung im gleichen Ausbildungsberuf gegebenenfalls wiederholen kann. Welche Möglichkeit dazu wird ihr vom Berufsbildungsgesetz eingeräumt?

a) Sie muss die ganze Prüfung wiederholen, auch wenn sie einige Prüfungsbereiche bestanden hat.
b) Sie darf die Abschlussprüfung wiederholen, wenn das Prüfungsergebnis um zwei Notenstufen vom Durchschnitt abweicht.
c) Sie kann die Abschlussprüfung nur einmal wiederholen.
d) Sie kann die Abschlussprüfung zweimal wiederholen.
e) Sie kann die Abschlussprüfung sogar dreimal wiederholen.

Lösungsbuchstabe ______________ ☐

25. Frau Hobmeier bereitet sich intensiv auf ihre Abschlussprüfung vor. In welchem Fall geht sie dabei nach dem Minimalprinzip vor?

a) Sie ist bereit, ein Minimum von 80,00 € für die Prüfungsvorbereitung auszugeben.
b) Sie will möglichst wenig Zeit investieren, um die von ihr angestrebte Durchschnittsnote „2" zu erreichen.
c) Sie will jeden Sonntag von 08:30 Uhr bis 11:30 Uhr lernen, um ein möglichst gutes Prüfungsergebnis zu erzielen.
d) Sie konzentriert sich auf die Inhalte, die ihr am besten liegen.
e) Sie möchte mit einem Minimum an Zeitaufwand ein bestmögliches Ergebnis erzielen.

Lösungsbuchstabe ______________ ☐

26. Frau Hobmeier erzielte in den bisherigen Prüfungsteilen folgende Ergebnisse:
Prüfungsbereich 1 (schriftlich): 80 Punkte
Prüfungsbereich 2 (schriftlich): 85 Punkte
Prüfungsbereich 3 (schriftlich): 75 Punkte.
Den Prüfungsteil 4 „Praktische Übungen" muss sie noch ablegen. Wie viele Punkte muss Frau Hobmeier im Prüfungsteil 4 erreichen, um im Gesamtergebnis auf die Durchschnittspunktezahl von 82 zu kommen. Die einzelnen Prüfungsteile zählen bei der Ermittlung des Gesamtergebnisses gleich viel. Tragen Sie das Ergebnis in das Kästchen ein.

☐

27. Zwischenzeitlich trug sich Frau Hobmeier mit dem Gedanken, das Ausbildungsverhältnis zu kündigen. In welchem Fall hätte sie dies unter Einhaltung einer Frist von vier Wochen tun können, ohne dass ihr dadurch Nachteile entstanden wären?

a) Sie hätte dieselbe Ausbildung in einer anderen Branche fortgesetzt.
b) Sie hätte dieselbe Ausbildung im Betrieb ihrer Eltern fortgesetzt.
c) Sie wollte das Ausbildungsverhältnis lösen, da sie durch Wohnungswechsel eine viel längere Fahrt zur Ausbildungstätte hatte.
d) Sie wollte die Fachoberschule besuchen, um die Fachhochschulreife zu erlangen.
e) Sie wollte die Ausbildung in einem Betrieb, der an ihrem Wohnort ansässig ist, fortsetzen.

Lösungsbuchstabe ______________ ☐

28. Die Kollegin von Frau Hobmeier, Frau Geli Müller, hatte einen Ausbildungsvertrag vom 01.09.2019 bis zum 31.08.2022. Sie nahm an der vorzeitigen Abschlussprüfung teil, schriftlich am 22.11.2021. Den praktischen Teil absolvierte sie am 21.01.2022. An diesem Tag erfährt sie auch, dass sie alle Prüfungsteile bestanden hat. An welchem Tag endet das Ausbildungsverhältnis von Frau Müller?

a) am 22.11.2021
b) am 31.08.2022
c) am 21.01.2022
d) am 22.01.2022
e) am 31.01.2022

Lösungsbuchstabe ______________ ☐

29. Geli Müller erhält von ihrem Ausbildungsbetrieb ein Arbeitszeugnis mit den nachstehenden Textpassagen. Welcher Textabschnitt ist <u>nicht</u> zulässig?

a) Frau Geli Müller, geboren am 25. Mai 2004 in Saarlouis, hat vom 1. September 2019 bis zum 21.01.2022 in unserem Haus eine Ausbildung als Fachkraft für Lagerlogistik absolviert.
b) Frau Müller wurde in den Abteilungen Wareneingang, Warenlagerung und Kommissionierung ausgebildet.
c) Sie wurde von unserem Ausbildungsleiter, Herrn Manfred Huber, betreut.
d) Frau Müller erledigte die ihr während ihrer Ausbildung übertragenen Aufgaben nicht zu unserer Zufriedenheit.
e) Wir wünschen Frau Müller für ihren weiteren Lebensweg alles Gute.
f) Saarbrücken, den 25. Januar 2022 (mit Unterschriften vom Ausbildungsleiter und Ausbilder)

Lösungsbuchstabe ______________ ☐

Situation zu den Aufgaben 30 bis 39:
Die Bavaria Fahrradwerke KG hat mit Herrn Peter Hobmaier den abgebildeten Arbeitsvertrag geschlossen. Es ergeben sich für den neuen Mitarbeiter naturgemäß viele Fragen.

ARBEITSVERTRAG

Zwischen der Bavaria Fahrradwerke KG ....
(im folgenden Arbeitgeber genannt)

und Peter Hobmaier ....
(im folgenden Arbeitnehmer genannt)

wird folgender Arbeitsvertrag geschlossen:

A. Art und Dauer der Tätigkeit:
Der Arbeitnehmer wird ab 01.05.20.. als Fachkraft für Lagerlogistik unbefristet eingestellt.

B. Entgelt:
Als Vergütung wird ein Gehalt von 2.100,00 € brutto pro Monat vereinbart.

C. Arbeitszeit
Als regelmäßige wöchentliche Arbeitszeit ausschließlich der Pausen werden laut Tarifvertrag 38 Stunden vereinbart.

D. Probezeit
Die ersten sechs Monate des Arbeitsverhältnisses gelten als Probezeit.

E. Beendigung des Arbeitsverhältnisses:
Das Arbeitsverhältnis kann nach Ablauf der Probezeit vom Arbeitnehmer mit einer Frist von vier Wochen zum Fünfzehnten oder zum Ende eines Kalendermonats gekündigt werden.

F. Urlaub:
Der Arbeitnehmer hat Anspruch auf 20 Werktage Erholungsurlaub (pro Kalenderjahr) unter Fortzahlung der Bezüge.

G. Verschwiegenheitspflicht:
Der Arbeitnehmer verpflichtet sich, während und auch nach eventueller Beendigung des Arbeitsverhältnisses über alle ihm während seiner Tätigkeit bekannt gewordenen Geschäfts- und Betriebsgeheimnisse Stillschweigen zu bewahren.

H. Wettbewerbsverbot
Der Arbeitnehmer verpflichtet sich, für die Dauer von zwei Jahren nach Beendigung des Arbeitsverhältnisses im Gebiet der Postleitzahlen 8 und 9 nicht für ein Konkurrenzunternehmen tätig zu werden sowie nicht unmittelbar oder mittelbar an der Gründung oder im Betrieb eines solchen Unternehmens mitzuwirken.
Für die Dauer des Wettbewerbsverbots verpflichtet sich die Firma, 50 % der zuletzt gewährten vertraglichen Leistungen zu zahlen. Die Karenzentschädigung wird fällig am Schluss eines jeden Kalendermonats.

30. Welcher Punkt des abgebildeten Vordrucks eines Arbeitsvertrags entspricht nicht den gesetzlichen Bestimmungen? Tragen Sie den zutreffenden Buchstaben in das Kästchen ein.

Lösungsbuchstabe ________________

31. Welche zwei Regelungen zum Wettbewerbsverbot sind zutreffend?

a) Das gesetzliche Wettbewerbsverbot muss ausdrücklich vereinbart werden.
b) Die Regelungen zum Wettbewerbsverbot dienen vor allem dem Schutz der Interessen des Arbeitnehmers.
c) Die Karenzentschädigung ist eine freiwillige Leistung der Bavaria Fahrradwerke KG.
d) Das gesetzliche Wettbewerbsverbot besteht für den Arbeitnehmer ab dem Gültigkeitsdatum des Arbeitsvertrags (01.05.20..).
e) Das vereinbarte Wettbewerbsverbot ergibt sich aus dem UWG.
f) Nach Beendigung seines Arbeitsverhältnisses erhält der Arbeitnehmer noch zwei Jahre 50 % seiner Bezüge.

Lösungsbuchstaben ________________

32. Was muss Herr Hobmaier seinem Arbeitgeber mitteilen, damit dieser am elektronischen Lohnsteuerverfahren „ElsterLohn II“ teilnehmen kann?

a) Nur das Geburtsdatum
b) Die Änderung des Familienstandes
c) Die gewählte Steuerklasse
d) Seinen ständigen Wohnsitz
e) Die Steuer-Identifikationsnummer und das Geburtsdatum

Lösungsbuchstabe ________________

33. Welche Aussage über das elektronische Lohnsteuerverfahren „ElsterLohn II“ ist zutreffend?

a) Jeder Lohnsteuerpflichtige muss jährlich seine Daten an das Bundeszentralamt für Steuern in Bonn übermitteln.
b) Das elektronische Lohnsteuerverfahren „ElsterLohn II“ ergänzt die bisherige Lohnsteuerkarte aus Papier.
c) Die Steuer-Identifikationsnummer gilt nur für den aktuellen Wohnsitz, muss also nach einem Wohnungswechsel neu beantragt werden.
d) Die Arbeitnehmer müssen sich nach wie vor für den Erhalt und die Weiterleitung der Lohnsteuerkarte kümmern.
e) Das elektronische Lohnsteuerverfahren „ElsterLohn II“ ersetzt die bisherige Lohnsteuerkarte aus Papier.

Lösungsbuchstabe ________________

34. Was muss der Arbeitgeber u. a. auf der Lohnsteuerbescheinigung eintragen?

a) Den Betrag der vermögenswirksamen Leistungen
b) Die steuerfreien Geldgeschenke bei Arbeitsjubiläen
c) Die Steuerfreibeträge
d) Die Änderung des Familienstandes
e) Die Änderung des Wohnsitzes
f) Die Änderung der Steuerklasse

Lösungsbuchstabe ________________

35. Im Lohnbüro müssen bestimmte Angaben in Arbeitspapiere eingetragen werden. Ordnen Sie zu.

Angaben

a) Urlaubsansprüche und genommene Urlaubstage
b) Gesetzlicher Mindesturlaub
c) Einbehaltene vermögenswirksame Leistungen
d) Arbeitgeberanteil zur Arbeitslosenversicherung
e) Genommene Sonderurlaubstage für Hochzeit
f) Steuernummer des Arbeitnehmers beim Wohnsitzfinanzamt
g) Beitragspflichtiges Bruttoarbeitsentgelt
h) Arbeitgeberanteil zur Vermögensbildung
i) Einbehaltene Lohn- und Kirchensteuer, Solidaritätszuschlag, steuerpflichtiges Entgelt

Arbeitspapiere

☐ Lohnsteuerbescheinigung
☐ Meldung zur Sozialversicherung
☐ Urlaubsbescheinigung

36. Herr Hobmaier will monatlich mit 40,00 € am vermögenswirksamen Sparen teilnehmen. Der Arbeitgeber übernimmt laut Betriebsvereinbarung 50 % der monatlichen Leistung. Wie wirkt sich dieses Sparen auf das monatliche Entgelt aus?

a) Das steuer- und sozialversicherungspflichtige Entgelt erhöht sich um 20,00 €.
b) Das steuer- und sozialversicherungspflichtige Entgelt erhöht sich um 40,00 €.
c) Das Bruttoentgelt steigt um 40,00 €.
d) Der auszuzahlende Betrag wird dadurch nicht verändert.
e) Der auszuzahlende Betrag erhöht sich dadurch um 20,00 €.

Lösungsbuchstabe ____________ ☐

37. Am 1. September beschließt die Unternehmensleitung, dass wegen Personalmangel die 40-Stunden-Woche eingeführt wird. Muss Herr Hobmaier ab dem 1. September sofort 40 Stunden wöchentlich arbeiten?

a) Er muss nur 38 Stunden arbeiten, da sein Arbeitsvertrag verbindlich ist.
b) Er muss nur 38 Stunden arbeiten, wenn er dafür auf seine Arbeitspausen verzichtet.
c) Er muss 40 Stunden arbeiten, da er nicht in der Gewerkschaft ist.
d) Er muss 40 Stunden arbeiten, da die Unternehmensleitung es so beschlossen hat.
e) Er muss 40 Stunden arbeiten, da neu eingestellte Mitarbeiter nicht benachteiligt werden dürfen.

Lösungsbuchstabe ____________ ☐

38. An welcher Stelle hat sich in der vorliegenden Gehaltsabrechnung ein Fehler eingeschlichen? Tragen Sie den Lösungsbuchstaben in das Kästchen ein.

Bruttogehalt	
– Lohnsteuer	a)
– Solidaritätszuschlag	b)
– Gesetzliche Rentenversicherung	c)
– Gesetzliche Unfallversicherung	d)
– Gesetzliche Krankenversicherung	e)
– Gesetzliche Pflegeversicherung	f)
– Gesetzliche Arbeitslosenversicherung	g)
= Nettogehalt	

Lösungsbuchstabe ____________ ☐

⊕ Wirtschafts- und Sozialkunde

39. Aus der Lohnbuchhaltung liegen folgende Zahlen vor:

Bruttolohn	**2.100,00 €**
Lohnsteuer	**186,91 €**
Kirchensteuer	**14,95 €**
Krankenversicherung	**? €**
Pflegeversicherung	**? €**
Rentenversicherung	**? €**
Arbeitslosenversicherung	**? €**
Summe gesetzl. Abzüge	**? €**
Auszahlung	**? €**

a) Ergänzen Sie die Aufstellung und ermitteln Sie den Auszahlungsbetrag unter Berücksichtigung folgender Sozialversicherungsbeitragssätze (KV 14,6 %, Zusatzbeitrag 0,8 %, PV 3,05 %; RV 18,6 %; AV 2,4 %).
Tragen Sie die Lösung in das Kästchen ein. ______________________

b) Wie viel Prozent des Bruttogehalts betragen die gesamten Abzüge?
Tragen Sie das Ergebnis in das Kästchen ein. ______________________

Situation zu den Aufgaben 40 bis 44:
Herr Schwaiger hat am 1. Januar sein Arbeitsverhältnis angetreten. Er erkundigt sich bei Ihnen nach dem ihm zustehenden Urlaub. Die gesetzlichen Bestimmungen liegen dem Arbeitsverhältnis zugrunde. Die vereinbarte Probezeit beträgt drei Monate. Sehen Sie dazu noch den Ausschnitt aus dem Bundesurlaubsgesetz!

§ 3 Dauer des Urlaubs
(1) Der Urlaub beträgt jährlich mindestens 24 Werktage.
(2) Als Werktage gelten alle Kalendertage, die nicht Sonn- oder gesetzliche Feiertage sind.

§ 4 Wartezeit
Der volle Urlaubsanspruch wird erstmalig nach sechsmonatigem Bestehen des Arbeitsverhältnisses erworben.

§ 5 Teilurlaub
(1) Anspruch auf ein Zwölftel des Jahresurlaubs für jeden vollen Monat des Bestehens des Arbeitsverhältnisses hat der Arbeitnehmer

a) für Zeiten eines Kalenderjahres, für die er wegen Nichterfüllung der Wartezeit in diesem Kalenderjahr keinen vollen Urlaubsanspruch erwirbt;

b) wenn er vor erfüllter Wartezeit aus dem Arbeitsverhältnis ausscheidet;

c) wenn er nach erfüllter Wartezeit in der ersten Hälfte eines Kalenderjahres aus dem Arbeitsverhältnis ausscheidet.

§ 7 Zeitpunkt, Übertragbarkeit und Abgeltung des Urlaubs

.
.
.

(3) Der Urlaub muss im laufenden Kalenderjahr gewährt und genommen werden. Eine Übertragung des Urlaubs auf das nächste Kalenderjahr ist nur statthaft, wenn dringende betriebliche oder in der Person des Arbeitnehmers liegende Gründe dies rechtfertigen. Im Fall der Übertragung muss der Urlaub in den ersten drei Monaten des folgenden Kalenderjahres gewährt und genommen werden …

40. Wie viele Tage Erholungsurlaub stehen Herrn Schwaiger jährlich zu?
Tragen Sie das Ergebnis in das Kästchen ein!

Ergebnis ______________________

41. Ab wann kann Herr Schwaiger seinen gesamten Jahresurlaub zusammenhängend nehmen?

a) Herr Schwaiger hat bereits am 1. April Anspruch auf den gesamten Jahresurlaub.
b) Herr Schwaiger hat erst ab 1. Juni Anspruch auf den gesamten Jahresurlaub.
c) Herr Schwaiger hat erst ab 1. Juli Anspruch auf den gesamten Jahresurlaub.
d) Herr Schwaiger darf seinen gesamten Jahresurlaub nicht auf einmal nehmen.
e) Herr Schwaiger hat bereits nach sechs Wochen seiner Betriebszugehörigkeit Anspruch auf den gesamten Jahrsurlaub.

Lösungsbuchstabe ______ ☐

42. Da es aus betrieblichen Gründen nicht möglich ist, den gesamten Jahrsurlaub für das laufende Jahr bis zum Jahresende zu nehmen, will Herr Schwaiger wissen, bis wann er schließlich den Resturlaub genommen haben muss. Welches Datum nennen Sie ihm?

a) Bis 31. Dezember diesen Jahres
b) Bis 31. März nächsten Jahres
c) Bis 30. April nächsten Jahres
d) Bis 30. Juni nächsten Jahres
e) Bis 31. Dezember nächsten Jahres

Lösungsbuchstabe ______ ☐

43. Wie viele Werktage Urlaub stehen einer Kollegin von Herrn Schwaiger für das laufende Jahr zu, wenn sie am 1. Januar ihre Tätigkeit begonnen und nach siebenmonatiger Beschäftigung bereits 14 Werktage genommen hat? Im Arbeitsvertrag ist die gesetzliche Urlaubsregelung vereinbart worden. Tragen Sie die Lösung in das Kästchen ein!

Ergebnis ______ ☐

44. Während des Urlaubs erkrankt die Kollegin. Sie muss für zwei Tage das Bett hüten. Dann besucht sie einen Arzt. Dieser schreibt sie für vier Tage krank. Die Angestellte verlangt daraufhin, ihren Urlaubsanspruch um sechs Tage zu verlängern. Um wie viele Tage ist der Urlaubsanspruch der Angestellten laut Bundesurlaubsgesetz zu verlängern. Tragen Sie das Ergebnis in das Kästchen ein!

Ergebnis ______ ☐

Situation zu den Aufgaben 45 bis 71:
Sie erfahren, dass einem langjährigen Mitarbeiter fristlos gekündigt werden soll. Daraufhin informieren Sie sich über die rechtlichen Vorschriften bezüglich der Kündigung eines Arbeitsverhältnisses.
In diesem Zusammenhang wird auch Ihr Interesse an verschiedenen Schutzgesetzen geweckt.

45. Der Mitarbeiter wurde mehrmals wegen erheblicher Verspätungen abgemahnt. Eine erneute Verspätung am 10. Oktober veranlasste die Betriebsleitung dazu, dem Mitarbeiter fristlos zu kündigen. Das Kündigungsschreiben wurde am 3. November zugestellt. Prüfen Sie, ob diese fristlose Kündigung durch den Arbeitgeber rechtswirksam ist. Lesen Sie dazu den § 626 des BGB.

a) Ja, da der Mitarbeiter bereits mehrmals abgemahnt wurde
b) Ja, da die vorgeschriebene Kündigungsfrist eingehalten wurde
c) Nein, da Verspätungen keinen wichtigen Grund für eine fristlose Kündigung darstellen
d) Nein, da die Kündigung zu spät erfolgte
e) Es kommt darauf an, ob der Betriebsrat der Kündigung widerspricht
f) Es kommt darauf an, ob dem Arbeitgeber durch die Verpätung ein materieller Schaden entstanden ist

Lösungsbuchstabe ______ ☐

§ 626 Fristlose Kündigung aus wichtigem Grund

(1) Das Dienstverhältnis kann von jedem Vertragsteil aus wichtigem Grund ohne Einhaltung einer Kündigungsfrist gekündigt werden, wenn Tatsachen vorliegen, aufgrund derer dem Kündigenden unter Berücksichtigung aller Umstände des Einzelfalles und unter Abwägung der Interessen beider Vertragsteile die Fortsetzung des Dienstverhältnisses bis zum Ablauf der Kündigungsfrist oder bis zu der vereinbarten Beendigung des Dienstverhältnisses nicht zugemutet werden kann.

(2) Die Kündigung kann nur innerhalb von zwei Wochen erfolgen. Die Frist beginnt mit dem Zeitpunkt, in dem der Kündigungsberechtigte von den für die Kündigung maßgebenden Tatsachen Kenntnis erlangt. Der Kündigende muss dem anderen Teil auf Verlangen den Kündigungsgrund unverzüglich schriftlich mitteilen.

46. Der Mitarbeiter möchte gegen diese Kündigung Klage erheben. Bis zu welchem Tag muss er spätestens die Klage beim Arbeitsgericht eingereicht haben? Siehe dazu noch folgende Rechtsvorschrift. Tragen Sie das Datum (Tag, Monat) in das Kästchen ein.

Ergebnis ______________________ ☐

> **§ 4 KSchG**
>
> Will ein Arbeitnehmer geltend machen, dass eine Kündigung sozial ungerechtfertigt oder aus anderen Gründen rechtsunwirksam ist, so muss er innerhalb von drei Wochen nach Zugang der schriftlichen Kündigung Klage beim Arbeitsgericht auf Feststellung erheben, dass das Arbeitsverhältnis durch die Kündigung nicht aufgelöst ist. …
>
> Hat der Arbeitnehmer Einspruch beim Betriebsrat eingelegt, so soll er der Klage die Stellungnahme des Betriebsrates beifügen.

47. Welchen Grund kann eine betriebsbedingte Kündigung eines Mitarbeiters haben?

a) Zeitablauf des befristeten Arbeitsvertrages
b) Trunkenheit am Arbeitsplatz
c) Wegfall des Arbeitsplatzes durch Produktionseinschränkungen
d) Mangelndes Fachwissen
e) Grobe Beleidigung eines Vorgesetzten

Lösungsbuchstabe ______________________ ☐

48. Welche Mitarbeiter genießen einen besonderen Kündigungsschutz (zwei Antworten)?

a) Ein leitender Angestellter
b) Ein Angestellter mit einer Behinderung von 20 %
c) Eine Angestellte, einen Monat nach ihrer Entbindung
d) Eine Angestellte, 1 ½ Jahre nach Beendigung ihrer Betriebsratstätigkeit
e) Ein Angestellter, der dem Jugendarbeitsschutzgesetzt unterliegt
f) Ein Angestellter, der Betriebsratsmitglied ist

Lösungsbuchstaben ______________________ ☐ ☐

49. Welche Angabe zur Kündigung von Arbeitern und Angestellten ist richtig?

a) Die Kündigungsfrist (Grundfrist) beträgt für beide vier Wochen zum 15. des Monats oder zum Monatsende.
b) Wer zum Jahresende aus dem Unternehmen ausscheiden will, muss bei gesetzlicher Kündigungsfrist spätestens am 15. Dezember kündigen.
c) Einem Auszubildenden kann nach der Probezeit mit einer Frist von drei Monaten gekündigt werden.
d) Ein Angestelltenverhältnis kann unter keinen Umständen fristlos gekündigt werden.
c) Betriebsratsmitgliedern kann nur mit einer Frist von drei Monaten gekündigt werden.

Lösungsbuchstabe ______________________ ☐

50. In welchem Fall kann der Arbeitgeber eine außerordentliche Kündigung wirksam aussprechen?

a) Eine werdende Mutter weigert sich, vier Wochen vor der Entbindung, ihrer Arbeit nachzugehen.
b) Wegen Umsatzrückganges möchte der Arbeitgeber mehreren Arbeitnehmern kündigen.
c) Ein Arbeitnehmer verweigert trotz Abmahnung weiterhin beharrlich die Ausübung der vertraglich vereinbarten Arbeit.
d) Ein Arbeitnehmer hat vor acht Wochen seinen Arbeitgeber grob beleidigt. Dieser möchte ihn deshalb heute entlassen.
e) Durch die Zunahme der Arbeitsbelastung am Arbeitsplatz mindert sich die Leistungsfähigkeit eines Arbeitnehmers. Damit ist der Arbeitgeber nicht einverstanden.

Lösungsbuchstabe ______________________ ☐

51. Aus Rationalisierungsgründen müssen Mitarbeiter entlassen werden. Welche Kündigungs- oder Arbeitsschutzbestimmung trifft zu?

a) Massenentlassungen aus Rationalisierungsgründen müssen der Bundesagentur für Arbeit und dem Betriebsrat rechtzeitig mitgeteilt werden.
b) Angestellte, die älter als 28 Jahre sind und dem Betrieb seit ihrem 18. Lebensjahr angehören, haben einen erhöhten Kündigungsschutz.
c) Eine Kündigung aus Rationalisierungsgründen bedarf nicht der Zustimmung des Betriebsrates.
d) Nach dem Schwerbehindertengesetz (SchwbG) ist eine Kündigung aus Rationalisierungsgründen nicht möglich.
e) Betriebsratsmitglieder sind in jedem Fall unkündbar.

Lösungsbuchstabe ______ ☐

52. Ein 37-jähriger Angestellter ist seit 15 Jahren im gleichen Unternehmen tätig und will sich zum 1. Januar des nächsten Jahres verändern. Wann muss der Angestellte nach der gesetzlichen Regelung spätestens kündigen?

a) 30.06. d. J
b) 30.09. d. J.
c) 16.10. d. J.
d) 19.11. d. J.
e) 30.11. d. J.
f) 03.12. d. J.

Lösungsbuchstabe ______ ☐

53. Welche Formvorschrift ist hinsichtlich einer Kündigung zu beachten?

a) Die Kündigung bedarf keiner besonderen Formvorschrift.
b) Die Kündigung kann mündlich erfolgen.
c) Die Kündigung muss schriftlich erfolgen.
d) Die Kündigung muss nur dann schriftlich erfolgen, wenn es so vereinbart wurde.
e) Die Kündigung muss nur dann schriftlich erfolgen, wenn es tarifvertraglich so vereinbart worden ist.

Lösungsbuchstabe ______ ☐

Zu den Aufgaben 54 bis 55 siehe die abgebildeten Vorschriften zu den Kündigungsfristen.

§ 622. [Kündigungsfrist bei Arbeitsverhältnissen]

(1) Das Arbeitsverhältnis eines Arbeiters oder eines Angestellten (Arbeitnehmers) kann mit einer Frist von vier Wochen zum Fünfzehnten oder zum Ende eines Kalendermonats gekündigt werden.
(2) [1]Für eine Kündigung durch den Arbeitgeber beträgt die Kündigungsfrist, wenn das Arbeitsverhältnis in dem Betrieb oder Unternehmen
1. zwei Jahre bestanden hat, einen Monat zum Ende eines Kalendermonats,
2. fünf Jahre bestanden hat, zwei Monate zum Ende eines Kalendermonats,
3. acht Jahre bestanden hat, drei Monate zum Ende eines Kalendermonats,
4. zehn Jahre bestanden hat, vier Monate zum Ende eines Kalendermonats,
5. zwölf Jahre bestanden hat, fünf Monate zum Ende eines Kalendermonats,
6. fünfzehn Jahre bestanden hat, sechs Monate zum Ende eines Kalendermonats,
7. zwanzig Jahre bestanden hat, sieben Monate zum Ende eines Kalendermonats.

Situation:
Der Mitarbeiterin Petra Martin wurde aus zwingenden betrieblichen Gründen gekündigt. Die sozial gerechtfertigte Kündigung erfolgte mit Zustimmung des Betriebsrates und ging ihr am 7. April d. J. zu. Einzelvertragliche und tarifvertragliche Kündigungsfristen wurden nicht vereinbart. Folgende Daten sind bekannt:

Name	Alter	Betriebszugehörigkeit
Martin, Petra	42 Jahre	8 Jahre

54. Ermitteln Sie für Frau Martin mithilfe der abgebildeten gesetzlichen Bestimmungen das Datum des Ausscheidens aus dem Betrieb! Tragen Sie das Datum (Tag, Monat) in die Kästchen ein.

55. Eine weitere Mitarbeiterin, 29 Jahre alt, seit 6 Jahren beschäftigt, will zum 31.12. kündigen. Wann muss ihre Kündigung spätestens beim Unternehmen eingehen? Tragen Sie das Datum (Tag, Monat) in die Kästchen ein.

56. Welche Aussage entspricht den Rechtsvorschriften zur Kündigung von Arbeitsverhältnissen?

a) Die ordentliche Kündigung ist immer eine fristlose Kündigung.
b) Ein Arbeitnehmer, dem eine bessere Stelle angeboten wurde, kann fristlos kündigen.
c) Eine ordentliche Kündigung, die mit dem Verhalten des Arbeitnehmers begründet wird, ist an keine Fristen gebunden.
d) Wegen mehrmaliger verspäteter Lohnzahlung kann ein Arbeitnehmer fristlos kündigen.
e) Ein Arbeitnehmer, der in eine 50 km weit entfernte Filiale versetzt wird, kann fristlos kündigen.

Lösungsbuchstabe

57. Eine schwangere Angestellte will bis wenige Tage vor der Entbindung arbeiten. Ist das gemäß Mutterschutzgesetz zulässig?

a) Ja, wenn dringende betriebliche Erfordernisse vorliegen
b) Ja, wenn die Schwangere auf Erziehungsgeld verzichtet
c) Ja, sie darf auf ihren ausdrücklichen Wunsch bis zur Entbindung weiter beschäftigt werden.
d) Nein, es gilt laut Mutterschutzgesetz absolutes Arbeitsverbot sechs Wochen vor der Entbindung.
e) Nein, es gelten in jedem Fall die Schutzfristen acht Wochen vor und sechs Wochen nach der Entbindung.

Lösungsbuchstabe

58. In welchem Fall ist eine Kündigung sozial <u>nicht</u> gerechtfertigt?

a) Bei mangelnder Eignung des Arbeitnehmers
b) Bei unzureichender Qualifikation des Arbeitnehmers
c) Bei Störung des Betriebsfriedens durch den Arbeitnehmer
d) Bei Erkrankung des Arbeitnehmers
e) Bei Vertragsverletzung durch den Arbeitnehmer

Lösungsbuchstabe

59. Für welche Mitarbeiter gelten besondere gesetzliche Kündigungsschutzbestimmungen?

a) Facharbeiter
b) Vorstandsmitglieder
c) Jugendvertreter im Sinne des Betriebsverfassungsgesetzes
d) Mitarbeiter, die über 50 Jahre alt sind
e) Mitarbeiter, die sich auf Kosten des Betriebes beruflich weiterbilden konnten

Lösungsbuchstabe

60. Für welche Personengruppe ist gesetzlich ein besonderer Kündigungsschutz vorgeschrieben?

a) Für alle weiblichen Arbeitnehmer
b) Für alle kaufmännischen Angestellten, die Bundesfreiwilligendienst leisten
c) Für alle kaufmännischen Angestellten während der Probezeit
d) Für alle Gewerkschaftsmitglieder
e) Für alle Handlungsbevollmächtigten
f) Für alle leitenden Angestellten

Lösungsbuchstabe

61. Einige Arbeitnehmer genießen einen besonderen Kündigungsschutz. Für welche Arbeitnehmergruppe gibt es keinen besonderen gesetzlichen Kündigungsschutz?

a) Für die Jugendvertretung
b) Für werdende Mütter
c) Für Sachbearbeiter
d) Für Bundesfreiwilligendienstleistende
e) Für Auszubildende

Lösungsbuchstabe ______ ☐

62. Personalkosten sollen gesenkt werden. Welches Arbeitsverhältnis kann am frühesten durch Kündigung beendet werden?

a) Peter Müller, 42 Jahre alt, Kraftfahrer, seit 15 Jahren im Unternehmen
b) Maria Munz, 40 Jahre alt, seit 5 Jahren im Unternehmen, sie wurde vor einem Jahr in den Betriebsrat gewählt
c) Anita Riederer, 19 Jahre alt, Auszubildende als Bürokauffrau, im zweiten Ausbildungsjahr bei dreijähriger Ausbildungsdauer
d) Inge Kühne, 32 Jahre alt, gelernte Speditionskauffrau, seit 5 Jahren im Unternehmen
e) Christian Schwarz, 20 Jahre alt, Speditionskaufmann, hat einen Einberufungsbescheid der Bundeswehr zur Ableistung des Bundesfreiwilligendienstes

Lösungsbuchstabe ______ ☐

63. Welche Arbeitnehmer fallen unter besonderen Kündigungsschutz?

a) Alle Auszubildenden nach Ablauf der Probezeit
b) Alle Auszubildenden während der Probezeit
c) Alle Arbeitnehmer ab dem 35. Lebensalter
d) Alle Arbeitnehmer ab dem 25. Lebensjahr
e) Alle Jugendlichen zwischen 16 und 18 Jahren

Lösungsbuchstabe ______ ☐

64. Einer Mitarbeiterin wurde vor elf Tagen vom Prokuristen einer KG fristgemäß zum nächst möglichen Kündigungstermin gekündigt. Der Betriebsrat wurde gehört, hat aber bis heute nicht geantwortet. Heute teilt die Mitarbeiterin mit, dass sie seit drei Wochen weiß, dass sie schwanger ist. Welche Auswirkungen hat dies?

a) Die Kündigung ist unwirksam, da der Prokurist nicht ohne besondere Vollmacht kündigen darf.
b) Nur der Komplementär darf kündigen, die Kündigung ist deshalb unwirksam.
c) Da die Mitarbeiterin die Schwangerschaft zu spät mitgeteilt hat, ist die Kündigung wirksam.
d) Die Kündigung wird durch die Mitteilung der Schwangerschaft unwirksam.
e) Die Kündigung ist auch ohne Mitteilung der Schwangerschaft unwirksam.

Lösungsbuchstabe ______ ☐

65. In welchem Fall kann der Personalchef eine rechtswirksame Kündigung aussprechen?

a) Bei einem Jugendvertreter, der seit einem Monat seinen Bundesfreiwilligendienst ableistet.
b) Bei einem Jugendvertreter während seiner Amtszeit.
c) Bei einem Mitarbeiter, über dessen Kündigung der Betriebsrat nachträglich informiert wird.
d) Bei einem 40-jährigen Mitarbeiter, der zehn Jahre im Betrieb gearbeitet hat, mit einer Frist von vier Wochen zum nächsten Quartalsende.
e) Bei einer Mutter, die keinen Erziehungsurlaub in Anspruch nimmt, acht Monate nach der Niederkunft.

Lösungsbuchstabe ______ ☐

66. Wie ist nach dem Betriebsverfassungsgesetz die Rechtslage, wenn einem Arbeitnehmer ohne Anhörung des Betriebsrates gekündigt wurde?

a) Die Kündigung ist wirksam, da eine Anhörung des Betriebsrates nicht vorgeschrieben ist.
b) Die Kündigung ist unwirksam, da eine Anhörung des Betriebsrates zwingend vorgeschrieben ist.
c) Die Kündigung ist wirksam, da weder eine Anhörung noch eine Zustimmung des Betriebsrates vorgeschrieben ist.
d) Die Kündigung ist wirksam, wenn statt des Betriebsrates das Arbeitsgericht angehört wurde.
e) Die Kündigung wird durch nachträgliche Anhörung des Betriebsrates wirksam.

Lösungsbuchstabe ____________________ ☐

67. Eine 20-Jährige will zum 01.08. des Jahres eine neue Stelle antreten. Wann muss ihre Kündigung nach der gesetzlichen Vorschrift dem Arbeitgeber spätestens zugegangen sein?

a) Am 19.05.
b) Am 30.06.
c) Am 15.06.
d) Am 03.07.
e) Am 15.07.

Lösungsbuchstabe ____________________ ☐

68. Welches Gericht ist für einen Angestellten zuständig, der sich gegen eine sozial ungerechtfertigte Kündigung wehren will?

a) Verwaltungsgericht
b) Landgericht
c) Amtsgericht
d) Sozialgericht
e) Arbeitsgericht

Lösungsbuchstabe ____________________ ☐

69. Ordnen Sie zu.

Gesetze	Rechtliche Bestimmungen	
a) Betriebsverfassungsgesetz	Jugendliche dürfen nur an fünf Tagen in der Woche beschäftigt werden. ______	☐
b) Jugendarbeitsschutzgesetz	Dem Auszubildenden dürfen nur Verrichtungen übertragen werden, die dem Ausbildungszweck dienen und seinen körperlichen Kräften angemessen sind. ______	☐
c) Berufsbildungsgesetz	Der Betriebsrat ist vor jeder Kündigung zu hören. Eine ohne Anhörung des Betriebsrats ausgesprochene Kündigung ist unwirksam. ______	☐
d) Kündigungsschutzgesetz	Die Kündigung eines seit über sechs Monaten in demselben Betrieb ohne Unterbrechung beschäftigten Arbeitnehmers ist rechtsunwirksam, wenn sie sozial ungerechtfertigt ist. ______	☐
e) Mutterschutzgesetz	Die Kündigung einer Frau während der Schwangerschaft und bis zum Ablauf von vier Monaten nach der Entbindung ist unzulässig. ______	☐

70. Wer ist Jugendlicher im Sinne des Jugendarbeitsschutzgesetzes?

a) Derjenige, der 7, aber noch nicht 18 Jahre alt ist
b) Derjenige, der 10, aber noch nicht 18 Jahre alt ist
c) Derjenige, der 14, aber noch nicht 18 Jahre alt ist
d) Derjenige, der 15, aber noch nicht 18 Jahre alt ist
e) Derjenige, der 15, aber noch nicht 21 Jahre alt ist

Lösungsbuchstabe ____________________ ☐

71. Welche zwei der folgenden Tatbestände bezüglich der Beschäftigung von Jugendlichen sind im Jugendarbeitsschutzgesetz geregelt?

a) Bei mehr als fünf beschäftigten Personen, die das 18. Lebensjahr noch nicht vollendet haben, ist eine Jugend- und Auszubildendenvertretung zu wählen.

b) Jugendliche im Sinne dieses Gesetzes sind alle Personen, die das 7. Lebensjahr vollendet haben, aber noch nicht 18 Jahre alt sind.

c) Der Arbeitgeber hat den Jugendlichen an dem Arbeitstag, der der schriftlichen Abschlussprüfung unmittelbar vorangeht, freizustellen.

d) Jugendliche dürfen nicht mehr als acht Stunden täglich und nicht mehr als 40 Stunden wöchentlich beschäftigt werden.

e) Die Ruhepausen müssen bei einer Arbeitszeit von mehr als sechs Stunden mindestens 30 Minuten betragen.

f) Das Jugendarbeitsschutzgesetz gilt für Personen, die sich in der Berufsausbildung befinden, sofern sie das 25. Lebensjahr noch nicht vollendet haben.

Lösungsbuchstabe ______ ☐ ☐

Situation zu den Aufgaben 72 bis 76:
In der Bavaria Fahrradwerke KG stehen Betriebsratswahlen an. Da Sie bei der Organisation mithelfen sollen, verschaffen Sie sich die erforderlichen Kenntnisse im Betriebsverfassungsgesetz.

72. Wer hat innerhalb des Betriebes nach dem Betriebsverfassungsgesetz besondere Rechte?

a) Der Prokurist

b) Der Betriebsrat

c) Der Handlungsbevollmächtigte

d) Die Geschäftsleitung

e) Der leitende Angestellte

Lösungsbuchstabe ______ ☐

73. Wozu ist der Arbeitgeber nach dem Betriebsverfassungsgesetz verpflichtet?

a) Mit den Wirtschaftsverbänden seiner Branche vertrauensvoll zusammenzuarbeiten

b) Gemeinsam mit dem Betriebsrat und den im Betrieb vertretenen Gewerkschaften und Arbeitgeberverbänden zum Wohle der Arbeitnehmer und des Betriebes zusammenzuwirken

c) Die Arbeitnehmer zu regelmäßigen Betriebsversammlungen einzuladen

d) Vertrauensvoll mit der Industrie- und Handelskammer zur Förderung der betrieblichen Ausbildung zusammenzuarbeiten

e) Bei Personengesellschaften einen Aufsichtsrat zu bilden

f) Den Betriebsrat in allen personellen Angelegenheiten mitbestimmen zu lassen

Lösungsbuchstabe ______ ☐

74. Welche Aussage zum Betriebsrat ist richtig?

a) Arbeitgeber, Arbeiter und Angestellte wählen gemeinsam einen Betriebsrat.

b) Der Betriebsrat wird bei den regelmäßigen Betriebsratswahlen für fünf Jahre gewählt.

c) Auszubildende sind grundsätzlich von den Betriebsratswahlen ausgeschlossen.

d) Betriebsräte müssen in allen Betrieben eingerichtet werden.

e) Der Betriebsrat hat einmal im Kalendervierteljahr eine Betriebsversammlung einzuberufen und in dieser einen Tätigkeitsbericht zu erstatten.

f) Der Betriebsrat wählt die Arbeitnehmervertreter und Arbeitnehmerinnenvertreterinnen für die Aufsichtsräte von Unternehmen.

Lösungsbuchstabe ______ ☐

Die Aufgaben 75 und 76 gehören zusammen.

75. Eine 35 Jahre alte Büroangestellte, die seit acht Monaten als Leiharbeitnehmerin im Unternehmen beschäftigt ist, möchte bei den kommenden Betriebsratswahlen mitwählen. Ist sie laut Gesetzesausschnitt dazu berechtigt?

a) Nein, da sie die Alterhöchstgrenze bereits überschritten hat
b) Ja, da sie die Anforderungen an das aktive Wahlrecht erfüllt
c) Nein, da sie noch nicht lange genug im Unternehmen beschäftigt ist
d) Nein, da sie Leiharbeitnehmerin ist
e) Ja, da sie die Anforderungen an das passive Wahlrecht erfüllt

Lösungsbuchstabe ______ ☐

Erster Abschnitt. Zusammensetzung und Wahl des Betriebsrates

§ 7 Wahlberechtigung

Wahlberechtigt sind alle Arbeitnehmer des Betriebs, die das 18. Lebensjahr vollendet haben. Werden Arbeitnehmer eines anderen Arbeitgebers zur Arbeitsleistung überlassen, so sind diese wahlberechtigt, wenn sie länger als drei Monate im Betrieb eingesetzt werden.

§ 8 Wählbarkeit

(1) Wählbar sind alle Wahlberechtigten, die sechs Monate dem Betrieb angehören oder als in Heimarbeit Beschäftigte in der Hauptsache für den Betrieb gearbeitet haben. Auf diese sechsmonatige Betriebszugehörigkeit werden Zeiten angerechnet, in denen der Arbeitnehmer unmittelbar vorher einem anderen Betrieb desselben Unternehmens oder Konzerns (§ 18 Abs. 1 des Aktiengesetzes) angehört hat. Nicht wählbar ist, wer infolge strafgerichtlicher Verurteilung die Fähigkeit, Rechte aus öffentlichen Wahlen zu erlangen, nicht besitzt.

(2) Besteht der Betrieb weniger als sechs Monate, so sind abweichend von der Vorschrift in Absatz 1 über die sechsmonatige Betriebszugehörigkeit diejenigen Arbeitnehmer wählbar, die bei der Einleitung der Betriebsratswahl im Betrieb beschäftigt sind und die übrigen Voraussetzungen für die Wählbarkeit erfüllen.

76. Wie viele Mitglieder muss der Betriebsrat des Unternehmens laut nachstehenden gesetzlichen Bestimmungen haben? Sehen Sie dazu die abgebildete Personalstatistik? Tragen Sie die Lösung in das Kästchen ein!

§ 9 Zahl der Betriebsratsmitglieder

Der Betriebsrat besteht in Betrieben mit in der Regel
5 bis 20 wahlberechtigten Arbeitnehmern aus einer Person,
21 bis 50 wahlberechtigten Arbeitnehmern aus 3 Mitgliedern,
51 wahlberechtigten Arbeitnehmern
bis 100 Arbeitnehmern aus 5 Mitgliedern,
101 bis 200 Arbeitnehmern aus 7 Mitgliedern,
201 bis 400 Arbeitnehmern aus 9 Mitgliedern,
401 bis 700 Arbeitnehmern aus 11 Mitgliedern,
701 bis 1.000 Arbeitnehmern aus 13 Mitgliedern,
1.001 bis 1.500 Arbeitnehmern aus 15 Mitgliedern,
1.501 bis 2.000 Arbeitnehmern aus 17 Mitgliedern,
2.001 bis 2.500 Arbeitnehmern aus 19 Mitgliedern,
2.501 bis 3.000 Arbeitnehmern aus 21 Mitgliedern,
3.001 bis 3.500 Arbeitnehmern aus 23 Mitgliedern,
3.501 bis 4.000 Arbeitnehmern aus 25 Mitgliedern,
4.001 bis 4.500 Arbeitnehmern aus 27 Mitgliedern,
4.501 bis 5.000 Arbeitnehmern aus 29 Mitgliedern,
5.001 bis 6.000 Arbeitnehmern aus 31 Mitgliedern,
6.001 bis 7.000 Arbeitnehmern aus 33 Mitgliedern,
7.001 bis 9.000 Arbeitnehmern aus 35 Mitgliedern.

In Betrieben mit mehr als 9.000 Arbeitnehmern erhöht sich die Zahl der Mitglieder des Betriebsrats für je angefangene weitere 3.000 Arbeitnehmer um 2 Mitglieder.

Personalstatistik

Beschäftigungsart	Alter	Anzahl
Arbeiter	unter 18 ab 18	2 143
Angestellte	unter 18 ab 18	– 51
Leitende Angestellte	ab 18	3
Auszubildende	unter 18 ab 18	5 2
Leiharbeitnehmer (weniger als drei Monate im Unternehmen)	ab 18	6
Leiharbeitnehmer (mehr als drei Monate im Unternehmen)	ab 18	2

Lösung ______ ☐

⊕ Wirtschafts- und Sozialkunde

Situation zu den Aufgaben 77 bis 94:
Nach Abschluss ihrer Ausbildung beginnt Frau Erna Müller am 01.08. bei einem neuen Arbeitgeber als Angestellte. Bei der Feier ihres 19. Geburtstages wird sie von Arbeitskollegen gebeten, bei den Betriebsratswahlen am 02.05. nächsten Jahres zu kandidieren. Daraufhin beschäftigt sich Frau Müller ausführlich mit dem Betriebsverfassungsgesetz.

77. Ist Frau Erna Müller bei den Betriebsratswahlen wählbar (passives Wahlrecht)?

a) Ja, da sie bereits volljährig ist und bis zur Wahl dem Betrieb mehr als sechs Monate angehört
b) Ja, da alle Arbeitnehmer wählbar sind
c) Nur wenn sie von einer Gewerkschaft vorgeschlagen wird
d) Nur wenn sie sich verpflichtet, während der Betriebsratsamtszeit nicht zu kündigen
e) Nein, da sie dem Betrieb während der letzten 4-jährigen Betriebsratsperiode nicht angehört hat

Lösungsbuchstabe ______

78. Welche Wirkung hat eine Wahl zum Betriebsrat für Erna Müller?

a) Ihr kann nicht gekündigt werden.
b) Ihr könnte nur aus einem wichtigen Grund gekündigt werden.
c) Sie hätte einen gesetzlichen Anspruch auf sechs zusätzliche Urlaubstage.
d) Sie würde automatisch von ihrer bisherigen Tätigkeit hauptamtlich freigestellt.
e) Sie würde für ihre Betriebsratstätigkeit eine tarifvertraglich geregelte Gehaltszulage erhalten.

Lösungsbuchstabe ______

79. Die Betriebsleitung der Firma, in der Frau Erna Müller jetzt arbeitet, plant in nächster Zeit mehrere Maßnahmen. Welche Maßnahme betrifft eine soziale Angelegenheit bei der nach § 87 BetrVG der Betriebsrat Mitbestimmungsrecht hat?

a) Durchführung von Rationalisierungsmaßnahmen
b) Änderung der Pausenregelung
c) Eröffnung eines Zweigwerkes
d) Verlegung eines Betriebsteiles
e) Einführung eines neuen Fertigungsverfahrens

Lösungsbuchstabe ______

80. Was ist eine Betriebsversammlung?

a) Die Versammlung von allen Betriebsratsmitgliedern, auf der über einen Vorschlag der Geschäftsleitung beraten wird
b) Die Versammlung von Mitarbeitern nach Dienstende, um eine Betriebsneuorganisation zu besprechen
c) Die Versammlung aller Geschäftsleitungsmitglieder, auf der über ein neues Projekt beraten wird
d) Die Versammlung der Mitarbeiter eines Betriebes während der Arbeitszeit, die vom Betriebsrat einberufen wird
e) Die Versammlung von Mitarbeitern, um den Betriebsrat zu wählen

Lösungsbuchstabe ______

81. Welche Aussage zur vorgeschriebenen regelmäßigen Betriebsversammlung ist richtig?

a) Die Betriebsversammlung ist öffentlich.
b) Die Betriebsversammlung besteht aus den Arbeitnehmern des Betriebes und den zur gesetzlichen Vertretung des Betriebsrates berufenen Personen.
c) Der Arbeitgeber ist zu den Betriebsversammlungen einzuladen und ist berechtigt, in den Versammlungen zu sprechen.
d) Die Zeit der Teilnahme an Betriebsversammlungen einschließlich der zusätzlichen Wegezeiten ist den Arbeitnehmern nicht zu vergüten.
e) An den Betriebsversammlungen können Beauftragte der im Betrieb vertretenen Gewerkschaften nicht teilnehmen.

Lösungsbuchstabe ______ ☐

82. Das Betriebsverfassungsgesetz sieht vor, dass in jedem Kalendervierteljahr eine Betriebsversammlung einzuberufen ist. Diese findet während der Arbeitszeit statt. Welcher Personenkreis wird zur Betriebsversammlung eingeladen?

a) Die Geschäftsführung (Arbeitgeber) und alle Arbeitnehmer des Betriebes
b) Die Gesellschafter und die Geschäftsführer der einzelnen Filialen
c) Die Betriebsräte der einzelnen Filialen
d) Der Betriebsrat und die Jugendvertretung der Auszubildendenvertretung
e) Geschäftsführung, Gesellschafter, Betriebsrat sowie Jugend- und Auszubildendenvertretung

Lösungsbuchstabe ______ ☐

83. Wer ist berechtigt, an der Betriebsversammlung teilzunehmen?

a) Alle Arbeitnehmer des Unternehmens und die Geschäftsführung
b) Nur die in der Gewerkschaft organisierten Mitarbeiter
c) Nur die Betriebsratsmitglieder und die Gewerkschaftsvertreter
d) Nur die Vollzeitmitarbeiter und die Führungskräfte
e) Nur die Vollzeitmitarbeiter und die Auszubildenden

Lösungsbuchstabe ______ ☐

84. In welchem Fall hat der Betriebsrat ein Mitbestimmungsrecht?

a) Aufnahme eines Gesellschafters
b) Einstellung eines leitenden Angestellten
c) Festlegung der Gewinnverteilung
d) Durchführung betrieblicher Bildungsmaßnahmen
e) Aufnahme eines neuen Artikels ins Sortiment

Lösungsbuchstabe ______ ☐

85. In welchen zwei Fällen übt der Betriebsrat sein Mitbestimmungsrecht in sozialen Angelegenheiten gemäß Betriebsverfassungsgesetz aus?

a) Der Betriebsrat verhandelt mit dem Unternehmen über Rationalisierungsmaßnahmen.
b) Der Betriebsrat nimmt Stellung zu einer vom Arbeitgeber ausgesprochenen Kündigung eines Arbeitnehmers, die er für sozial ungerechtfertigt hält.
c) Der Betriebsrat vereinbart mit dem Arbeitgeber, dass zu besetzende Stellen im Betrieb auszuschreiben sind.
d) Arbeitgeber und Betriebsrat vereinbaren, dass Beginn und Ende der täglichen Arbeitszeit um eine halbe Stunde vorverlegt werden.
e) Der Betriebsrat verlangt vom Arbeitgeber, über die wirtschaftliche und finanzielle Lage des Unternehmens informiert zu werden.
f) Die Geschäftsführung ordnet für die Mitarbeiter im Lager künftig Schichtbetrieb an, nachdem der Betriebsrat zugestimmt hat.

Lösungsbuchstaben ______ ☐ ☐

86. In welchen Fällen hat der Betriebsrat welches Recht? Ordnen Sie zu. Sehen Sie dazu noch den Ausschnitt aus dem Betriebsverfassungsgesetz!

Fälle	**Mitwirkungs- und Mitbestimmungsrechte des BR**
a) Die Stelle des Sicherheitsbeauftragten soll neu besetzt werden.	
b) Eine Mitarbeiterin soll in eine andere Abteilung versetzt werden.	☐ Mitbestimmungsrecht bei sozialen Angelegenheiten (§ 87 BetrVG)
c) Die Personalplanung soll wegen schlechter Auftragslage verändert werden.	
d) Ein Außendienstmitarbeiter soll in die nächst höhere Tarifgruppe eingestuft werden.	☐ Unterrichtungs- und Beratungsrecht (§ 92 BetrVG)
e) Übwachungskameras sollen an allen Arbeitsplätzen installiert werden.	

Betriebsverfassungsgesetz (Auszug)

§ 87 Mitbestimmungsrechte 1) Der Betriebsrat hat, soweit eine gesetzliche oder tarifliche Regelung nicht besteht, in folgenden Angelegenheiten mitzubestimmen:

1. Fragen der Ordnung des Betriebs und des Verhaltens der Arbeitnehmer im Betrieb;
2. Beginn und Ende der täglichen Arbeitszeit einschließlich der Pausen sowie Verteilung der Arbeitszeit auf die einzelnen Wochentage;
3. vorübergehende Verkürzung oder Verlängerung der betriebsüblichen Arbeitszeit;
4. Zeit, Ort und Art der Auszahlung der Arbeitsentgelte;
5. Aufstellung allgemeiner Urlaubsgrundsätze und des Urlaubsplans sowie die Festsetzung der zeitlichen Lage des Urlaubs für einzelne Arbeitnehmer, wenn zwischen dem Arbeitgeber und den beteiligten Arbeitnehmern kein Einverständnis erzielt wird;
6. Einführung und Anwendung von technischen Einrichtungen, die dazu bestimmt sind, das Verhalten oder die Leistung der Arbeitnehmer zu überwachen;
7. Regelungen über die Verhütung von Arbeitsunfällen und Berufskrankheiten sowie über den Gesundheitsschutz im Rahmen der gesetzlichen Vorschriften oder der Unfallverhütungsvorschriften;
8. Form, Ausgestaltung und Verwaltung von Sozialeinrichtungen, deren Wirkungsbereich auf den Betrieb, das Unternehmen oder den Konzern beschränkt ist;
9. Zuweisung und Kündigung von Wohnräumen, die den Arbeitnehmern mit Rücksicht auf das Bestehen eines Arbeitsverhältnisses vermietet werden, sowie die allgemeine Festlegung der Nutzungsbedingungen;

*
*
*

§ 92 Personalplanung (1) Der Arbeitgeber hat den Betriebsrat über die Personalplanung, insbesondere über den gegenwärtigen und künftigen Personalbedarf sowie über die sich daraus ergebenden personellen Maßnahmen und Maßnahmen der Berufsbildung anhand von Unterlagen rechtzeitig und umfassend zu unterrichten. Er hat mit dem Betriebsrat über Art und Umfang der erforderlichen Maßnahmen und über die Vermeidung von Härten zu beraten.

87. Was versteht man unter „Betriebsvereinbarung"?

a) Die zwischen der Betriebsleitung und dem Betriebsrat ausgehandelte Betriebsvereinbarung regelt die Rechte und Pflichten der Tarifvertragsparteien und enthält Rechtsnormen, die den Inhalt, den Abschluss und die Beendigung von Arbeitsverhältnissen ordnen.

b) Die Betriebsvereinbarung ist ein Vertrag zwischen dem Arbeitgeberverband und dem Betriebsrat über die betriebliche Anpassung der durch Tarifvertrag geregelten Arbeitsbedingungen.

c) Die Betriebsvereinbarung ist ihrem Inhalt und Sinn nach ein Vertrag, in dem Arbeitgeber und Betriebsrat die betriebliche Ordnung und die Rechtsverhältnisse des Arbeitgebers zu den Arbeitnehmern ihres Betriebes gestalten.

d) Die Betriebsvereinbarung ist ein Vertrag zwischen der Gewerkschaft und dem Arbeitgeberverband über die Arbeitsbedingungen in allen gleichartigen Betrieben.

e) Eine Betriebsvereinbarung regelt nur Fragen der Arbeitsordnung, die üblicherweise in einem Tarifvertrag enthalten sind. Sie gilt nur für Tarifangestellte.

Lösungsbuchstabe ______________________ ☐

88. Zu welchen rechtlichen Bestimmungen zählt folgendes Blatt, das Sie bei der Durchsicht Ihrer Loseblattablage in die Hand bekommen?

a) Zu den Arbeitsschutzbestimmungen
b) Zum Betriebsverfassungsgesetz
c) Zu den Arbeitsstättenrichtlinien
d) Zu der Arbeitsstättenverordnung
e) Zur Betriebsvereinbarung

> 1. Es wird erwartet, dass alle Mitarbeiter wechselseitige Rücksichtnahme üben. Deshalb sollen die Raucher das Rauchen in den betrieblichen Räumen tunlichst unterlassen.
>
> 2. Das Rauchen während der Arbeitsschichten ist in den betrieblichen Räumen, Hallen, Fluren und Treppenhäusern nach folgender Maßgabe zu unterlassen (rauchfreie Zeiten): ...

Lösungsbuchstabe ______ ☐

89. In welchem Fall liegt eine Betriebsvereinbarung vor?

a) Die Tarifpartner vereinbaren für ihre Mitglieder eine Lohnerhöhung.
b) Die Volkswagen-Aktiengesellschaft vereinbart mit der IG Metall die Herabsetzung der Wochenarbeitszeit.
c) Die Deutsche Bahn AG vereinbart mit einem Stahlwerk die Lieferung von Eisenbahnschienen.
d) Die Automobilwerke VW und TOYOTA vereinbaren die gemeinsame Produktion eines Kleintransporters.
e) Arbeitgeber und Betriebsrat einigen sich über die Einführung der Gleitzeit und legen die Absprache schriftlich nieder.

Lösungsbuchstabe ______ ☐

90. Welche Aussage über eine Betriebsvereinbarung ist richtig?

a) Sie wird durch die mündliche Einigung rechtswirksam.
b) Sie kann zwischen der Unternehmensleitung und der Jugendvertretung abgeschlossen werden.
c) Sie wird zwischen einer Gewerkschaft und der Unternehmensleitung abgeschlossen.
d) Sie ist von Betriebsrat und Arbeitgeber gemeinsam zu beschließen und schriftlich niederzulegen.
e) Sie muss jedem Arbeitnehmer in Form eines Rundschreibens zugesandt werden.

Lösungsbuchstabe ______ ☐

91. Bei welcher betrieblichen Information an die Mitarbeiter handelt es sich um eine Betriebsvereinbarung?

a) Der zuständige Arbeitgeberverband und die zuständige Gewerkschaft einigen sich auf einen neuen Mehrarbeitsvertrag.
b) Die Bavaria Fahrradwerke KG und der Verkaufsleiter haben sich geeinigt, die neue Stelle „Vertriebsassistent(in)" zu schaffen.
c) Der zuständige Arbeitgeberverband und die zuständige Gewerkschaft einigen sich über die Einführung flexibler Arbeitszeiten.
d) Geschäftsführung und Betriebsrat der Bavaria Fahrradwerke KG einigen sich über eine neue Gleitzeitregelung.
e) Die Bavaria Fahrradwerke KG und die zuständige IHK vereinbaren die Einstellung von zwei zusätzlichen Auszubildenden.

Lösungsbuchstabe ______ ☐

Zu den Aufgaben 92 bis 93 siehe nachstehenden Gesetzesauszug.

Auszug aus Betriebsverfassungsgesetz (BetrVG) – Teil 3
Erster Abschnitt
Betriebliche Jugend- und Auszubildendenvertretung

§ 60 Errichtung und Aufgabe
(1) In Betrieben mit in der Regel mindestens fünf Arbeitnehmern, die das 18. Lebensjahr noch nicht vollendet haben (jugendliche Arbeitnehmer) oder die zu ihrer Berufsausbildung beschäftigt sind und das 25. Lebensjahr noch nicht vollendet haben, werden Jugend- und Auszubildendenvertretungen gewählt.
(2) Die Jugend- und Auszubildendenvertretung nimmt nach Maßgabe der folgenden Vorschriften die besonderen Belange der in Absatz 1 genannten Arbeitnehmer wahr.

§ 61 Wahlberechtigung und Wählbarkeit
(1) Wahlberechtigt sind alle in § 60 Abs. 1 genannten Arbeitnehmer des Betriebes.
(2) Wählbar sind alle Arbeitnehmer des Betriebes, die das 25. Lebensjahr noch nicht vollendet haben; [......]
Mitglieder des Betriebsrates können nicht zu Jugend- und Auszubildendenvertretern gewählt werden.

92. In der Bavaria Fahrradwerke KG steht die Wahl der Jugend- und Auszubildendenvertretung (JAV) an. Ihnen liegt der unten abgebildete EDV-Ausdruck vor. Prüfen Sie, wie viele Personen wählen dürfen! Tragen Sie das Ergebnis in das Kästchen ein!

Auszubildende der Großhandels GmbH im Alter bis zu 26 Jahren	
Alter	**Anzahl der Auszubildenden**
16	–
17	–
18	50
19	–
20	–
21	30
22	–
23	15
24	–
25	–
26	5

Lösung ____________ ☐

93. Die Wahl einer Jugend- und Auszubildendenvertretung, die alle zwei Jahre stattfindet, wird vorbereitet. Wie viele Personen der nachfolgenden Aufstellung sind wahlberechtigt? Tragen Sie das Ergebnis in das Kästchen ein!

Mitarbeiter ohne Auszubildende	Auszubildende	Alter/Jahre
4	1	16
8	–	17
7	1	18
1	2	19
5	–	20
2	1	21
1	1	22
4	–	23
1	1	24
2	–	25
7	1	26

Lösung ____________ ☐

94. Betriebsratswahlen stehen an. Die Belegschaft besteht aus 157 Arbeitnehmern, die sich wie folgt zusammensetzen:

15 AN	**unter 18 Jahre**
34 AN	**18 bis 25 Jahre**
108 AN	**25 Jahre und älter**

davon weniger als sechs Monate im Betrieb beschäftigt:

6 AN	**unter 18 Jahre**
7 AN	**18 bis 25 Jahre**
8 AN	**25 Jahre und älter.**

Wie viele Personen besitzen das aktive Wahlrecht? Wie viele Personen besitzen das passive Wahlrecht? Siehe dazu den abgebildeten Gesetzesausschnitt! Tragen Sie die Ergebnisse in die Kästchen ein!

BetrVG § 7 Wahlberechtigung
Wahlberechtigt sind alle Arbeitnehmer des Betriebs, die das 18. Lebensjahr vollendet haben. Werden Arbeitnehmer eines anderen Arbeitgebers zur Arbeitsleistung überlassen, so sind diese wahlberechtigt, wenn sie länger als drei Monate im Betrieb eingesetzt werden.

BetrVG § 8 Wählbarkeit
(1) Wählbar sind alle Wahlberechtigten, die sechs Monate dem Betrieb angehören oder als in Heimarbeit Beschäftigte in der Hauptsache für den Betrieb gearbeitet haben. Auf diese sechsmonatige Betriebszugehörigkeit werden Zeiten angerechnet, in denen der Arbeitnehmer unmittelbar vorher einem anderen Betrieb desselben Unternehmens oder Konzerns (§ 18 Abs. 1 des Aktiengesetzes) angehört hat. Nicht wählbar ist, wer infolge strafgerichtlicher Verurteilung die Fähigkeit, Rechte aus öffentlichen Wahlen zu erlangen, nicht besitzt.
(2) Besteht der Betrieb weniger als sechs Monate, so sind abweichend von der Vorschrift in Absatz 1 über die sechsmonatige Betriebszugehörigkeit diejenigen Arbeitnehmer wählbar, die bei der Einleitung der Betriebsratswahl im Betrieb beschäftigt sind und die übrigen Voraussetzungen für die Wählbarkeit erfüllen.

Dürfen wählen: ____________ ☐ Dürfen gewählt werden: ____________ ☐

Situation zu den Aufgaben 95 bis 100:
Es soll für die Branche, in der Sie tätig sind, ein neuer Tarifvertrag abgeschlossen werden.

95. Als Grundlage für den Abschluss der einzelnen Arbeitsverhältnisse sieht das Tarifrecht den Tarifvertrag vor. Er kann von den Vertragsparteien für die ganze Branche eines Bundeslandes abgeschlossen werden. Wie wird dieser Tarifabschluss bezeichnet?

a) Rahmentarifvertrag
b) Flächentarifvertrag
c) Manteltarifvertrag
d) Einzeltarifvertrag
e) Betriebsvereinbarung

Lösungsbuchstabe ____________ ☐

96. Welche Aussage über Tarifverträge ist richtig?

a) Tarifverträge können zwischen einzelnen Arbeitgebern und Betriebsräten geschlossen werden.
b) Während der Laufzeit von Tarifverträgen sind Arbeitskämpfe erlaubt, wenn sie vier Wochen vorher angekündigt worden sind.
c) Tarifverträge können zwischen der Geschäftsleitung und den Arbeitnehmern eines Betriebes geschlossen werden.
d) Tarifverträge sind rechtlich als Empfehlung an die Tarifparteien zu verstehen.
e) Tarifverträge kommen durch freie Vereinbarungen der Tarifpartner (Arbeitgeberverband und Gewerkschaften) zustande.

Lösungsbuchstabe ____________ ☐

97. Welche Aussage über Manteltarifverträge ist richtig?

a) Die in Manteltarifverträgen vereinbarten Bedingungen können vom Arbeitgeber bei Vorliegen wichtiger Gründe vorübergehend aufgehoben werden.
b) Manteltarifverträge regeln z.B. die Arbeitszeit, Schichtzuschläge, Überstundenzuschläge, Urlaub, Kündigungsfristen.
c) Manteltarifverträge werden zwischen Betriebsräten und einzelnen Arbeitgebern abgeschlossen.
d) Die Gewerkschaften können einen Manteltarifvertrag für allgemeinverbindlich erklären.
e) Der Bundesminister des Innern kann einen Manteltarifvertrag für allgemeinverbindlich erklären.

Lösungsbuchstabe ______

98. Aus welchem Gesetz ist die Tarifautonomie abzuleiten?

a) Bürgerliches Gesetzbuch
b) Handelsgesetzbuch
c) Grundgesetz
d) Mitbestimmungsgesetz
e) Betriebsverfassungsgesetz

Lösungsbuchstabe ______

99. Welche Maßnahme verstößt gegen die Tarifautonomie?

a) Der Arbeits- und Sozialminister bietet sich als Schlichter an.
b) Der Bundeskanzler ermahnt die Tarifvertragsparteien zur Mäßigung.
c) Die Bundesregierung beschließt, dass die Lohnerhöhung in der gewerblichen Wirtschaft 5 % nicht übersteigen darf.
d) Der Bundeswirtschaftsminister gibt eine Steigerungsrate von 3 % Realeinkommen für das laufende Wirtschaftsjahr an.
e) Der Innenminister nimmt den Lohnvorschlag der Gewerkschaften für die im öffentlichen Dienst Beschäftigten nicht an.

Lösungsbuchstabe ______

100. Im Rahmen der Tarifverhandlungen wird zwischen Lohn- und Gehaltstarif und dem normalerweise längerfristig geltenden Manteltarifvertrag unterschieden. Was wird im Lohn- und Gehaltstarif geregelt (zwei Antworten)?

a) Kündigungsfristen
b) Tägliche und wöchentliche Arbeitszeit
c) Urlaubstage
d) Gehaltssätze für die einzelnen Gehaltsgruppen
e) Sonderleistungen wie z. B. Weihnachts- und Urlaubsgeld
f) Die Vergütung der Auszubildenden

Lösungsbuchstaben ______

101. Rückwirkend zum 1. April wurden neue Gehaltstarife von den Tarifparteien festgelegt. Die Bavaria Fahrradwerke KG ist Mitglied im Arbeitgeberverband. Welche Auswirkungen haben die neuen Tarife?

a) Keine, denn sie stellen nur Gehaltsvorschläge dar.
b) Alle Gewerkschaftsmitglieder im Betrieb haben Anspruch auf die neuen Tarifgehälter.
c) Die neuen Tarifgehälter dürfen nicht überschritten werden.
d) Der neue Tarifvertrag gilt auch für die leitenden Angestellten.
e) Der Betriebsrat kann die Tarife außer Kraft setzen.

Lösungsbuchstabe ______

102. Welche Folgen hat eine Lohn- und Gehaltserhöhung um einen Festbetrag (z. B. Löhne und Gehälter steigen in der Metallindustrie für alle gleichmäßig um 135,00 €)?

a) Die Lohn- und Gehaltserhöhungen sind für jeden Arbeitnehmer prozentual gleich.

b) Die Lohn- und Gehaltserhöhungen bringen den Arbeitnehmern mit höherem Lohn und Gehalt größere Vorteile als den Arbeitnehmern mit niedrigerem Lohn und Gehalt.

c) Die Lohn- und Gehaltserhöhungen bewirken, dass der Unterschied zwischen den Löhnen und Gehältern der einzelnen Arbeitnehmer absolut geringer wird.

d) Die Lohn- und Gehaltserhöhungen bewirken, dass der Unterschied zwischen den Löhnen und Gehältern der einzelnen Arbeitnehmer absolut größer wird.

e) Die Lohn- und Gehaltserhöhungen wirken sich bei Arbeitnehmern mit niedrigerem Lohn und Gehalt prozentual stärker aus als bei denen mit höherem Lohn und Gehalt.

Lösungsbuchstabe ______ ☐

103. Ein Unternehmen ist nicht Mitglied des Arbeitgeberverbandes. Welche Aussage zur Gültigkeit tarifvertraglicher Vereinbarungen ist richtig?

a) Der Tarifvertrag gilt für die Arbeitnehmer des Unternehmens unabhängig von dessen Mitgliedschaft im Arbeitgeberverband.

b) Der Tarifvertrag gilt für die Arbeitnehmer, wenn der Betriebsrat den Tarifvertrag für das Unternehmen als verbindlich erklärt hat.

c) Der Tarifvertrag gilt für alle Mitarbeiter des Unternehmens, die Mitglied der Gewerkschaft sind.

d) Der Tarifvertrag gilt nur dann für alle Arbeitnehmer des Unternehmens, wenn er für allgemeinverbindlich erklärt wurde.

e) Der Tarifvertrag gilt für alle Arbeitnehmer, wenn der Arbeitgeber für die Mehrheit der Arbeitnehmer die tariflichen Vereinbarungen einzelvertraglich gewährt.

Lösungsbuchstabe ______ ☐

104. Wer kann einen Tarifvertrag für allgemeinverbindlich erklären?

a) Der Bundesminister für Arbeit und Soziales

b) Der Bundesminister für Wirtschaft

c) Die Arbeitgeberverbände

d) Die Gewerkschaften

e) Die Tarifpartner auf Antrag des Bundesministers für Arbeit und Soziales

Lösungsbuchstabe ______ ☐

105. Bringen Sie folgende Schritte beim Zustandekommen eines neuen Tarifvertrags in die richtige Reihenfolge!

1) Fristgemäße Kündigung des Gehaltstarifvertrages ______ ☐

2) Abschluss eines neuen Tarifvertrages ______ ☐

3) Urabstimmung über einen Arbeitskampf mit nachfolgendem Streik und Aussperrung ______ ☐

4) Aufnahme der Tarifverhandlungen durch die Tarifpartner ______ ☐

5) Ausrufung des Streiks aufgrund der Urabstimmung und neue Verhandlungen ______ ☐

6) Erklärung des Scheiterns der Tarifverhandlungen durch eine Partei ______ ☐

7) Urabstimmung über das Ergebnis der neuen Tarifrunde mit zustimmendem Ergebnis ______ ☐

106. Maßvolle Tarifabschlüsse werden von Arbeitgeberseite als Voraussetzung für die Schaffung neuer Arbeitsplätze gefordert. Ein Vertreter der Bundesregierung merkt hierzu an, dass der Staat nicht die Möglichkeit einer direkten Einwirkung auf die Tarifpartner hat. Auf welches Grundprinzip unserer sozialen Marktwirtschaft kann er sich dabei berufen?

a) Tarifautonomie
b) Investitionsfreiheit
c) Privateigentum an Produktionsmitteln
d) Gewerbefreiheit
e) Förderung des Wettbewerbs

Lösungsbuchstabe ______

107. Sie wirken bei einer Informationsveranstaltung für die jugendlichen Arbeitnehmer und die Auszubildenden zum Thema Tarifvertragsrecht mit. In diesem Zusammenhang sollen Sie kontrollieren, ob der in Einzelschritten beispielhaft aufgezeigte zeitliche Ablauf beim Zustandekommen eines neuen Gehaltstarifvertrages richtig dargestellt ist. Tragen Sie den Buchstaben des Lösungsvorschlags des Einzelschrittes, der falsch eingeordnet ist, in das Kästchen ein!

a) 1. Schritt: Fristgemäße Kündigung des Tarifvertrags
b) 2. Schritt: Aufnahme der Verhandlungen durch die Tarifpartner
c) 3. Schritt: Erklärung des Scheiterns der Tarifverhandlungen durch die zuständige Gewerkschaft
d) 4. Schritt: Von Arbeitgeberseite erfolgen Aussperrungen der Arbeitnehmer
e) 5. Schritt: Die zuständige Gewerkschaft führt eine Urabstimmung durch.
f) 6. Schritt: Mehr als 75 % der abstimmungsberechtigten Gewerkschaftsmitglieder stimmen für einen Streik; dieser wird beschlossen und durchgeführt.
g) 7. Schritt: Es finden neue Tarifverhandlungen statt, die zu einer Einigung führen.
h) 8. Schritt: Die Gewerkschaftsmitglieder stimmen in einer Urabstimmung über den Einigungsvorschlag ab.

Lösungsbuchstabe ______

108. Welche Aussage trifft auf Aussperrung zu?

a) Aussperrung bedeutet die Betriebsbesetzung durch Streikende, die der Betriebsleitung den Zutritt verwehren.
b) Aussperrung bedeutet eine außerordentliche Kündigung der gewerkschaftlich organisierten Arbeitnehmer.
c) Aussperrung ist die gemeinsame und planmäßige Arbeitsniederlegung aller Arbeitnehmer.
d) Aussperrung bedeutet die vorübergehende Aufhebung der Arbeitsverhältnisse in den betroffenen Betrieben.
e) Aussperrung bedeutet die ordentliche Kündigung von Arbeitnehmern für den Zeitraum eines Arbeitskampfes.

Lösungsbuchstabe ______

109. Einige Mitarbeiter der Bavaria Fahrradwerke KG sind gewerkschaftlich organisiert. Das Unternehmen ist Mitglied des Arbeitgeberverbandes. Die laufenden Tarifverhandlungen drohen zu scheitern. Für den Fall eines Streiks liegt ein Vorstandsbeschluss des Arbeitgeberverbandes vor, Aussperrungsmaßnahmen zu befürworten. Welche Aussage ist für diese Situation zutreffend?

a) An einem Streik dürfen sich nur die Gewerkschaftsmitglieder beteiligen.
b) Bei einem Streik kann die Bavaria Fahrradwerke KG nicht einbezogen werden, da die Gewerkschaftsmitglieder in der Minderheit sind.
c) Bei einer Abstimmung in der Bavaria Fahrradwerke KG über die Durchführung eines Streiks können die Gewerkschaftsmitglieder in keinem Fall von den anderen Angestellten überstimmt werden.
d) Der Geschäftsführer der Bavaria Fahrradwerke KG kann bei einem Streik in Absprache mit dem Arbeitgeberverband eine Aussperrung in angemessenem Rahmen vornehmen.
e) Eine Aussperrung darf sich nur auf die streikenden Mitarbeiter beziehen.

Lösungsbuchstabe ______

110. Welche Aussage über gewerkschaftliche Aufgaben und Forderungen in der Bundesrepublik Deutschland ist richtig?

a) Das Grundgesetz räumt den Gewerkschaften lediglich ein Recht für den Abschluss von Lohntarifverträgen ein.
b) Um die Arbeitslosigkeit in der Bundesrepublik Deutschland zu verringern, fordern die Gewerkschaften u. a. eine Verkürzung der wöchentlichen Arbeitszeit.
c) Gewerkschaftsvertreter dürfen zu Betriebsversammlungen nicht eingeladen werden.
d) Die Gewerkschaften setzen sich nicht für eine Humanisierung der Arbeitsbedingungen ein.
e) Die Gewerkschaften dürfen ihren Mitgliedern in arbeitsgerichtlichen Rechtsstreitigkeiten keinen Rechtsschutz gewähren.

Lösungsbuchstabe ______

111. Welche Behauptung trifft für Warnstreiks zu?

a) Warnstreiks dürfen nur nach einer Urabstimmung durchgeführt werden.
b) Warnstreiks machen ein Schlichtungsverfahren überflüssig.
c) Warnstreiks sind nur dann rechtlich zulässig, wenn sie zeitlich begrenzt durchgeführt werden.
d) Warnstreiks sind nur nach der Aussperrung durch die Arbeitgeber rechtlich zulässig.
e) Warnstreiks sind nur dann rechtlich zulässig, wenn ein gesamtes Tarifgebiet von der Arbeitsniederlegung betroffen ist.

Lösungsbuchstabe ______

112. Was versteht man unter Friedenspflicht im Tarifrecht?

a) Bei Beginn der Tarifverhandlungen dürfen die Arbeitnehmer zur Untermauerung ihrer Forderungen den Streik ausrufen.
b) Die Tarifparteien können nach dem Gesetz erst zwei Monate nach dem Scheitern der Verhandlungen Kampfmaßnahmen ergreifen.
c) Während der Laufzeit des Tarifvertrages dürfen keine Kampfmaßnahmen gegen die bestehenden Vereinbarungen durchgeführt werden.
d) Bei Tarifverhandlungen versuchen die Tarifpartner unter Vorsitz eines Regierungsmitgliedes zu einem Kompromiss zu kommen.
e) Beim Scheitern von Tarifverhandlungen bemüht sich ein Schlichter um das Zustandekommen eines Tarifvertrages.

Lösungsbuchstabe ______

113. Welche Aussage über die Schlichtung in einem Tarifkonflikt trifft zu?

a) Der Schlichter unterbreitet einen Kompromissvorschlag, den die Tarifpartner annehmen müssen.
b) Der Vorschlag des Schlichters wird rechtswirksam, wenn ihm die Mehrheit der Arbeitnehmer zustimmt.
c) Das Schlichtungsverfahren setzt erst dann ein, wenn der durch Streik und Aussperrung verursachte volkswirtschaftliche Schaden nicht mehr vertretbar ist.
d) Das Schlichtungsverfahren kann erst dann eingeleitet werden, wenn sich mindestens 75 % der gewerkschaftlich organisierten Arbeitnehmer dafür aussprechen.
e) Der Vorschlag des Schlichters führt nur zum Ende der Tarifauseinandersetzung, wenn er von beiden Tarifpartnern angenommen wird.

Lösungsbuchstabe ______

114. Welche Feststellung kennzeichnet die Tarifautonomie?

a) In den Mitgliedsstaaten der EU können die Löhne ohne Absprache mit den anderen Mitgliedsstaaten festgelegt werden.

b) Die Wirtschaftsminister der einzelnen Bundesländer setzen die Gehälter und Löhne der im öffentlichen Dienst Beschäftigten fest.

c) Die Arbeitgeber handeln mit den Bewerbern bei der Einstellung die jeweilige Lohngruppe aus, in der die Bewerber beschäftigt werden sollen.

d) Die Gewerkschaften setzen die Löhne und Gehälter fest.

e) Arbeitgeberverbände und Gewerkschaften handeln unabhängig von staatlichen Eingriffen die Löhne, Gehälter und sonstigen Arbeitsbedingungen aus.

Lösungsbuchstabe ______

115. Welche Aussage über die Gewerkschaften ist richtig?

a) Die Gewerkschaften sollen Auseinandersetzungen zwischen Arbeitgebern und Arbeitnehmern verhindern.

b) Die Gewerkschaften beschließen mit den Arbeitgeberverbänden, um wie viel Prozent die Preise im kommenden Jahr höchstens steigen dürfen.

c) Bei Arbeitsstreitigkeiten zwischen Arbeitgebern und Arbeitnehmern dürfen die Gewerkschaften nur in bestimmten Ausnahmefällen Rechtsschutz und Rechtshilfe gewähren.

d) Die Gewerkschaften treten bei Tarifverhandlungen dafür ein, dass die Arbeitnehmer mit ihren Einkommen am Wirtschaftswachstum beteiligt werden.

e) Die Gewerkschaften haben die Aufgabe, die Betriebsratswahlen ordnungsgemäß durchzuführen.

Lösungsbuchstabe ______

116. Wer handelt den Manteltarifvertrag aus?

a) Bundesregierung und Länderregierungen

b) Handwerkskammern und Industrie- und Handelskammern

c) Arbeitgeberverband und Gewerkschaften

d) Arbeitgeberverband und Sozialversicherungsträger

e) Gewerkschaften und Arbeitnehmer

Lösungsbuchstabe ______

117. Unter welcher Bedingung ist ein Streik zulässig?

a) Wenn in einer Urabstimmung mindestens 25 % der Arbeitnehmer zustimmen

b) Wenn in einer Urabstimmung mindestens 51 % der Arbeitnehmer zustimmen

c) Wenn in einer Urabstimmung mindestens 75 % der Gewerkschaftsmitglieder zustimmen

d) Wenn in einer Urabstimmung mindestens 51 % der Gewerkschaftsmitglieder zustimmen

e) Wenn in einer Urabstimmung mindestens 75 % der Arbeitnehmer zustimmen

Lösungsbuchstabe ______

118. Welche Tarifvertragsparteien sind nach dem Grundsatz der Tarifautonomie in die Tarifverhandlungen eingebunden!

a) Bundesminister für Wirtschaft und Arbeit und die Gewerkschaften

b) Betriebsratsmitglieder und Vertreter der Geschäftsleitung

c) Gewerkschaften und einzelne Arbeitgeber bzw. Vereinigungen von Arbeitgebern (Spitzenorganisationen)

d) Betriebliche Gewerkschaftsleitung und die Geschäftsführung eines Unternehmens

e) Gewählte Arbeitnehmervertreter (Tarifausschuss) und Arbeitgeberverbände

Lösungsbuchstabe ______

119. Was versteht man im Rahmen eines Tarifkonfliktes unter dem Begriff „Aussperrung"?

a) Die Betriebsbesetzung durch Streikende, die der Betriebsleitung den Zutritt verwehren
b) Die planmäßige Nichtzulassung von Arbeitnehmern zur Arbeit unter Verweigerung der Lohnfortzahlung in den betroffenen Betrieben
c) Die gemeinsame und planmäßige Arbeitsniederlegung aller Arbeitnehmer
d) Die ordentliche Kündigung von Arbeitnehmern für den Zeitraum eines Arbeitskampfes
e) Gewählte Arbeitnehmervertreter (Tarifausschuss) und Arbeitgeberverbände

Lösungsbuchstabe ______ ☐

120. Welche drei Aufgaben haben die Gewerkschaften zu erfüllen?

a) Die Gewerkschaften sollen Auseinandersetzungen zwischen Arbeitgebern und Arbeitnehmern verhindern.
b) Die Gewerkschaften verhandeln mit den Arbeitgeberverbänden, um wie viel Prozent die Preise im kommenden Jahr höchstens steigen dürfen.
c) Die Gewerkschaften haben die Aufgabe, die Betriebsratswahlen ordnungsgemäß durchzuführen.
d) Die Gewerkschaften haben bei Tarifverhandlungen für die Belange der organisierten Arbeitnehmer einzutreten.
e) Bei Arbeitsstreitigkeiten zwischen Arbeitgebern und Arbeitnehmern haben die Gewerkschaften die Arbeitnehmer vor Gericht zu vertreten.
f) Die Gewerkschaften führen Tarifverhandlungen als gleichwertiger Partner mit den Arbeitgeberverbänden.
g) Die Gewerkschaften treten bei Tarifverhandlungen dafür ein, dass die Arbeitnehmer mit ihrem Einkommen am Wirtschaftswachstum beteiligt werden.

Lösungsbuchstaben ______ ☐ ☐ ☐

Situation zu den Aufgaben 121 bis 136:
Eine ehemalige Mitarbeiterin der Bavaria Fahrradwerke KG, Frau Maria Kudlich, bewirbt sich im In- und Ausland um einen neuen Arbeitsplatz.

121. Frau Kudlich füllt einen Europass-Lebenslauf aus. Darin soll sie u.a. ihre Fähigkeiten und Kompetenzen eintragen. Ordnen Sie die angegebenen vier Kriterien den zugehörigen Angaben zu, indem Sie die Buchstaben vor den Kriterien in die Kästchen vor den zuftreffenen Angaben eintragen.

Kriterien	Angaben
a) Soziale Fähigkeiten und Kompetenzen	☐ Beherrschung von Office-Anwendungsprogrammen
b) Organisatorische Fähigkeiten und Kompetenzen	☐ Kontaktreudigkeit
c) Informations- und kommunikationstechnologische Kenntnisse und Kompetenzen (IKT)	☐ Erfahrung in der Projektleitung
d) Künstlerische Fähigkeiten und Kompetenzen	☐ Geige spielen

122. Ein Unternehmen in Österreich, bei dem sich Frau Kudlich beworben hatte, bezieht für einen Auftraggeber Bauteile aus Pakistan. Diese werden dann Just-in-time an den Auftraggeber weitergeliefert. Welchen Vorteil der Globalisierung realisiert die österreichische Firma für ihren Auftraggeber?

a) Den technischen Fortschritt in der Europäischen Gemeinschaft
b) Die Möglichkeit, weltweit den günstigsten Lieferanen auszuwählen
c) Die Möglichkeit, sich am günstigsten Produktionsstandort niederzulassen
d) Die Möglichkeit, Kapital ohne großen Aufwand ins Ausland zu transferieren
e) Die Verlagerung von Arbeitsplätzen

Lösungsbuchstabe ______ ☐

⊕ Wirtschafts- und Sozialkunde

123. Im Zuge der Globalisierung nehmen die wirtschaftlichen Verpflechtungen weltweit zu. Welche Auswirkung hat diese Entwicklung u. a.?

a) Ist ein Industrieprodukt mit „Made in Germany" ausgezeichnet, bedeutet dies, dass alle Einzelteile des Produktes in Deutschland hergestellt worden sind.
b) Aufgrund sinkender Lohnkosten im Inland wird die Prokuktion ins Ausland verlagert.
c) Durch die Einführung des Euro gelten in der EU überall dieselben Preise.
d) Die Verlagerung der Produktion in Länder mit geringeren Umweltschutzauflagen kann zu einer weltweiten Zunahme der Umweltverschmutzung führen.
e) Beim Pro-Kopf-Einkommen haben die ärmsten Länder der Welt mit den reichsten Ländern nahezu gleichgezogen.

Lösungsbuchstabe ______

124. Die Verpflichtung zur Schaffung und Erhaltung sozialer Gerechtigkeit ist auch für die europäische Staatengemeinschaft ein vorrangiges Ziel. Wer initiierte dazu 1961 die europäische Sozialcharta?

a) Europäische Union
b) NATO
c) Europarat
d) Europäische Kommission
e) Europäisches Parlament

Lösungsbuchstabe ______

125. Welches Recht ist <u>nicht</u> Inhalt der Europäischen Sozialcharta?

a) Recht auf freie Meinungsäußerung
b) Recht auf Arbeit
c) Recht auf soziale Sicherheit
d) Recht auf Schutz der Familie
e) Recht auf sichere und gesunde Arbeitsbedingungen

Lösungsbuchstabe ______

126. Die zunehmende Globalisierung erfordert von Arbeitnehmern die Bereitschaft, Arbeitsplätze auch innerhalb der EU aufzunehmen, was durch verschiedene Maßnahmen unterstützt wird. Was wird dabei durch das Mobilitätsprogramm „Leonardo da Vinci" nicht unterstützt?

a) Stipendien für Betriebspraktika in europäischen Ländern
b) Vorbereitungsseminare, um Sprachkenntnisse zu erlernen bzw. zu verbessern
c) Übernahme der Anreise-, Abreisekosten
d) Finanzielle Unterstützung für Unterkunft und Verpflegung
e) Kauf eines Kleinwagens zur Erkundung des Landes

Lösungsbuchstabe ______

127. Was versteht man unter „Europass-Mobilität"?

a) Ausweis zum freien Reisen in der EU
b) Europäischer Personalausweis
c) Nachweis über gesammelte Lern- und Arbeitserfahrungen im europäischen Ausland
d) Europäische Bahncard
e) Europäische Lkw-Mautkarte

Lösungsbuchstabe ______

128. Welches Dokument gehört nicht zu „Europass"?

a) Lebenslauf
b) Autobahnmautplakette
c) Sprachenpass
d) Zeugniserläuterungen
e) Diploma Supplement
f) Mobilität

Lösungsbuchstabe ______

129. Welches Ziel ist über die Praktikumsphase der Europass-Mobilität nicht erreichbar?

a) Erkennen beruflicher Entwicklungsmöglichkeiten
b) Unterschiedliche Ausbildungssysteme kennenlernen
c) Ersatz für nicht erreichten Hauptschulabschluss
d) Abbau von Vorurteilen
e) Wissen aneignen über ausländische Arbeitsorganisation und Arbeitshaltung

Lösungsbuchstabe ______

130. Wie heißt das Kooperationsnetz zur Förderung der Mobilität von Arbeitnehmern im Europäischen Wirtschaftsraum, das von der Europäischen Kommission koordiniert wird?

a) Eures
b) EZB
c) Euratom
d) Eurostat
e) Europol

Lösungsbuchstabe ______

131. Was fällt nicht unter den Grundsatz der Freizügigkeit der Arbeitnehmer nach dem EU-Vertrag in einem Mitgliedsland?

a) Recht auf Aufenthalt auch ohne Beschäftigung
b) Recht auf Erhalt von Sozialleistungen
c) Recht in einem anderen Mitgliedsstaat zu arbeiten und zu leben
d) Recht auf unbeschränkte Übernahme in den öffentlichen Dienst
e) Recht auf Gleichbehandlung

Lösungsbuchstabe ______

132. Wozu dient das Internet-Portal „Eures" der Europäischen Kommission (zwei Antworten)?

a) Hilfe bei der Arbeitsplatzsuche weltweit
b) Hilfe bei der Arbeitsplatzsuche innerhalb der EU und einzelnen anderen Staaten
c) Vermittlung von Arbeitsplätzen unter Mitwirkung der nationalen Arbeitsverwaltungen
d) Ausschreibung politischer Ämter
e) Freiwilligendienst für Katastropheneinsätze

Lösungsbuchstaben ______

133. Wozu dient der Europäische Qualifizierungsrahmen EQR (zwei Antworten?)

a) Vereinheitlichung der Bildungssysteme
b) Vereinheitlichung der Abschlussprüfungen
c) Verdeutlichung/Beschreibung der unterschiedlichen nationalen Qualifikationen
d) Schaffung gleicher Berufsabschlüsse
e) Verbesserte Vergleichbarkeit aller Arten schulischer und beruflicher Bildung

Lösungsbuchstaben ______

134. Welche Aussage trifft nicht auf das Europäische Leistungspunktesystem für die Berufsbildung (ECVET) zu?

a) Es ermöglicht den Teilnehmern eine genaue Kontrolle ihrer individuellen Lernerfahrungen.
b) Es erleichtert den Wechsel zwischen den verschiedenen europäischen Berufsbildungssystemen.
c) Es erhöht die Bereitschaft, in verschiedenen Ländern Lernerfahrungen zu sammeln.
d) Es schafft einheitliche Bildungsabschlüsse.
e) Es dient der Zusammenfassung und Bewertung der Lernergebnisse in verschiedenen europäischen Ländern.

Lösungsbuchstabe ______ ☐

135. Ordnen Sie die verschiedenen Einzelprogramme der Europäischen Kommission für lebenslanges Lernen den Bildungsbereichen zu!

Einzelprogramme	**Bildungsbereiche**
a) Comenius	☐ Berufsbildung
b) Erasmus	☐ Erwachsenenbildung
c) Leonardo da Vinci	☐ Schulbildung
d) Grundtvig	☐ Hochschulbildung

136. Wie können sich Arbeitnehmer auf zunehmende Veränderungen in der globalisierten Berufs- und Arbeitswelt vorbereiten (zwei Antworten)?

a) Häufiger Wechsel des Arbeitsplatzes
b) Verzicht auf Engagement im privaten gesellschaftlichen Umfeld
c) Berufliche Fortbildung
d) Häufiger Wechsel des Arbeitgebers
e) Berufliche Aufstiegsausbildung

Lösungsbuchstaben ______ ☐ ☐

Teil 2: Nachhaltige Existenzgründung

Situation zu den Aufgaben 1 bis 21:
Als Mitarbeiter(in) in der Bavaria Fahrradwerke KG werden Sie über das Arbeitsrecht und über die gesetzliche Sozialversicherung informert.

1. In welchem Fall hat die Berufsgenossenschaft die Behandlungskosten des Arztes zu übernehmen?

a) Ein Besucher erleidet einen Unfall auf der Treppe zum Bürogebäude.
b) Ein Mitarbeiter stürzt auf einem Gehweg an seinem freien Arbeitstag.
c) Eine minderjährige Auszubildende geht zur vorgeschriebenen Erstuntersuchung.
d) Ein Mitarbeiter verletzt sich auf dem direkten Weg zur Arbeit aufgrund eines Unfalls.
e) Ein Mitarbeiter lässt sich untersuchen, um festzustellen, ob er eine Allergie gegen Staub hat.

Lösungsbuchstabe ______ ☐

2. Die Gewerbeaufsichtsbehörde überprüft Ihren Betrieb. Welchen Sachverhalt darf sie prüfen?

a) Die Einhaltung der Bestimmungen des Jugendarbeitsschutzgesetzes
b) Die Einhaltung der tariflichen Mindestlöhne
c) Die Einhaltung der Richtlinien zur Aufstellung von Bilanzen
d) Die Einhaltung des Betriebsverfassungsgesetzes bei den Betriebsratswahlen
e) Die Einhaltung der korrekten Abführung von Sozialversicherungsbeiträgen

Lösungsbuchstabe ______ ☐

3. Wie muss sich ein Auszubildender nach der gesetzlichen Regelung verhalten, wenn er aus Krankheitsgründen im Betrieb fehlt?

a) Er muss den Betrieb sofort benachrichtigen und in jedem Fall bei Wiedererscheinen ein Attest mitbringen.
b) Er muss den Betrieb spätestens nach drei Tagen benachrichtigen.
c) Sollte der Auszubildende beim Unterricht in der Berufsschule fehlen, ist er nur verpflichtet, sich dort zu entschuldigen.
d) Er muss sich sofort in ärztliche Behandlung begeben.
e) Er muss den Betrieb sofort benachrichtigen und bei mehr als zwei Krankheitstagen vor Ablauf des dritten Krankheitstages eine ärztliche Arbeitsunfähigkeitsbescheinigung einreichen.

Lösungsbuchstabe ______ ☐

4. Ordnen Sie zu!

Gesetze und Verträge

a) Bundesurlaubsgesetz
b) Jugendarbeitsschutzgesetz
c) Lohn- und Gehaltstarifvertrag
d) Betriebsverfassungsgesetz
e) Kündigungsschutzgesetz
f) Arbeitszeitgesetz
g) Berufsbildungsgesetz

Sachverhalte

☐ Fünf Auszubildende wollen eine Jugend- und Auszubildendenvertretung gründen.

☐ Ein Auszubildender beabsichtigt, bereits vor Ablauf seiner Ausbildungszeit die Abschlussprüfung abzulegen.

☐ Eine noch jugendliche Auszubildende arbeitet an einem Wochentag bis 22:00 Uhr. Nächsten Tag soll sie bereits wieder um 09:00 Uhr zur Arbeit erscheinen.

5. Ähnlich wie im Bereich des Arbeitsrechtes gelten auch für die Berufsausbildung eine Reihe von wichtigen Arbeitsschutzgesetzen, die der Arbeitssicherung, dem Umweltschutz und der Sicherheit dienen. Wie ist der Begriff Arbeitsschutz definiert?

a) Arbeitsschutz ist der durch rechtliche Vorschriften gewährte Schutz vor negativen Folgen, die sich aus der Arbeit ergeben.
b) Arbeitsschutz ist der durch rechtliche Vorschriften gewährte Schutz vor negativen Folgen, die sich aus den Lebensbedingungen ergeben.
c) Arbeitsschutz ist der durch gesellschaftliche Normen gewährte Schutz zur Erhaltung der Gesundheit.
d) Arbeitsschutz ist der durch medizinische Leitlinien der Arbeitsmediziner und Soziologen geforderte Schutz zur Erhaltung der Gesundheit der Arbeitnehmer.
e) Arbeitsschutz ist der durch die Vorschriften des Betriebsverfassungsgesetzes gewährte Schutz vor negativen Folgen, die sich aus betrieblichen Entscheidungen ergeben.

Lösungsbuchstabe ____

6. Welche Aussage zur gesetzlichen Rentenversicherung ist richtig?

a) Die Höhe der Leistungen wird durch den Versicherungsvertrag vereinbart.
b) Der freiwillige Beitritt ist nicht möglich.
c) Der Beitrag richtet sich nach dem Bruttoarbeitsverdienst.
d) Der Träger ist eine juristische Person des privaten Rechts.
e) Der Beitrag wird allein vom Arbeitgeber getragen.

Lösungsbuchstabe ____

7. In welcher Zeile sind alle Angaben zu einem Sozialversicherungszweig richtig?

	Sozialversicherungszweig	Träger	Leistung
a)	Arbeitslosenversicherung	Bundesagentur für Arbeit	Kurzarbeitergeld
b)	Rentenversicherung	Deutsche Rentenversicherung Regional	Betriebliche Altersversorgung
c)	Krankenversicherung	Deutsche Rentenversicherung Bund	Krankengeld, Kurleistungen
d)	Unfallversicherung	Berufsgenossenschaft	Rente nach Altersteilzeit
e)	Pflegeversicherung	Sozialamt	Pflegegeld

Lösungsbuchstabe ____

8. Welche Bedeutung hat die Beitragsbemessungsgrenze für die Rentenversicherung?

a) Übersteigt der Bruttoverdienst eines Arbeitnehmers die Beitragsbemessungsgrenze, so ist er nicht mehr versicherungspflichtig.
b) Die Beitragsbemessungsgrenze für die Rentenversicherung ist auch die Grundlage für die Berechnung des Beitrages des Arbeitgebers zur Berufsgenossenschaft.
c) Liegt der Bruttoverdienst eines Arbeitnehmers unter der Beitragsbemessungsgrenze, ist der Beitrag nach der Beitragsbemessungsgrenze zu zahlen.
d) Die Beitragsbemessungsgrenze legt die Höhe des Arbeitgeberanteils fest.
e) Liegt der Bruttoverdienst eines Arbeitnehmers über der Beitragsbemessungsgrenze, so ist die Beitragsbemessungsgrenze Berechnungsgrundlage für die Beitragszahlung.

Lösungsbuchstabe ____

9. Ordnen Sie die verschiedenen Regelungen zu den gesetzlichen Sozialversicherungszweigen den Versicherungszweigen zu!

Regelungen

a) Für diesen Versicherungszweig zahlen Arbeitnehmer keine eigenen Beiträge.
b) Für diesen Versicherungszweig gelten unterschiedliche Beitragssätze.
c) Für diesen Versicherungszweig gibt es keinen eigenständigen Versicherungsträger.
d) Für diesen Versicherungszweig gilt die höchste Beitragsbemessungsgrenze.

Versicherungszweige

☐ Krankenversicherung
☐ Rentenversicherung
☐ Unfallversicherung
☐ Pflegeversicherung

Lösungsbuchstabe ______________________ ☐

10. Welche Aussage über die Krankenversicherungspflicht ist richtig?

a) Jeder Arbeitnehmer hat das Recht zu entscheiden, ob er der gesetzlichen Krankenversicherung beitritt oder nicht.
b) Der Arbeitgeber muss die krankenversicherungspflichtigen Mitarbeiter zur Krankenversicherung anmelden.
c) Die Höhe des Arbeitsverdienstes spielt keine Rolle bei der Krankenversicherungspflicht.
d) Ein krankenversicherungspflichtiger Mitarbeiter kann sich statt bei einer gesetzlichen bei einer privaten Krankenkasse versichern lassen.
e) Ein krankenversicherungspflichtiger Mitarbeiter kann verlangen, dass er bei seiner berufstätigen Ehefrau, die ebenfalls krankenversicherungspflichtig ist, mitversichert wird.

Lösungsbuchstabe ______________________ ☐

11. Wobei handelt es sich um eine Sozialleistung des Arbeitgebers?

a) Zahlung von übertariflichem Weihnachtsgeld
b) Auslösung bei Beschäftigung an wechselnden Einsatzorten
c) Zahlung einer Betriebsrente
d) Übernahme von Gebühren für Weiterbildungskurse
e) Weiterzahlung des Entgelts für sechs Wochen im Krankheitsfall

Lösungsbuchstabe ______________________ ☐

12. Die Personalnebenkosten sollen verringert werden. Dazu will die Bavaria Fahrradwerke KG die Sozialleistungen kürzen. Welche der genannten Zahlungen kann nicht gestrichen werden, da sie gesetzlich vorgeschrieben ist?

a) Das Weihnachtsgeld
b) Der Arbeitgeberanteil zur Sozialversicherung
c) Die vermögenswirksame Leistung
d) Die Jubiläumszulage
e) Das Urlaubsgeld

Lösungsbuchstabe ______________________ ☐

13. Wie lange muss einer Angestellten im Falle ihrer Erkrankung das Gehalt weiter gezahlt werden?

a) Sie hat keinen Anspruch auf Weiterzahlung.
b) 14 Tage
c) 6 Wochen
d) 8 Wochen
e) 78 Wochen

Lösungsbuchstabe ______________________ ☐

14. Welche Leistung erbringt die Bundesagentur für Arbeit?

a) Mutterschaftshilfe
b) Berufshilfe nach einem Arbeitsunfall
c) Kurzarbeitergeld
d) Sozialhilfe
e) Rente wegen Erwerbsunfähigkeit
f) Rente wegen Berufsunfähigkeit

Lösungsbuchstabe ______ ☐

15. Ordnen Sie zu!

Einrichtungen

a) Gewerkschaft
b) Krankenkasse
c) Bundesagentur für Arbeit
d) Sozialamt
e) Rentenversicherungsträger
f) Handwerkskammer
g) Arbeitgeber

Leistungen

☐ Kindergeld
☐ Streikgeld
☐ Altersrente

16. Zu welcher sozialen Leistung ist der Arbeitgeber gesetzlich verpflichtet?

a) Zur Zahlung eines 13. Monatsgehaltes
b) Zur Zahlung des Beitrages zur Berufsgenossenschaft
c) Zur Zahlung von 50 % der vermögenswirksamen Sparleistungen
d) Zur Zahlung der Sparprämie, wenn der Mitarbeiter vermögenswirksam spart
e) Zur Gewährung eines Zuschusses zum Krankengeld

Lösungsbuchstabe ______ ☐

17. Ein zur Zeit arbeitsunfähiger Arbeitnehmer erhält sein Krankengeld nicht von der Krankenkasse, sondern von der Berufsgenossenschaft. Welche Aussage ist richtig?

a) Der Arbeitnehmer war arbeitslos, als er krank wurde.
b) Der Arbeitnehmer ist während seiner Krankheit 67 Jahre alt geworden (Ruhestand).
c) Es handelt sich um einen Angestellten, der mit seinem Verdienst über der Versicherungspflichtgrenze liegt und daher nicht krankenversicherungspflichtig ist.
d) Der Arbeitnehmer wurde durch einen Freizeitunfall erwerbsunfähig.
e) Der Arbeitnehmer ist wegen einer Berufskrankheit oder eines Arbeitsunfalls vorübergehend arbeitsunfähig.

Lösungsbuchstabe ______ ☐

18. Was ist die Aufgabe der Berufsgenossenschaft?

a) Die Krankmeldungen der Arbeitnehmer zu überprüfen
b) Den Aufsichtsbeamten des Technischen Überwachungsvereins zu überprüfen
c) Die Entschädigungsansprüche bei Arbeitsunfällen prüfen und bewilligen
d) Den Arbeitgeber in Fragen des Arbeitsplatzwechsels sowie der Eingliederung von Behinderten in den Arbeitsprozess beraten
e) Den Sicherheitsbeauftragten bestellen

Lösungsbuchstabe ______ ☐

19. Nach welchen Kriterien werden die Beiträge zur gesetzlichen Unfallversicherung berechnet?

a) Nach dem Umsatz und dem Wirtschaftszweig des Unternehmens
b) Nach der Anzahl der Betriebsangehörigen und der Unfallhäufigkeit
c) Nach der Anzahl der Betriebsangehörigen und der Größe des Unternehmens
d) Nach dem Bruttoverdienst der Betriebsangehörigen bzw. der Beitragsbemessungsgrenze in der Sozialversicherung
e) Nach der Jahreslohnsumme, dem Stundenanteil und den Gefahrenklassen des Unternehmens

Lösungsbuchstabe ______________________ ☐

20. Wer stellt für Angestellte den Sozialversicherungsausweis aus?

a) Die Krankenversicherung
b) Die Gemeindeverwaltung
c) Die Deutsche Rentenversicherung DRV
d) Das Personalbüro
e) Das Finanzamt

Lösungsbuchstabe ______________________ ☐

21. Wovon sind die Höchstbeträge, die von der Pflegeversicherung im Falle einer Pflege zu leisten sind, abhängig?

a) Von der Dauer der Beitragszahlungen
b) Von der Dauer eines Arbeitsverhältnisses
c) Nur von der Dauer der Pflegebedürftigkeit
d) Von dem Pflegegrad, in den der Pflegebedürftige eingestuft wird
e) Vom Alter des Pflegebedürftigen

Lösungsbuchstabe ______________________ ☐

Situation zu den Aufgaben 22 bis 28:
Die neue Mitarbeiterin der Bavaria Fahrradwerke KG muss zur Kenntnis nehmen, dass von ihrem Arbeitslohn neben den Beiträgen zur Sozialversicherung auch Steuern abgezogen werden.

22. Welche zwei Aussagen über den Begriff „Steuern" sind zutreffend?

a) Steuern dienen der Finanzierung gemeinschaftlicher Einrichtungen, z. B. für Kanalisation.
b) Steuern sind zwangsweise zu zahlende Abgaben, denen keine unmittelbare Gegenleistung gegenüber steht.
c) Steuern sind die einzige Einnahmequelle für Bund, Länder und Gemeinden.
d) Steuern werden für die Inanspruchnahme öffentlicher Dienstleistungen erhoben, z. B. für das Ausstellen eines Führerscheins.
e) Steuern sind ausschließlich Geldleistungen. Sach- und Dienstleistungen kommen damit als Steuer nicht in Betracht, dürfen also auch nicht als „Steuer" angefordert werden.
f) Steuern stehen immer im Zusammenhang mit einer unmittelbaren Leistung des Staates.

Lösungsbuchstaben ______________________ ☐ ☐

23. Ordnen Sie zu!

Erklärungen

a) Mit dieser Steuer ist grundsätzlich jede Ware belastet, die im Inland verkauft wird.
b) Zu dieser Steuer werden Personen herangezogen, wenn sie z. B. Gewinne aus einem Geschäft oder Einnahmen aus freiberuflicher Tätigkeit haben.
c) Diese Steuer fällt nur bei juristischen Personen an.
d) Diese Steuer wird vom Arbeitsentgelt einbehalten und vom Arbeitgeber an das Finanzamt abgeführt.
e) Bemessungsgrundlage ist z. B. der Gewinn einer AG.
f) Bei dieser Steuer handelt es sich um eine zweckgebundene Einnahme des Staates.

Steuerarten

☐ Umsatzsteuer
☐ Einkommensteuer
☐ Lohnsteuer

24. Welche Aussage über die Körperschaftsteuer ist richtig?

a) Sie ist in voller Höhe von jedem Aktionär zu tragen.
b) Sie ist die Vermögensteuer für juristische Personen.
c) Sie ist die Einkommensteuer, die von juristischen Personen zu zahlen ist.
d) Sie fließt ausschließlich dem Bund zu.
e) Sie ist die Steuer, die eine natürliche Person zu zahlen hat, wenn das steuerpflichtige Einkommen bestimmte Beträge überschreitet.

Lösungsbuchstabe ______ ☐

25. Ordnen Sie zu!

Beispiele für Einkommen

a) Zinsen
b) Miete
c) Löhne und Gehälter
d) Arzthonorar
e) Gewinn des Unternehmers
f) Gewinn aus Spekulationen

Einkunftsarten

☐ Einkünfte aus Gewerbebetrieben
☐ Einkünfte aus nichtselbstständiger Arbeit
☐ Einkünfte aus Kapitalvermögen

26. Ordnen Sie die genannten Einkunftsarten den Einnahmen zu!

Einkunftsarten nach EStG

a) Einkünfte aus Land- und Forstwirtschaft
b) Einkünfte aus Gewerbebetrieb
c) Einkünfte aus selbstständiger Arbeit
d) Einkünfte aus nichtselbstständiger Arbeit
e) Einkünfte aus Kapitalvermögen
f) Einkünfte aus Vermietung und Verpachtung
g) Sonstige Einkünfte

Einnahmen

☐ Ein Bankkunde erhält eine Zinsgutschrift.
☐ Ein Angestellter erhält Urlaubsgeld.
☐ Ein Rechtsanwalt erhält für die Beratung eines Mandanten in seiner eigenen Anwaltskanzlei ein Honorar.
☐ Ein Gesellschafter einer OHG erhält seinen Gewinnanteil.
☐ Ein Forellenzüchter erhält Einnahmen aus dem Verkauf seiner Fische.
☐ Ein Maler überlässt seinem Bekannten eine Eigentumswohnung entgeltlich für zwei Jahre.

27. Ordnen Sie zu!

Lohnsteuerklassen:

a) Lohnsteuerklasse I
b) Lohnsteuerklasse II
c) Lohnsteuerklasse III
d) Lohnsteuerklasse IV
e) Lohnsteuerklasse V
f) Lohnsteuerklasse VI

Steuerpflichtige

☐ Verheiratet, Ehegatte hat keine steuerpflichtige Beschäftigung

☐ Verheiratet, beide Ehegatten haben ein steuerpflichtiges Arbeitsverhältnis

☐ Alleinstehende Person, 40 Jahre alt, 3 Kinder

28. Woraus wird die Kirchensteuer errechnet?

a) Aus dem Nettoeinkommen
b) Aus der Lohnsteuer
c) Aus dem Bruttoeinkommen
d) Aus den Gesamtabzügen
e) Aus den Sozialversicherungsabzügen

Lösungsbuchstabe ____ ☐

Situation zu den Aufgaben 29 bis 39:
Im Rahmem ihrer individuellen Berufs- und Lebesplanung interessieren Sie sich für Fortbildungsprogramme und staatliche Fördermöglichkeiten.

29. Worüber informiert das Portal „KURSNET" der Bundesagentur für Arbeit?

a) Berufsabschlussprüfungen
b) Aufstiegsmöglichkeiten im Beruf
c) Bildungsangebote zur beruflichen Weiterbildung
d) IHK-Kurse zur Weiterbildung im EDV-Bereich
e) Online-Chat zur individuellen Bildungsberatung

Lösungsbuchstabe ____ ☐

30. Wozu werden von der Bundesagentur für Arbeit Bildungsgutscheine ausgegeben (zwei Antworten)?

a) Hilfe zur beruflichen Eingliederung bei Arbeitslosigkeit
b) Nachweis über erfolgte Teilnahme an betrieblicher Bildungsmaßnahme
c) Kostenübernahme für das „Pausenbrot" in Berufsschulen
d) Berechtigung zum Kauf von Schulbüchern in der Grundschule
e) Nachweis zur Übernahme der Kosten für Weiterbildung

Lösungsbuchstaben ____ ☐ ☐

31. Welche Zielsetzung wird nicht über den Bildungsgutschein der Arbeitsagentur gefördert?

a) Arbeitnehmer bei Arbeitslosigkeit eingliedern
b) Eine drohende Arbeitslosigkeit abwenden
c) Bei Teilzeitbeschäftigung eine Vollzeitbeschäftigung zu erlangen
d) Weiterbildung wegen eines fehlenden Berufsabschlusses
e) Bildungsmaßnahme zur Erlangung des Mittleren Schulabschlusses

Lösungsbuchstabe ____ ☐

32. Für welche Personengruppe wird über die Bundesagentur für Arbeit an Existenzgründer ein Gründungszuschuss gewährt?

a) Arbeitnehmer, die ihre berufliche Tätigkeit aufgeben, um ein Unternehmen zu gründen
b) Arbeitslose, die sich selbstständig machen wollen
c) Selbstständige, die nach einer Insolvenz wieder ein Unternehmen gründen wollen
d) Personen im Ruhestand, um zusätzlich einer selbstständigen Tätigkeit nachzugehen
e) Arbeitnehmern, um Teilhaber an einer Gesellschaft, z. B. einer KG, zu werden

Lösungsbuchstabe ______ ☐

33. Welche Voraussetzungen müssen gegeben sein, damit ein Gründungszuschuss zur Aufnahme einer selbstständigen Tätigkeit gewährt wird (zwei Antworten)?

a) Es muss noch ein Restanspruch auf Arbeitslosengeld von mindestens 90 Tagen bestehen.
b) Es müssen eine schriftliche und mündliche Prüfung zur Eignung abgelegt werden.
c) Es ist ein Gründungskapital von 50.000,00 € nachzuweisen.
d) Es müssen die notwendigen Kenntnisse und Fertigkeiten nachgewiesen werden.
e) Es muss die GmbH als Unternehmensform gewählt werden.

Lösungsbuchstaben ______ ☐ ☐

34. Um den Gründungszuschuss zu erhalten, müssen erst fachkundige Stellen das Existenzgründungsvorhaben prüfen. Welche Stelle ist hierfür nicht unmittelbar zweckmäßig?

a) Handwerkskammer
b) Industrie- und Handelskammer
c) Fachverband
d) Gewerkschaftsverband
e) Kreditinstitut

Lösungsbuchstabe ______ ☐

35. Um eine Unternehmensgründung zielstrebig anzugehen, ist ein Businessplan zu erstellen. Welcher Inhalt gehört nicht dazu?

a) Investition und Finanzierung
b) Unternehmensorganisation
c) Geschäftsidee
d) Finanzierungskosten für Privat-Pkw
e) Markt und Wettbewerb

Lösungsbuchstabe ______ ☐

36. Welche Personengruppen sind nach dem 5. Vermögensbildungsgesetz förderberechtigt (zwei Antworten)?

a) Selbstständige
b) Heimarbeiter
c) Auszubildende
d) Gesellschafter einer OHG
e) Vorstandsmitglied einer AG

Lösungsbuchstaben ______ ☐ ☐

37. Welche Anlageformen werden nach dem 5. Vermögensbildungsgesetz gefördert (zwei Antworten)?

a) Bausparen
b) Banksparvertrag
c) Betriebliche Altersvorsorge
d) Lebensversicherung
e) Beteiligungssparen (Aktien, ...)

Lösungsbuchstaben ______

38. Wie hoch ist die mögliche jährliche Förderung bei einer Anlage in einem Wertpapiersparvertrag nach dem 5. Vermögensbildungsgesetz?

a) 18 % von 400,00 €
b) 9 % von 470,00 €
c) 20 % von 400,00 €
d) 10 % von 400,00 €
e) 20 % von 600,00 €

Lösungsbuchstabe ______

39. Die vermögenswirksamen Leistungen der Auszubildenden Michaela Hüb in Höhe von jährlich 470,00 € werden auf einen Bausparvertrag eingezahlt. Wie hoch ist die Arbeitnehmersparzulage nach dem 5. Vermögensbildungsgesetz?

a) 9 % = 42,30 €
b) 10 % = 47,00 €
c) 20 % = 94,00 €
d) 8,8 % = 45,06 €

Lösungsbuchstabe ______

Teil 3: Unternehmer und Verbraucher in Wirtschaft und Gesellschaft

Situation zu den Aufgaben 1 bis 6:
Michael Bell absolviert bei der Bavaria Fahrradwerke KG, die auch Motorräder in ihrem Sortiment führt, ein Praktikum. Sein Praktikumsplan sieht vor, dass er in den verschiedenen Organisationsbereichen (Beschaffung, Lagerung, Reparatur, Absatz, Personal) eingesetzt werden soll.

1. Ordnen Sie zwei der angegebenen Tätigkeiten dem jeweiligen Organisationsbereichen zu.

Tätigkeiten

a) Michael Bell führt kleine Wartungsarbeiten durch.
b) Michael Bell verkauft ein Motorrad an einen Kunden.
c) Michael Bell hilft bei der Inventur der Ersatzteile mit.
d) Michael Bell ermittelt von Ersatzteilen, die nicht im Lager vorrätig sind, die Bestellnummer und fordert sie telefonisch vom Lieferanten an.
e) Michael Bell händigt den Mechanikern gemäß Werkstattanforderung Ersatzteile aus dem Lager aus.
f) Michael Bell stellt eine Übersicht zusammen, wie viel Urlaub die einzelnen Mitarbeiter im laufenden Jahr bisher in Anspruch genommen haben.

Organisationsbereiche

☐ Absatz
☐ Beschaffung

2. Michael Bell hat die Aufgabe, ein Organigramm zu erstellen. Bevor er die Stellen und Abteilungen in das Schema eintragen kann, ordnet er die Stellen den entsprechenden Abteilungen zu. Wie sieht seine Zuordnung aus?

Stellen

a) Angebotsprüfung
b) Auftragsbearbeitung
c) Poststelle/Registratur
d) Rechnungsprüfung
e) Lohn/Gehaltsbuchhaltung

Abteilungen

☐ Verwaltung
☐ Einkauf
☐ Rechnungswesen
☐ Personalwesen
☐ Verkauf

3. Welche Aussage zur Betriebsorganisation ist richtig?

a) Unter Organisation versteht man kurzfristige Regelungen unvorhersehbarer Fälle.
b) Organisation bezeichnet Dauerregelungen für den rationellen Einsatz aller produktiven Kräfte eines Betriebs.
c) Die Organisation ist auf die Maschinen eines Betriebes beschränkt.
d) Die Organisation ist dann wirksam, wenn der Umsatz eines Betriebes gesteigert wird.
e) Unter Organisation versteht man das Führen von Karteien.
f) Organisation heißt: Menschliche Arbeit durch Maschinen ersetzen.

Lösungsbuchstabe ______________________ ☐

4. Ordnen Sie den Organisationsarten die mit ihnen verbundenen Nachteile zu.

Organisationsarten

a) Einlinienorganisation
b) Mehrlinienorganisation
c) Stablinienorganisation
d) Spartenorganisation

Nachteile

☐ Unternehmensleitung verliert leicht den Überblick über die verschiedenen „Divisionen".
☐ Schwerfälliger Dienstweg, Weisungsweg
☐ Überschneidung von Anweisungen, Koordinierungsprobleme, Kompetenzstreitigkeiten
☐ Gute Vorschläge des nicht weisungsberechtigten Beraters werden ggf. von Mitarbeitern abgeblockt.

5. Michael Bell soll Vorschläge erarbeiten, wie der Arbeitsablauf im Lager effektiver gestaltet werden kann. Bringen Sie die folgenden Arbeitsschritte bei der Neuorganisation des Lagers in die richtige Reihenfolge, indem Sie die Ziffern 1 bis 5 in die Kästchen eintragen!

1) Der bisherige Arbeitsablauf wird untersucht. ______ ☐

2) Die verschiedenen Lösungsansätze werden überprüft. ______ ☐

3) Einführung des neuen Arbeitsablaufs ______ ☐

4) Verschiedene Lösungsansätze werden gesucht. ______ ☐

5) Entscheidung für einen bestimmten Lösungsansatz ______ ☐

6. Welches Leitungssystem verwendet das nebenstehende Unternehmen?

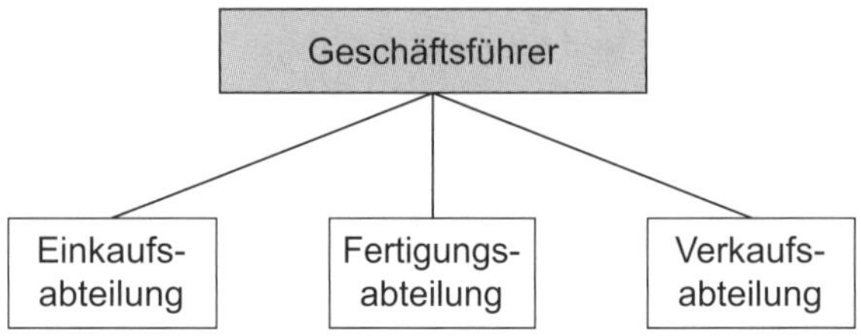

a) Einliniensystem
b) Funktionssystem (Mehrliniensystem)
c) Stabliniensystem
d) Spartenorganisation (Objektorganisation)
e) Matrixorganisation

Lösungsbuchstabe ______ ☐

Situation zu den Aufgaben 7 bis 11:
Erwin und Renate Müller wollen ein Serviceunternehmen für Computer eröffnen. Sie haben 50.000,00 € Eigenkapital zur Verfügung und sind Eigentümer eines Einfamilienhauses. Ihr Bekannter, Herr Huber, verfügt über ein Eigenkapital von 200.000,00 € und erwägt, sich an dem Unternehmen finanziell zu beteiligen.

7. Welche Gesellschaftsform würden Herr und Frau Müller wählen, wenn sie ausschließen wollen, dass sie auch mit ihrem Einfamilienhaus haften?

a) Einzelunternehmen
b) Offene Handelsgesellschaft
c) Kommanditgesellschaft
d) Gesellschaft mit beschränkter Haftung
e) Personengesellschaft

Lösungsbuchstabe ______ ☐

8. Herr und Frau Müller entschließen sich letztlich, eine KG zu gründen und Herrn Huber als Kommanditisten zu beteiligen. Zuvor soll jedoch noch die Frage der Gewinnverteilung geklärt werden. Wie ist die gesetzliche Regelung?

a) Jeder Gesellschafter erhält vier Prozent auf seinen Kapitalanteil, der Rest des Jahresgewinnes wird nach Köpfen verteilt.
b) Jeder Gesellschafter erhält vier Prozent auf seinen Kapitalanteil, der Rest des Jahresgewinnes wird in angemessenem Verhältnis verteilt.
c) Die Hälfte des Jahresgewinns wird nach Höhe des Kapitalanteils der Gesellschafter, der Rest des Jahresgewinns nach Köpfen verteilt.
d) Der Anteil des Gewinns richtet sich nur nach der Höhe des Kapitalanteils der Gesellschafter.
e) Der Jahresgewinn wird unter den Gesellschaftern nach Köpfen verteilt.

Lösungsbuchstabe ______ ☐

9. Das Ehepaar Müller und Herr Huber schließen einen Gesellschaftervertrag zur Gründung der KG ab und wollen ihre Firma in das Handelsregister eintragen lassen. Bei welcher Stelle wird das Handelsregister geführt?

a) Beim Amtsgericht
b) Beim Landgericht
c) Beim Finanzamt
d) Bei der IHK
e) Bei der Gemeindeverwaltung
f) Beim Gewerbeaufsichtsamt

Lösungsbuchstabe ______ ☐

10. Unter welchem Namen darf die KG nicht eingetragen werden?

a) Müller Softy KG
b) Müller KG
c) Erwin Müller KG
d) Müller & Huber
e) Erwin Müller, Renate Müller KG

Lösungsbuchstabe ______ ☐

11. Welches Recht bzw. welche Pflicht hat Herr Huber als Kommanditist?

a) Das Recht zur Geschäftsführung
b) Die Pflicht zur Geschäftsführung
c) Das Recht auf Prüfung des Jahresabschlusses
d) Die Pflicht zur Prüfung des Jahresabschlusses
e) Das Recht, weitere Gesellschafter aufzunehmen

Lösungsbuchstabe ______ ☐

Situation zu den Aufgaben 12 bis 21:
Die neue Auszubildende hat in der Berufsschule einen Text aus einer Wirtschaftszeitung zur Analyse erhalten. Hier kommen die Begriffe „Bedürfnisse", „Bedarf" und „Kaufkraft" vor. Sie bittet Sie, ihr diese Begriffe zu erläutern.

12. Welche Aussage über Bedürfnisse ist richtig?

a) Luxusbedürfnisse sind Bedürfnisse, deren Befriedigung zur Sicherung der menschlichen Existenz notwendig ist.
b) Das Bedürfnis nach einer Urlaubsreise ist ein Kollektivbedürfnis.
c) Die Summe aller Bedürfnisse wird als Bedarf bezeichnet.
d) Bedürfnisse sind Mangelgefühle, verbunden mit dem Streben, den Mangel zu beseitigen.
e) Der Wunsch nach einer Ferienwohnung ist ein Existenzbedürfnis.

Lösungsbuchstabe ______ ☐

13. Welche Aussage über Bedürfnisse ist weiterhin richtig?

a) Die Summe aller Bedürfnisse entspricht der volkswirtschaftlichen Nachfrage.
b) Die Kulturbedürfnisse sind bei allen Menschen gleich.
c) Die Summe aller Existenzbedürfnisse eines Menschen wird Bedarf genannt.
d) Bedürfnisse kann man nur mit materiellen Gütern befriedigen.
e) Die Lebensqualität eines Menschen hängt von den Möglichkeiten der Befriedigung seiner Bedürfnisse ab.
f) Die Summe aus allen Bedürfnissen und dem Bedarf nennt man Kaufkraft.

Lösungsbuchstabe ______ ☐

14. Ordnen Sie im abgebildeten Schaubild die drei Güterbegriffe an der richtigen Stelle ein!

Schaubild

a) Kennziffer 1
b) Kennziffer 2
c) Kennziffer 3
d) Kennziffer 4
e) Kennziffer 5

Güterbegriffe

☐ Sachgüter

☐ Produktionsgüter

☐ Wirtschaftliche Güter

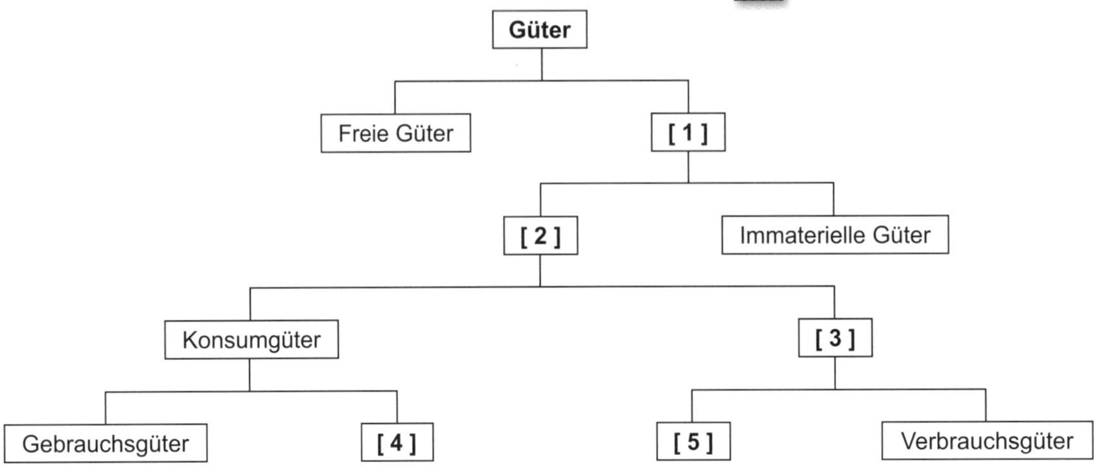

15. In der Volkswirtschaft wird nach Bedürfnissen und Bedarf unterschieden. Welche der nachfolgenden Behauptungen ist richtig?

a) Jedes Bedürfnis löst immer einen volkswirtschaftlichen Bedarf aus.
b) Bedürfnis ist der Wunsch nach dem Besitz des Gutes, Bedarf ist die Nachfrage nach Art und Menge des Gutes bei vorhandener Kaufkraft.
c) Bedürfnisse erstrecken sich nur auf Luxusgüter, der Bedarf bezieht sich nur auf lebensnotwendige Güter.
d) Bedürfnisse werden nicht durch Werbung hervorgerufen, Bedarf wird ausschließlich durch Werbung hervorgerufen.
e) Bedürfnisse gibt es nur bei Konsumgütern, Bedarf nur bei Investitionsgütern.

Lösungsbuchstabe ______________________ ☐

16. Welche Erklärung für den Zusammenhang zwischen Bedürfnis und Bedarf ist richtig?

a) Die Summe der mit Kaufkraft versehenen Bedürfnisse nennt man Bedarf.
b) Die Summe der Luxusbedürfnisse nennt man Bedarf.
c) Die Summe der Individualbedürfnisse nennt man Bedarf.
d) Die Summe der Existenzbedürfnisse nennt man Bedarf.

Lösungsbuchstabe ______________________ ☐

17. Eine Auszubildende möchte sich mehrere Wünsche erfüllen. Ihr aktueller Kontostand auf dem Girokonto beträgt 5,60 €, auf einem Festgeldkonto hat sie noch 118,50 €. Aus welchem ihrer Bedürfnisse wird ein Bedarf?

a) Sie holt sich vom Fahrradhändler Prospekte über ein neues Fahrrad.
b) Sie lässt sich unentgeltlich Versandhauskataloge zuschicken.
c) Sie erkundigt sich im Reisebüro nach einem Flug in ein Urlaubsland.
d) Sie testet in einer Parfümerie verschiedene Düfte aus.
e) Sie bestellt sich beim Europa Lehrmittel-Verlag ein Prüfungsvorbereitungsbuch.

Lösungsbuchstabe ______________________ ☐

18. Warum ergibt sich in einer Volkswirtschaft die Notwendigkeit, wirtschaftlich zu handeln?

a) Da alle Unternehmen nach dem erwerbswirtschaftlichen Prinzip geführt werden
b) Da die Produktionsfaktoren Arbeit und Boden knapp sind und das Kapital unbegrenzt verfügbar ist
c) Da den Konsumenten eine begrenzte Menge an Produktionsfaktoren zur Verfügung stehen
d) Da Produktion und Umwelterhaltung zwingend Gegensätze sind
e) Da die Bedürfnisse des Menschen unbegrenzt, die vorhandenen Güter aber knapp sind

Lösungsbuchstabe ______ ☐

19. Welche Aussage beschreibt das oberste Ziel eines marktwirtschaftlich orientierten Unternehmens (erwerbswirtschaftliches Prinzip)?

a) Möglichst viele Produkte zu erzeugen, ohne die Absatzlage zu berücksichtigen
b) Möglichst langlebige Produkte abzusetzen
c) Möglichst viele Arbeitnehmer zu beschäftigen
d) Eine 100%ige Auslastung der Produktionskapazität zu erreichen
e) Den größtmöglichen Gewinn zu erzielen

Lösungsbuchstabe ______ ☐

20. Was besagt das Minimalprinzip?

a) Ein gegebener Ertrag soll unter Einsatz von minimalen Mitteln erwirtschaftet werden.
b) Ein gegebener Ertrag soll mit gegebenen Mitteln erwirtschaftet werden.
c) Ein höchstmöglicher Ertrag soll mit gegebenen Mitteln erwirtschaftet werden.
d) Ein höchstmöglicher Ertrag soll mit möglichst niedrigem Einsatz von Mitteln erwirtschaftet werden.
e) Um ein höchstmögliches Ziel zu erreichen, dürfen nur so viel Mittel eingesetzt werden, wie notwendig sind.

Lösungsbuchstabe ______ ☐

21. In welchem Fall handelt eine Werkzeugfabrik nach dem ökonomischen Prinzip als Maximalprinzip?

a) Wenn sie aus einer Tonne Stahl möglichst viele Werkzeuge herstellt
b) Wenn sie zur Fertigung von 100 Werkzeugen möglichst wenig Material verbraucht
c) Wenn sie einen maximalen Werbeerfolg mit minimalem Werbeaufwand anstrebt
d) Wenn sie durch möglichst hohe Lieferantenrabatte möglichst niedrige Einkaufspreise anstrebt
e) Wenn sie mit möglichst wenig Energie möglichst viele Werkzeuge herstellt

Lösungsbuchstabe ______ ☐

Situation zu den Aufgaben 22 bis 77:
Für jeden kaufmännischen Beruf sind die Kenntnisse über Rechtsgeschäfte und deren Folgen unabdingbar.

22. Was ist unter „Geschäftsfähigkeit" zu verstehen?

a) Träger von Rechten und Pflichten zu sein
b) Für einen durch eine unerlaubte Handlung zugefügten Schaden einzustehen
c) Vor Gericht zu klagen oder verklagt zu werden
d) Zulässige Rechtsgeschäfte selbstständig und rechtswirksam vorzunehmen
e) Ein Handelsgeschäft zu betreiben

Lösungsbuchstabe ______ ☐

23. Ordnen Sie zu!

Lebensalter

a) Mit Vollendung der Geburt
b) Mit Vollendung des 7. Lebensjahres
c) Mit Vollendung des 12. Lebensjahres
d) Mit Vollendung des 14. Lebensjahres
e) Mit Vollendung des 16. Lebensjahres
f) Mit Vollendung des 18. Lebensjahres
g) Mit Vollendung des 21. Lebensjahres

Rechtliche Folgen

☐ Beginn der vollen Geschäftsfähigkeit

☐ Beginn der Rechtsfähigkeit

☐ Beginn der beschränkten Geschäftsfähigkeit

24. Welche Aussage über die Rechts- und Geschäftsfähigkeit ist richtig?

a) Geschäftsfähigkeit ist die Fähigkeit von Personen, Träger von Rechten und Pflichten zu sein.
b) Rechtsfähigkeit ist die Fähigkeit, rechtsgeschäftliche Willenserklärungen abzugeben und entgegenzunehmen.
c) Die Willenserklärung eines Geschäftsunfähigen ist anfechtbar.
d) Jede natürliche Person ist von der Geburt bis zum Tode geschäftsfähig.
e) Die Willenserklärung eines beschränkt Geschäftsfähigen bedarf in der Regel der Zustimmung des gesetzlichen Vertreters.

Lösungsbuchstabe ________________ ☐

25. Welches Rechtsgeschäft kann eine 17-Jährige ohne Zustimmung ihres gesetzlichen Vertreters rechtswirksam vornehmen?

a) Ratenkauf einer Stereoanlage
b) Abschluss eines Mietvertrages
c) Abschluss eines Berufsausbildungsvertrages
d) Annahme eines Fahrrades als Geschenk
e) Aufnahme eines Darlehens

Lösungsbuchstabe ________________ ☐

26. In welchem Fall liegt ein einseitiges Rechtsgeschäft vor?

a) Kauf
b) Testament
c) Schenkung
d) Bürgschaft
e) Miete
f) Pacht

Lösungsbuchstabe ________________ ☐

27. Sie sollen einem neuen Auszubildenden das Wesen der Rechtsgeschäfte erklären. Welche Aussage über das Zustandekommen von Rechtsgeschäften ist richtig?

a) Die Kündigung ist ein einseitiges Rechtsgeschäft; die Willenserklärung ist empfangsbedürftig.
b) Das Testament ist ein zweiseitiges Rechtsgeschäft; die Willenserklärung ist empfangsbedürftig.
c) Ein Rechtsgeschäft kann wegen mangelnder Geschäftsfähigkeit eines Beteiligten angefochten werden.
d) Arglistige Täuschung beim Vertragsabschluss führt zur Nichtigkeit eines Rechtsgeschäftes.
e) Für die Wirksamkeit eines Rechtsgeschäftes sind immer zwei übereinstimmende Willenserklärungen erforderlich.

Lösungsbuchstabe ________________ ☐

28. Welches Rechtsgeschäft wird durch die Annahme einer Bestellung abgeschlossen?

a) Ein einseitiges Rechtsgeschäft

b) Ein einseitiges Rechtsgeschäft, bei dem die Willenserklärung empfangsbedürftig ist

c) Ein zweiseitiges Rechtsgeschäft, bei dem der Vertrag mehrseitig verpflichtend ist

d) Ein zweiseitiges Rechtsgeschäft, bei dem der Vertrag einseitig verpflichtend ist

e) Ein einseitiges Rechtsgeschäft, bei dem die Willenserklärung nicht empfangsbedürftig ist

Lösungsbuchstabe ______________________ ☐

29. Ein Kaufvertrag entsteht durch zwei inhaltlich übereinstimmende Willenserklärungen. In welchem Fall ist dieser Sachverhalt gegeben?

1. Schritt	**2. Schritt**
a) Befristetes Angebot	Bestellung innerhalb der angegebenen Frist
b) Freibleibendes Angebot	Bestellung
c) Bestellung	Auftragsbestätigung mit Einschränkungen
d) Anfrage	Verbindliches Angebot
e) Zeitungsanzeige für Spezialmaschine	Bestellung

Lösungsbuchstabe ______________________ ☐

30. In welchem Fall ist ein Kaufvertrag durch zwei übereinstimmende Willenserklärungen zustande gekommen?

a) Der Kunde bestellt schriftlich auf ein unverbindliches Angebot.

b) Der Kunde fragt bei der Großhandels GmbH an, ob ihm eine Ware zum Preis von höchstens 45,00 € geliefert werden könne. Die Großhandels GmbH bietet dem Kunden daraufhin die Ware zu einem Preis von 42,00 € an.

c) Der Kunde bestellt am 12. Januar auf ein schriftliches Angebot hin Waren, die spätestens am 22. Januar geliefert werden sollen. In dem Angebot war die Lieferzeit mit vier Wochen angegeben.

d) Der Kunde will aus der Schaufensterauslage eine Ware kaufen. Er teilt dies der Verkäuferin mit.

e) Der Kunde bestellt auf ein schriftliches Angebot hin 15 Stück einer Ware zu je 16,20 €. In dem Angebot hieß es unter anderem: „Preis je Stück 18,00 €, bei Abnahme von mindestens 10 Stück 10 % Rabatt."

Lösungsbuchstabe ______________________ ☐

31. Welche Wirkung hat eine Anfrage für die Entstehung eines Kaufvertrages?

a) Die Anfrage gilt als Antrag, wenn der Empfänger der Anfrage unverzüglich liefern kann.

b) Die Anfrage gilt als Antrag zum Abschluss eines Kaufvertrages.

c) Die Anfrage hat keine rechtliche Wirkung für die Entstehung eines Kaufvertrages.

d) Der Anfragende ist, sofern der Empfänger der Anfrage ein verbindliches Angebot abgibt, zur Bestellung verpflichtet.

e) Der Empfänger der Anfrage ist nach dem HGB verpflichtet, ein Angebot abzugeben.

Lösungsbuchstabe ______________________ ☐

32. Ordnen Sie zu!

Handlungen

a) Mitteilung vom Käufer an den Verkäufer, dass der Ware eine zugesicherte Eigenschaft fehlt
b) Ausstellen von Waren mit Preisangaben im Schaufenster
c) Willenserklärung an eine bestimmte Person, Waren zu den angegebenen Bedingungen zu liefern
d) Einigung zwischen Verkäufer und Erwerber, dass das Eigentum übergehen soll und Übergabe
e) Willenserklärung des Käufers, eine bestimmte Ware zu den angegebenen Bedingungen zu kaufen
f) Öffentliche Versteigerung einer mangelhaft gelieferten, verderblichen Ware durch den Käufer
g) Bestätigung, dass die bestellte Ware geliefert wird

Begriffe zum Kaufvertrag

☐ Anpreisung
☐ Bestellung
☐ Angebot

33. Welche Anforderung muss an ein rechtsgültiges Angebot gestellt werden?

a) Es muss stets an eine bestimmte Person gerichtet sein.
b) Es muss auf einem Vordruck abgegeben werden.
c) Es muss sich an die Allgemeinheit wenden.
d) Es darf nicht widerrufen werden.
e) Es muss schriftlich abgefasst sein.

Lösungsbuchstabe ______ ☐

34. Der Eisen- und Stahlgroßhändler Grübel erhält mit der Briefpost vom 03.11. folgendes Angebot vom Hersteller Mix AG: 350 Werkzeugkästen, Größe B, je 87,00 € + USt. Lieferung: Frachtfrei, sofort Zahlung: 30 Tage Ziel, bei Zahlung innerhalb 10 Tagen 3 % Skonto. Bis zur vollständigen Bezahlung der Ware gilt Eigentumsvorbehalt. Der Großhändler Grübel bestellt am 27.11. 350 Werkzeugkästen zu den genannten Bedingungen. Die Mix AG teilt drei Tage später fernmündlich mit, dass sie die Ware nicht mehr liefern kann. Wie ist die Rechtslage?

a) Da der Liefertermin kalendermäßig nicht genau bestimmt ist, muss Grübel dem Lieferanten eine Nachfrist setzen, damit die Mix AG in Verzug kommt.
b) Der Großhändler kann sich sofort bei einem anderen Lieferanten mit der Ware eindecken. Einen möglichen Mehrpreis muss die Mix AG tragen.
c) Die Mix AG ist an das Angebot nicht mehr gebunden, da sie unter Eigentumsvorbehalt angeboten hat.
d) Die Mix AG ist an das Angebot nicht mehr gebunden, weil sie das Angebot durch den Anruf rechtzeitig widerrufen hat.
e) Die Mix AG ist an das Angebot nicht mehr gebunden, da Grübel zu spät bestellt hat.

Lösungsbuchstabe ______ ☐

35. Im Falle einer erstmaligen Geschäftsbeziehung sind im Angebot, in der Bestellung und in der Auftragsbestätigung keine Lieferungsbedingungen genannt worden. Erst auf der Rechnung werden dem Käufer Lieferungsbedingungen mitgeteilt. Welche Aussage ist richtig?

a) Diese Angaben binden Käufer und Verkäufer.
b) Gegen diese Angaben muss der Käufer innerhalb von acht Tagen Einspruch einlegen.
c) Diese Angaben sind für den Käufer ohne Bedeutung, es gelten die gesetzlichen Bestimmungen.
d) Der Kaufvertrag ist schwebend unwirksam.
e) Der Kaufvertrag kann wegen Irrtums angefochten werden.

Lösungsbuchstabe ______ ☐

36. Welche Angebotsformulierung ist für den Verkäufer verbindlich?

a) "Wir bieten Ihnen an, solange Vorrat reicht ..."
b) „Wir bieten Ihnen unverbindlich an ..."
c) „Wir bieten Ihnen freibleibend an ..."
d) „Wir bieten Ihnen an ..., Preis freibleibend ..."
e) „Wir bieten Ihnen an ..."
f) „Wir bieten Ihnen an ..., Liefermöglichkeit vorbehalten"

Lösungsbuchstabe ______ ☐

37. Was wird unter Kaufleuten als „Freizeichnungsklausel" bezeichnet?

a) Brutto für netto
b) Solange Vorrat reicht
c) Unfrei
d) Frei Haus
e) Ab Werk

Lösungsbuchstabe ______ ☐

38. Ordnen Sie zu!

Lieferungsbedingungen	**Sachverhalte**
a) Ab Werk	☐ Der Verkäufer trägt die Hausfracht am Versandort.
b) Ab Lager	☐ Der Verkäufer trägt Hausfracht und Verladung der Ware am Versandbahnhof.
c) Unfrei	☐ Der Verkäufer trägt die Hausfracht am Versandort, die Verladung der Ware und die Fracht bis zum Bestimmungsbahnhof.
d) Frei Waggon	
e) Frachtfrei	
f) Frei Haus	

39. Wer trägt die Kosten für die Versandverpackung und den Transport, wenn im Kaufvertrag nichts vereinbart ist?

a) Der Verkäufer trägt beides.
b) Der Käufer trägt beides.
c) Der Verkäufer trägt die Transportkosten, der Käufer die Kosten der Verpackung.
d) Der Verkäufer trägt die Kosten der Verpackung, der Käufer die Transportkosten.
e) Käufer und Verkäufer tragen die Kosten je zur Hälfte.

Lösungsbuchstabe ______ ☐

40. Beim Versand einer Ware entstehen folgende Kosten: Fracht 80,00 €; Hausfracht vom Werk des Lieferanten bis zum Versandbahnhof 30,00 €; Hausfracht vom Bestimmungsbahnhof bis zum Betrieb des Käufers 20,00 €. Die Lieferbedingung lautet unfrei. Wie viel Euro hat der Käufer zu tragen?

a) 20,00 €
b) 30,00 €
c) 80,00 €
d) 100,00 €
e) 110,00 €
f) 130,00 €

Lösungsbuchstabe ______ ☐

41. Welche Zahlungsbedingung entspricht der gesetzlichen Regelung?

a) Zahlungsziel 30 Tage, bei Zahlung innerhalb von 8 Tagen 3 % Skonto
b) Zahlung gegen Dreimonatsakzept
c) Zahlung innerhalb von 30 Tagen
d) Zahlung netto Kasse
e) Zahlung im Voraus

Lösungsbuchstabe ______ ☐

42. Welcher Bestandteil in einem Angebot gehört zu den Zahlungsbedingungen?

a) Unfrei
b) Ab Werk
c) 30 Tage netto
d) Freibleibend
e) Brutto für netto

Lösungsbuchstabe ______ ☐

43. Unsere Zahlungsbedingung lautet 30 Tage Ziel. Um unsere Kunden zu veranlassen, schneller zu zahlen, wird vorgeschlagen, einen Skontoabzug von 2 % bei Zahlung innerhalb von 10 Tagen zu gewähren. Welcher Erklärung würden Sie in diesem Zusammenhang zustimmen?

a) Durch die Einräumung eines Skontoabzugs für die Kunden verringern sich unsere Erträge, da der Abzug in der Kalkulation nicht berücksichtigt werden kann.
b) Skontoabzug ist für unsere Kunden uninteressant, da es wirtschaftlicher ist, das Geld so lange wie möglich auf dem Kontokorrentkonto liegen zu lassen.
c) 2 % für 10 Tage entspricht einem Zinssatz von weit über 30 % und ist damit ein lohnendes Angebot an die Kunden.
d) Skontoabzug gibt es nur bei Barzahlung, wir verkaufen aber überwiegend auf Ziel.
e) Da es sich bei den 2 % nur um geringe Beträge handelt, ist der Vorschlag uninteressant.

Lösungsbuchstabe ______ ☐

44. Welche Aussage trifft auf den Eigentumsvorbehalt zu?

a) Der Eigentumsvorbehalt muss nicht im Kaufvertrag vereinbart werden, da er gesetzlich geregelt ist.
b) Der Eigentumsvorbehalt muss ausdrücklich in den AGB des Unternehmens geregelt sein.
c) Der Eigentumsvorbehalt muss ausdrücklich im Kaufvertrag vereinbart werden, eine Form muss dabei nicht beachtet werden.
d) Der Eigentumsvorbehalt muss ausdrücklich im Kaufvertrag vereinbart werden, dabei muss die Schriftform beachtet werden.
e) Der Eigentumsvorbehalt ist nur bei zweiseitigen Handelsgeschäften zulässig.
f) Der Eigentumsvorbehalt ist bei Geschäften mit Ratenzahlung nicht zulässig.

Lösungsbuchstabe ______ ☐

45. Ein volljähriger Auszubildender schließt in einem Phono-Fachgeschäft einen Ratenkauf über 900,00 € für eine Stereo-Anlage ab. Fünf Tage später sieht er die gleiche Stereoanlage in einem anderen Fachgeschäft für 800,00 €. Er will deshalb den Kauf rückgängig machen. Auf welches Gesetz kann er sich berufen?

a) Auf das Gesetz gegen unlauteren Wettbewerb
b) Auf die im BGB enthaltenen Bestimmungen zu den Allgemeinen Geschäftsbedingungen
c) Auf das Bürgerliche Gesetzbuch
d) Auf das Gesetz gegen Wettbewerbsbeschränkungen
e) Auf das BGB §§ 491 ff.
f) Auf das Handelsgesetzbuch

Lösungsbuchstabe ______ ☐

46. Welche Aussage über den Widerruf bei Abzahlungsgeschäften ist richtig?

a) Ein Abzahlungsgeschäft kann grundsätzlich nicht widerrufen werden.
b) Der Widerruf kann nur sofort nach Vertragsabschluss vorgenommen werden.
c) Der Widerruf kann mündlich innerhalb von vierzehn Tagen erfolgen.
d) Für den Widerruf ist im Gesetz keine Frist genannt, eine Begründung ist jedoch erforderlich.
e) Das Geschäft kann nur schriftlich innerhalb von zwei Wochen widerrufen werden.

Lösungsbuchstabe ______

47. Eine Achtzehnjährige widerruft einen Ratenkaufvertrag innerhalb von zwei Wochen. Welches Gesetz regelt dieses Widerrufsrecht?

a) Handelsgesetzbuch (HGB)
b) Bürgerliches Gesetzbuch (BGB)
c) Gewerbesteuergesetz (GewStG)
d) Gesetz gegen Wettbewerbsbeschränkungen (GWB)
e) Gesetz gegen den unlauteren Wettbewerb (UWG)

Lösungsbuchstabe ______

48. Welche Aussage zu Abzahlungsgeschäften, geregelt im BGB, ist richtig?

a) Für Klagen aus Abzahlungsgeschäften ist grundsätzlich das Gericht am Wohnsitz des Käufers zuständig.
b) Abzahlungskäufe zwischen Kaufleuten sollen geregelt werden.
c) Die Menge der Kreditkäufe soll verringert werden.
d) Den Geschäftsbanken wird die Gewährung von Ratenkrediten untersagt.
e) Im BGB wird ein Höchstsatz festgelegt, der Verbraucher vor Wucher schützen soll.

Lösungsbuchstabe ______

49. Das BGB sieht bei einem Abzahlungsgeschäft, einseitiger Handlungskauf, einen schriftlichen Kaufvertrag vor. Welcher Bestandteil muss <u>nicht</u> schriftlich niedergelegt sein?

a) Teilzahlungspreise
b) Barzahlungspreis
c) Liefertermin
d) Effektiver Jahreszins
e) Höhe der einzelnen Raten

Lösungsbuchstabe ______

50. Die Warenannahme der Großhandels GmbH stellt fest, dass eine gelieferte Ware Mängel aufweist. Wann sind Mängel nach den gesetzlichen Vorschriften zu rügen, damit eventuelle Ansprüche auch durchgesetzt werden können?

a) Bei einem offenen Mangel muss innerhalb von acht Tagen nach Eingang der Lieferung gerügt werden.
b) Bei einem offenen Mangel muss unverzüglich nach Eingang der Lieferung gerügt werden.
c) Bei einem offenen Mangel muss innerhalb von 24 Monaten nach Eingang der Lieferung gerügt werden.
d) Bei einem versteckten Mangel muss innerhalb von sechs Monaten nach Eingang der Lieferung gerügt werden.
e) Bei einem versteckten Mangel muss innerhalb von zwölf Monaten unverzüglich nach Entdecken des Mangels der Lieferung gerügt werden.

Lösungsbuchstabe ______

51. Sie arbeiten bei der Bavaria Fahrradwerke KG. Nach der Lieferung der Computer stellen Sie fest, dass die im Lieferumfang enthaltenen Funkmäuse fehlerhaft sind. Wie ist die Rechtslage?

a) Die Bavaria Fahrradwerke KG kann für die fehlerhaften Funkmäuse eine Ersatzlieferung verlangen.
b) Die Bavaria Fahrradwerke KG hat ausschließlich das Recht auf Minderung des Kaufpreises.
c) Die Bavaria Fahrradwerke KG muss in jedem Fall mit einer Nachbesserung einverstanden sein.
d) Die Bavaria Fahrradwerke KG kann sofort einen Deckungskauf vornehmen.
e) Die Bavaria Fahrradwerke KG kann sofort vom Vertrag zurücktreten.

Lösungsbuchstabe ______ ☐

52. Aus dem Gesetz ergeben sich Rügefristen beim zweiseitigen Handelskauf. Innerhalb welcher Frist sind versteckte Mängel zu rügen?

a) Die Mängel müssen unverzüglich nach der Entdeckung, spätestens innerhalb von 24 Monaten gerügt werden.
b) Die Mängel müssen innerhalb von sechs Wochen gerügt werden.
c) Die Mängel müssen unverzüglich nach Erhalt der Ware gerügt werden.
d) Die Mängel können jederzeit innerhalb von sechs Monaten gerügt werden.
e) Die Mängel müssen unverzüglich nach Entdeckung, spätestens nach einem Jahr gerügt werden.

Lösungsbuchstabe ______ ☐

Zu den Aufgaben 53 bis 58 beachten Sie bitte nachfolgende Rechtsvorschriften!

§ 434 Sachmangel
(1) Die Sache ist frei von Sachmängeln, wenn sie bei Gefahrübergang die vereinbarte Beschaffenheit hat. Soweit die Beschaffenheit nicht vereinbart ist, ist die Sache frei von Sachmängeln
1. wenn sie sich für die nach dem Vertrag vorausgesetzte Verwendung eignet, sonst
2. wenn sie sich für die gewöhnliche Verwendung eignet und eine Beschaffenheit aufweist, die bei Sachen der gleichen Art üblich ist und die der Käufer nach der Art der Sache erwarten kann.
Zu der Beschaffenheit nach Satz 2 Nr. 2 gehören auch Eigenschaften, die der Käufer nach den öffentlichen Äußerungen des Verkäufers, des Herstellers (§ 4 Abs.1 und 2 des Produkthaftungsgesetzes) oder seines Gehilfen insbesondere in der Werbung oder bei der Kennzeichnung über bestimmte Eigenschaften der Sache erwarten kann, es ei denn, dass der Verkäufer die Äußerung nicht kannte und auch nicht kennen musste, dass sie im Zeitpunkt des Vertragsschlusses in gleichwertiger Weise berichtigt war oder dass sie die Kaufentscheidung nicht beeinflussen konnte.
(2) Ein Sachmangel ist auch dann gegeben, wenn die vereinbarte Montage durch den Verkäufer oder dessen Erfüllungsgehilfen unsachgemäß durchgeführt worden ist. Ein Sachmangel liegt bei einer zur Montage bestimmten Sache ferner vor, wenn die Montageanleitung mangelhaft ist, es sei denn, die Sache ist fehlerfrei montiert worden.
(3) Einem Sachmangel steht es gleich, wenn der Verkäufer eine andere Sache oder eine zu geringe Menge liefert.

§ 437 Ansprüche des Käufers bei Mängeln
Ist die Sache mangelhaft, kann der Käufer, wenn die Voraussetzungen der folgenden Vorschriften vorliegen und soweit nicht ein anderes bestimmt ist,
1. nach § 439 Nacherfüllung verlangen
2. nach den §§ 440, 323, und 326 Abs. 5 von dem Vertrag zurücktreten oder nach § 441 den Kaufpreis mindern und
3. nach den §§ 440, 280, 281, 283 und 311 a Schadenersatz oder nach § 284 Ersatz vergeblicher Aufwendungen verlangen.

§ 439 Nacherfüllung
(1) Der Käufer kann als Nacherfüllung nach seiner Wahl die Beseitigung des Mangels oder die Lieferung einer mangelfreien Sache verlangen.
(2) Der Verkäufer hat die zum Zweck der Nacherfüllung erforderlichen Aufwendungen, insbesondere Transport-, Wege-, Arbeits- und Materialkosten zu tragen.
(3) Der Verkäufer kann die vom Käufer gewählte Art der Nacherfüllung unbeschadet des § 275 Abs. 2 und 3 verweigern, wenn sie nur mit unverhältnismäßigen Kosten möglich ist. Dabei sind insbesondere der Wert der Sache in mangelfreiem Zustand, die Bedeutung des Mangels und die Frage zu berücksichtigen, ob auf die andere Art der Nacherfüllung ohne erhebliche Nachteile für den Käufer zurückgegriffen werden könnte. Der Anspruch des Käufers beschränkt sich in diesem Fall auf die andere Art der Nacherfüllung; das Recht des Verkäufers, auch diese unter den Voraussetzungen des Satzes 1 zu verweigern, bleibt unberührt.
(4) Liefert der Verkäufer zum Zwecke der Nacherfüllung eine mangelfreie Sache, so kann er vom Käufer Rückgewähr der mangelhaften Sache nach Maßgabe der §§ 346 bis 348 verlangen.

§ 440 Besondere Bestimmungen für Rücktritt und Schadenersatz
Außer in den Fällen des § 281 Abs. 2 und des § 323 Abs. 2 bedarf es der Fristsetzung auch dann nicht, wenn der Verkäufer beide Arten der Nacherfüllung gemäß 439 Abs. 3 verweigert oder wenn die dem Käufer zustehende Art der Nacherfüllung fehlgeschlagen oder ihm unzumutbar ist. Eine Nachbesserung gilt nach dem erfolglosen zweiten Versuch als fehlgeschlagen, wenn sich nicht insbesondere aus der Art der Sache oder des Mangels oder den sonstigen Umständen etwas anderes ergibt.

§ 441 Minderung
1) Statt zurückzutreten, kann der Käufer den Kaufpreis durch Erklärung gegenüber dem Verkäufer mindern. Der Ausschlussgrund des § 323 Abs. 5 Satz 2 findet keine Anwendung.
(2) Sind auf der ...
(3) Bei der Minderung ist der Kaufpreis in dem Verhältnis herabzusetzen, in welchem zur Zeit des Vertragsschlusses der Wert der Sache in mangelfreiem Zustand zu dem wirklichen Wert gestanden haben würden. Die Minderung ist, soweit erforderlich, durch Schätzung zu ermitteln.
(4) Hat der Käufer mehr als den geminderten Kaufpreis gezahlt, so ist der Mehrbetrag vom Verkäufer zu erstatten. ...

53. Wann spricht der Gesetzgeber (§ 434 BGB) bei einer Kaufsache von einem Sachmangel?

a) Die Kaufsache ist zu einer vertraglich vereinbarten Verwendung geeignet.
b) Die Kaufsache hat die vertraglich vereinbarte Beschaffenheit.
c) Die Kaufsache ist zur gewöhnlichen Verwendung geeignet, so wie dies bei Sachen der gleichen Art üblich ist.
d) Die Kaufsache weist die Beschaffenheit auf, die der Käufer erwarten kann, da dies bei Sachen der gleichen Art so üblich ist.
e) Die Kaufsache weist nicht die Beschaffenheit auf, die aus Aussagen des Herstellers, insbesondere in der Werbung, zu erwarten war.

Lösungsbuchstabe ______ ☐

54. Eine Warenlieferung, die vereinbarungsgemäß zum 07.01. eingetroffen war, wies Sachmängel auf. Welche Aussage zu den Rechten des Käufers ist zutreffend?

a) Der Käufer kann zwischen Minderung des Kaufpreises und Nacherfüllung wählen.
b) Der Käufer kann sofort das Recht des Rücktritts wählen.
c) Der Käufer kann wählen zwischen der Beseitigung des Mangels oder der Lieferung einer mangelfreien Ware.
d) Der Käufer kann auf Schadenersatz bestehen, auch wenn er dem Lieferanten keine Nachfrist zur Nachbesserung gesetzt hat.
e) Der Käufer kann in jedem Fall vom Vertrag zurücktreten, auch wenn eine Beseitigung des Mangels problemlos erfolgen kann.

Lösungsbuchstabe ______ ☐

55. Die Warenlieferung weist kleinere Schäden auf. Diese sind ohne Probleme vom Lieferanten zu beseitigen. Welche Aussage zu den Rechtsansprüchen des Käufers ist zutreffend?

a) Der Käufer kann in diesem Fall zunächst das Recht der Minderung für sich beanspruchen.
b) Der Käufer muss dem Lieferanten die Möglichkeit der Mangelbeseitigung einräumen.
c) Der Käufer kann vom Vertrag zurücktreten.
d) Der Käufer kann auf Lieferung mangelfreier Ware (= Ersatzlieferung) bestehen.
e) Der Käufer kann auch in diesem Fall auf Schadenersatz bestehen.

Lösungsbuchstabe ______ ☐

56. Der Gesetzgeber hat die Ansprüche des Käufers bei Lieferung mangelhafter Ware geregelt. In welcher Zeile sind die Rechte genannt, die nur „nachrangig" vom Kunden durchsetzbar sind?

a) Beseitigung des Mangels – Lieferung mangelfreier Ware
b) Minderung – Rücktritt – Schadenersatz
c) Minderung – Nachlieferung einer mangelfreien Sache
d) Mangelbeseitigung – Rücktritt
e) Schadenersatz – Mangelbeseitigung – Minderung

Lösungsbuchstabe ______ ☐

57. Der Gesetzgeber räumt dem Lieferanten, dessen Lieferung Sachmängel aufweist, unter Umständen ein Verweigerungsrecht wegen Unverhältnismäßigkeit ein. Bei welchem vom Kunden beanspruchten Recht kann vom Lieferanten die Einrede der Unverhältnismäßigkeit geltend gemacht werden?

a) Recht auf Minderung
b) Recht auf Schadenersatz
c) Recht auf Mangelbeseitigung
d) Recht auf Rücktritt
e) Recht auf Schadenersatz und Rücktritt

Lösungsbuchstabe ______ ☐

58. Ordnen Sie zu!

Begriffserläuterungen

a) Der Käufer verlangt Herabsetzung des Kaufpreises.
b) Der Käufer verlangt Ersatzlieferung mangelfreier Ware.
c) Der Käufer verlangt Rückgängigmachung des Vertrages.
d) Der Käufer verweigert Zahlung des vereinbarten Kaufpreises.
e) Der Käufer verlangt Ausbesserung der mangelhaften Ware.
f) Der Käufer verlangt Geldentschädigung, da trotz Nachfristsetzung keine Ersatzlieferung und keine Nachbesserung erfolgte.

Rechte des Käufers bei mangelhafter Lieferung

☐ Rücktritt

☐ Minderung

☐ Schadenersatz statt der Leistung

59. Ein Privatkunde hat von der Bavaria Fahrradwerke KG Waren im Wert von 260,00 € erhalten. Welche Voraussetzung muss gegeben sein, dass der Privatkunde in Zahlungsverzug gerät?

a) Er gerät 30 Tage nach Rechnungserhalt in Zahlungsverzug, auch wenn die Rechnung keinen Hinweis auf die rechtliche Regelung des Zahlungsverzuges enthält.
b) Er gerät nur in Zahlungsverzug, wenn dies vertraglich festgelegt wurde.
c) Er gerät 30 Tage nach Fälligkeit und Zugang der Rechnung in Verzug, wenn in der Rechnung auf den Zahlungsverzug hingewiesen wurde.
d) Er gerät 30 Tage nach Zugang einer Mahnung in Verzug.
e) Für Privatkunden gelten keine gesetzlichen Regelungen.

Lösungsbuchstabe ______ ☐

60. Die Bavaria Fahrradwerke KG verkaufte Anfang Januar verschiedene Waren an die Zweiradgroßhandlung Göbel GmbH in Dresden. Es wurde vereinbart, dass die Zahlung des Kaufpreises bei Lieferung fällig wird. Am 10. Januar um 09:00 Uhr erhielt die Zweiradgroßhandlung die Waren und die Rechnung. Da sie am 20. Februar noch nicht gezahlt hat, will die Bavaria Fahrradwerke KG Zinsen fordern. Prüfen Sie, ob und in welcher Höhe nach der gesetzlichen Regelung Zinsen verlangt werden können?

a) Zinsen können grundsätzlich nur verlangt werden, wenn sie vereinbart wurden.
b) Da keine Vereinbarung über Verzugszinsen getroffen wurde, kann die Bavaria Fahrradwerke KG ab dem 11. Januar Verzugszinsen in beliebiger Höhe verlangen.

c) Da am 10. Januar die Zahlung aufgrund der Lieferung fällig war und an diesem Tag auch die Rechnung zuging, kann die Bavaria Fahrradwerke KG ab dem 11. Februar Verzugszinsen in Höhe von 9 % über dem aktuellen Basiszinssatz verlangen.

d) Zinsen können nicht verlangt werden, da die Voraussetzungen für den Zahlungsverzug nicht erfüllt sind. Grundsätzlich muss die Zweiradgroßhandlung erst gemahnt und es muss eine 30-tägige Nachfrist gesetzt werden.

e) Die Bavaria Fahrradwerke KG kann frühestens ab dem 11. März Verzugszinsen in Höhe von 9 % über dem Basiszinssatz verlangen.

Lösungsbuchstabe ______ ☐

61. Sie haben einem säumigen Schuldner durch das Zentrale Mahngericht einen Mahnbescheid zustellen lassen. Der Kunde hat dagegen nichts unternommen und auch nicht gezahlt. Was müssen Sie jetzt veranlassen, um Ihre Forderung durchzusetzen?

a) Den Gerichtsvollzieher beauftragen, tätig zu werden
b) Einen Verhandlungstermin beantragen
c) Ein Inkassobüro einschalten
d) Einen Vollstreckungsbescheid beantragen
e) Die Abgabe einer eidesstattlichen Versicherung beantragen

Lösungsbuchstabe ______ ☐

62. Bringen Sie die folgenden Schritte im gerichtlichen Mahnverfahren in die richtige Reihenfolge!

1) Gläubiger (Antragsteller) veranlasst Schuldner (Antragsgegner) durch das Gericht zur Abgabe einer eidesstattlichen Versicherung. ______ ☐
2) Gläubiger (Antragsteller) beantragt einen Haftbefehl. ______ ☐
3) Da der Schuldner (Antragsgegner) nichts unternommen hat, stellt der Gläubiger (Antragsteller) bei Gericht Antrag auf Erlass und Zustellung eines Vollstreckungsbescheids. ______ ☐
4) Schuldner (Antragsgegner) verweigert die Abgabe einer eidesstattlichen Versicherung. ______ ☐
5) Gläubiger (Antragsteller) stellt bei Gericht Antrag auf Erlass und Zustellung eines Mahnbescheids. ______ ☐
6) Pfändung bleibt mangels Masse fruchtlos. ______ ☐

63. Ordnen Sie zu!

Erläuterungen

a) Offenlegung aller Vermögenswerte in einem Verzeichnis beim Amtsgericht
b) Pfändung von Sachen und deren Verwertung zugunsten des Gläubigers
c) Zwangsweise Vorführung des Schuldners aufgrund eines Haftbefehls zur Abgabe einer eidesstattlichen Versicherung
d) Einleitung eines gerichtlichen Mahnverfahrens
e) Vollstreckungsorgan für die Pfändung von Gegenständen
f) Gerichtliches Dokument, das dem Gläubiger gestattet, gegen den Schuldner die Zwangsvollstreckung zu betreiben

Begriffe

☐ Zwangsvollstreckung
☐ Vollstreckungsbescheid
☐ Mahnbescheid

64. In welchem Fall bedarf es keiner Mahnung, um den Lieferanten in Lieferungsverzug zu setzen?

a) Wenn höhere Gewalt den Lieferungsverzug verursachte
b) Wenn der im Kaufvertrag kalendermäßig fest bestimmte Liefertermin nicht eingehalten wurde
c) Wenn die Lieferung für den Käufer bedeutungslos geworden ist
d) Wenn der Lieferant trotz Vorauszahlung des Kunden nicht liefert
e) Wenn der Lieferant wiederholt nicht rechtzeitig lieferte

Lösungsbuchstabe ______

65. Bringen Sie die folgenden Arbeitsschritte beim Lieferungsverzug in die richtige Reihenfolge!

1) Die Schadenhöhe wird ermittelt. ______
2) Da nach Ablauf der Nachfrist noch nicht geliefert worden ist, wird ein Deckungskauf vorgenommen. ______
3) Anhand der Bestellkartei wird festgestellt, dass noch nicht geliefert wurde. ______
4) Der Lieferant wird gemahnt, und es wird eine angemessene Nachfrist zur Nacherfüllung gesetzt. ______
5) Rückfrage bei der Warenannahme ______
6) Dem Lieferanten wird die Schadenersatzforderung mitgeteilt. ______

66. Welche Aussage zu Störungen bei der Erfüllung des Kaufvertrages ist richtig?

a) Beim kalendermäßig bestimmten Kauf (Fixkauf) kann der Käufer im Falle eines Lieferungsverzuges ohne Nachfristsetzung vom Vertrag zurücktreten.
b) Im Falle des Annahmeverzuges darf der Verkäufer beim Selbsthilfeverkauf nicht mitbieten.
c) Bei versteckten Mängeln braucht der Käufer keine Rügefrist einzuhalten.
d) Aufgrund einer berechtigten Mängelrüge hat der Käufer nur das Recht auf eine Preisminderung.
e) Beim Lieferungsverzug kann der Käufer immer sofort Schadenersatz statt der Leistung verlangen.

Lösungsbuchstabe ______

67. Was versteht man unter einer „angemessenen Nachfrist" beim Lieferungsverzug?

a) Eine Frist, in der der Lieferant die Ware noch anderweitig beschaffen kann
b) Eine Frist, in der der Lieferant die Ware neu anfertigen kann
c) Eine Frist, in der der Lieferant die Ware zu liefern hat, ohne sie erst zu beschaffen oder anzufertigen
d) Eine Frist, entsprechend der Rügefristen bei Mängeln
e) Eine Frist, die im Ermessen des Lieferanten liegt und von ihm bestimmt werden kann

Lösungsbuchstabe ______

68. In welchem Fall liegt ein Annahmeverzug vor?

a) Die Annahme der Sendung wird verweigert, da die Rohstoffe in die Privatwohnung des Inhabers geliefert wurden, die 20 km vom Betrieb entfernt liegt.
b) Die Annahme der Sendung wird verweigert, da die Ware am 20. April geliefert wurde, obwohl sie für den 12. April kalendermäßig fest bestellt war.
c) Die Annahme der Sendung wird verweigert, da nicht bestellte Ware, die früher schon oft bezogen wurde, mit der Begründung geliefert wird, sie sei zurzeit besonders günstig und später nicht mehr lieferbar.
d) Die Ware, die der Geschäftsinhaber selbst telefonisch bestellt hat, wird nicht angenommen, da die Einkaufsabteilung von der Bestellung nichts weiß.
e) Die Annahme der Sendung wird verweigert, da Ware geliefert wurde, deren Lieferung schon lange angemahnt war. Eine gesetzte Nachfrist mit Ablehnungsanordnung ist seit mehr als einer Woche abgelaufen.

Lösungsbuchstabe ______

69. Was versteht man unter Selbsthilfeverkauf?

a) Den Verkauf unbestellter Ware
b) Den Kauf bei einem anderen Lieferanten bei Lieferungsverzug
c) Die öffentliche Versteigerung der Ware bei Annahmeverzug
d) Den Weiterverkauf von unter Eigentumsvorbehalt gelieferter Ware
e) Den Verkauf von Waren mit Vereinbarung eines längeren Zahlungszieles
f) Den Verkauf verderblicher Ware bei mangelhafter Lieferung

Lösungsbuchstabe ______ ☐

70. Welches Recht hat der Verkäufer beim Annahmeverzug?

a) Er kann Preisminderung verlangen.
b) Er kann die Ware nur versteigern lassen, wenn die Ware einen Marktpreis hat.
c) Er kann Verzugszinsen berechnen.
d) Er kann die Ware einlagern und auf Abnahme klagen.
e) Er kann die Ware nur mit Einverständnis des Käufers versteigern lassen.

Lösungsbuchstabe ______ ☐

71. Was dient unmittelbar dem Verbraucherschutz?

a) Die Festlegung von Mindestpreisen für landwirtschaftliche Erzeugnisse
b) Die staatliche Förderung wirtschaftlicher Konzentrationen
c) Die Verpflichtung, alle zum Verkauf ausgestellten Waren mit Preisschildern zu versehen
d) Die Erhebung von Einfuhrzöllen für ausländische Waren
e) Die Subventionierung ertragsschwacher Betriebe

Lösungsbuchstabe ______ ☐

72. Welche Aufgabe hat der Verbraucherschutz?

a) Bedürfnisse zu wecken
b) Anbietern Preise zu diktieren
c) Markt transparenter zu gestalten
d) Einheitspreise durchzusetzen
e) Geschäftslokale auf Unfallsicherheit zu überprüfen

Lösungsbuchstabe ______ ☐

73. In welchem Fall liegt ein Verstoß gegen die Preisauszeichnungspflicht vor?

a) Ein Einzelhandelsgeschäft versieht während einer Aktionswoche seine Waren im Schaufenster mit den herabgesetzten Preisen.
b) Ein Großhandelsbetrieb verfügt über einen Verkaufsraum für Wiederverkäufer. An den ausgestellten Waren befinden sich keine Preise.
c) Ein Handwerksbetrieb hängt seine Stundenverrechnungssätze inklusive Umsatzsteuer in seinen Geschäftsräumen aus.
d) Der Filialleiter einer Bank gibt nur auf Anfrage die Zinssätze für Sparguthaben und Ratenkredite bekannt.
e) Ein Antiquitätengeschäft stellt in seinem Schaufenster einen wertvollen Barockschrank aus. Eine Preisangabe fehlt.

Lösungsbuchstabe ______ ☐

74. Welche Aussage zu den Allgemeinen Geschäftsbedingungen (AGB) ist richtig?

a) Die AGB betreffen nur individuell ausgehandelte Verträge.
b) Die AGB gelten nur für mündlich geschlossene Verträge.
c) Die AGB sind vorformulierte Vertragsbedingungen.
d) Die AGB gelten nur für Kaufverträge.
e) Die AGB haben Vorrang vor individuellen Vertragsabreden.

Lösungsbuchstabe ______

75. Welche Aussage zu den im BGB geregelten Allgemeinen Geschäftsbedingungen (AGB) ist richtig?

a) Die AGB unterliegen der Zustimmung der Verbraucherschutzverbände.
b) Zweifel bei der Auslegung der AGB gehen nach Vertragsabschluss zulasten des Kunden.
c) Bestimmungen in den AGB sind unwirksam, wenn sie den Kunden, entgegen den Geboten von Treu und Glauben, unangemessen benachteiligen.
d) Die Bestimmungen der AGB haben Vorrang vor schriftlich fixierten individuellen Vertragsabreden.
e) AGB finden nur bei Verträgen zwischen Kaufleuten Anwendung.

Lösungsbuchstabe ______

76. Welche Vorschrift ist aus dem BGB zu den Allgemeinen Geschäftsbedingungen entnommen?

a) Ist über den Zeitpunkt der Lieferung im Kaufvertrag nichts vereinbart, so kann der Käufer sofortige Lieferung verlangen.
b) Eine Lieferung muss unverzüglich geprüft werden.
c) Individuelle Vertragsabreden haben Vorrang vor Allgemeinen Geschäftsbedingungen.
d) Wird durch die Allgemeinen Geschäftsbedingungen nichts anderes festgelegt, so trägt der Käufer die Verpackungskosten.
e) Wenn im Kaufvertrag nichts anderes vereinbart wurde, so hat der Schuldner die Kosten für die Zahlung der Kaufsumme zu tragen.

Lösungsbuchstabe ______

77. Im § 312 b BGB sind die Fernabsatzverträge geregelt. Siehe dazu den abgebildeten Gesetzesausschnitt. Auf welche zwei der genannten Geschäfte sind diese Vorschriften anzuwenden?

a) Peter Müller erteilt seiner Bank den telefonischen Auftrag, für ihn Aktien zu erwerben. Der Auftrag wird brieflich bestätigt.
b) Hans Klemm meldet sich per E-Mail bei der Fernuniversität Kiel zu einem Sprachunterricht an. Die Anmeldung wird ebenfalls per E-Mail bestätigt.
c) Über das Internet bestellt Uwe Schuricht bei einem Versandhaus einen Wohnzimmerschrank. Er erhält eine schriftliche Auftragsbestätigung, der die Liefer- und Zahlungsbedingungen beigefügt sind.
d) Alfred Scholz erhält eine Postwurfsendung der Direktversicherung AG zum Abschluss einer Unfallversicherung und sendet den ausgefüllten Antrag per Post zurück. Die Versicherung nimmt den Antrag an und sendet die Police ebenfalls per Post an Alfred Scholz.
e) Brigitte Kühne bestellt ihre Lebensmittel regelmäßig per Fax bei einem Dienstleister, der einen Einkaufsservice anbietet. Die Waren werden von ihr abends mittels Chipkarte an einem Warenautomaten entnommen.
f) Christian Schwarz beauftragt telefonisch die Energieversorgung GmbH über deren Call-Center, zukünftig die jährliche Wartung seiner Heizungsanlage zu übernehmen. Der Wartungsvertrag wird dem Kunden per Fax zugestellt.

Lösungsbuchstaben ______

§ 312 b Fernabsatzverträge

(1) Fernabsatzverträge sind Verträge über die Lieferung von Waren oder über die Erbringung von Dienstleistungen, einschließlich Finanzdienstleistungen, die zwischen einem Unternehmer und einem Verbraucher unter ausschließlicher Verwendung von Fernkommunikationsmitteln abgeschlossen werden, es sei denn, dass der Vertragsschluss nicht im Rahmen eines für den Fernabsatz organisierten Vertriebs- oder Dienstleistungssystems erfolgt. Finanzdienstleistungen im Sinne des Satzes 1 sind Bankdienstleistungen sowie Dienstleistungen im Zusammenhang mit einer Kreditgewährung, Versicherung, Altersversorgung von Einzelpersonen, Geldanlage oder Zahlung.

(2) Fernkommunikationsmittel sind Kommunikationsmittel, die zur Anbahnung oder zum Abschluss eines Vertrags zwischen einem Verbraucher und einem Unternehmer ohne gleichzeitige körperliche Anwesenheit der Vertragsparteien eingesetzt werden können, insbesondere Briefe, Kataloge, Telefonanrufe, Telekopien, E-Mails sowie Rundfunk, Tele- und Mediendienste.

(3) Die Vorschriften über Fernabsatzverträge finden keine Anwendung auf Verträge

1. über Fernunterricht (§ 1 des Fernunterrichtsschutzgesetzes),
2. über die Teilzeitnutzung von Wohngebäuden (§ 481),
3. über Versicherungen sowie deren Vermittlung,
4. über die Veräußerung von Grundstücken und grundstücksgleichen Rechten, die Begründung, Veräußerung und Aufhebung von dinglichen Rechten an Grundstücken und grundstücksgleichen Rechten sowie über die Errichtung von Bauwerken,
5. über die Lieferung von Lebensmitteln, Getränken oder sonstigen Haushaltsgegenständen des täglichen Bedarfs, die am Wohnsitz, am Aufenthaltsort oder am Arbeitsplatz eines Verbrauchers von Unternehmern im Rahmen häufiger und regelmäßiger Fahrten geliefert werden,
6. über die Erbringung von Dienstleistungen in den Bereichen Unterbringung, Beförderung, Lieferung von Speisen und Getränken sowie Freizeitgestaltung, wenn sich der Unternehmer bei Vertragsschluss verpflichtet, die Dienstleistungen zu einem bestimmten Zeitpunkt oder innerhalb eines genau angegebenen Zeitraums zu erbringen,
7. die geschlossen werden
   a) unter Verwendung von Warenautomaten oder automatisierten Geschäftsräumen oder
   b) mit Betreibern von Telekommunikationsmitteln aufgrund der Benutzung von öffentlichen Fernsprechern, soweit sie deren Benutzung zum Gegenstand haben.

Situation zu den Aufgaben 78 bis 82:
Sie informieren sich über die verschiedenen Arten von Krediten, über deren Vor- und Nachteile.

78. Ordnen Sie zu!

Kreditbeispiele

a) Langfristiger Kredit, durch Grundbucheintragung gesichert
b) Bankkredit in dauernd wechselnder Höhe
c) Langfristiger Bankkredit in bestimmter Höhe mit festgelegten Tilgungsraten
d) Finanzierung eines Unternehmens durch Ausgabe von Pfandbriefen
e) Einkauf von Rohstoffen auf Ziel

Kreditarten

☐ Kontokorrentkredit
☐ Lieferantenkredit

79. Bringen Sie die folgenden Arbeitsschritte eines Finanzierungsvorgangs in die richtige Reihenfolge!

1) Kreditbewilligung ____ ☐
2) Kreditantrag ____ ☐
3) Gutschrift der Bank auf dem Konto des Kreditnehmers ____ ☐
4) Investition des geliehenen Betrages in den Betrieb ____ ☐
5) Rückzahlung und Zinsleistung ____ ☐
6) Prüfung der Kreditwürdigkeit ____ ☐

80. Welche Aussage trifft auf ein Annuitätendarlehen zu?

a) Das Darlehen wird in einer Summe am vertraglich vereinbarten Fälligkeitstag zurückbezahlt.
b) Nach einer vereinbarten Kündigungsfrist wird die Rückzahlung des Darlehens fällig.
c) Der Schuldner bezahlt über die gesamte Laufzeit gleichbleibende Beträge, die sich aus Tilgungs- und Zinsanteilen zusammensetzen.
d) Die Tilgungsanteile fester Rückzahlungsbeträge verändern sich während der gesamten Laufzeit nicht.
e) Die Zinsbelastung ändert sich während der gesamten Laufzeit nicht.

Lösungsbuchstabe ______ ☐

81. Welche Form des Darlehens liegt vor, wenn die Höhe der regelmäßigen Ratenzahlungen mit fortschreitender Laufzeit abnimmt?

a) Fälligkeitsdarlehen
b) Zinszahlungsdarlehen
c) Annuitätendarlehen
d) Tilgungsdarlehen
e) Abzahlungsdarlehen

Lösungsbuchstabe ______ ☐

82. Welchen Vorteil hat u.a. das Leasen von z.B. einem Kraftfahrzeug für einen Unternehmer?

a) Leasingraten können steuerlich vom Unternehmer als Geschäftskosten abgesetzt werden.
b) Bei Leasing benötigt der Unternehmer zwar weniger Eigenkapital, die Leasingkosten sind aber höher als bei der Eigenfinanzierung.
c) Bei Leasing trägt der Leasinggeber die Vollkaskokosten.
d) Trotz Zahlungsverzug bei den Leasingraten steht dem Unternehmer der Kraftwagen weiterhin zur Verfügung.
e) Die ersparten Eigenkapitalbeträge werden zum Erwerb des Eigentums am Ende der Leasingzeit verwendet.

Lösungsbuchstabe ______ ☐

Situation zu den Aufgaben 83 bis 88:
Im Zeitalter der Globalisierung überlegen Sie, ob Sie im Ausland oder im Inland arbeiten wollen.

83. Sie sind dabei, einen Europass auszufüllen. Dabei sollen Sie Ihre sozialen, organisatorischen und technischen Fähigkeiten und Kompetenzen angeben. Was gehört zu den sozialen Fähigkeiten und Kompetenzen?

a) Sehr gute Sprachkenntnisse in Wort und Schrift
b) Gute Fähigkeiten zur Teamarbeit aufgrund von Erfahrungen als Mitglied mehrerer Projektteams
c) Gute Organisationsfähigkeit im Bereich Beschaffung und Lagerhaltung
d) Sehr gute Kenntnisse im Bereich Wirtschafts- und Sozialkunde
e) Sicherer Umgang mit Textverarbeitungs- und Präsentationssoftware

Lösungsbuchstabe ______ ☐

84. Sie arbeiten zunächst in einem Logistikdienstleistungs-Unternehmen. Aufgrund einer Wirtschaftskrise stagnieren die Umsätze seit einiger Zeit. Welche Maßnahme würden Sie ergreifen, um aus der Krise herauszukommen?

a) Insolvenz anmelden, um nicht das komplette Vermögen zu verlieren.
b) Weitermachen wie bisher, da die Krise ohnehin bald vorbei sein wird.
c) Sie bemühen sich um niedrigere Rabatte bei Ihren Lieferanten.
d) Das Angebot sollte sich noch stärker an den Kundenwünschen orientieren, damit diese nicht zur Konkurrenz abwandern.
e) Es sollte ein Existenzgründerdarlehen beantragt werden, um die Wirtschaftskrise zu überwinden.

Lösungsbuchstabe ______ ☐

85. Die internationale Arbeitsteilung nimmt durch die Globalisierung immer mehr zu. Welche Auswirkung daraus ist zutreffend?

a) Die Herstellungskosten der Produkte steigen.
b) Die Bedeutung der Kommunikation über Ländergrenzen sinkt.
c) Der Transportbedarf steigt.
d) Der Anteil der Lohnkosten an den Herstellungskosten steigt.
e) Die Abhängigkeit von Ex- und Importen sinkt.

Lösungsbuchstabe ______ ☐

86. Die Globalisierung wirkt sich auch auf Sie als Mitarbeiter des Logistikdienstleistungsunternehmens aus. Welche der genannten Auswirkungen ist zutreffend?

a) Sie haben sich für die Mitarbeit im Logistikdienstleistungs-Unternehmen entschieden. Daher können Sie nicht mehr frei über einen anderen Job im Ausland entscheiden.
b) Sie haben Anspruch darauf, dass Ihr Berufsabschluss weltweit anerkannt wird.
c) Sie haben Anspruch darauf, beim Einkauf im Ausland immer in Euro zu zahlen.
d) Sie können Gewinne stets steuerfrei im Ausland anlegen, da das Bankgeheimnis dort aufgehoben ist.
e) Von Ihnen werden berufliche Flexibilität, Fremdsprachenkenntnisse, Kenntnisse fremder Kulturen und eine hohe Mobiliät erwartet.

Lösungsbuchstabe ______ ☐

87. Das Logistikdienstleistungs-Unternehmen bezieht aufgrund eines Auftrags Zusammenbauteile aus Thailand. Diese werden dann Just-in-time an den Auftraggeber geliefert. Welchen Vorteil der Globalisierung realisiert das Logistikunternehmen damit für ihren Auftraggeber?

a) Den technologischen Fortschritt in der Europäischen Gemeinschaft
b) Die Möglichkeit, den weltweit günstigsten Lieferanten auszuwählen
c) Die Möglichkeit, sich am günstigsten Produktionsstandort niederzulassen
d) Die Möglichkeit, Kapital ohne großen Aufwand ins Ausland zu verlagern
e) Die Verlagerung von Arbeitsplätzen von Ost nach West

Lösungsbuchstabe ______ ☐

88. Das Logistikdienstleistungs-Unternehmen hat ein ganz besonderes Verantwortungsbewusstsein für die Umwelt. Welche Maßnahme entspricht diesem Umweltdenken?

a) Ein Wechsel zu einem preisgünstigeren Stromanbieter
b) Der Wechsel von der Bahn auf Lastkraftwagen
c) Der preisgünstigere Reinigungsdienst löst den bisherigen ab.
d) Die Rolltore werden künftig von dem Strom, der durch eine neu installierte Photovoltaikanlage produziert wird, betrieben.
e) Vormontagearbeiten werden künftig von preisgünstigeren ausländischen Firmen übernommen.

Lösungsbuchstabe ______ ☐

Situation zu den Aufgaben 89 bis 107:
Ihr Unternehmen plant für die Zukunft größere Investitionen. Die Geschäftsleitung interessiert sich deshalb besonders für die gesamtwirtschaftliche Marktsituation. Leitzins, konjunkturelle Aussichten, geld- und fiskalpolitische Maßnahmen und die daraus resultierenden Auswirkungen auf das eigene unternehmerische Vorhaben sind von besonderem Interesse.

89. Welche Aussage kennzeichnet das Modell der freien Marktwirtschaft?

a) Gewerbefreiheit bedeutet freie Wahl von Beruf und Arbeitsplatz. Die wirtschaftliche Betätigung als Unternehmer setzt den Nachweis von Sachkenntnis und notwendiger Kapitalausstattung voraus.
b) Zur Sicherung eines funktionsfähigen Wettbewerbs begrenzt der Staat das Wirtschaftswachstum von Unternehmen.
c) Angebot und Nachfrage bestimmen die Preise auf den Konsum- und Investitionsgütermärkten. Die freie Preisbildung auf den Arbeitsmärkten wird durch Festsetzung von Mindestlöhnen eingeschränkt.
d) Der Staat unterwirft sich dem Marktmechanismus wie alle übrigen Marktteilnehmer. Seine Rolle beschränkt sich auf die Aufrechterhaltung der Rechtsordnung, den Schutz von Leben und Eigentum des Individuums.
e) Zum Aufbau eines staatlichen Sozialversicherungssystems ist die Bildung öffentlichen Eigentums notwendig. Der Erwerb von Privateigentum wird als wirksame wirtschaftliche Antriebskraft angesehen.

Lösungsbuchstabe ______ ☐

90. Welche drei Aussagen treffen auf die Wirtschaftsordnung der Bundesrepublik Deutschland zu?

a) Die Preise werden grundsätzlich staatlich festgesetzt.
b) Auf allen Märkten herrscht vollständige Konkurrenz.
c) Tarifverträge bedürfen der Zustimmung des Bundesarbeitsministers.
d) Private Vermögensbildung wird staatlich gefördert.
e) Lohnverhandlungen basieren auf der Tarifautonomie der Sozialpartner.
f) Die Investitionen werden zentral gelenkt.
g) Die Unternehmen haben Investitionsfreiheit.

Lösungsbuchstaben ______ ☐ ☐ ☐

91. Welches Merkmal kennzeichnet die soziale Marktwirtschaft?

a) Es herrscht vollkommene Konkurrenz.
b) Der Staat schränkt die Tarifautonomie ein.
c) Alle Produktionsmittel befinden sich in privater Hand.
d) Der Staat kann durch das Setzen von Rahmenbedingungen regulierend in den Wirtschaftsprozess eingreifen.
e) Der Markt ist immer oberste Lenkungsinstanz.

Lösungsbuchstabe ______ ☐

92. Ein Unternehmer prüft verschiedene Möglichkeiten zur Erhöhung der Flexibilität und Verbesserung der Wettbewerbsfähigkeit. Welche Maßnahme lässt sich im Rahmen unserer sozialen Marktwirtschaft nicht realisieren?

a) Stilllegung einiger Produktionszweige
b) Bessere Auslastung der Maschinen durch flexiblere Arbeitszeitregelungen
c) Abbau übertariflicher Leistungen
d) Einführung von Schichtarbeit
e) Generelle Umwandlung aller unbefristeten in befristete Arbeitsverhältnisse ohne Beteiligung des Betriebsrates

Lösungsbuchstabe ______________ ☐

93. Geben Sie den Buchstaben an, bei dem alle drei Merkmale der Wirtschaftsordnung der Bundesrepublik Deutschland entsprechen?

a) Kollektiveigentum – Tarifautonomie – Dezentrale Planung und Lenkung
b) Privateigentum – Koalitionsfreiheit – Zentrale Planung und Lenkung
c) Tarifautonomie – Sozialbindung des Eigentums – Dezentrale Planung und Lenkung
d) Staatliche Korrektur der ursprünglichen Einkommens- und Vermögensverteilung – Staatliche Preisfestsetzung – Freizügigkeit
e) Privateigentum – Tarifautonomie – Zentrale Planung und Lenkung

Lösungsbuchstabe ______________ ☐

94. Welche Zielkombination kennzeichnet die vier Hauptziele der staatlichen Wirtschaftspolitik nach dem Stabilitätsgesetz?

a) Erhaltung der Kaufkraft des Geldes, hoher Beschäftigungsstand, außenwirtschaftliches Gleichgewicht, Nullwachstum
b) Größtmögliches Wirtschaftswachstum, absolut gleiche Besteuerung der Wirtschaftssubjekte, hohe Devisenbestände der Deutschen Bundesbank, Stabilität des Preisniveaus
c) Gerechte Einkommensverteilung, hoher Beschäftigungsstand, stetiges und angemessenes Wirtschaftswachstum, Stabilität des Preisniveaus
d) Stabilität des Preisniveaus, keine Verschuldung der öffentlichen Haushalte, außenwirtschaftliches Gleichgewicht, Vollbeschäftigung
e) Stabilität des Preisniveaus, hoher Beschäftigungsstand, außenwirtschaftliches Gleichgewicht, stetiges und angemessenes Wirtschaftswachstum

Lösungsbuchstabe ______________ ☐

95. Welches wirtschaftspolitische Ziel wird unmittelbar an den jährlichen Veränderungen des realen Bruttoinlandsproduktes gemessen?

a) Preisniveaustabilität
b) Hoher Beschäftigungsgrad
c) Außenwirtschaftliches Gleichgewicht
d) Stetiges und angemessenes Wirtschaftswachstum
e) Gerechte Einkommens- und Vermögensverteilung
f) Verbesserung der Umweltbedingungen

Lösungsbuchstabe ______________ ☐

96. Als problematisch wird unter dem Schlagwort „Zielkonflikte" herausgestellt, dass bei der Bekämpfung der Arbeitslosigkeit andere anzustrebende Ziele nicht außer Acht gelassen werden dürfen. Prüfen Sie, welche Behauptung falsch ist!

a) Maßnahmen zur Erhöhung der Nachfrage können zwar zur Schaffung neuer Arbeitsplätze beitragen, sie wirken jedoch auch inflationsfördernd.
b) Maßvolle Tarifabschlüsse können zwar zur Schaffung neuer Arbeitsplätze beitragen, sie dienen jedoch nicht unbedingt dem Ziel einer gerechten Einkommensverteilung.
c) Maßnahmen zur Erhöhung der Nachfrage führen regelmäßig zum Abbau von Arbeitsplätzen, sie gefährden gleichzeitig das Wirtschaftswachstum.
d) Maßnahmen zur Verbesserung der Umweltbedingungen können zwar zur Schaffung neuer Arbeitsplätze im Bereich neuer Umwelttechnologien beitragen. Andererseits können jedoch strenge Umweltauflagen Betriebsverlagerungen in Länder mit weniger strengen Umweltauflagen führen.
e) Hohe Exportüberschüsse können zwar zur Konjunkturbelebung und damit zu einer Arbeitsplatzbeschaffung beitragen, sie dienen jedoch nicht unbedingt dem Ziel eines außenwirtschaftlichen Gleichgewichts.

Lösungsbuchstabe ______

97. Welche Aussage zum Wirtschaftswachstum ist richtig?

a) Zwischen dem nominalen und realen Bruttoinlandsprodukt besteht hinsichtlich der Aussagekraft über das Wirtschaftswachstum kein Unterschied.
b) Die Erschließung und Verarbeitung der in einem Lande vorhandenen Rohstoffe hat keinen Einfluss auf das Wirtschaftswachstum.
c) Technischer Fortschritt und Produktionsstruktur eines Landes haben wesentlichen Einfluss auf das Wirtschaftswachstum.
d) Die Bevölkerungsstruktur hat keinen Einfluss auf das Wirtschaftswachstum.
e) Die Realisierung eines angemessenen Wirtschaftswachstums bewirkt automatisch Preisniveaustabilität und Vollbeschäftigung.

Lösungsbuchstabe ______

98. Welcher Vorgang kann bei sonst gleichbleibenden Einflussfaktoren eine inflationäre Entwicklung auslösen?

a) Einfuhrsperren ausländischer Handelspartner führen zu einer Senkung des Exportes.
b) Die zunehmende Sparneigung führt zu einem Nachfrageausfall am Konsumgütermarkt.
c) Die Regierung schränkt ihre Ausgaben ein, um die Staatsverschuldung zu verringern.
d) Die Löhne steigen im gleichen Maß wie die Produktivität.
e) Trotz ausgelasteter Kapazitäten besteht ein Nachfrageüberhang.

Lösungsbuchstabe ______

99. Welche Aussage über die Kaufkraft des Geldes ist richtig?

a) Die Kaufkraft ist gleichbedeutend mit dem Eigenwert des Geldes.
b) Mit Hilfe der Kaufkraft werden Güter verschiedener Art messbar.
c) Kaufkraft wird durch die Gütermenge festgelegt, die man mit einer Geldeinheit erwerben kann.
d) Steigende Güternachfrage bei gleichbleibendem Angebot erhöht die Kaufkraft.
e) Die Kaufkraft ist unabhängig von der Geldmenge.

Lösungsbuchstabe ______

100. Welche Aussage zum realen Bruttoinlandsprodukt einer Volkswirtschaft ist richtig?

a) Die Veränderungen des Bruttoinlandsproduktes geben Aufschluss über das Wachstum einer Volkswirtschaft.
b) Das Bruttoinlandsprodukt umfasst in einer Volkswirtschaft auch die Hausfrauenarbeit.
c) Aus dem Bruttoinlandsprodukt kann man die Qualität und den Nutzen der erstellten Güter ersehen.

d) Aus dem Bruttoinlandsprodukt kann man die unterschiedliche Verteilung von Einkommen und Gütern ersehen.

e) Aus dem Bruttoinlandsprodukt sind soziale Verbesserungen, wie Erhöhung der Lebenserwartung, mehr Kindergartenplätze usw., zu ersehen.

Lösungsbuchstabe ______

101. An welchem Indikator lässt sich die Konjunkturentwicklung am frühesten erkennen?

a) Zahlungsbilanz
b) Importpreisentwicklung
c) Steueraufkommen
d) Sparaufkommen
e) Auftragseingänge
f) Produktionsmenge

Lösungsbuchstabe ______

102. Das Wirtschaftswachstum unterliegt konjunkturellen Schwankungen. Welche Situation beschreibt diese Schwankungen richtig?

a) Es handelt sich dabei um kurzfristige Ausschläge der Wirtschaftsentwicklung aufgrund saisonaler Gegebenheiten.

b) Die Schwankung ist eine sich über mehrere Jahre vollziehende Wellenbewegung des Wachstums einer Volkswirtschaft.

c) Damit ist die langfristige Tendenz des stetigen Wachstums einer Volkswirtschaft gemeint.

d) Mit einer konjunkturellen Schwankung wird nur die Schwankung einer gesamten Branche bezeichnet, z. B. die Metallbranche.

e) Die konjunkturelle Schwankung ist gleichzusetzen mit dem Produktlebenszyklus.

Lösungsbuchstabe ______

103. In der Grafik sind die Phasen des Konjunkturverlaufes dargestellt. Welche Aussage trifft auf die markierte Phase zu?

a) Die Produktionskapazitäten werden durch die wachsende Nachfrage nach Investitions- und Konsumgütern zunehmend ausgelastet.

b) Die Produktionskapazitäten sind voll ausgelastet und zum Teil überlastet. Auf den Konsumgütermärkten herrscht ein starker Nachfrageüberhang.

c) Die Einkommen der privaten Haushalte gehen zurück. Die Konsumgüternachfrage sinkt.

d) Die Gewinne schrumpfen. Die Preissteigerungsrate nimmt ab. Die Arbeitslosenquote steigt stark an.

e) Die Produktionskapazitäten sind zunehmend unausgelastet. Die Banken haben hohe Liquiditätsreserven.

f) Die Nachfrage der Unternehmer nach Investitionsgütern sinkt stark. Die Zukunftserwartungen der Unternehmer sind pessimistisch.

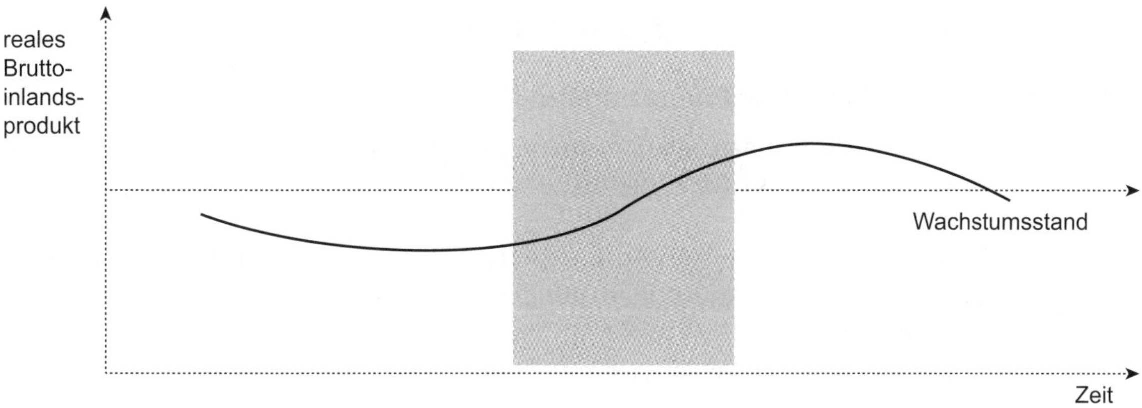

Lösungsbuchstabe ______

104. In welchem Fall liegt eine antizyklische fiskalische Maßnahme vor?

a) In der Rezession werden Rücklagen für den Aufschwung gebildet.
b) In der Rezession werden zur Schonung des Inlandmarktes Staatsaufträge möglichst in das Ausland vergeben.
c) In der Hochkonjunktur wird eine gleichmäßige Auslastung aller Betriebe durch zusätzliche Staatsaufträge angestrebt.
d) In der Hochkonjunktur werden bisher vom Staat zugestandene Steuervergünstigungen rückgängig gemacht.
e) In der Hochkonjunktur werden zusätzliche Staatsaufträge vergeben.

Lösungsbuchstabe ______ ☐

105. Zu den Ausführungen eines Wirtschaftsexperten, der die derzeitige Konjunktursituation erläutert, gehört das abgebildete Schaubild. Prüfen Sie, welche Bezeichnung falsch eingetragen ist.

Phasen der Konjunktur

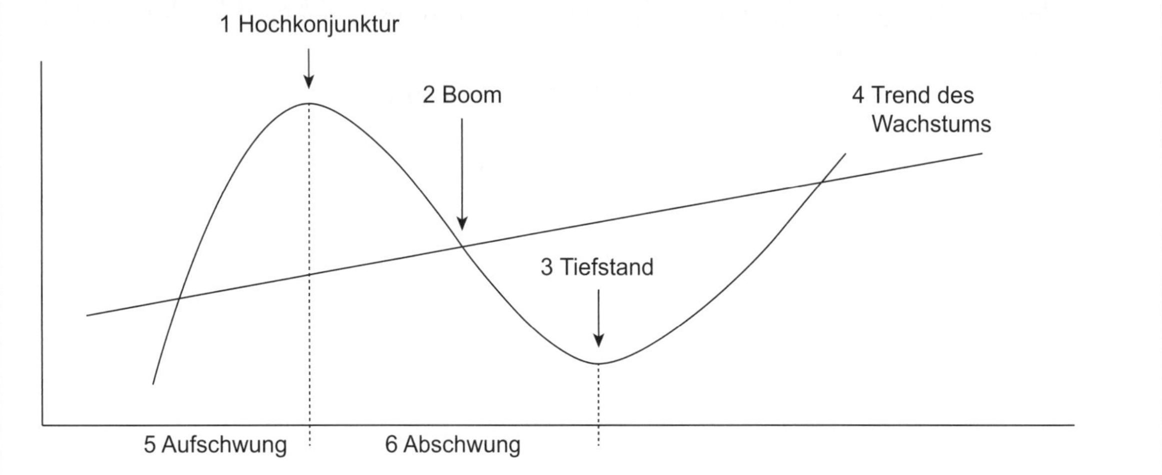

Lösung ______ ☐

106. Ordnen Sie zu!

Idealtypische Merkmale (Kennzeichen)

a) Geringe Preissteigerung, niedrige Zinsen, erhöhte Nachfrage
b) Hohe Preissteigerung, hohe Zinsen, hohe Kapazitätsauslastung
c) Rückläufige Nachfrage, sinkende Zinsen, rückläufige Kapazitätsauslastung
d) Hohe Preissteigerung, hohe Zinsen, geringe Kapazitätsauslastung
e) Geringe Preissteigerung, hohe Zinsen, rückläufige Nachfrage
f) Niedrige Arbeitslosigkeit, niedrige Zinsen, niedrige Nachfrage
g) Hohe Arbeitslosigkeit, hohe Preissteigerung, hohe Nachfrage

Konjunkturphasen

☐ Abschwung
☐ Aufschwung
☐ Boom

107. Welche Aussage zur Geldpolitik der EZB ist zutreffend?

a) Die Geldpolitik beinhaltet alle Maßnahmen der Geschäftsbanken zur Erhöhung ihrer Liquidität.
b) Die Geldpolitik beinhaltet alle Maßnahmen zur Steuerung der Geldmenge mit dem Ziel, die Geldwertstabilität zu gewährleisten.
c) Die Geldpolitik beinhaltet alle Maßnahmen der Bundesregierung zur Erhöhung ihrer Einnahmen.
d) Die Geldpolitik ist die Summe aller Maßnahmen, mit der Großunternehmen die Finanzierung ihrer Vorhaben gewährleisten.
e) Die Geldpolitik ist die Summe aller Maßnahmen für die Abwicklung des bankmäßigen Zahlungsverkehrs.

Lösungsbuchstabe ______ ☐

Lösungen

① Güter annehmen und kontrollieren

1. Aufgabe

1.1
- Überprüfung der Lieferanschrift
- Vorliegen einer entsprechenden Bestellung
- Übereinstimmung der Anzahl der Packstücke mit den Begleitpapieren
- Feststellbare Beschädigungen an der Verpackung
- Feststellbare Beschädigungen an Mehrwegverpackungen (hier Europaletten)

1.2 Mangel in der Menge (Quantitätsmangel, hier: Zuweniglieferung)

1.3 Es handelt sich um einen offenen Mangel. Dieser ist unverzüglich (ohne schuldhafte Verzögerung) zu rügen, da es sich um einen zweiseitigen Handelskauf handelt.

1.4 Die Neulieferung (auch Nachlieferung) oder Nachbesserung (Reparatur).

1.5 Es sollte das Recht der Nachlieferung in Anspruch genommen werden.

1.6 Der versteckte Mangel und der arglistig verschwiegene Mangel.

1.7

Mangelart	Beispiel
Mangel in der Qualität	Die Regale sind nicht verzinkt.
Mangel in der Art (Falschlieferung)	*Es werden Regale mit einer Höhe von 200 cm geliefert.*
Fehlerhafte Montageanleitung	Die Montageanleitung liegt nur in französischer Sprache vor.
Mangel in der Beschaffenheit	*Die Regale haben Kratzer.*
Falsche Werbeaussage	Die Regale tragen nicht die in der Werbung versprochenen Gewichte.

2. Aufgabe

2.1 Der Absender (HGB § 412)

2.2 Durch die unaufgeforderte Hilfestellung haftet der Frachtführer für den Schaden.

2.3 In diesem Fall haftet der Empfänger für den Schaden, da der Fahrer als Erfüllungsgehilfe des Empfängers tätig war.

2.4 Es handelt sich bei der Europalette um eine Mehrwegverpackung. Diese können getauscht werden. Das ist allerdings nur mit unversehrten und noch gebrauchsfähigen Mehrwegverpackungen möglich.

2.5 Fehlende Bretter, zersplitterte oder zerbrochene Bretter, mit unzulässigen Teilen reparierte Paletten, starke Verunreinigungen, fehlende Markierung (z. B. EUR-Zeichen), fehlende Klötze oder andere sinnvolle Lösung.

2.6

Aspekt	Mögliche Vorgehensweise bei der Überprüfung
Art (Identität)	Vergleichen der Regale mit den Begleitpapieren und/oder Bestellunterlagen
Beschaffenheit (Zustand)	*Sichtkontrolle der Regale*
Menge (Quantität)	*Zählen der gelieferten Regale, Vergleich mit den Bestellunterlagen*
Güte (Qualität)	*Überprüfung der Eigenschaften der Regale, Vergleich mit den Bestellunterlagen*

2.7 Vermerk des Mangels auf dem Lieferschein, Weitergabe der Informationen an die Einkaufsabteilung, unverzügliche Anzeige des Mangels beim Lieferanten, Lagerung der bemängelten Ware, Sperrvermerk an der Ware oder andere sinnvolle Lösung

2.8 Es handelt sich um einen zweiseitigen Handelskauf. Daher ist der Käufer verpflichtet, die Waren aufzubewahren oder einzulagern. Die Ware sollte separiert und mit einem Sperrvermerk versehen werden.

2.9 Hier besteht (nach Benachrichtigung des Lieferanten) die Möglichkeit einer öffentlichen Versteigerung. Es handelt sich hierbei um einen sogenannten Notverkauf.

2.10 Es handelt sich um einen versteckten Mangel, da dieser erst beim Ge- oder Verbrauch der Ware erkennbar ist.

2.11 Es handelt sich um einen zweiseitigen Handelskauf. Daher muss der Mangel innerhalb der Gewährleistungsfrist – allerdings unverzüglich nach Entdeckung – gerügt werden.

2.12 Beim einseitigen Handelskauf muss der Mangel innerhalb der Gewährleistungsfrist von zwei Jahren gerügt werden.

2.13 Rücktritt vom Vertrag, Minderung des Kaufpreises, Schadenersatz, Ersatz vergeblicher Aufwendungen

3. Aufgabe

3.1 Verrostungen, starke Verschmutzungen, fehlende Kennzeichen, Verformungen an Ecksäulen, verbogene Vorderwandklappen, verbogene Füße, beschädigte Bodenbretter oder andere sinnvolle Lösung

3.2 Entstehen Schäden während des Transportes, haftet für diese der Frachtführer. Für Sachschäden, also Schäden, die bereits mit der Übergabe an den Frachtführer defekt waren, haftet der Absender.

3.3

Transportverpackung	Verwertung
Eurogitterboxpalette	*Tausch mit Frachtführer*
MTV-Container	*Tausch mit Frachtführer*
Einwegpalette	*Entsorgung*
Karton	*Entsorgung oder Wiederverwendung*
Europalette	*Tausch mit Frachtführer*
Kiste aus Holz	*Entsorgung oder Wiederverwendung*
Mehrweg-Spezialverpackung des Lieferanten	*Rückgabe*

3.4 Ökologisch sinnvoll, Reduzierung von Verpackungsmüll, ökonomisch sinnvoll bei häufiger Verwendung, optimierte Lagerhandhabung, hohe Transportsicherheit oder andere sinnvolle Lösung

4. Aufgabe

4.1 Die Anzahl der Eurogitterboxenpaletten muss korrigiert werden, da nur drei Boxen geliefert wurden. Die Zahl „4" wird somit gestrichen und notiert, dass drei Boxen geliefert wurden. Dabei bleibt die ursprüngliche Eintragung sichtbar. Anschließend ist die Korrektur vom Fahrer gegenzuzeichnen. Hinweis: Statt einer Streichung wird in Betrieben zum Teil auch mit Stempeln gearbeitet, sodass die angenommene Stückzahl notiert wird.

4.2 Geschlossene Mehrwegsysteme, bilaterale Mehrwegsysteme, multilaterale Mehrwegsysteme, branchenspezifische Mehrwegsysteme

4.3

Nummer	Pfand, Leergut oder Vollgut?
1	*Pfand*
2	*Vollgut*
3	*Leergut*

Nummer	Pfand, Leergut oder Vollgut?
4	*Leergut*
5	Pfand
6	Pfand

5. Aufgabe

5.1 Unterweisung des Arbeitnehmers vor Beginn der Beschäftigung, mindestens einmal jährliche Wiederholung der Unterweisung, Unfallverhütungsvorschriften im Betrieb zugänglich machen (z. B. durch Aushang), Anforderungen an Arbeitsmitteln, Maschinen usw. beachten, Gesundheitsgefahren vermeiden usw.

5.2 Befolgung der Unternehmensanweisungen zur Verhütung von Unfällen, kein Drogenkonsum, kein Alkoholkonsum, Nutzung vorgeschriebener Arbeitsmittel oder Schutzausrüstungen, Beachtung von Sicherheitskennzeichen usw.

5.3

Kennzeichnungsart	Form	Hintergrundfarbe	Symbolfarbe
Verbotszeichen	Rund	*Weiß*	*Schwarz*
Warnzeichen	*Dreieckig*	Gelb	*Schwarz*
Gebotszeichen	*Rund*	*Blau*	*Weiß*
Rettungszeichen	Viereckig	Grün	*Weiß*
Brandschutzzeichen	*Viereckig*	*Rot*	*Weiß*

5.4 Sie müssen ergonomischen Anforderungen entsprechen, sie müssen gesundheitlichen Anforderungen entsprechen, sie müssen der Größe des Arbeitnehmers entsprechen, sie müssen in gefordertem Maße vor der jeweiligen Gefahr schützen, sie müssen mit dem CE-Zeichen versehen sein, sie dürfen selbst nicht zur Gefahr werden usw.

5.5

Zeichen	Bedeutung	Gefährdung
	*Handschutz benutzen*	*Gefährdung der Hände durch Schnitte, Säuren, Quetschungen usw.*
	*Kopfschutz benutzen*	*Gefährdung des Kopfes durch herabstürzende Teile usw.*
	*Fußschutz benutzen*	*Gefährdung der Füße durch Lasten, z. B. durch das Überfahren beim Transport, herabfallende Teile usw.*
	*Schutzkleidung benutzen*	*Gefährdung des Körpers durch sehr niedrige oder hohe Temperaturen (Beispiel Kühlraum), ätzende Stoffe usw.*
	*Gehörschutz benutzen*	*Gefährdung der Ohren durch gehörschädigende Lautstärken*
	*Augenschutz benutzen*	*Gefährdung der Augen durch ätzende Flüssigkeiten oder umherfliegende Teile usw.*

5.6 Es müssen alle Schutzausrüstungen getragen werden, da der Arbeitgeber diese durch den Aushang als Weisung verbindlich vorgibt. Bei einem Verstoß riskiert der Arbeitnehmer seine Gesundheit und seinen Versicherungsschutz.

6. Aufgabe

6.1

Zeichen	Art des Zeichens	Bedeutung des Zeichens
	*Verbotszeichen*	*Rauchen verboten*
	*Brandschutzzeichen*	*Löschschlauch*
	*Verbotszeichen*	*Zutritt für Unbefugte verboten*
	*Gebotszeichen*	*Atemschutz benutzen*
	*Verbotszeichen*	*Feuer, offenes Licht und Rauchen verboten*
	*Warnzeichen*	*Warnung vor einer Gefahrenstelle*
	*Rettungszeichen*	*Erste Hilfe*
	*Verbotszeichen*	*Nichts abstellen oder lagern*
	*Warnzeichen*	*Warnung vor feuergefährlichen Stoffen*
	*Rettungszeichen*	*Notruftelefon*
	*Verbotszeichen*	*Mit Hubwagen rollen verboten*
	*Warnzeichen*	*Warnung vor gefährlicher elektrischer Spannung*
	*Brandschutzzeichen*	*Brandmeldetelefon*
	*Warnzeichen*	*Warnung vor Flurförderfahrzeugen*
	*Verbotszeichen*	*Personenbeförderung (Seilfahrt) verboten*
	*Verbotszeichen*	*Betreten der Fläche verboten*
	*Brandschutzzeichen*	*Feuerlöscher*

7. Aufgabe

7.1 Barcodes sind Strichcodes, die maschinenlesbar sind. Mit ihrer Hilfe kann eine Ware mit Lesegeräten wie zum Beispiel Barcodescannern eingelesen und dadurch eindeutig identifiziert werden. Anschließend kann die Ware weitergeleitet beziehungsweise weiterverarbeitet werden.

7.2

Ziffer	Bezeichnung/Information
1	*Ländercode/Länderkennzeichen*
2	*Betriebsnummer (bundeseinheitlich)*
3	*Artikelnummer (individuelle Nummer des Herstellers)*
4	*Prüfziffer*

7.3

2 Vorteile	2 Nachteile
Mehrere Objekte gleichzeitig erfassbar, Wiederverwendbarkeit, Chips sind beschreibbar, hohe Speicherkapazität, kaum verschmutzungsanfällig, oder andere sinnvolle Lösung	*Hohe Kosten, aufwendiges Recycling, Probleme bei der Datenübertragung in Verbindung mit verschiedenen Metallen, zum Teil problematischer Datenschutz oder andere sinnvolle Lösung*

8. Aufgabe

8.1 30. April 20xx

8.2 Fälligkeit der Lieferung, Mahnung durch den Käufer, Setzen einer angemessene Nachfrist, Vorliegen von Verschulden

8.3 Eine Mahnung und eine angemessene Nachfrist ist im vorliegenden Fall nicht nötig, da es sich um einen Fixkauf handelt. Vom Verschulden des Verkäufers kann hier ausgegangen werden, da es keinen Hinweis auf höhere Gewalt gibt. Außerdem liegt hier eine Gattungsware vor. Der Verkäufer hätte die Ware also anderweitig beschaffen können.

8.4 Die Frantz GmbH könnte auf Lieferung bestehen, vom Vertrag zurücktreten, Schadenersatz wegen Pflichtverletzung verlangen, Schadenersatz statt der Lieferung (Leistung) und/oder den Ersatz vergeblicher Aufwendungen verlangen.

8.5 Die Frantz GmbH sollte auf die Lieferung bestehen, da ein Rücktritt vom Vertrag die Geschäftsbeziehungen beeinträchtigen könnte.

Aufgabe	Lösung
9.	*c*
10.	*a*
11.	*e*
12.	*c*
13.	*d*
14.	*3, 2, 1, 4, 4*
15.	*c, b, a, g, f, d, e*
16.	*c, e*
17.	*d*
18.	*b*

Aufgabe	Lösung
19.	*d*
20.	*b*
21.	*e*
22.	*a*
23.	*c*
24.	*a*
25.	*b*
26.	*c*
27.	*e*
28.	*d*

Aufgabe	Lösung
29.	*b, a, e, d, c, f, g*
30.	*a*
31.	*d*
32.	*e*
33.	*d*
34.	*a*
35.	*c*
36.	*d*
37.	*a*

② Güter lagern

1. Aufgabe

1.1

Aufgabe der Lagerhaltung	Beschreibung
Sicherungsaufgabe	*Sicherung der Lagerhaltung vor Engpässen, z. B. bei Lieferengpässen, Mehrverbrauch oder erhöhter Nachfrage*
Überbrückungsaufgabe	Herstellungs- und Verwendungszeitpunkt fallen auseinander
Spekulationsaufgabe	Einkauf vor erwarteter Preissteigerung
Umformungsaufgabe	*Umfüllen, Mischen, um kundengerechte Einheiten zu erhalten*
Veredelungsaufgabe	Einige Güter erhalten erst durch die Lagerung ihre volle Qualität

1.2

Beispiel	Aufgabe
Nach der Herstellung im Winter wird die Bademode bis zum Verkauf im Frühjahr gelagert.	*Überbrückungsaufgabe*
Ein Lkw liefert Kartoffeln lose an. Der Lagerhalter verpackt diese in 25-kg-Säcke.	*Umformungsaufgabe*
Frisch geschlagenes Feuerholz wird bis zum Verkauf abgelagert.	*Veredelungsaufgabe*
Vor einem Feiertag wird das Lager im Supermarkt aufgefüllt.	*Sicherungsaufgabe*
Ein Lagerhalter kauft Heizöl im Sommer ein, verkauft es im Winter.	*Spekulationsaufgabe*
Ich tanke meinen Wagen noch einmal voll, denn morgen soll der Kraftstoff teurer werden.	*Spekulationsaufgabe*
Das im Sommer produzierte Streusalz wird bis zur erwarteten Nachfrage im Winter im Lager gestapelt.	*Überbrückungsaufgabe*
Schinken wird in Scheiben geschnitten und in 100-g-Plastikpackungen verpackt.	*Umformungsaufgabe*

2. Aufgabe

- Größe, Gewicht des Gutes
- Umschlagshäufigkeit
- Einlagerungsgrundsatz, z. B. FiFo, LiFo
- Temperaturabhängigkeit des Gutes

3. Aufgabe

	Beschreibung	Bsp. Fahrrad
Rohstoff	*Hauptbestandteil des Produktes*	*Metalle für Rahmen, Lenker, Räder usw. Gummi für die Reifen*
Hilfsstoff	*Nebenbestandteile bei der Produktion, wert- und mengenmäßig kaum von Bedeutung*	*Schrauben*
Betriebsstoff	*Gehen nicht in das Produkt ein, werden verbraucht und halten Maschinen in Gang.*	*Strom, Schmierstoffe*

4. Aufgabe

Lagerbeschreibungen	Lagerarten
Müssen Güter mehrere Produktionsstufen durchlaufen und eine Zwischenlagerung ist erforderlich, werden diese Lager eingerichtet.	*Pufferlager*
Lager für Güter, die nicht direkt Bestandteil des Endproduktes sind. Sie halten aber den Produktionsprozess in Gang.	*Betriebsstofflager*
Dem Kunden werden vom Lieferanten Güter auf eigene Kosten zur Verfügung gestellt. Die Güter lagern beim Kunden, bleiben aber Eigentum des Lieferanten.	*Kommissionslager*
In diesem Lager werden Kartonagen, Holzkisten, Collicos, Füllstoffe usw. aufbewahrt.	*Packmittellager*
Güter für die Verwaltung wie Schreibmaterialien, Papier, Toner/Patronen, Umschläge usw. werden hier gelagert.	*Büromateriallager*
Dies ist ein kleines Lager in direkter Nähe zum Arbeitsplatz, in dem häufig benötigtes Kleinmaterial gelagert wird.	*Handlager*
Vorwiegend im Einzelhandel ist dieses Lager der Verkaufsraum, in dem die Güter den Kunden angeboten werden.	*Verkaufslager*
Es werden Güter gelagert, die als Hauptbestandteil in das Endprodukt eingehen.	*Rohstofflager*

5. Aufgabe

5.1 Fremdlagerung oder Outsourcing

5.2
- keine Investitionen für eigenes Lager, keine Personalkosten, Kosten für die Lagereinrichtung
- keine Leerkosten bei fehlender Lagerauslastung
- evtl. qualifiziertes Personal im Fremdlager

6. Aufgabe

- **Freilager:** Lager ohne Bauten, häufig mit Zaun, für witterungsunempfindliche und wenig diebstahlgefährdete Produkte, z. B. Schüttgüter, Baustoffe, Holz, Leergut, Vorteil: günstig
- **Halboffene Lager:** überdachte Lagerflächen ohne Seitenwände auch häufig mit Umzäunung, z. B. für Maschinen, Erze, Stahl, Vorteil: relativ geringe Bau- und Unterhaltungskosten
- **Geschlossene Lager:** Hallen oder Gebäude, z. B. für Elektrogeräte, Lebensmittel, Vorteil: Witterungs- und Diebstahlschutz
- **Bunker-/Silo-/Tanklager:** für Schüttgüter, Flüssigkeiten, Gase, z. B. Getreide, Heizöl, Erdgas. Ein solches Lager macht Lagerung dieser Güter unter Umständen erst möglich.

7. Aufgabe

7.1 schwere Güter, sperrige Güter, Schüttgüter

7.2
- keine Kosten für die Lagereinrichtung
- einfache Lagerorganisation
- hoher Flächen- bzw. Raumausnutzungsgrad
- gute Erweiterungsmöglichkeit

7.3
- eingeschränkte Lagerübersicht bei hohen Beständen
- hoher Personalaufwand
- Raumnutzung durch begrenzte Stapelhöhe eingeschränkt
- schlecht mechanisierbar

7.4 direkter Zugriff von zwei Seiten bzw. einfachere Ein-/Auslagerung und Kommissionierung

7.5 geringere Raumausnutzung oder höhere Lagerkosten

8. Aufgabe

8.1 Stapeldruck, d. h. eine mechanische (statische) Beanspruchung, die durch den Druck anderer, über dem jeweiligen Packstück befindlicher Güter hervorgerufen wird.

8.2
- Tragfähigkeit des Bodens
- Stapelfähigkeit
- Belastbarkeit der untersten Lagereinheit
- Raumhöhe
- vorhandene Fördermittel

9. Aufgabe

9.1
- max. zulässige Belastung angeben
- max. zulässige Belastung beachten
- Schutz der Verpackung vor Schäden
- Abstände beachten, z. B. Gänge für Fußgänger mind. 1,25 m

9.2
- leichte auf schwere Güter stapeln
- kleine auf große Güter stapeln
- Verbundstapelung
- lotrecht stapeln

10. Aufgabe

10. 1

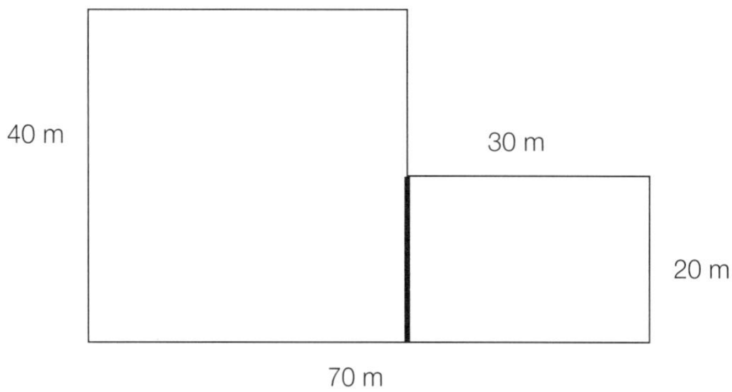

- 40 m · 40 m = 1.600 m^2
- 30 m · 20 m = 800 m^2
- 1.600 m^2 + 600 m^2 = 2.200 m^2

10.2
- 70 m · 40 m = 2.800 m^2
- 8 % von 2.800 m^2 = 224 m^2
- Nutzfläche: 2.800 m^2 – 224 m^2 = 2.576 m^2

11. Aufgabe

11.1
- Europaletten: 1,2 m · 0,8 m · 60 Stück = 57,6 m^2
- Einwegpaletten: 1,2 m · 1,2 m · 40 Stück = 57,6 m^2
- 57,6 m^2 + 57,6 m2 = 115,2 m^2

11.2
- Europaletten: 60 · 16 · 25 + 60 · 22 = 24.000 + 1.320 = 25.320 kg
- Einwegpaletten: 40 · 20 · 25 + 40 · 26 = 20.000 + 1.040 = 21.040 kg
- Gesamtgewicht: 25.320 kg + 21.040 kg = 46.360 kg

11.3 Übertragung der Logistik auf fremde Logistikdienstleister

11.4

	Eigenlagerung			Fremdlagerung
Paletten	Fixkosten	Variable Kosten	Gesamtkosten	Kosten
200	*800,00*	*400,00*	*1.200,00*	*800,00*
400	*800,00*	*800,00*	*1.600,00*	*1.600,00*
600	*800,00*	*1.200,00*	*2.000,00*	*2.400,00*

11.5

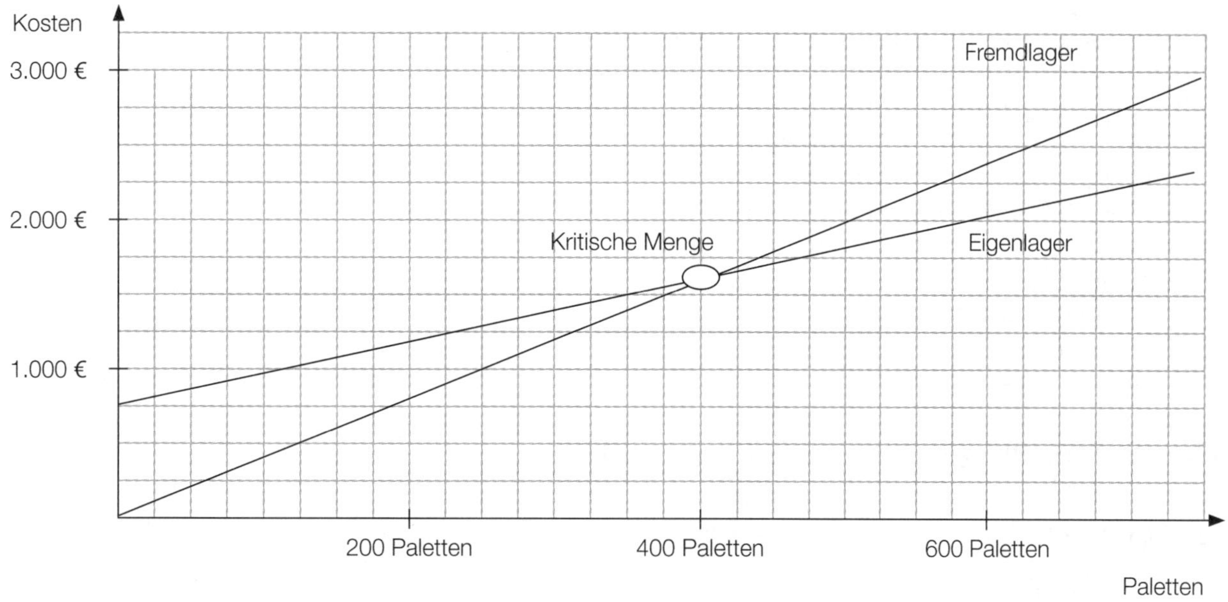

11.6 Kosten Eigenlager = Kosten Fremdlager

800 + 2 x = 4 x

2 x = 800 ➡ Kritische Lagermenge: 400 Paletten

11.7
- Ort/Tag der Ausstellung
- Name/Anschrift des Lagerhalters
- Bezeichnung der Güter
- Gewicht
- Name/Anschrift des Einlagerers
- Ort/Tag der Einlagerung
- Anzahl der Packstücke
- Vermerk bei Sammelladung

11.8
- Kontrolle bei Wareneingang
- Sorgfaltspflicht
- Versicherungspflicht
- Haftung bei Beschädigung oder Untergang
- Herausgabe gegen Lagerschein
- Einlagerer Möglichkeit geben, Waren zu besichtigen, Proben zu entnehmen usw.

11.9
- Vergütung
- Pfandrecht
- Kündigungsrecht
- Recht auf Herausgabe des Lagerscheines
- Anspruch auf Schadenersatz bei Missachtung der Auskunftspflicht

11.10 *Vorteile*
- Einsparung von Investitionskosten
- geringere Lagerkosten, da weniger Personal, Lagereinrichtung usw.
- keine Leerkosten bei geringer Lagerauslastung

Nachteile
- Probleme bei unzuverlässigen Lagerhaltern
- Abhängigkeit vom Lagerhalter
- u. U. Imageverlust, wenn kein eigenes Lager mehr unterhalten wird

11.11 *Namenslagerschein:* Herausgabe der Lagergüter ausschließlich an die im Lagerschein genannte Person, ansonsten Abtretungserklärung notwendig

Inhaberlagerschein: Herausgabe der Lagergüter an die Person, die den Lagerschein beim Lagerhalter vorlegt, Übertragung durch Übergabe

Orderlagerschein: Herausgabe der Lagergüter an genannte Person oder „deren Order", d. h. auf eine Person, die durch Indossament auf der Rückseite des Lagerscheines vermerkt ist

12. Aufgabe

12.1 Länge 1.200 mm x Breite 800 mm x Höhe 145 mm

12.2 _Alternative 1_
23 m : 1,2 m = 19,2 ≈ 19 Paletten
16 m : 0,8 m = 20 Paletten
19 x 20 = 380 Paletten insgesamt

Alternative 2
23 m : 0,8 m = 28,75 ≈ 28 Paletten
16 m : 1,2 m = 13,3 ≈ 13 Paletten
28 x 13 = 364 Paletten insgesamt

12.3 380 Paletten – 364 Paletten = 16 Paletten mehr

13. Aufgabe

- direkter Zugriff
- einfache Bestandskontrolle
- bessere Raumausnutzung
- gute Kommissioniermöglichkeit
- Mechanisierung/Automatisierung möglich
- flexibel, d. h. hohe Anpassung an die Lagergüter

14. Aufgabe

- Scheinwerfer 2 · 3 · 6 = 36 pro Box ➡ 2 Boxen
- Bremsbeläge 4 · 6 · 12 = 288 pro Box ➡ 1 Box
- Ölfilter 8 · 6 · 8 = 384 pro Box ➡ 2 Boxen
- Kopfstützen 2 · 2 · 4 = 16 pro Box ➡ 1 Box

Gewichtsgrenzen werden nicht erreicht, Summe: 6 Boxen

15. Aufgabe

15.1
- Konturenkontrolle der Lagereinheit, z. B. der Palette
- Behinderungen beim Ein-/Auslagern sollen verhindert werden

15.2
- Gesamtgewicht der Lagereinheit und der einzulagernden Güter
- Abmessungen
- Gabelfreiraum

15.3
- 60 Sekunden = 1 Minute für eine Palette
- Arbeitstag 7,5 Stunden = 450 Minuten
- ➡ 450 Paletten pro Schicht

15.4 Im Anschluss an eine Einlagerung nimmt das Regalbediengerät i. d. R. auf dem Rückweg eine Auslagerung vor. Dadurch können Leerfahrten vermieden werden.

15.5
- geringer Personalbedarf
- schnelle Ein-/Auslagerung
- gute Raumausnutzung
- direkter Zugriff auf die Lagereinheiten
- gute Komissioniermöglichkeit bei geeigneten Fördermitteln
- einfache Anpassung an geänderte Sortimente

16. Aufgabe

16.1 0,12 m x 360 Ordner x 6 Jahre = 259,20 m

16.2 259,20 m : 5 m : 8 Regale = 6,48 ≈ 7 Regale

16.3 7 Regale x 5 m x 0,4 m Tiefe = 14 m^2

16.4 Regalfläche 14 m^2
Gänge: 0,6 x 14 m^2 = 8,4 m^2
Gesamte Lagerfläche = 14 + 8,4 = 22,4 m^2

16.5 22,4 m^2 = 100 %
16,8 m^2 = x %

$$x = \frac{16{,}8 \cdot 100}{22{,}4} = 75\ \%$$

➡ Platzersparnis 25 %

16.6
- Lichtschranken
- Schaltleisten
- Freigabeschalter
- Seilzugsicherungen

17. Aufgabe

17.1 Sauberkeit bezieht sich auf ...
- eingelagerte Ware
- Lagereinrichtungen
- Transportwege
- Transportmittel
- Arbeitsräume
- Personal

17.2
- weniger Ausschuss/Verderb
- Lagereinrichtung und Transportmittel halten länger
- angenehmeres Arbeiten für das Lagerpersonal
- gutes Image bei Lieferanten, Kunden, Besuchern

17.3
- ausreichend Platz für die Lagergüter
- ausreichend Platz für den Einsatz von Fördermitteln
- dadurch: unnötiges Suchen entfällt, Verminderung von Unfallgefahren usw.

17.4
- Einteilung des Lagers in Lagerbereiche, z. B. in Tätigkeitsbereiche wie Wareneingangs-, Lager-, Kommissionier-, Verpackungs-, Versandbereich
- Einteilung der Lagerbereiche in Lagerzonen, z. B. nach Umschlagshäufigkeit, Größe, Wert usw.
- Vergabe von Lagerplatznummern/Locations
- Vergabe von Teile-/Artikelnummern

17.5.1 Ziffer 1 + 2 Länderkennung
Ziffer 3 – 7 Betriebsnummer
Ziffer 8 – 12 Artikelnummer
Ziffer 13 Prüfziffer

17.5.2

	Grundzahl	4	2	5	0	1	1	1	7	1	1	3	7	?
①	*Vergabe der Gewichtung*	1	3	*1*	*3*	*1*	*3*	*1*	*3*	*1*	*3*	*1*	*3*	
②	*Grundzahl x Gewichtung*	*4*	*6*	*5*	*0*	*1*	*3*	*1*	*21*	*1*	*3*	*3*	*21*	
③	*Addition der Grundzahlen*	*69*												
④	*Division durch 10*	*69 : 10 = 6 Rest 9*												
⑤	*10 – Restzahl*	*10 – 9 = 1 (= Prüfziffer)*												
⑥	Artikelnummer inkl. Prüfziffer	*4*	2	*5*	*0*	*1*	*1*	*1*	*7*	*1*	*1*	*3*	*7*	*1*

17.6.1
- Teile-/Artikelnummer
- Zu-/Abgänge
- Mindestbestand
- Bemerkungen
- Güterbezeichnung
- aktueller Bestand
- Meldebestand

17.6.2
- Festlegung und Verwaltung von Lagerplätzen
- Etikettendruck von Teilenummern
- Automatische Bestandsfortschreibung und Überwachung
- Auswertung von Kennzahlen, z. B. durchschnittlicher Lagerbestand, Umschlagshäufigkeit
- Vorbereitung der Inventur

17.7

Schutz vor	Beispiel
Sonne/Licht	*Stoffe, Textilien, Papier*
Feuchtigkeit	*Getreide, Elektrogeräte*
Schädlinge	*Lebensmittel, Stoffe*
Wärme	*Blumenerde, Pflanzen*

18. Aufgabe

Güterspezifisch z. B.:
- Einlagerung nach Wert
- Einlagerung nach Gewicht
- verderbliche Güter ins Kühlhaus

Sicherheitsspezifisch:
- nach Gefahrenklassen
- explosive Stoffe
- brennbare Stoffe
- umweltgefährdende Stoffe

19. Aufgabe

19.1 First in first out: Die zuerst eingelagerten Güter werden auch zuerst wieder ausgelagert, z. B. verderbliche Lebensmittel.

19.2 Last in first out: Die zuletzt eingelagerten Güter werden zuerst ausgelagert, z. B. Schüttgüter.

19.3

	Menge	Anschaffungskosten je Stück	FiFo	LiFo
01.10. AB	600	12,00 €	–	*600 x 12,00 = 7.200*
21.11. Zugang	600	13,20 €	*300 x 13,20 = 3.960*	*200 x 13,20 = 2.640*
10.12. Zugang	500	13,00 €	*500 x 13,00 = 6.500*	–
31.12. EB	800		*10.460,00 €*	*9.840,00 €*
			10.460 : 800 = 13,08 €	*9.840 : 800 = 12,30 €*

20. Aufgabe

20.1 starre Einlagerung ➡ jedem Lagergut ist ein fester Lagerplatz zugeordnet

<u>*Vorteile:*</u>
- Lagerpersonal kennt die einzelnen Lagerplätze.
- Kurze Einarbeitungszeit für das Lagerpersonal.

<u>*Nachteile:*</u>
- Bei geringen Beständen kann viel Leerraum entstehen.
- Großer Lagerplatzbedarf, wenn alle Teile im Minimalbestand vorhanden sind.

20.2
- durch flexible bzw. chaotische Lagerung
- Die Lagergüter werden dort gelagert, wo gerade ein Lagerplatz frei wird.

20.3 <u>*Vorteile:*</u>
- gute Raumausnutzung
- neue Lagergüter können problemlos eingegliedert werden

<u>*Nachteile:*</u>
- höhere Kosten, da edv-gestütztes System Voraussetzung ist
- bei Ausfall des Systems ist das Finden der Lagergüter fast unmöglich

21. Aufgabe

Warnung vor

Stolpergefahr	*heißer Oberfläche*	*Flurförderfahrzeugen*	*elektrischer Spannung*

allgemeiner Gefahr	*Rutschgefahr*	*Quetschgefahr*	*Explosionsgefahr*

22. Aufgabe

22.1
- Mitarbeiterschulungen über Brandgefahren und Brandbekämpfung
- Verbot von offenem Feuer
- Rauchverbot bzw. Rauchen nur an gekennzeichneten Stellen

22.2
- Feuerlöscher
- Sprinkleranlagen
- Löschdecken
- CO_2-Löscher

23. Aufgabe

- Alarmanlagen
- Verschlusslager einrichten
- Sperrzonen einrichten
- Wachdienste
- Kontrollen durchführen
- Überwachungskameras
- übersichtliche Lagerung

Aufgabe	Lösung
24.	*b, d, a, c, e*
25.	*c*
26.	*a*
27.	*b*
28.	*d*
29.	*e*
30.	*e*
31.	*b, a, e, d, c*
32.	*22,86*
33.	*30*
34.	*e*
35.	*a, f*
36.	*b*
37.	*c, d, b, a, e, f*
38.	*d*
39.	*60*
40.	*f*
41.	*80*
42.	*e*
43.	*d*
44.	*b*
45.	*c*
46.	*a*
47.	*a*
48.	*30*

Aufgabe	Lösung
49.	*b*
50.	*179*
51.	*19*
52.	*c*
53.	*6.900*
54.	*2 m*
55.	*c*
56.	*a) 400 b) 20*
57.	*4*
58.	*d, a, c, f*
59.	*d*
60.	*4.000*
61.	*b*
62.	*a*
63.	*a, f, c*
64.	*c*
65.	*a, e*
66.	*d*
67.	*1.120*
68.	*b, d, a*
69.	*a*
70.	*b*
71.	*40*
72.	*c*
73.	*b*

Aufgabe	Lösung
74.	*e*
75.	*d, a, f*
76.	*a*
77.	*b*
78.	*c*
79.	*c*
80.	*d*
81.	*a*
82.	*b*
83.	*a, e, d, b, c, f*
84.	*e*
85.	*a*
86.	*b, c, e*
87.	*d*
88.	*d, f*
89.	*c*
90.	*d*
91.	*a*
92.	*b*
93.	*a*
94.	*e*
95.	*e*
96.	*c*

③ Güter bearbeiten

1. Aufgabe

Wiegeeinrichtungen: Standwaagen, Tischwaagen, Palettenwaagen, Plattformwaagen, Kranwaagen, Hubtischwaagen, Gabelwaagen, Zählwaagen

Zähleinrichtungen: Handstückzähler, elektronische Stückzählautomaten und elektronische Mehrkanal-Zählautomaten, Zählwaagen

Messeinrichtungen: Bandmaß, Gliedermaßstab, digitales Bandmaß, Ultraschall- oder Laser-Entfernungsmesser

2. Aufgabe

Maßnahme	Erklärung
Vorverpackung und/oder Portionierung	*Vor der Einlagerung werden die Lagergüter in verbrauchs- bzw. verkaufsgerechte Mengen verpackt.*
Komplettierung	Zusammenstellen verschiedener Einzelteile zu einer Kombinationsverpackung oder zu einem Set
Etikettierung und/oder Preisauszeichnung	*Auf Etiketten werden Waren-/Lagerinformationen aufgeklebt und mit Endpreis, Bezeichnung usw. versehen.*

3. Aufgabe

3.1 $x = \frac{150 \cdot 30}{100} = 45$ Kartons

3.2 $45 \cdot 120 = 5.400$ Linsendichtungen

3.3 Stichprobenkontrolle

3.4 *Vorteile:*
- Zeitersparnis
- geringer Personalbedarf

Nachteile
- Mängel werden nicht erkannt
- kann nicht bei allen Lagergütern eingesetzt werden

4. Aufgabe

Man wiegt eine kleine, abgezählte Menge und gibt die dazu gehörende Anzahl in die Zählwaage ein. Der sich daraus ergebende Festwert wird von der Waage gespeichert. Danach wird die gewünschte Menge als Wert eingestellt. Die zu wiegenden Teile werden bis zur Anzahl der gewünschten Stückzahl auf die Waagschale gegeben. Alternativ kann bei Erreichen der gewünschten Stückzahl ein akustisches Signal ertönen.

5. Aufgabe

- pro Lage: in der Länge 4 Kartons, in der Breite 2 Kartons ➡ 8 Kartons
- pro Gitterbox: 3 Lagen à 8 Kartons ➡ 24 Kartons
- für die Lieferung 180 Kartons : 24 Kartons/Gitterbox = 7,5 ➡ 8 Gitterboxen

6. Aufgabe

Mindesthaltbarkeitsdatum (MHD):
Mit dem MHD wird angegeben, bis zu welchem Termin die Lagergüter (z. B. verderbliche Lebensmittel, Klebeband usw.) bei sachgerechter Lagerung ohne Qualitätseinbußen mindestens haltbar sind. Häufig sind sie auch noch danach zu verwenden. Das MHD muss gut sichtbar angegeben werden.

Verbrauchsdatum:
Bei Überschreiten des Verbrauchsdatums darf die eingelagerte Ware nicht mehr verwendet werden, um Gefährdungen zu vermeiden, z. B. bei Frischfleisch. Auch das Verbrauchsdatum ist gut lesbar anzugeben.

Verfallsdatum:
Verfallsdaten werden bei Arzneimitteln und anderen medizinischen Produkten angegeben. Wird das Verfallsdatum überschritten, darf das Lagergut nicht mehr verwendet werden. Auch hier muss es gut sichtbar angebracht sein.

7. Aufgabe

7.1
- Bestimmte Produkteigenschaften können nach Ablauf des Mindesthaltbarkeitsdatums nicht mehr garantiert werden.
- Es muss die Zeit für den Transport zum Empfänger eingerechnet werden.
- Es ist eine Servicemaßnahme für unseren Kunden, wenn dieser die Lagervorschriften kennt.

7.2 Lagertechnisch z. B.: Aussortieren, extra stellen, entsorgen, vernichten
Buchungstechnisch z. B.: Bestände korrigieren, Ausbuchungsbelege erstellen

8. Aufgabe

Gefahr	Folgeschäden
Kälte	• *Verderb von Obst/Gemüse, Frischfleisch/-fisch* • *Platzen/Verformung von Flaschen*
Hitze	• *Entmischen von Cremes* • *Verderb von Frischprodukten* • *Schmelzen von Fetten*
Trockenheit	• *Austrocknen von Blumen* • *Qualitätsverlust bei Käse* • *Verdunsten von Flüssigkeiten*
Feuchtigkeit	• *Aufweichen von Papier und Pappe* • *Aufquellen von Holz* • *Rost an Metallen*
Licht	• *Vergilben von Papier* • *Ausbleichen von Textilien, Schuhen* • *Vitaminverlust bei Lebensmitteln*
Staub	• *Verschmutzung* • *Funktionsbeeinträchtigung bei elektronischen Geräten*
Schädlinge	• *Anfressen von Textilien, Lebensmitteln oder Hölzern* • *Verschmutzung der Güter*
Druck, Erschütterung	• *Bruch* • *Druckstellen, Verformungen* • *Kratzer*

9. Aufgabe

9.1 Rohstoffe gehen in die Herstellung der Produkte ein. Nach der Nutzung der Produkte werden diese zum Teil entsorgt. Der andere Teil wird wiederverwendet/recycelt und geht somit wieder in die Produktion ein (Kreislaufwirtschaft).

9.2 Stoffliche Verwertung: Rohstoffe werden zurückgewonnen, z. B. wird aus Altpapier wieder Druckerpapier hergestellt.
Energetische Verwertung: Abfälle werden verbrannt und die Energie des Abfalls wird in Heizwärme umgewandelt.

9.3 Produkte aus nachwachsenden Rohstoffen herstellen, weniger Material verwenden, langlebiges Material verwenden, Einsatz effizienter Transportsysteme, Produkte aus biologisch abbaubaren Rohstoffen herstellen

9.4.1
- Batterien enthalten umweltschädliche und giftige Stoffe, die z. T. krebserregend sind.
- Batterien enthalten Säuren und Laugen, die auf der Haut zu Verätzungen führen können.
- Die Säuren lösen sich z. B. im Regenwasser und gelangen so in Boden und Grundwasser.

9.4.2
- Hersteller und Einzelhandel sind verpflichtet, leere Batterien unentgeltlich zurückzunehmen.
- Hersteller müssen Verbraucher informieren, dass Entsorgung über den Hausmüll verboten ist.
- Auf Pkw- und Lkw-Batterien muss Pfand gezahlt werden.

9.5 Altöl, z. B. Motor- Hydraulik- oder Getriebeöl, Leuchtstoffröhren, Elektroschrott, z. B. defekte EDV-Geräte, Autoreifen, Farb-/Lackreste

9.6 6.314 t = 100 %, 1.019 t = x % $\rightarrow$ $x = \frac{1.019 \cdot 100}{6.314} = 16{,}13\,\%$, aufgerundet 17 %

10. Aufgabe

10.1 Soll- (Buchbestand) und Istbestand (tatsächlicher Bestand)

10.2 Bestände können korrigiert werden, Anpassung der Meldebestände, Warenbewegungen können besser geplant werden

10.3 Durch die Lagerung soll die Qualität der Lagergüter erhalten bzw. verbessert werden, d. h. Schäden durch unsachgemäße Lagerung sollen vermieden werden.

10.4 Überwachung des Mindesthaltbarkeitsdatums; Lagerbelüftung, z. B. bei Getreide, Tabak, Holz; Aussortieren verdorbener Lagergüter; Einfetten von Metallen, z. B. bei Werkzeugen; Einhaltung der Lagertemperatur, z. B. bei verderblichen Lebensmitteln

10.5 Inventurwert: 1.740.000,00 € + 32.800,00 € – 30.600,00 = 1.742.200,00 €

10.6 Inventurwert: 1.950.000,00 € – 248.000,00 € + 102.400,00 € = 1.804.400,00 €

11. Aufgabe

11.1 Differenzen bei Soll- und Istbeständen feststellen, nicht sachgerechte Lagerung erkennen und korrigieren, Erfassen der Vermögenswerte im Lager, Meldebestände anpassen, um zu frühe oder zu späte Bestellungen zu vermeiden

11.2 Lagerort, (gezählte, gewogene, gemessene) Menge, Artikelnummer, Datum, Artikelbezeichnung, Unterschrift, Verpackungseinheit, eventuell Bemerkungen

11.3 $V = \pi \cdot r^2 \cdot h = 3{,}14 \cdot 2{,}5^2 \cdot 6 = 117{,}75$ l, aufgerundet 118 l

11.4 Aussortieren und entsorgen, aus dem Bestand/Verkauf nehmen, einen Sonderverkauf durchführen

11.5 Stichtagsinventur: am Bilanzstichtag oder zeitnah zehn Tage davor oder danach

Verlegte Inventur: zeitlich vorverlegt bis maximal drei Monate vor dem Bilanzstichtag mit Fortschreibung der Bestände oder zeitlich nachträglich bis maximal zwei Monate nach dem Bilanzstichtag mit Rückrechnung der Beträge, muss beim Finanzamt beantragt werden

Stichprobeninventur: nicht alle Artikel werden zum gleichen Zeitpunkt gezählt, Voraussetzungen: mindestens 2.000 verschiedene Artikel, ca. 5 % der gelagerten Güter machen ca. 40 % des Wertes der Lagergüter aus und Bestandsfortschreibung per EDV muss gewährleistet sein

11.6 Zähltag festlegen, Mitarbeiter über die Inventur informieren, Lagerzonen einteilen, Mitarbeiter unterweisen, Arbeitsanweisungen erstellen, Hilfsmittel bereitstellen, Mitarbeiter einteilen, Inventurlisten erstellen

11.7 nachprüfbare Belege für alle Warenein- und -ausgänge, Bestandsfortschreibung durch ein Lagerverwaltungssystem, Plan, damit alle Lagergüter einmal pro Jahr erfasst werden

11.8 Durchführung der Inventur in umsatzschwachen Zeiten, Durchführung der Inventur in Zeiten, in denen die Lagerbestände niedrig sind, kein Schließen des Lagers am Inventurtag

12. Aufgabe

12.1 verlegte Inventur (innerhalb von drei Monaten vor bzw. zwei Monaten nach dem Bilanzstichtag), Begründung: z. B. Verlegung in eine weniger arbeitsintensive Zeit

12.2 mengenmäßiges Erfassen der Warenbestände ➡ Zählen, Messen, Wiegen, Schätzen der Lagergüter

12.3 zu Beginn der Geschäftstätigkeit, Ende des Geschäftsjahres, Geschäftsaufgabe, Geschäftsübergabe, Gläubigerschutz

12.4 Inventurtag festlegen, Zeitpunkt und Reihenfolge der Aufnahme festlegen, Hilfsmittel bereitstellen, Aufnahmeverfahren vorgeben, Mitarbeiter einweisen, Teams (Zähler, Schreiber festlegen), Inventurbereiche einteilen

12.5

Lagerfachkarte					
Artikelbezeichnung				Artikelnummer 811 633	
Meldebestand 1.200		Mengeneinheit Stück		Lagerort/Location 08 05 03 01	
Datum	**Beleg**	**Zugang**	**Abgang**	**Bestand**	**Bemerkung**
01.01.	Übertrag			1.800	
06.01.	ME 0023		400	*1.400*	
12.01.	LS 12003	2.500		*3.900*	
14.01.	ME0035		490	*3.410*	
24.01.	ME 0058		420	*2.990*	
31.01.	ME 0069		440	*2.550*	
01.02.	ME 0095		380	*2.170*	
13.02.	LS 12168	2.000		*4.170*	
15.02.	Inventurbestand				

12.6 4.370 – 4.170 = 200 Stück

12.7
- Diebstahl, Einlagerung/Auslagerung doppelt oder gar nicht erfasst
- Fehler beim Zählen
- Fehler beim Übertragen

13. Aufgabe

240 + 389 – 537 – 23 + 12 – 54 = 27

14. Aufgabe

14.1 das Handelsgesetzbuch (HGB)

14.2
- Beginn: 1. Mai 2024
- Ende: 30. April 2025

14.3 Die Stichtagsinventur ist innerhalb von zehn Tagen vor bzw. nach dem Bilanzstichtag durchzuführen. Die Bestände müssen jedoch zum Bilanzstichtag vor- bzw. zurückgeschrieben werden.

14.4 128 + 80 – 48 = 160 Stück

15. Aufgabe

15.1 Täglicher Absatz: 120 Stück – 20 Stück = 100 Stück in 10 Tagen ➡ 10 Stück pro Tag
Meldebestand = Mindestbestand + täglicher Absatz · Lieferzeit = 20 + 10 · 10 = 120 Stück

15.2 Maximale Bestellmenge = Höchstbestand – Mindestbestand = 350 – 20 = 330 Stück

15.3 Meldebestand = Mindestbestand + täglicher Absatz · Lieferzeit = 20 + 10 · 6 = 80 Stück

15.4 Gefahr von Schwund und Verderb, erhöhte Kosten für Ein- und Umlagerungen, erhöhte Kapitalbindung, mögliche negative Auswirkungen durch modische Einflüsse bei längerer Lagerdauer, hohe Lagerkosten

16. Aufgabe

16.1

Lagerfachkarte					
Artikelbezeichnung: Ölfilter W 719/44				Artikelnummer: OF 92 08 13	
Meldebestand: 600		Mindestbestand: 300		Lagerort/Location: 33 14 24	
Datum	**Zugang**	**Abgang**	**Bestand**	**Nachbestellung**	**Bearbeiter**
01. April			500		
05. April	1.000	50	1.450		
11. April		200	1.250		
12. April		100	1.150		
15. April		300	850		
22. April		136	714		
23. April		156	558	✓	
28. April	1.000		1.558		
30. April		154	1.404		
02. Mai		240	1.164		
05. Mai		44	1.120		

11. Mai		46	1.074		
18. Mai		156	918		
24. Mai		164	754		
31. Mai		152	602		
01. Juni	1.000	300	1.302	✓	
04. Juni		50	1.252		
07. Juni		70	1.182		
12. Juni		50	1.132		
16. Juni		200	932		
17. Juni		*50*	*882*		
19. Juni		*152*	*730*	✓	
22. Juni	*1.000*	*50*	*1.680*		
29. Juni		*156*	*1.524*		
30. Juni		*274*	*1.250*		

16.2 $\frac{500 + 1.404 + 602 + 1.250}{4} = 939$ Stück

16.3 Quartal: Summe der Abgänge = 3.250 Stück
Pro Tag: 3.250 : 65 = 50 Stück

16.4 Mindestbestand + täglicher Absatz · Lieferzeit = Meldebestand
300 + 50 · 6 = 600 Stück ➡ Meldebestand muss nicht geändert werden

16.5 Der Tagesverbrauch ist eine Durchschnittszahl und kann in der Realität stark schwanken (vgl. z. B. 2. Mai oder 30. Juni). So könnte es zu Verzögerungen bei starker Nachfrage kommen.

16.6 *Umschlagshäufigkeit* = $\frac{\textit{Quartalsabsatz}}{\textit{durchschnittlicher Lagerbestand}} = \frac{3.250}{939} = 3{,}5$

durchschnittliche Lagerdauer = $\frac{90}{3{,}5} = 25{,}7$ Tage

16.7 Bestellmengen senken, Höchstbestand senken, Penner aussortieren, Lieferzeit verkürzen, Kauf auf Abruf

17. Aufgabe

17.1 =(B3 + Summe(B10:B21))/13

17.2 =(B3 + B5 – B4)/E3

17.3 Durchschnittlicher Lagerbestand: 520.000,00 € : 13 = 40.000,00 €
Umschlagshäufigkeit: (38.000,00 € + 252.000,00 € – 50.000,00 €) : 40.000,00 € = 6
Durchschnittliche Lagerdauer: 360 : 6 = 60 Tage
Lagerzinsen: 40.000 x 6 x 60 : (100 x 360) = 400,00 €

18. Aufgabe

Gefahren bei zu hohem Lagerbestand: Verderb/Schwund, Überaltern der Produkte, Kapitalbindung, hohe Lagerkosten

Gefahren bei zu niedrigem Lagerbestand: Lieferfähigkeit geht verloren, Kunden werden unzufrieden, Kundenverlust, Imageschädigung, Produktionseinschränkung/-stillstand, Einkauf zu ungünstigen Konditionen

19. Aufgabe

19.1 Kapitalbindung („totes Kapital"), Qualitätsbeeinträchtigungen, Schwund/Verderb, Veralterung

19.2 Neukundengewinnung, Verringerung der Bestellmenge, Senkung des Höchstbestandes, Senkung des Mindestbestandes, Verringerung der Bestellmenge, Just-in-time-Anlieferung, Kauf auf Abruf, Werbung

20. Aufgabe

20.1 Grundfläche: $24 \cdot 14 = 336\ m^2$
Lagerfläche: $10 \cdot 6 \cdot 2 = 120\ m^2$

20.2 Lagerfläche: $20 \cdot 14 = 280\ m^2$

20.3 Flächennutzungsgrad: Lagerfläche · 100 : Grundfläche
Palettenregal: 120 · 100 : 336 = 35,71 %
Bodenlagerung: 280 · 100 : 336 = 83,33 %

Aufgabe	Lösung
21.	*a*
22.	*c*
23.	*1) 5.000 2) 1*
24.	*d, f, h, c, e*
25.	*b*
26.	*b*
27.	*c*
28.	*d*
29.	*b, a, f*
30.	*c, e*
31.	*a*
32.	*d, b, c, e, a*
33.	*b*
34.	*12*
35.	*a*
36.	*d*
37.	*e*
38.	*d*
39.	*880,00*
40.	*a*
41.	*e*
42.	*7.489 t*
43.	*b*
44.	*a*
45.	*a*
46.	*h, g, f, e, a, c, b, d*
47.	*d*
48.	*a*
49.	*b*
50.	*6*
51.	*c*
52.	*175*
53.	*c*
54.	*b*
55.	*b*
56.	*1) d 2) 45*
57.	*b*
58.	*e*
59.	*d*
60.	*a*
61.	*e*
62.	*c*
63.	*d, e, b, c, a*
64.	*c*
65.	*300*
66.	*b, e*
67.	*b*
68.	*120*
69.	*10*
70.	*500*
71.	*d*
72.	*3.000*
73.	*f*
74.	*d*
75.	*d*
76.	*d*
77.	*e*
78.	*c*
79.	*a*
80.	*e*
81.	*c*

④ Güter im Betrieb transportieren

1. Aufgabe

1.1 Mögliche Ziele eines optimalen Materialflusses sind z. B.:
- eine Verkürzung der Durchlaufzeiten
- die Einsparung von Kosten
- ein möglichst umweltschonender Materialfluss (wenig Energieverschwendung und Umweltbelastung)
- eine Verminderung von Ausschuss/Beschädigungen usw.
- eine möglichst geringe Fehlerquote

1.2 *Die 6 R der Logistik sind:* Bereitstellung des richtigen Materials, zur richtigen Zeit, in der richtigen Qualität, in der richtigen Menge, an den richtigen Ort und zu den richtigen Kosten.

1.3
- Der Informationsfluss kann dem Materialfluss zuvorlaufen.
- Der Informationsfluss kann parallel mit dem Materialfluss laufen.
- Der Informationsfluss kann dem Materialfluss nachlaufen.
- Der Informationsfluss kann dem Materialfluss entgegenlaufen.

2. Aufgabe

2.1 Förderhilfsmittel = Packmittel, die das zu befördernde Gut schützen und transportier-, verlade- und lagerfähig machen. Sie selbst bewegen das Fördergut allerdings noch nicht!
Beispiele sind: Paletten aller Art, Gitterboxen, Kisten, Netze, Boxen, Fässer, Säcke usw.

2.2 Anforderungen an „gute" Förderhilfsmittel sind beispielsweise:
Guter Schutz der Fördergüter vor Beschädigungen, Verschmutzungen usw., ergonomisch gut gefertigt, genormt, gut auf verschiedene Fördermittel abgestimmt, Robustheit, auch für Gefahrgüter geeignet, hohe Tragfähigkeit

2.3 Diese Unterscheidungen/Einteilungen sind bei Fördermitteln beispielsweise denkbar:
- Unterscheidung nach dem Antrieb in manuelle/handbetriebene und maschinell betriebene Fördermittel
- Unterscheidung nach der Häufigkeit der Beförderung in Stetigförderer und Unstetigförderer
- Unterscheidung nach der Flurbindung in flurgebundene und flurfreie Fördermittel
- Unterscheidung nach dem Grad der Automatisierung in bedienergesteuerte und computergesteuerte Fördermittel

3. Aufgabe

3.1 Merkmale von Stetigförderern sind z. B.:
- Linienförmiger und gleichbleibender Förderweg
- Stetige bzw. taktweise Beförderung der Güter
- Be- und Entladung erfolgt manuell oder automatisch
- I. d. R. ortsgebunden bzw. nicht beweglich

Wirtschaftlich ist der Einsatz von Stetigförderern bei großen Stückzahlen, wie bei der Massenfertigung in Industriebetrieben, bei Paketverteilung in Versandhäusern, bei KEP-Diensten. Es besteht zudem ein sehr geringer Personalbedarf.

3.2

Stetigförderer	Unstetigförderer
Rutsche *Becherwerk* *Kreiskettenförderer* *Power-and-free-Förderer* *Elektrohängebahn* *Unterflurschleppkettenförderer* *Gurtförderer* *Rollenbahn* *Röllchenbahn* *Stapelförderer* *Kreisförderer …*	*Kran* *Gabelstapler* *Regalbediengerät* *Fahrerlose Transportsysteme* *Aufzug* *Hebebühne* *Hubwagen* *Schlepper* *Elektrowagen* *Kipploren* *…*

3.3 Sicherheitsrelevante Bedingungen bei flurfreien Stetigförderern sind z. B.:
- Tragfähige Decke des Lagergebäudes
- Sicherheitsgitter gegen herabfallende Güter

3.4 <u>Rollenbahn</u> = hintereinander angeordnete, über die ganze Breite des Fördermittels reichende Rollen bzw. Walzen
<u>Röllchenbahn</u> = kleine Röllchen, die sowohl hintereinander als auch in der Breite des Fördermittels nebeneinander angeordnet sind

3.5 Bei Rollbahnen und Röllchenbahnen sind engere Kurven, Winkeländerungen, Kreuzungen, Verzweigungen und Überwindung von Höhenunterschieden nur sehr eingeschränkt möglich. Dazu nötig sind Anbauelemente, wie z. B.
- Hubtische
- Drehtische
- Eckumsetzer
- Verschiebewagen
- Senkrechtförderer

4. Aufgabe

4.1 Die Bestandteile eines Krans sind: Krangerüst, Tragmittel, Anschlagmittel, Lastaufnahmemittel

4.2 Gängige Lastaufnahmemittel sind z. B.: Lasthaken, Ladegabel, Traverse, Zange, Greifer, Lasthebemagnet, Vakuumheber

5. Aufgabe

5.1

manuell	maschinell	automatisch
Sackkarre	*Gabelstapler*	*Fahrerloses Transportsystem*
Stechkarre	*Gabelhochhubwagen*	*(auch: Teletrak)*
Handwagen	*Gabelniederhubwagen*	*Regalförderzeug*
Handgabelhubwagen	*Elektrowagen*	*Regalbediengerät*
Dreieckroller	*Schlepper*	*…*
…	*…*	

5.2 <u>Schlepper</u> = Transport der Beförderungsgüter in Anhängern, die vom Schlepper als Zugmaschine gezogen werden (Schlepper besitzt keine eigene Ladefläche)
<u>Wagen</u> = Transport der Beförderungsgüter auf der Ladefläche auf dem Wagen (Wagen besitzt eigene Ladefläche)

5.3 Gabelhochhubwagen = Hubhöhe bis zu 4 m, also auch (eingeschränkter) vertikaler Transport möglich
Gabelniederhubwagen = Hubhöhe lediglich wenige Zentimeter, sodass das Beförderungsgut gerade vom Boden für den horizontalen Transport abgehoben werden kann.

5.4 Denkbare Unterscheidungs-/Einteilungsmöglichkeiten sind z. B.:
nach der Art des Antriebs, nach der Anzahl der Räder, nach der Unterfahrbarkeit, nach der Sitzposition, nach der Hubhöhe, nach der Transportart

5.5 Anforderungen an Flurförderzeuge im Allgemeinen sind beispielsweise:
über Fahr- und Feststellbremse verfügen, über geforderte Tragkraft verfügen, über Hupe/Beleuchtung verfügen, über Fahrerdach und Lastschutzgitter verfügen, ausreichende Sicht auf Fahrweg und Last gewährleisten, über Sicherungsmöglichkeiten gegen unbefugtes Benutzen verfügen

6. Aufgabe

6.1 Zur Sichtprüfung an einem Gabelstapler gehören z. B.:
- Hydraulik auf sichtbare Lecks an den Schläuchen überprüfen
- Reifenzustand (inkl. Reifendruck) überprüfen
- äußere Schäden allgemein kontrollieren
- Gabeln oder andere Lastaufnahmemittel auf Risse kontrollieren
- Zustand der Hubkette überprüfen
- Fahrerschutzdach sicher befestigt und ohne erkennbare Schäden

6.2 Zur Funktionsprüfung an einem Gabelstapler gehören z. B.:
- Überprüfung der Betriebs- und Feststellbremse
- Überprüfung des Lenkungsspiels
- Überprüfung der Warneinrichtungen (z. B. Hupe)
- Überprüfung der Beleuchtung
- Überprüfung der Hydraulik und der Lastaufnahmemittel

6.3 Zu wichtigen Verhaltensregeln, um Unfälle mit Gabelstaplern zu vermeiden, gehören z. B.:
- Maximal zulässige Tragkraft beachten.
- Maximale Geschwindigkeit nicht überschreiten.
- Lasten so aufnehmen, dass sie nicht verrutschen können.
- So beladen, dass ausreichende Sicht gewährleistet ist.
- Bei fehlender Sicht rückwärtsfahren.
- Nur die vorgesehenen Fahrwege benutzen.
- Gabeln während der Fahrt in niedrige Stellung bringen.
- Bei Gefälle und Steigungen die Gabeln mit der Last stets bergseitig bewegen

6.4

Fehler beim Abstellen des Staplers	Mögliche Folge
Stapler auf Gefälle/Steigung abgestellt	*Stapler rollt das Gefälle hinunter*
Stapler mit Zinken in hoher Stellung abgestellt	*Kopfverletzungen durch die Gabelzinken*
Stapler abgestellt in Fluchtwegen/vor Notausgängen	*Erschwerte/unmögliche Flucht in Notsituationen*

6.5

1	*Fahrerschutzdach*
2	*Hubgerüst*
3	*Lastschutzgitter*
4	*Gabelzinken*
5	*Rahmen*

6.6

Anbaugerät	Fördergut
Tragdorn	*Rohre, Teppichrollen*
Schüttgutschaufel	*Schüttgüter, z. B. Sand, Getreide*
Klammergabel	*Fässer*
Lasthalter	*Jegliche Art von empfindlichen Gütern, die stabilisiert werden sollen*
Gabelverlängerung	*Überlange Güter*
Rollenklammer	*Kabeltrommeln*
...	...

7. Aufgabe

7.1 Mittels eines Tragfähigkeitsdiagrammes kann für den betreffenden Stapler die höchstzulässige Tragkraft bzw. maximale Belastung in Abhängigkeit des Lastschwerpunktes sowie der Hubhöhe abgelesen werden. Diese darf nicht überschritten werden.

7.2 Anheben des Gabelstaplers, Kippen/Umkippen des Staplers

7.3 7.3.1 unter 700 mm
7.3.2 unter 1.000 mm
7.3.3 unter 600 mm

8. Aufgabe

8.1 Druckfeste Verkapselung von Motor, Anlasser, Bremsen, Kabeln usw.
Beschichtung der Gabeln mit Messing oder Edelstahl als Schutz gegen Funken.

8.2 *Regalabhängig* = nur für einen Regalgang zuständig, d. h. das Regalbediengerät ist nicht frei fahrbar, sondern stets nur in Längsrichtung in einem Regalgang.
Regalunabhängig = für mehrere Regalgänge zuständig, d. h. über Weichen frei auch auf andere Regalgänge verfahrbar.

8.3 Mögliche Steuerungsarten von FTS: Induktiv/durch Induktionsschleifen, Leitdrahtlose Lasernavigation, Leitdrahtlose Magnetnavigation, Optische Navigation/Spurführung, RFID-Technologie, Funknavigation per GPS

8.4 Mögliche Sicherheitseinrichtungen an FTS sind z. B.: Integrierte Lichtschranken, Laserabtaster, Not-Aus-Schalter, Aktionssignale (z. B. Hupen, Blinker) beim Abbiegen und Bremsen, Sicherheitsleisten/Sicherheitsbügel

9. Aufgabe

Sinnvolle Fördermittel für diese Situation wären beispielsweise:
Frontgabelstapler, manueller Gabelhochhubwagen, manueller Gabelniederhubwagen, elektrischer Gabelhubwagen

10. Aufgabe

10.1 Möglich und sinnvoll wären z. B. Elektrogabelhubwagen, geeignete Stapler.

10.2 Möglich und sinnvoll wären z. B. Kettenförderer, Gurtförderer.

10.3 Möglich und sinnvoll wären Regalbediengeräte.

11. Aufgabe

Manuelle Hebe- und Transportmittel für den innerbetrieblichen Materialfluss sind z. B.:
- Sackkarren, Fasskarren, Treppenkarren
- Rollwagen
- Handgabelhubwagen
- Etagenwagen, Paletten-Transportwagen
- Hubtischwagen
- Dreieckroller, Viereckroller, Schwerlastroller

12. Aufgabe

12.1 Verantwortlich für den Arbeitsschutz bzw. die Sicherheit in einem Unternehmen sind z. B.: Arbeitgeber, Arbeitnehmer, Sicherheitsbeauftragte, Sicherheitsfachkraft, Betriebsarzt, Betriebsrat, Arbeitsschutzausschuss

12.2 Die fünf Ws sind:
- Wo geschah der Unfall?
- Was ist geschehen?
- Wie viele Personen sind betroffen bzw. verletzt?
- Welche Verletzungen liegen vor?
- Warten auf Rückfragen!

12.3 Mindestinhalte für Betriebsanweisungen sind:
Anwendungsbereich, Gefahr für Mensch + Umwelt, Schutzmaßnahmen + Verhaltensregeln, Verhalten bei Störungen, Erste Hilfe
(konkrete Betriebsanweisungen sind dann z. B. möglich für: Teilnahme am öffentlichen Straßenverkehr, Mitnahme von Personen, Einsatz der Arbeitsbühne, Be- und Entladen von Fahrzeugen, Verwendung von Anbaugeräten)

Aufg.	Lösung
13.	c
14.	d
15.	1=e/2=d/3=a
16.	d+e
17.	a, d–h=1/b+c=2
18.	a+d
19.	e
20.	a+e
21.	b
22.	a
23.	b
24.	b
25.	d
26.	b+e
27.	a+b
28.	d
29.	e
30.	b
31.	a=1/b=2/c=2/d=1/e=2
32.	d
33.	e
34.	d
35.	e
36.	a+d
37.	b+d
38.	a) 6 mm, b) 6 mm, c) 28 mm
39.	a
40.	b
41.	a
42.	a+d
43.	a
44.	c
45.	03.2025
46.	b
47.	e
48.	c
49.	e
50.	a+c
51.	d
52.	d
53.	b
54.	a
55.	c
56.	d
57.	d
58.	e
59.	c
60.	a
61.	b
62.	c
63.	e
64.	a
65.	d
66.	a
67.	d
68.	e
69.	c
70.	d
71.	1c/2e/3d
72.	d+e
73.	d
74.	c
75.	a
76.	b
77.	e
78.	a
79.	b
80.	c
81.	b
82.	d

⑤ Güter kommissionieren

1. Aufgabe

1.1 Definition: Kommissionieren ist das Zusammentragen verschiedener Artikel bzw. Waren nach einem vorgegebenen Auftrag.

1.2 Mögliche Gründe für einen Güterausgang aus dem Lager sind z. B.:
- Lieferung an einen Kunden
- Materialbereitstellung für die Produktion
- Auffüllen des Verkaufslagers/der Verkaufsstelle
- Umlagerung in ein anderes Lager
- Aussortierung von Ausschuss (verdorbene Ware, veraltete Ware)
- Rücklieferung an einen Lieferanten
- Materialbereitstellung für Prüfungszwecke

1.3 Jedes Kommissioniersystem besteht allgemein aus:

Informationssystem: (= Wie wird die Information erfasst, aufbereitet, weitergegeben usw.?)

Materialflusssystem: (= Wie wird das Material bzw. die Ware bereitgestellt, entnommen, abgegeben usw.?)

Organisationssystem: (= Wie ordnen die Aufbauorganisation und die Ablauforganisation den Vorgang des Kommissionierens?)

2. Aufgabe

Realtime-Modus = Kundenaufträge werden sofort zu einem Kommissionierauftrag aufbereitet/umgewandelt

Batch-Modus = Kundenaufträge werden zunächst gesammelt und erst später, in einem festen Zeitrhythmus in Kommissionieraufträge umgewandelt

3. Aufgabe

3.1 *Beleghafte Kommissionierung* = Kommissionierung im Offline-Verfahren: Es werden papierhafte Kommissionierbelege bzw. Etiketten verwendet (mögliche Bezeichnungen sind Greiflisten, Packlisten, Packzettel, Pickeretiketten usw.)

3.2 Möglichkeiten der beleglosen Kommissionierung sind z. B.:
Pick by Light, Pick by Voice, Pick by Vision, Pick by RFID, Pick by Scan

3.3 *Vorteile der beleglosen Kommissionierung sind beispielsweise:*
- Sehr schnelle Datenverarbeitung
- Geringe Fehlerquote beim Kommissionieren
- Hohe Kommissionierleistung möglich
- Kurze Einarbeitungszeit für den Mitarbeiter

Nachteile der beleglosen Kommissionierung sind beispielsweise:
- Hoher Verwaltungsaufwand
- Hohe Investitionskosten / Anschaffungskosten für das jeweilige System
- Keine Kommissionierung möglich bei PC-Ausfall

4. Aufgabe

4.1 *Pick by Scan* = Der Kommissionierer ist mit einem mobilen Datenterminal ausgestattet, dort werden die Lagerstandorte der zu kommissionierenden Artikel angezeigt; die Barcodes der jeweiligen Kommissionierbehälter müssen gescannt werden, anschließend ebenfalls die Barcodes der jeweils entnommenen Artikel; dies wird mit dem Auftrag elektronisch abgeglichen.

Pick by Light = Der Kommissionierer übernimmt zunächst die Transportbehälter; in diesen werden die einzelnen Artikel gefüllt, was durch aufleuchtende Lampen an den jeweiligen Regalfächern angezeigt wird; nach Entnahme der angezeigten Menge muss bestätigt werden, so wird automatisch auch eine Verbuchung ausgelöst.

Pick by Voice = Der Kommissionierer ist mit einem Headset ausgerüstet; darüber erhält er sprachlich die Anweisungen der einzelnen Entnahmen und muss ebenfalls sprachlich quittieren bzw. bestätigen.

4.2 Probleme beim Pick by Voice-Verfahren: Stillstand der Kommissionierung bei Ausfall des Systems, Sprachliche/akustische Schwierigkeiten bei Lärm als Fehlerquelle

5. Aufgabe

5.1 *Statische Bereitstellung* = Prinzip „Mann zur Ware", d. h. der Kommissionierer geht oder fährt zum Lagerplatz des Artikels und entnimmt dort.

Dynamische Bereitstellung = Prinzip „Ware zum Mann", d. h. der Artikel wird mithilfe eines Regalbediengerätes o. ä. automatisiert zum Kommissionierer gebracht, der dort die jeweilige Menge entnimmt.

5.2 Prinzip „Mann zur Ware" = statische Bereitstellung
Prinzip „Ware zum Mann" = dynamische Bereitstellung

5.3 Kommissionierer erhält einen Auftrag; Kommissionierer klärt die Lagerorte der Artikel des Auftrags; Kommissionierer bewegt sich zu den einzelnen Lagerorten; Kommissionierer entnimmt nach Kontrolle des Lagerplatzes die entsprechende Anzahl jedes Artikels.

5.4 *Vorteile der dynamischen Warenbereitstellung sind z. B.:*

- Höhere Kommissionierleistung
- Geringere physische Belastung des Kommissionierers
- Optimale Gestaltung der Entnahmeplätze ist möglich
- Gute Raumausnutzung im Lager

Nachteile der dynamischen Warenbereitstellung sind z. B.:

- Hohe Investitionskosten / Anschaffungskosten für Fördermittel und automatische Steueranlagen
- Kommissionierungsstillstand bei Ausfall der Steuerung
- Wenig flexibel bei schwankenden Anforderungen an Kommissionierungen
- Hoher Abstimmungsbedarf bei der Fördertechnik hinsichtlich Waren und Verpackungen

5.5

Statische Warenbereitstellung	Dynamische Warenbereitstellung
Fachbodenregal	*Turmregal*
Durchlaufregal	*Umlaufregal*
Verschieberegal	*Durchlaufregal (mit automatischen Förderzeugen)*
Hochregal (mit manuell bedienbaren Förderzeugen)	*Hochregal (mit automatischen Förderzeugen)*

6. Aufgabe

6.1 *Eindimensionale Fortbewegung* = Kommissionierer bewegt sich stets in nur einem Regalgang

Zweidimensionale Fortbewegung = Kommissionierer bewegt sich in mehreren Regalgängen, die Entnahme erfolgt allerdings jeweils lediglich bis zur Griffhöhe

Dreidimensionale Fortbewegung = Kommissionierer bewegt sich in mehreren Regalgängen und zudem mittels eines Förderzeugs, das sowohl fahr- als auch hubfähig ist; so wird eine horizontale und vertikale Bewegung ermöglicht

6.2 Vorteil zweidimensionaler Fortbewegung: z. B. geringe Investitionskosten
Nachteil zweidimensionale Fortbewegung: z. B. hoher Bedarf an Fläche und Raum, hohe physische Belastung des Kommissionierers
Vorteil dreidimensionale Fortbewegung: z. B. höhere Kommissionierleistung, bessere Raumausnutzung im Lager
Nachteil dreidimensionale Fortbewegung: z. B. hohe Investitionskosten

7. Aufgabe

7.1
- Manuelle Entnahme = Entnahme ausschließlich per Hand
- Mechanische Entnahme = Entnahme per Gabelstapler oder Regalbediengerät

7.2 Möglichkeiten für die automatische Entnahme sind Kommissionierroboter sowie Kommissionierautomaten.

7.3 *Vorteile der automatischen Entnahme sind z. B.:*
- höhere Kommissionierleistung, geringere Anzahl an Kommissionierfehlern

Nachteile der automatischen Entnahme sind z. B.:
- hohe Investitionskosten, eingeschränkter Einsatzbereich: Einsatz nur bei einheitlicher Verpackungsart und Verpackungsgröße möglich

8. Aufgabe

8.1 *Pick-Pack-Verfahren* = Der Kommissionierer erledigt die Arbeitsschritte Kommissionierung und Verpackung in einem Arbeitsgang, wobei die jeweils entnommenen Waren sofort in ein versandfertiges Packmittel gegeben werden.

8.2 Voraussetzungen für den Einsatz des Pick-Pack-Verfahrens sind z. B.:
- kundengerechte Vorverpackung vor der Einlagerung
- kein Gebrauch (bzw. keine Notwendigkeit) von aufwendigen Spezialverpackungen
- Möglichkeit, dass die Auswahl des Packmittels bereits vor der Kommissionierung geschehen kann

9. Aufgabe

Manuelle Kontrolle z. B.:
Abhaken der einzelnen entnommenen Güter auf der Kommissionierliste, Entnahmen zählen und mit den Picklisten vergleichen, entnommene Artikel per Sicht auf Mängel (z. B. Verschmutzungen) prüfen

Automatische Kontrolle z. B.:
Strichcode-Überprüfung per Scanner, Gewichtskontrolle auf der Waage (mit dem EDV-technisch ermittelten Gewicht des Kommissionierauftrags)

10. Aufgabe

10.1 Kommissioniermethoden sind Auftragsorientierte serielle Kommissionierung, Auftragsorientierte parallele Kommissionierung, Serienorientierte parallele Kommissionierung

10.2 *Auftragsorientierte serielle Kommissionierung* = ein Kommissionierer führt einen Kommissionierauftrag alleine durch und durchläuft dabei alle Lagerzonen bis zur Abgabe der entnommenen Waren. Anschließend führt er den nächsten Kommissionierauftrag in der gleichen Weise aus.

10.3 *Vorteile* der auftragsorientierten seriellen Kommissionierung sind z. B.:
- wenig Organisationsaufwand
- leicht verständlich für den Kommissionierer
- einfache Festlegung von Verantwortlichkeiten

Nachteile der auftragsorientierten seriellen Kommissionierung sind z. B.:
- lange Kommissionierzeiten
- lange Kommissionierwege

10.4 *Auftragsorientierte serielle Kommissionierung mit Übergabestellen* = Aufteilung der Kommissionierer auf die verschiedenen Lagerzonen, wobei jeder Kommissionierer nur noch für eine Lagerzone zuständig ist und die Waren des einzelnen Kommissionierauftrags dort entnimmt. Anschließend übergibt er die entnommenen Waren am Übergabepunkt an den Kommissionierer der nächsten Lagerzone usw.

Vorteil hierbei ist z. B.:
- Verkürzung der Kommissionierzeit
- Verringerung der Kommissionierfehler

Nachteil hierbei ist z. B.:
- Schwierige Koordination durch unterschiedliche Beanspruchung der einzelnen Lagerzonen (dadurch Wartezeiten)
- Stauungen an den Übergabepunkten

11. Aufgabe

11.1 *Stichgangsstrategie* = Lagerung der Waren mit hoher Gängigkeit bzw. Umschlagshäufigkeit („A-Güter" bzw. „Schnelldreher") möglichst vorn in einem Regalgang/nah am Versandplatz. Je geringer die Gängigkeit des einzelnen Artikels desto weiter hinten im Regalgang wird er gelagert, sodass der Kommissionierer bei einem Großteil der Aufträge nur kurz in den Regalgang gehen muss und nicht stets bis ans Ende.
Zeichnung als individuelle Lösung.

11.2 Grundlegender Vorteil der Stichgangsstrategie ist die Verkürzung der Kommissionierwege.

12. Aufgabe

12.1 *Auftragsorientierte parallele Kommissionierung* = jeder Kommissionierauftrag wird in Teilaufträge zerlegt, beispielsweise nach den verschiedenen Lagerzonen, die betroffen sind; diese Teilaufträge werden dann gleichzeitig von verschiedenen Kommissionierern durchgeführt und anschließend wieder zu einem Auftrag zusammengeführt.
Zeichnung als individuelle Lösung.

12.2 *Vorteile* der auftragsorientierten parallelen Kommissionierung sind z. B.:
- höhere Kommissionierleistung durch Wegeinsparungen
- schnellere Auftragsdurchlaufzeit
- weniger Kommissionierfehler

Nachteile der auftragsorientierten parallelen Kommissionierung sind z. B.:
- hoher Organisationsaufwand (EDV notwendig)
- ungleiche Auslastung der einzelnen Kommissionierbereiche ist wahrscheinlich

13. Aufgabe

13.1 Serienorientierte parallele Kommissionierung = hierbei erfolgt die Kommissionierung zweistufig; zunächst werden die Kommissionieraufträge gesammelt und zu einer Serie zusammengefasst, die einzelnen Positionen werden als Serie einer Lagerzone zugeordnet; in der ersten Kommissionierstufe können einzelne Artikel aus verschiedenen Aufträgen jeweils als eine Sammelentnahme kommissioniert werden; in der zweiten Kommissionierstufe werden die entnommenen Artikel wieder den einzelnen Kommissionieraufträgen zugeordnet.
Zeichnung als individuelle Lösung.

13.2 *Vorteile* der serienorientierten parallelen Kommissionierung sind z. B.:
- starke Wegeinsparungen bzw. -minimierung
- hohe Kommissionierleistung

Nachteile der serienorientierten parallelen Kommissionierung sind z. B.:
- hoher Organisationsaufwand in der Vorbereitung (EDV notwendig)
- relativ lange Auftragsdurchlaufzeiten
- hoher Arbeitsaufwand für die zweite Kommissionierstufe

14. Aufgabe

14.1 Kommissionierzeit = Basiszeit + Wegzeit + Totzeit + Verteilzeit + Greifzeit

14.2

Zeit	Konkrete Tätigkeit als Beispiel
Basiszeit	• *Kommissionierbelege aufnehmen und ordnen* • *Paletten etikettieren*
Wegzeit	• *Bewegen zum Entnahmeort*
Totzeit	• *Suchen eines Entnahmeortes* • *Beschriften der Lagerfachkarte*
Verteilzeit	• *Toilettengang des Kommissionierers* • *Warten auf Kommissionieraufträge*
Greifzeit	• *Ware aus dem Regal entnehmen* • *Ware in den Kommissionierbehälter legen*

14.3

Zeit	Konkreter Vorschlag zur Optimierung
Basiszeit	• *Übersichtlichere Gestaltung der Kommissionierbelege* • *Bessere Organisation der Bereitstellung der Hilfsmittel zur Kommissionierung*
Wegzeit	• *Vermeidung von Fehlwegen* • *Nutzung von wegoptimierten Picklisten*
Totzeit	• *Verbesserung der Regalbeschriftungen* • *Sinnvolle Vorverpackungen*
Verteilzeit	• *Verbesserung der Arbeitsmotivation der Mitarbeiter* • *Verbesserung der Arbeitsplatzplanung*
Greifzeit	• *Einführung belegloser Kommissionierung (damit beide Hände frei sind)* • *Verbesserung der Regalfronten (greiffreundlicher)*

14.4 Auf die Wegzeit haben z. B. Einfluss: Lagergröße, Automatisierungsgrad im Lager, Verfahren der Bereitstellung der Ware, verwendete Kommissioniermethode, verwendete Wegstrategie
Auf die Greifzeit haben z.B. Einfluss: Greifhöhe, Greiftiefe, Geschicklichkeit des jeweiligen Kommissionierers, Gewicht der jeweiligen zu entnehmenden Artikel

15. Aufgabe

Der gesamte Auftrag ist um 10:20 Uhr abgearbeitet.

16. Aufgabe

16.1 Kommissionierleistung = durchschnittlich erledigte Aufträge bzw. durchschnittliche Entnahmen eines Kommissionierers innerhalb einer Zeiteinheit. Dabei kann man die Leistung je Stunde, je Arbeitstag, je Woche, je Quartal usw. messen und angeben.

$$\text{Formel} = \frac{\text{3.600 Sekunden}}{\text{Kommissionierzeit in Sekunden je Position}}$$

16.2 Faktoren, von denen die Kommissionierleistung abhängt, sind z. B.:
- Benutzte Kommissioniermethode
- Einsetzbare Fördermittel und Förderhilfsmittel
- Güterart (Größe, Gewicht, Volumen usw.)
- Auftragsumfang (Positionen je Kommissionierauftrag)
- Benutztes Warenbereitstellungsverfahren
- Benutztes Kommissioniersystem

16.3 Mögliche Verbesserungsvorschläge sind z. B.:
- Einführung des Ware zum Mann-Prinzips
- Abschaffung der auftragsorientierten seriellen Kommissionierung (zugunsten der auftragsorientierten parallelen oder serienorientierten parallelen Kommissionierung)
- Anschaffung moderner Flurfördermittel (Kommissionierstapler mit hebbarem Bedienstand o. ä.)

17. Aufgabe

17.1 Die „alte“ Kommissionierleistung beträgt 30 Positionen je Mitarbeiter und Stunde.

17.2 Die „neue“ Kommissionierleistung beträgt 36 Positionen je Mitarbeiter und Stunde. Es wurde somit eine Verbesserung von 6 Positionen je Mitarbeiter und Stunde gegenüber der Vergangenheit realisiert.

18. Aufgabe

18.1 Beim Umlaufregal ergibt sich eine Steigerung der Kommissionierleistung um 50 %.
Die Betriebskosten bei Umstellung auf das Umlaufregal betragen 2,34 €/Stunde.

18.2 Die Kommissionierleistung beträgt 300 Positionen je Stunde.

18.3 Die Kommissionierkosten je Position betragen 0,76 €.

19. Aufgabe

Artikel	Picks pro Jahr	Picks pro Arbeitsstunde
0180001	6.535	1,57
0180002	12.007	2,89
0180003	17.550	4,22
0180004	46.487	11,17
0180005	6.180	1,49

Anmerkung: Die Picks pro Arbeitsstunde sind auf die zweite Nachkommastelle gerundet.

20. Aufgabe

20.1 40 Picks je Stunde beim Einsatz des Kommissionierroboters bedeuten 15 Picks mehr pro Stunde. Dies bedeutet einen Anstieg der Kommissionierleistung um 60 %.

20.2 Die Kommissionierkosten je Position bei der bisherigen Kommissionierung betragen 4,08 €, bei Einsatz des Kommissionierroboters verändern diese sich auf 3,70 €. Das sind 0,38 € bzw. 9,3 % weniger.

21. Aufgabe

21.1 Typische Kommissionierfehler sind z. B.: Übersehen eines Kommissionierauftrags, Übersehen einer Position in einem Kommissionierauftrag, Greifen einer falschen Anzahl eines Artikels, Greifen eines falschen Artikels

21.2 Mögliche Ursachen für Kommissionierfehler sind z. B.:
- Ein Artikel wurde falsch eingelagert.
- Der Kommissionierer arbeitet unkonzentriert.
- Der Kommissionierer arbeitet unter Zeitdruck.
- Der Kommissionierer identifiziert sich nicht mit seiner Arbeit/ist unmotiviert.
- Der Kommissionierauftrag ist unleserlich.
- Die Lagerplätze sind falsch oder unleserlich beschriftet.

21.3 Mögliche Folgen von Kommissionierfehlern sind z. B.:
- Kunden sind unzufrieden und wandern zur Konkurrenz ab.
- Imageverlust für das Unternehmen
- Entstehen von zusätzlichen Kosten für Rücksendungen, Nachlieferungen usw.

21.4

	Anzahl der Kommissionierungen	Anzahl der Kommissionierfehler	%-Anteil der Kommissionierfehler
1. Quartal Vorjahr	6.411	42	0,66
2. Quartal Vorjahr	6.994	30	0,43
3. Quartal Vorjahr	7.412	53	0,72
4. Quartal Vorjahr	7.166	14	0,20

22. Aufgabe

22.1 Die Fehlerquote in diesem Quartal beträgt 1,18 %. Erlaubt gewesen wären 48 Fehler, es wurden daher 66 fehlerhafte Kommissionierungen zu viel getätigt.

22.2 Denkbare Maßnahmen gegen Kommissionierfehler sind z. B.:
Schulungen für die Mitarbeiter, Vermehrte Kontrollen beim Arbeitsablauf, Einführung einer Prämienzahlung für fehlerfreies Arbeiten, Einführung der beleglosen Kommissionierung, Verbesserung der Lagerplatzbeschriftung

Aufgabe	Lösung
23.	b
24.	d
25.	c
26.	b + e
27.	c
28.	a
29.	a
30.	e / a / c / b / d / f
31.	b
32.	a
33.	d
34.	5 / 4 / 1 / 1 /2 / 3 / 3 / 4 / 5
35.	a

Aufgabe	Lösung
36.	c
37.	a
38.	c
39.	b
40.	d
41.	b
42.	c
43.	d
44.	c
45.	e
46.	a
47.	d
48.	c

⑥ Güter verpacken

1. Aufgabe

1.1

Begrifflichkeit	Erklärung
Packstück	*Eine Packung (s. u.), die versand- und transportfähig gemacht wurde.*
Packung	Packgut und Verpackung zusammen
Packstoff	*Das Material, aus dem das Packmittel bzw. das Packhilfsmittel hergestellt ist.*
Verpackung	Packmittel und alle Packhilfsmittel

1.2 Mögliche _Vorteile_ einer Verpackung sind z. B.:
Verhinderung von Verderb, Vereinfachung der Lagerung und des Transports, Verpackungen enthalten teils sehr wichtige Informationen für Kunden und Lagermitarbeiter, Schutz der Ware vor Verschmutzung

Mögliche _Nachteile_ einer Verpackung sind z. B.:
Zusätzliche Kosten durch die Verpackung, Verbrauch von Rohstoffen, zusätzliche Kosten für die Entsorgung der Verpackungen

1.3 Die fünf Funktionen der Verpackung sind:
- Schutzfunktion (= Schutz der Ware vor diversen Gefahren)
- Informationsfunktion (= Verpackung enthält wichtige Informationen zur Ware)
- Lagerfunktion (= erleichterte Einlagerung und Zwischenlagerung der Ware)
- Lade- und Transportfunktion (= erleichtertes Verladen sowie Transportieren ohne Beanspruchung der Ware)
- Verkaufsfunktion (= Verpackung trägt zum besseren Verkauf der Ware bei)

1.4 Die Verpackung schützt gemäß der Schutzfunktion:
- das Packgut (z. B. vor Verschmutzung, Stoß, Druck)
- das Transportmittel (z. B. vor Beschädigungen)
- die Umwelt (z. B. vor Auslaufen, Gas-Entweichen)
- andere Waren/Packungen (z. B. vor Beschädigungen, Verschmutzungen)

2. Aufgabe

2.1 Vorteile aus der Lade- und Transportfunktion sind z. B.: Beschleunigung des Belade- und Entladevorgangs, optimale Ausnutzung der benutzten Transportmittel, Arbeitserleichterung für die Mitarbeiter weniger Personalbedarf für Beladung und Entladung

2.2 Verpackungen sind diesen vier Beanspruchungen ausgesetzt:
- Mechanische Beanspruchung
- Klimatische Beanspruchung
- Beanspruchung durch Lebewesen/Schädlinge
- Beanspruchung durch Diebstahl

2.3 Mechanische Beanspruchungen von Verpackungen sind:
- Beanspruchung durch Fall
- Beanspruchung durch Schub
- Beanspruchung durch Stoß
- Beanspruchung durch Druck
- Beanspruchung durch Erschütterung bzw. Schwingungen

Mögliche (allgemeine) Vorbeugungsmaßnahmen sind z. B.:
- Wahl von möglichst stabilen Packmitteln
- Zusätzliche Verwendung von Stretchfolien oder Umreifungsbändern
- Vorsichtiger Umgang mit Fördermitteln
- Anbringen bzw. Beachten von Vorsichtshinweisen auf der Verpackung
- Sorgfältige Ladungssicherung auf den Transportmitteln

3. Aufgabe

Vorbeugende Maßnahmen gegen die Diebstahlgefahr sind z. B.:
- Wahl von neutralen Verpackungen
- Wahl von großen und aufwendigen Verpackungen
- Zusammenfassung einzelner Packungen zu größeren Verpackungseinheiten
- Zusätzliche Verwendung von Folien oder Umreifungsbändern
- Verpackungen so wählen, dass ein gewaltsames Öffnen sofort zu erkennen ist

4. Aufgabe

Die drei Arten von Verpackungen sind:

Verkaufsverpackung = wird mit der Ware an den Endverbraucher verkauft (Beispiele: Bierflasche, Getränkedose, Zahnpastatube).

Umverpackung = zusätzliche Verpackung um die Verkaufsverpackung herum, fasst oft mehrere Verkaufsverpackungen zu einer Einheit zusammen (Beispiele: Pappschachtel um die Zahnpastatube herum, Folie um jeweils 10 eingepackte Schokoriegel herum).

Transportverpackung = erleichtern in erster Linie den Transport der Waren, werden i. d. R. nicht an den Endverbraucher abgegeben. (Beispiele: Europalette, Gitterbox, Seekiste)

5. Aufgabe

5.1 Informationen könnten beispielsweise sein: Transporthinweise, Lagerungshinweise, Angaben zum Lagerort, Sicherheitshinweise, Handhabungshinweise

5.2 Informationen speziell auf Verkaufsverpackungen sind z. B.: Mindesthaltbarkeitsdauer bzw. Verfalldatum, Preise, Artikelbezeichnungen, Barcodes, Gewichte

6. Aufgabe

6.2 *Einwegverpackungen* = nur zum einmaligem Gebrauch als Verpackung dienend
Beispiele: Schachteln, Einwegflaschen, Konservendosen, Tuben usw.

Mehrwegverpackungen = werden mehrfach als Verpackung verwendet, also i. d. R. zurückgegeben oder getauscht
Beispiele: Paletten, Container, Gitterboxen, Pfandflaschen usw.

6.3 *Vorteile* von Mehrwegverpackungen sind z. B.: geringerer Ressourcenverbrauch, weniger Verpackungsabfall

Nachteile von Mehrwegverpackungen sind z. B.: erhöhter Verwaltungsaufwand beim Tausch, ggf. Kosten für Rücktransporte, ggf. nötige Reinigungsarbeiten

7. Aufgabe

Packmittel = Gegenstand, der die Ware direkt aufnimmt, Hauptbestandteil der Verpackung.
Beispiele: Schachteln, Kisten, Flaschen, Kanister, Tüten, Boxen usw.

Packhilfsmittel = Gegenstände, die das Packmittel ergänzen, mit der Ware in das Packmittel gefüllt werden, dieses verschließen usw. Der Verpackungsvorgang wird dadurch vervollständigt.
Beispiele: Folien, Klebeband, Styroporchips, Holzwolle, Schaumstoffe, Luftpolster usw.

8. Aufgabe

Beispiel	Zugeordnete Begriffe
Weinflasche	*Packmittel, Verkaufsverpackung, Einwegverpackung*
Europalette	*Packmittel, Transportverpackung, Mehrwegverpackung*
Stretchfolie	*Packhilfsmittel, evtl. auch Transportverpackung*
Buch Prüfungsvorbereitung Lageristen	*Packgut*
Holz	*Packstoff*
Zahnpastatube	*Packmittel, Verkaufsverpackung, Einwegverpackung*
Folie um Zigarettenschachtel	*Packhilfsmittel, Umverpackung, Einwegverpackung*

9. Aufgabe

9.1

Packstoff	Beispiele an Packmitteln
Holz	*Kisten, Verschläge, Steigen, Aufsetzrahmen usw.*
Kunststoff	*Boxen, Drehstapelbehälter, Eurobehälter, konische Behälter usw.*
Metall	*Collicos, Metallboxen, Metallkoffer, Gitterboxen usw.*
Karton, Pappe, Papier	*Schachteln, Wellpappe-Boxen, Fixierverpackungen usw.*

9.2 *Vorteile* von Packmitteln aus Holz sind z. B.: Hohe Stabilität (gegenüber Packstoff Pappe), Nachwachsender Rohstoff, Holz muss nicht importiert werden, umweltfreundliche Entsorgung gewährleistet

10. Aufgabe

10.1 *Vorteile* des Packstoffs Wellpappe sind z. B.:
- Dieser Packstoff ist leichter als andere Packstoffe.
- Wellpappe hat dennoch eine hohe Stabilität.
- Anlieferung und Lagerung sind sehr oft liegend möglich, was Kosten spart.
- Dieser Packstoff ist leicht zu entsorgen und zu recyceln.
- Dieser Packstoff ist leicht zu bedrucken mit wichtigen Informationen usw.

10.2

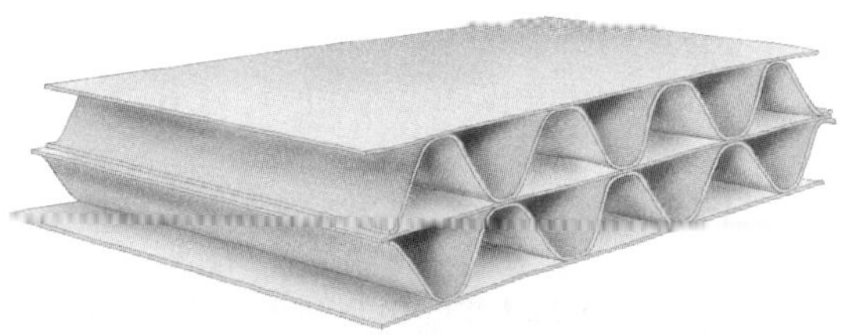

Zweiwellige Wellpappe = 5 Lagen

Dreiwellige Wellpappe = 7 Lagen

11. Aufgabe

11.1 Zweiwegpalette = kann nur an der Längsseite von vorn oder hinten (also von zwei Seiten) unterfahren werden.
Vierwegpalette = kann von allen vier Seiten unterfahren werden.

11.2 Maße der Europalette = 120 x 80 x 14,4 cm
Eigengewicht (Tara) = etwa 20-25 kg je nach Feuchtigkeit des Holzes
Tragfähigkeit = 1.000 kg bei Punktbelastung, maximal 2.000 kg bei gleichmäßiger und vollflächiger Belastung

11.3 Fläche einer Europalette = 0,96 m^2
Lagerfläche für 70 Paletten = 18 Stapel = 17,28 m^2

12. Aufgabe

12.1 Europäischer Palettenpool = ursprünglich ab 1961 Zusammenschluss von mehreren europäischen Eisenbahngesellschaften, heute organisiert vom EPAL-Verband; innerhalb des Pools können Unternehmen die Paletten untereinander tauschen; Hinweis: normierte Europaletten werden seit wenigen Jahren auch von der UIC sowie der WORLD Pallet AG ausgegeben, Paletten der UIC sind mit EPAL-Paletten tauschfähig, WORLD-Paletten mit EPAL nicht!

12.2 Linker Klotz einer Europalette = EPAL-Schriftzug in ovaler Umrandung
Mittlerer Klotz einer Europalette = IPPC-Logo, Herstellungsbetrieb, Herstellungsdatum
Rechter Klotz einer Europalette = EPAL-Schriftzug in ovaler Umrandung

Hinweis: Bei Europaletten der UIC sind folgende Kennzeichnungen vorhanden:
Linker Klotz einer UIC-Palette: UIC-Schriftzug
Mittlerer Klotz einer UIC-Palette: IPPC-Logo, Herstellungsbetrieb, Herstellungsdatum
Rechter Klotz einer UIC-Palette: EUR-Schriftzug in ovaler Umrandung

12.3 Wichtige Prüfkriterien sind z. B.: Zustand der Bodenbretter und Deckrandbretter (z.B. Vollständigkeit, Absplitterungen, Brüche), Vollständigkeit der Klötze, Lesbarkeit der Kennzeichnungen, Verschmutzungen

12.4 *Vorteile* von Europaletten sind z. B.:
- weit verbreitetes Tauschsystem,
- standardisierte Maße erleichtern Verladung und Transport,
- umweltschonend durch Mehrwegverpackung,
- große Robustheit,
- geringe Transportkosten,
- gute Stapelbarkeit,
- hohe Belastbarkeit

12.5 *Vorteile* von Kunststoffpaletten sind z. B.:
- geringeres Eigengewicht,
- resistent gegen Nässe und Feuchtigkeit,
- keine Nägel oder Schrauben,
- keine Absplitterungen möglich,
- verschiedene Farben möglich

13. Aufgabe
Das Gesamtgewicht der beladenen Palette beträgt 402 kg.

14. Aufgabe
Auf die Palette passen 24 Kunststoffkisten.

15. Aufgabe
Das Gesamtgewicht dieser Palette beträgt 594,75 kg.

16. Aufgabe

Sie benötigen drei Europaletten.

17. Aufgabe

17.1 Reihenstapelung: Verbundstapelung:

Vorteil: einfache Stapelweise Vorteil: größere Stabilität

17.2 Kriterien für die Palettenbildung sind z.B.: Abmessungen der Packmittel, Maße der Palette, Gewicht der Packungen, Stapelfähigkeit der Packungen, Tragfähigkeit der Palette

18. Aufgabe

18.1 Die Euroflachpalette ist ausschließlich aus Holz gefertigt und besitzt als Flachpalette keinerlei Aufbauten.
Die Eurogitterboxpalette besitzt eine Bodenplatte aus Holz und eine stabile Baustahlgitter-Konstruktion als Aufbau bzw. als vier Wände. Eine Wand lässt sich abklappen.

18.2 Innenmaße = 120 x 80 x 80 cm
Außenmaße = 124 x 83,5 x 97 cm
Volumen (gemäß der Innenmaße) = 0,768 m^3

18.3 Vorteile der Gitterbox sind z. B.:
- Besserer Schutz der Ware durch die Seitenwände
- Keine zusätzliche Absicherung (z.B. durch Umreifungsbänder) notwendig
- Stapelbarkeit der Gitterboxen, was eventuell als Ersatz für Regale dienen könnte

19. Aufgabe

In eine Gitterbox passen 24 Schachteln, also werden 9 Gitterboxen benötigt.

20. Aufgabe

20.1 Am besten geeignet ist hierbei die Schachtel mit der Artikelnummer 0816.

20.2 Es werden 315 Schachteln benötigt.

20.3 Eine Gitterboxpalette fasst 64 der ausgewählten Schachteln.

20.4 Es werden 5 Eurogitterboxpaletten benötigt.

20.5 Gewicht der Luftfilter = 1.449 kg
Gewicht der Schachteln = 220,5 kg
Gewicht der Gitterboxen = 350 kg
Gesamtgewicht der Lieferung = 2.019,5 kg

21. Aufgabe

21.1

Schutzmittel/Füllmittel	Kennzeichnungsmittel	Verschlussmittel
• *Luftpolsterkissen* • *Rollenwellpappe* • *Holzwolle* • *Styroporchips* • ...	• *Etiketten* • *Indikatoren* • *Gefahrensymbole* • *Begleitpapiertaschen* • ...	• *Umreifungsband* • *Klebeband* • *Heftklammern* • *Folie* • ...

21.2 Denkbare sinnvolle Kriterien sind z. B.: Preis der Füllmittel, Gewicht der Füllmittel, Wiederverwendbarkeit, Entsorgung, Dämmeigenschaften

21.3 Trockenmittel nehmen im Packmittel die Feuchtigkeit auf. So soll verhindert werden, dass das Packgut korrodiert (oder ggf. auch verdirbt).

22. Aufgabe

Es werden 8 Meter Stahlband benötigt.

23. Aufgabe

23.1 Eine Gefahr ist die Beanspruchung durch Feuchtigkeit, sodass die Metallteile rosten können. Geeignete Packhilfsmittel, um dies zu vermeiden sind z. B.: Trockenmittel, Ölpapier, VCI-Trägermaterialien, Teerpapier

23.2 Geeignete Füllmittel/Schutzmittel gegen Druck bzw. Stoß sind z. B.:
Luftpolsterfolie, Styroporchips, Kunststoff-Flocken, Noppenschaum

24. Aufgabe

24.1 <u>*Denkbare Packmittel:*</u> Pappschachtel, Wellpappe-Schachtel, Holzkiste (allesamt aus nachwachsenden Rohstoffen)
<u>*Denkbare Packhilfsmittel:*</u> Holzwolle, Papierwolle, Chips aus Maisstärke, Papp-Stegeinsätze (s. o.)

24.2 <u>*Manuelles Stretchen*</u> = die Stretchfolie wird per Hand um die Palette gewickelt.

<u>*Maschinelles Stretchen*</u> = die Palette wird auf einem Drehteller positioniert und der Stretchautomat wickelt diese automatisch ein oder der Rahmen der Stretchmaschine umrundet die Palette.

24.3 Weitere Sicherungsmöglichkeiten für die Palette sind z. B.:
- Verbundstapelung der Schachteln auf der Palette
- Benutzung von Schrumpffolie
- Benutzung von Umreifungsbändern aus Kunststoff oder Metall
- Benutzung von (rutschfesten) Zwischenlagen zwischen den Schachteln
- Umklebung jeder Lage von Schachteln mit Klebeband
- Verklebung der Oberflächen der einzelnen Schachteln miteinander

24.4 Schrumpffolie wird wie eine Haube zunächst über das Packstück gestülpt und anschließend wird durch starke Hitzewirkung diese Haube geschrumpft, sodass sie schließlich sehr eng am Packstück anliegt.

25. Aufgabe

25.1 <u>*Packmittel*</u> = Seekiste, bietet optimalen Schutz gegen die Beanspruchungen auf hoher See

<u>*Packhilfsmittel*</u> = Ölpapier, VCI-Papier als Schutz vor Feuchtigkeit und Korrosion

25.2 Leitmarke, Informationsmarkierung, Handhabungsmarkierung

25.3 1. Symbol = „hier aufreißen"
2. Symbol = „zulässiger Temperaturbereich"
3. Symbol = „Stechkarre hier nicht ansetzen"

26. Aufgabe

26.1

= oben bzw. aufrecht transportieren

= zerbrechlich, zerbrechliches Packgut

= nicht stapeln

26.2 Ein Kippindikator wird direkt am Packstück angebracht und verfärbt sich, sobald das Packstück gekippt wird. Eine Verfärbung bedeutet, dass die innen liegende Ware mit hoher Wahrscheinlichkeit beschädigt ist.

26.3

Hinweis in englischer Sprache	Bedeutung in deutscher Sprache
handle with care, fragile	*Packstück muss mit besonderer Vorsicht behandelt werden, zerbrechliches Packgut*
keep away from heat	Packstück ist vor Wärme zu schützen
sling here	*Packstück hier anschlagen*
do not roll	Packstück darf nicht gerollt werden

27. Aufgabe

Hilfsmittel für den Verpackungsvorgang sind z. B.: Packtische, Schrumpfpistolen (für Schrumpffolie), Umreifungsgeräte, Folienstretchmaschinen, Abfüllanlagen, Schachtelverschließungsmaschinen

28. Aufgabe

28.1
- Maschinenkosten
- Materialkosten
- Lohnkosten

28.2 Die Verpackungskosten betragen 11,89 €.

29. Aufgabe

29.1 Ziele sind die Förderung der Kreislaufwirtschaft, die Schonung der natürlichen Ressourcen sowie die Sicherung der umweltverträglichen Bewirtschaftung von Abfällen.
Rangfolge bzw. „Abfallhierarchie": Vermeidung von Abfall, geht vor Wiederverwendung von Abfall, geht vor Recycling von Abfall, geht vor sonstiger Verwertung von Abfall geht vor Beseitigung von Abfall

29.2 Verringerung bzw. Vermeidung von negativen Auswirkungen von Abfällen aus Verpackung auf die Umwelt. Vermeidung von Verpackungsabfall geht vor Wiederverwendung von Verpackung sowie Verwertung und Beseitigung der Verpackungsabfälle.

29.3 Verkaufsverpackungen, Umverpackungen, Transportverpackungen.

29.4 Gebrauchte Transportverpackungen können zurückgenommen/zurückgegeben werden.
Gebrauchte Transportverpackungen können wiederverwendet werden.
Gebrauchte Transportverpackungen können im Sinne von Recycling stofflich verwertet werden.
Gebrauchte Transportverpackungen können energetisch verwertet werden.
Gebrauchte Transportverpackungen können getauscht werden.

29.5 Der Betreiber eines solchen Systems produziert die Mehrwegtransportverpackungen (MTV) und gibt sie gegen einen Pfand ab. Bei einer Warenlieferung mitsamt MTV muss der Empfänger diesen Pfand an den Lieferanten bezahlen. Bei Rückgabe der MTV (an Lieferant oder an Systembetreiber) gibt es eine Rückerstattung des Pfands.

30. Aufgabe

30.1

Gefahrenklasse	Bedeutung (deutsch)	Englische Übersetzung
1	*Explosive Stoffe*	*explosives*
2	Gase	*gases*
3	*Entzündbare flüssige Stoffe*	flammable liquids
7	*Radioaktive Stoffe*	*radioactives*

30.2 UN steht für United Nations (geben weltweite Standards für Gefahrstoffe vor).
Nach dem „UN" folgt eine vierstellige Zahl (ohne Umrandung), welche eine exakte Identifizierung der jeweiligen Gefahrstoffe beispielsweise für die Feuerwehr möglich macht.

30.3 Label steht für Gefahrgutklasse 6.2 = „ansteckungsgefährliche Stoffe".
Ein Beispiel dafür sind klinische Abfälle.

30.4

	*Reizend (auch: Gesundheitsschädlich)*
	*Ätzend*
	*Umweltgefährdend*
	*Brandfördernd*

Aufgabe	Lösung
31.	*b*
32.	*a (auch: e)*
33.	*d*
34.	*e*
35.	*d*
36.	*d*
37.	*b + c*
38.	*3 / 3 / 1 / 2 / 1 / 1 / 2*
39.	*e*
40.	*b*
41.	*c*
42.	*d*
43.	*c*
44.	*c*
45.	*1 / 2 / 1 / 3 / 3 / 2 / 1 / 1*
46.	*c*
47.	*d*
48.	*a*
49.	*e*
50.	*b*
51.	*b*
52.	*d*

Aufgabe	Lösung
53.	*a*
54.	*e*
55.	*c*
56.	*b*
57.	*c*
58.	*a*
59.	*d*
60.	*1 / 2 / 2 / 3 / 3*
61.	*b*
62.	*b*
63.	*d*
64.	*a*
65.	*e*
66.	*c*
67.	*d*
68.	*d*
69.	*a*
70.	*c*
71.	*d*
72.	*a / c / d / b / e*
73.	*b*
74.	*a*

⑦ Touren planen

1. Aufgabe

Nachbarland	Hauptstadt
Dänemark	*Kopenhagen*
Polen	*Warschau*
Tschechien	*Prag*
Österreich	*Wien*
Schweiz	*Bern*
Frankreich	*Paris*
Luxemburg	*Luxemburg*
Belgien	*Brüssel*
Niederlande	*Amsterdam (Regierungssitz: Den Haag)*

2. Aufgabe

Region	Stadt
Südfrankreich	*Marseille, Montpellier, Toulouse*
Spanien (zentral)	*Madrid*
Norditalien	*Turin, Mailand, Genua, Venedig, Verona, Bologna*
Südengland	*London*
Polen	*Warschau, Krakau, Danzig, Posen, Breslau*

3. Aufgabe

Stadt	Land
Chicago	*USA*
Brüssel	*Belgien*
Zürich	*Schweiz*
Atlanta	*USA*
Amsterdam	*Niederlande*
Madrid	*Spanien*

4. Aufgabe

Nordseehafen	Land
Antwerpen	*Belgien*
Brügge-Zeebrügge	*Belgien*
Wilhelmshaven	*Deutschland*
Bergen	*Norwegen*
Rotterdam	*Niederlande*

5. Aufgabe

Seehafen	Land
Singapur	*Singapur*
Shanghai	*China*
Hong Kong	*China*
Los Angeles	*USA*
Busan	*Süd-Korea*
Tokio	*Japan*
Dubai	*Vereinigte Arabische Emirate*

6. Aufgabe

6.1 Passau, Wien, Bratislava, Budapest, Belgrad

6.2 Belgrad

6.3 Passau

6.4 Schwarzes Meer

6.5 Österreich, Slowakei, Ungarn, Kroatien, Serbien, Bulgarien, Rumänien, Moldawien, Ukraine

7. Aufgabe

a) Hamburg
b) Bremen
c) Berlin
d) Hannover
e) Dortmund
f) Dresden
g) Leipzig
h) Köln
i) Frankfurt/Main
j) Nürnberg
k) Stuttgart
l) München

8. Aufgabe

8.1 A8 – A5 – A3

8.2 A9

8.3 A7

8.4 A2

8.5 Die Autobahnen mit den geraden Nummern A2, A4, A6, und A8 verlaufen von West nach Ost, die Autobahnen mit den ungeraden Nummern A1, A3, A5, A7 und A9 verlaufen von Nord nach Süd.

8.6 A7, A8 und A3

8.7 A3, A6 und A9

8.8 Schleswig-Holstein, Hamburg, Niedersachsen, Hessen, Bayern, Baden-Württemberg

9. Aufgabe

9.1 über Bremen – Osnabrück – Duisburg: 97 + 120 + 115 + 57 + 100 + 26 + 40 = 555 km
über Bremen – Osnabrück – Dortmund: 97 + 120 + 115 + 57 + 63 + 93 = 545 km
über Hannover – Bielefeld – Dortmund: 97 + 147 + 106 + 105 + 93 = 548 km

9.2 510 km = 100 %
545 km = x %, x = 545 km x 100 : 510 km = 106,86 %
Es ergibt sich eine Abweichung von 6,86 %

9.3 Die Entfernungsangaben beziehen sich auf zwei Städte, legt man eine größere Strecke zurück, so muss man nicht in die einzelnen Städte fahren, man spart sich also einige Kilometer

9.4 120 km

9.5 190 km

9.6 162 + 147 + 60 + 182 + 172 + 65 + 162 = 950 km

9.7 Schleswig-Holstein – Hamburg – Niedersachsen – Thüringen – Bayern

10. Aufgabe

10.1 Deutschland – Belgien – Frankreich – Spanien – Portugal

10.2 hoher CO_2-Ausstoß, Lärmbelastung, hoher Flächenverbrauch an Straßen

10.3 Staugefahr, hohe Unfallgefahr, eingeschränktes Transportvolumen
witterungsabhängig, z. B. bei Schneefall, Eis, Sonn-/Feiertagsfahrverbot

10.4 Schienengütertransport, d. h. Transport der Ware mit der Eisenbahn von Köln nach Lissabon
Transport mit dem Binnenschiff auf dem Rhein nach Rotterdam, dann mit dem Seeschiff nach Lissabon

11. Aufgabe

11.1 Die Behälter sind an die Flugzeuge angepasst

11.2 Volumen des kompletten Quaders (ohne Abschrägung!)
Volumen = L x B x H = 2,3 m x 1,9 m x 1,95 m = 8,5215 m³
Volumen der Abschrägung (Dreieckssäule)
Volumen = (0,5 m x 0,45 m) : 2 x 1,9 m = 0,21375 m³
Gesamtvolumen = 8,5215 m³ – 0,21375 m³ = 8,30775 m³
entsprechen 8.307,75 dm³ = 8.307,75 Liter

11.3 2,3 m : 0,45 m = 5,11 ≈ 5
und
1,9 m : 0,45 m = 4,22 ≈ 4 Schachteln
in die untere Lage passen 5 x 4 Schachteln = 20 Schachteln
in die Höhe: 1,5 : 0,3 m = 5 Schachteln,
d. h. bis zur Abschrägung passen 5 x 20 = 100 Schachteln
oben: 1,8 m : 0,45 m = 4 Schachteln (eine Schachtel weniger!)
nur eine obere Lage (0,45 m Höhe), d. h. 4 x 4 Schachteln = 16 Schachteln
insgesamt: 100 + 16 = 116 Schachteln

11.4 116 Schachteln x 12,5 kg = 1.450 kg
1.450 kg + 84 kg = 1.534 kg

11.5 Volumen der 116 Schachteln: 116 x 0,45 m x 0,45 m x 0,3 m = 7,047 m³
Ausnutzung in %: 7,047 m³ x 100 : 8,30775 m³ = 84,824 % ≈ 84,82 %

12. Aufgabe

12.1 Köln/Bonn und Düsseldorf

12.2 1 cm in der Karte entsprechen 16.000.000 cm = 1.600.000 dm = 160.000 m = 160 km
13 x 160 km = 2.080 km

12.3 2.080 km : 800 km/h = 2,6 h (2,6 h entsprechen 2 Stunden und 36 Minuten)
ungefähre Flugdauer = 2 Std. 36 Min. + 30 min = 3 Std. 6 Min.

12.4 Der Zeitunterschied beträgt + 3 Stunden, d. h. zur Zeit des Abflugs ist es in Russland schon 3 Stunden später (12:25 Uhr). Der Flug beträgt 3 Std. 6 Min.
Das Flugzeug landet ungefähr um 15:31 Uhr.

13. Aufgabe

Abflug in Frankfurt um 15:20 Uhr: der Zeitunterschied beträgt – 6 Stunden (von + 1 UTC bis – 5 UTC sind 6 Stunden!), d. h. in New York ist es zur Zeit des Abflugs 9:20 Uhr
9:20 Uhr + Flugdauer 8 Std. 56 Min. = Ankunft um 18:16 Uhr

14. Aufgabe

14.1 13:00 Uhr – 8:00 Uhr = 5 Stunden
425 km : 5 Stunden = 85 km/h Durchschnittsgeschwindigkeit
Der Transport ist nicht realistisch, da ein Lkw keine Durchschnittsgeschwindigkeit von 85 km/h erreichen kann, zudem muss der Fahrer nach 4,5 Stunden Lenkzeit eine Pause von mindestens 45 Minuten machen.

14.2 425 km : 60 km/h = 7,0833 Stunden = 7 Stunden 5 Minuten
7 Stunden 5 Minuten + 30 Minuten Beladen + 45 Minuten Pause (Lenkzeitunterbrechung nach spätestens 4,5 Stunden Lenkzeit) = 8 Stunden 20 Minuten
8:00 Uhr + 8 Stunden 20 Minuten = 16:20 Uhr (realistische Ankunftszeit)

15. Aufgabe

15.1 325 km x 80 : 100 = 260 km (mautpflichtige Wegstrecke)
38,48 € : 260 km = 0,148 € = 14,8 Cent

15.2 Anzahl der Achsen des Lkws oder des Fahrzeuggespanns
Schadstoffausstoß (Emissionsklasse des Fahrzeugs)

15.3 Alle Lkws mit einem Gesamtgewicht ab 12 t

16. Aufgabe

16.1 Ein TEU ist ein 20'-Container (oder eben etwas, was genauso viel Platz braucht)
TEU = twenty-foot equivalent unit d. h. eine 20-Fuß entsprechende Einheit

16.2 500 TEUs : 80 TEUs = 6,25 Mal mehr

17. Aufgabe

4 Laster: 4 Laster x 3 Tage x 8 Stunden = 96 Stunden
3 Laster: 96 Stunden : 3 Laster = 32 Stunden : 3 Tage = 10,666... Stunden pro Tag
10,666... = 10 Stunden und 40 Minuten

18. Aufgabe

18.1 reine Fahrtdauer 2 Std. 15 Min. = 2,25 Std.
81 km : 2,25 Std = 36 km/h

18.2 Stau, Unfall auf der Strecke unterwegs
Fahrten durch Stadtgebiete, schlechte Wetterlage, z. B. Schneefall, Eis, Glättegefahr

19. Aufgabe

19.1 8.541 Seemeilen x 1,852 km/Seemeile = 15.817,932 km

19.2 8.541 Seemeilen : 22 Seemeilen/Stunde (Knoten) = 388,227 Stunden ≈ 388 Stunden
388 Stunden : 24 Stunden/Tag = 16,166 Tage = 16 Tage 4 Stunden

19.3 Das Schiff hält unterwegs an verschiedenen Häfen zum Be- und Entladen an, in Hafennähe muss das Schiff langsamer fahren, Wartezeiten vor Schleußen

20. Aufgabe

20.1 Anbieter Fuchser: 480,00 € x 98 : 100 = 470,40 €
Danske Transport A/S: 3.500,00 dkr : 7,255 dkr/€ = 482,4259 ≈ 482,43 €

20.2 3.500,00 dkr : 470,40 € = 7,4405 dkr/€
Beim Kurs von 7,4405 dkr/€ sind beide Anbieter gleich teuer.
Ab einem Kurs von 1 € = 7,4406 dkr ist der dänische Anbieter günstiger.

21. Aufgabe

21.1 gesamte Verkehrsleistung: 130 + 55,5 + 18,2 + 491= 694,7 Milliarden tkm
491 Mill. tkm/694,7 Mill. tkm x 100 = 70,68 %

21.2 Seeschifffahrt und Lufttransport

21.3 Tonnenkilometer ist das Produkt aus Tonnen x Kilometer,
d. h. das Ladungsgewicht in Tonnen mal die gefahrene Strecke in km
z. B. 20 t x 80 km = 1.600 tkm

22. Aufgabe

23 Tonnen x 550 km = 12.650 tkm

23. Aufgabe

4.625 tkm : 250 km = 18,5 t (Tonnen)

24. Aufgabe

171.550,4 tkm : 450,5 t = 380,8 km

25. Aufgabe

25.1

	A	B	C	D	E
1	**Kostenaufstellung des Fuhrparks der Firma Frantz GmbH im Februar 20..**				
2	Fahrzeug	Kilometer	Fahrten	verbrauchte Liter	Gesamtkosten
3	SG – FA 215	*4500*	50	472,50	689,85
4	SG – FA 264	1680	*16*	184,80	267,96
5	SG – FA 889	800	10	77,60	116,40
6	SG – FA 133	3375	27	418,50	636,12
7	Summe	10355	103	1.153,40	*1.710,33*
8	**Durchschnittliche Werte der einzelnen Fahrzeuge**				
9	Fahrzeug		Ø Kilometer/ Fahrt	Ø Verbrauch/ 100 km	Ø Preis/Liter
10	SG – FA 215		90	10,5	1,46
11	SG – FA 264		105	*11,0*	1,45
12	SG – FA 889		80	9,7	*1,50*
13	SG – FA 133		*125*	12,4	1,52
14					
15	Gesamtwerte Durchschnitt	(gerundet auf 2 Nachkommastellen)	100,53	*11,14*	1,48

25.2

E 7 :	=Summe(E3:E6)	oder	=E3+E4+E5+E6
D 11 :	=D4/B4*100	oder	=D4*100/B4
E 12 :	=E5/D5		
C 13 :	=B6/C6		
D 15 :	=D7/B7*100	oder	=D7*100/B7

26. Aufgabe

26.1 Die Frantz GmbH transportiert die Waren nicht mehr mit eigenen Lkws. Es werden fremde Firmen beauftragt, Transporte durchzuführen. Der eigene Fuhrpark wird aufgelöst.

26.2 keine Kosten für eigene Fahrer
keine Betriebs- und Instandhaltungskosten für betriebseigene Fahrzeuge
kein Risiko bei geringen Fahraufträgen
bei Unfällen, Transportschäden muss die Fremdfirma haften

26.3 Abhängigkeit von der Fremdfirma, höhere Preise bei Transporten,
Gefahr der Unzuverlässigkeit beim Fremdanbieter und dadurch Kundenverlust

27. Aufgabe

27.1

	Kosten pro Fahrzeug	**Kosten für 4 Sattelzüge**
Kosten für Kilometerleistung	*80.000 x 2,80 € = 224.000,00 €*	*896.000,00 €*
Versicherung und Steuer	*4.250,00 €*	*17.000,00 €*
Lohnaufwand	*180.000,00 € : 3 = 60.000,00 €*	*240.000,00 €*
Abschreibungen	*12,5 % von 96.000,00 € = 12.000,00 €*	*48.000,00 €*
Gesamtkosten	***300.250,00 €***	***1.201.000,00 €***

27.2

Logistikdienstleister Fuchser		**Spedition Schnellinger**	
	Kosten pro Fahrzeug		Kosten pro Fahrzeug
Variable Kosten	*80.000,00 x 3,90 € = 312.000,00 €*	Variable Kosten	*80.000,00 x 4,10 € = 328.000,00 €*
Fixkosten	*30.000,00 €*	Fixkosten	*21.000,00 €*
Gesamtkosten	***342.000,00 €***	**Gesamtkosten**	***349.000,00 €***

27.3 Die Anschaffung eines eigenen Sattelzugs ist vorteilhaft

27.4 Ersparnis gegenüber Fuchser 41.750,00 €,
Ersparnis gegenüber Schnellinger 48.750,00 €

27.5 Eigentransport: 112.000,00 € + 4.250,00 € + 60.000,00 € + 12.000,00 € = 188.250,00 €
Fuchser: 156.000,00 € + 30.000,00 € = 186.000,00 €
Schnellinger: 164.000,00 € + 21.000,00 € = 185.000,00 €

27.6 Fremdanbieter Schnellinger ist am günstigsten, Kostenvorteil von 3.250,00 €

28. Aufgabe

Transportkosten, Schnelligkeit des Transports, Flexibilität (Abfahrtszeiten, Zu-/Abladen), vorhandene Verkehrsverbindungen, Ladekapazität des Verkehrsmittels, Umweltbelastungen, Art des Transportgutes (zerbrechlich, verderblich, Gefahrgut), Sicherheit des Transportes (Pünktlichkeit, Zuverlässigkeit, Beschädigungen)

29. Aufgabe

a) Binnenschiff
b) Lkw
c) Eisenbahn
d) Pipeline (falls vorhanden), sonst Binnenschiff
e) Eisenbahn (IC-Kuriergut)
f) Flugzeug
g) Seeschiff
h) Lkw
i) Auto, Lieferwagen
j) Eisenbahn
k) Binnenschiff oder Eisenbahn
l) zuerst Eisenbahn oder Binnenschiff, dann mit Seeschiff
m) zuerst Lkw, dann Flugzeug
n) Flugzeug
o) zuerst Seeschiff, dann Eisenbahn

30. Aufgabe

Eigenschaften	Verkehrsträger	
	Bester	**Schlechtester**
Schnelligkeit (Langstrecke)	*Luftverkehr*	*Binnenschifffahrt*
Ladekapazität	*Seeschifffahrt*	*Straßengüterverkehr*
Umweltfreundlichkeit	*Binnenschifffahrt*	*Luftverkehr*
Verkehrsnetz	*Straßengüterverkehr*	*Binnenschifffahrt*
Sicherheit/Unfallgefahr	*Luftverkehr/Binnenschifffahrt*	*Straßengüterverkehr*

31. Aufgabe

31.1 4 x 420 kg + 3.500 kg + 6.000 kg + 7 x 20 kg + 3 x 480 kg =
1.680 kg + 3.500 kg + 6.000 kg + 140 kg + 1.440 kg = 12.760 kg = 12,76 t

31.2 tatsächliches Gewicht: 11 t + 0,09 t + 12,76 t = 23,85 t

31.3 24.000 kg – 23.850 kg = 150 kg

31.4 eine Europalette hat 0,4 Lademeter
7,85 m : 0,4 m = 19,6 ➡ 19 Europalettenstellplätze

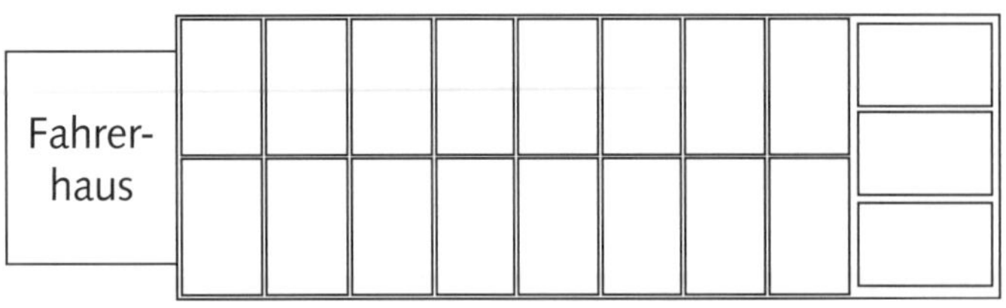

31.5 Solingen – Dortmund – Duisburg – Düsseldorf – Köln

31.6 Solingen – Dortmund – Duisburg – Düsseldorf – Köln – Solingen
67 km + 57 km + 28 km + 45 km + 36 km = 233 km

31.7 233 km : 60 km/h x 60 Minuten = 233 Minuten
4 x 30 Minuten = 120 Minuten, d. h. insgesamt 353 Minuten (5 Stunden 53 Minuten)

31.8 Terminvorgaben/Eilsendungen
Öffnungszeiten der Warenannahme beim Kunden

32. Aufgabe

32.1 und **32.2**

Abfahrt von ...	Ankunft in ...	Strecke in km	Dauer der Fahrt in min	Abfahrt um ... Uhr	Ankunft um ... Uhr	Entladen/ Pause
Solingen	*Hagen*	*45*	*54*	*7:30*	*8:24*	*25 min Entladen*
Hagen	*Lüdenscheid*	*30*	*36*	*8:49*	*9:25*	*25 min Entladen*
Lüdenscheid	*Overath*	*80*	*96*	*9:50*	*11:26*	*25 min Entladen*
Overath	*Kerpen*	*60*	*72*	*11:51*	*13:03*	*25 min Entladen* *45 min Pause*
Kerpen	*Grevenbroich*	*35*	*42*	*14:13*	*14:55*	*25 min Entladen*
Grevenbroich	*Solingen*	*54*	*65*	*15:20*	*16:25*	–
–	**Gesamt**	***304***	***365***	–	–	–

32.3 Lenkzeit 365 Minuten + 5 x 25 Minuten = 490 Minuten
entsprechen 8 Stunden 10 Minuten

32.4 Der Termin in Overath (11:30 Uhr) kann nicht mehr eingehalten werden.

32.5

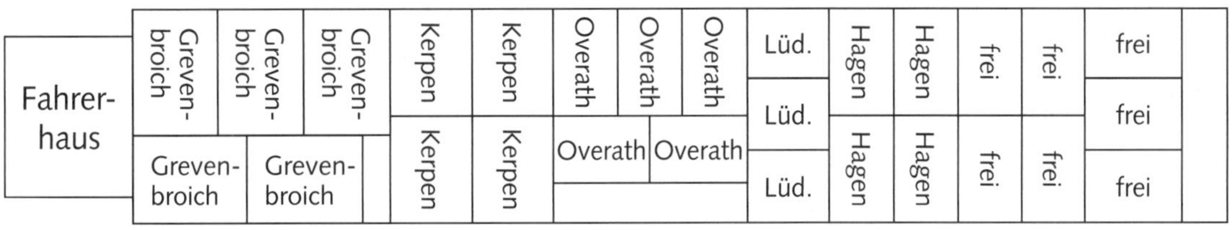

32.6 Belegte Ladefläche: 2 x 0,8 m + 1 m + 3 x 0,84 m + 2 x 1,0 + 3 x 1,0 m = 10,12 m
noch verfügbar: 13,2 m – 10,12 m = 3,08 m
4 Europaletten quer (2 x 0,8 m = 1,6 m) und 3 Europaletten längs (1 x 1,2 m = 1,2 m) = 2,8 m
d. h. noch 7 Europaletten-Stellplätze sind frei (siehe Skizze)

32.7 Ja, da die Firma Müller noch 4 weitere Paletten versenden möchte (7 Stellplätze sind frei).

33. Aufgabe

33.1 13,55 m : 0,8 m = 16,94 Pal. ≈ 16 Pal. x 2 = 32 Paletten
13,55 m : 1,2 m = 11,29 Pal. ≈ 11 Pal. x 3 = 33 Paletten, also 33 Paletten
1-mal gestapelt ergibt 66 Europaletten

33.2 gesamte Ladefläche: 13,55 m x 2,44 m = 33,062 m^2
benutzte Ladefläche: 33 x 1,2 m x 0,8 m = 31,68 m^2
prozentuale Auslastung: 31,68 m^2 x 100 : 33,062 m^2 = 95,82 %

33.3 gesamtes Ladevolumen: 33,062 m^2 x 3 m = 99,186 m^3
benutztes Ladevolumen: 66 x 1,2 m x 0,8 m x 1,3 m = 82,368 m^3
prozentuale Auslastung: 82,368 m^3 x 100 : 99,186 m^3 = 83,04 %

34. Aufgabe

34.1 3,5 dm x 3,5 dm x 3,14 x 12 dm = 461,58 dm^3

34.2 461,58 Liter

34.3 461,58 Liter x 90 : 100 = 415,422 Liter
48.000 Liter : 415,422 Liter = 115,545.. Fässer ≈ 116 Fässer

34.4 1 l Olivenöl wiegt 910 g = 0,91 kg
415,422 Liter x 0,91 kg = 378,034 kg
378,034 kg + 12,5 kg = 390,534 kg

34.5 13,60 m : 0,7 m = 19,4.. Fässer, d.h. 19 Fässer
2,44 m : 0,7 m = 3,48.. Fässer, d.h. 3 Fässer
19 x 3 = 57 Fässer
Maximales Zuladegewicht = 40 t -23,5 t = 16,5 t = 16.500 kg
16.500 kg : 390,534 kg = 42,2498... Fässer, d.h. maximal 42 Fässer
Es dürfen also höchstens 42 Fässer verladen werden, da ansonsten das zulässige Gesamtgewicht überschritten wird.

34.6 gesamte Ladefläche: 2,44 m x 13,60 m = 33,184 m²
genutzte Ladefläche: 0,35 m x 0,35 m x 3,14 x 42 Fässer = 16,1553 m²
33,184 m² = 100 %,
16,1553 m² = x %
16,1553 m² x 100 / 33,184 m² = 48,68 % (genutzte Fläche)
100 % – 48,68 % = 51,32 % (ungenutzte Fläche)

Falls die Fässer gestapelt werden, halbiert sich die genutze Fläche (24,34 %)!

34.7 116 Fässer : 42 Fässer = 2,76.., d.h. 3 Sattelzüge

34.8 Italien – Österreich – Deutschland – Dänemark

34.9 Brenner

34.10 Staus, schlechtes Wetter wie Schnee, Eis, Polizeikontrollen

34.11 CMR-Frachtbrief

34.12 3 x 19 = 57 Fässer
diese Fässer können 1-mal gestapelt werden, deswegen 2 x 57 = 114 Fässer

Aufgabe	Lösung
35.	*a, d, f, b, c, e*
36.	*b, e, c, a, d, f*
37.	*d*
38.	*b*
39.	*c*
40.	*d*
41.	*c*
42.	*c*
43.	*c*
44.	*a*
45.	*b*
46.	*5, 3, 1, 6, 4, 7, 2, 1, 1*
47.	*e*
48.	*a*
49.	*e*
50.	*4, 2, 3, 1, 8, 9, 6, 5, 7*
51.	*b*
52.	*c, d, b, a, e, f*
53.	*f, b, a, c, e, d*
54.	*d*
55.	*c*
56.	*a*
57.	*3, 4, 2, 1, 5*
58.	*a*
59.	*c*
60.	*b*

Aufgabe	Lösung
61.	*d*
62.	*a*
63.	*e*
64.	*c*
65.	*c*
66.	*c*
67.	*b, d, a, e, c*
68.	*d, a, e, c, b*
69.	*b*
70.	*a*
71.	*b*
72.	*d*
73.	*b*
74.	*e*
75.	*c*
76.	*c*
77.	*d*
78.	*e*
79.	*d*
80.	*c*
81.	*a*
82.	*c*
83.	*a*
84.	*b*
85.	*15,5 Std*
86.	*86.1 – 9,25 l, 86.2 – 14,06 €*

⑧ Güter verladen

1. Aufgabe

1.1

Verladesystem/Verladeschutz		

Betonrampe	*Verladebrücke*	*Standsicherung/Elektrokeil*

Verladesystem/Verladeschutz		

Hubtisch	*Wetterschutz*	*Langrampe/Auffahrrampe/Verladerampe*

Verladesystem/Verladeschutz		

Gebäuderammschutz	*Verladeschiene/ Auffahrrampe/ Verladerampe*	*Auffahrkeil*

1.2 Der Unterschied zwischen statischen und dynamischen Verladesystemen besteht in ihrer Beweglichkeit. Statische Verladesysteme sind fest (z. B. Betonrampe) und dynamische sind beweglich (z. B. Verladehubtisch).

1.3
- Rutschgefahr durch glatte oder verschmutzte Rampen
- Gefahr durch fehlende Kennzeichnungen im Be- und Entladebereich
- Gefahr durch fehlende Einweisung der Mitarbeiter
- Gefahr durch unachtsame Rangierarbeiten des Lkw-Fahrers
- Gefahr durch mangelnden Wegfahrschutz oder Gebäudeschutz
- Gefahr durch fehlende Absicherungen an der Rampe

2. Aufgabe

2.1/2.2 Betriebs- und beförderungssichere Verladung

	Absender bzw. Verlader	Frachtführer / Fahrer	Fahrzeughalter
Verantwortliche Personen			
Verantwortungsbereiche	**Beförderungssichere Verladung**	**Betriebssichere Verladung**	**Betriebssichere Verladung**
Rechtsgrundlagen	*Handelsgesetzbuch, Straßenverkehrsordnung, Straßenverkehrs-Zulassungs-Ordnung, Unfallverhütungsvorschrift Fahrzeuge. Bei Gefahrgut gelten noch viele weitere nationale und internationale Rechtsgrundlagen. Zwei davon sind das Gefahrgutbeförderungsgesetz und die Gefahrgutverordnung für Straße, Eisenbahnen und Binnenschifffahrt. Je nach Verkehrsmittel gelten zusätzlich noch spezielle Regelungen wie z. B. ADR (Straße), RID (Eisenbahn), ADN (Binnenschiff), IMDG-Code, Gefahrgutverordnung See (Seeschiff) oder IATA DRG (Flugzeug).*		
Beispiele	**Güter beförderungssicher laden, stauen und befestigen, dazu gehört:** • *Güter transportsicher verpacken* • *Güter ausreichend kennzeichnen* • *Güter auf der Ladefläche so befestigen, dass sie selbst bei einer Vollbremsung oder plötzlicher Ausweichbewegung nicht verrutschen, umfallen, hin- und her rollen, herabfallen oder vermeidbaren Lärm erzeugen können.* • *Regeln der Technik beim Verladen beachten* • *Ggf. Sicherungsmittel wie z. B. Zurrgurte, Klemmbalken, Transportschutzkissen benutzen* • *Beteiligte Personen unterweisen*	**Güter betriebssicher verladen und transportieren, dazu gehört:** • *Verkehrssicherheit des Fahrzeugs überprüfen* • *Überprüfen, ob die Verkehrssicherheit durch die Ladung eingeschränkt ist (z. B. Überladung, falsche Lastverteilung, mangelnde Ladungssicherung, mangelnde Verpackung)* • *Überprüfen, ob seine Sicht und sein Gehör nicht durch die Beladung oder durch den Zustand des Lkws eingeschränkt sind* • *Überprüfen, ob die Kennzeichnungen der Güter gut lesbar sind* • *Fahrzeug aus dem Verkehr ziehen, falls auftretende Mängel nicht beseitigt werden* • *Fahrverhalten anpassen (auf Witterungsverhältnisse und Geschwindigkeit auf Ladung anpassen usw.)* • *Weisungen befolgen* • *Ggf. Fahrt verweigern*	**Fahrzeuge betriebssicher bereitstellen, dazu gehört:** • *Qualifikationen des Fahrers überprüfen (ob der Fahrer zur selbstständigen Leitung des Fahrzeugs fähig ist)* • *Verkehrssicherheit des Fahrzeugs überprüfen (Achsen usw. in Ordnung?)* • *Dem Fahrzeugführer die erforderliche Ausrüstung (Ladungssicherungsmittel) zur Durchführung der Ladungssicherung übergeben (z. B. Stauhölzer, Luftkissen, Zurrgurte, Schiebewände, verstellbare Halterungen), sodass eine Bewegung der Güter auf der Ladefläche verhindert wird* • *Beteiligte Personen unterweisen* • *Bei Gefahrgut müssen zusätzlich die Beförderungsmittel mit Ausrüstungsteilen für den persönlichen Schutz ausgerüstet sein (z. B. Warnweste, tragbares Beleuchtungsgerät, Schutzhandschuhe, Schutzbrille) sowie bestimmte ADR-Nachweise mitgeführt werden*

2.3 Der Absender (die Ware wird vom Empfänger nicht angenommen)

2.4 Durch mangelnde oder fehlende Ladungssicherung seitens des Absenders und fehlende Kontrolle der Ladungssicherung seitens des Fahrers. Unter Umständen keine angepasste Fahrweise des Fahrers.

2.5 Durch eine bessere Ladungssicherung, z. B.:
- Ladung verkehrssicher bereit stellen
- die Ladefläche des Fahrzeugs säubern
- die geeigneten Sicherungsmittel bereit stellen und prüfen
- die Ladung und Hilfsmittel so sichern, dass nichts verrutschen, kippen oder herabfallen kann
- die Fahrgeschwindigkeit dem Transport anpassen

2.6 Der Transportschaden muss unverzüglich in Gegenwart des Fahrers angezeigt werden. Ggf. wird die Annahme der Ware verweigert.

2.7 Unfälle mit Verletzten oder Toten, Staus auf Autobahnen, Umweltverschmutzungen, Lieferengpässe, Produktionsausfälle beim Empfänger, Kosten für Einsatzkräfte am Unfallort.

2.8 Strafanzeige, Bußgelder, Abmahnung, Eintrag im Fahreignungsregister.

3. Aufgabe

Der Fahrzeughalter muss darauf achten, dass sich der Lkw in einem betriebssicheren Zustand befindet. Dazu gehört u. a., ob der Lkw:
- gültigen TÜV hat
- geeignet für die Sendung ist
- geeignete Sicherungsmittel an Bord hat
- geeignete Schutzausrüstung an Bord hat
- verkehrssicher ist (z. B. Achsen usw. in Ordnung sind)

4. Aufgabe

4.1 Vierwegepalette
Tauschfähig
Genormte Maße

4.2 Palette ist nicht tauschfähig, eine Latte fehlt, die Nägel sind nicht fachmännisch repariert und stehen über, das vordere Brett ist gespalten, die Kennzeichnung ist schlecht lesbar.

4.3 *Palette einstechen*: Beim Einstechen wird die Palette mit einer Stretchfolie umwickelt. Dabei wird die Folie zunächst an der Palette festgeknotet und dann von unten nach oben umwickelt.

Palette einschrumpfen: Beim Schrumpfen wird die Folie mit einer Plastikhaube überstülpt und anschließend mit Hilfe eines Schrumpfgerätes erhitzt. Durch die Hitze zieht sich das Plastik der Plastikhaube zusammen, d. h. die Folie schrumpft zusammen und liegt genau an dem verladenen Gut an.

Umreifung mit Stahl- oder Kunststoffbändern: Bei der Umreifung mithilfe von Kunststoff und Stahlbändern wird das zu verladene Gut auf der Palette verstaut. Anschließend werden die jeweiligen Bänder um das Gut und die Palette gelegt und festgeschnürrt.

Paletten mit Aufsetzrahmen verwenden: Gitterboxen oder Aufsetzrahmen auf Paletten bieten im Vornherein den Schutz vor Verrutschen oder Herabfallen der Güter von der Palette.

5. Aufgabe

5.1

Neben der Massenkraft (Trägheitskraft und Fliehkraft) und der Gewichtskraft wirken bei der Fahrt auch die Reibungskraft und die Sicherungskraft.

5.2 Massenkraft, Trägheitskraft, Bremskraft bei Bremsvorgängen

6. Aufgabe

6.1 $F_M = F_G$ x 0,8 (nach vorne beim Bremsen, sonst 0,5)
F_M = 1000 x 0,8 = 800 daN

6.2 $F_R = \mu$ x F_G
Ladungsgewicht = 1000 kg
μ = 0,2 (Holz/Holz ➡ Zustand: trocken)
F_R = 0,2 x 1000 daN = 200 daN

6.3 $F_S = F_M - F_R$
F_G = 1000 daN
F_M = 1000 x 0,8 = 800 daN
F_R = 0,2 x 1000 daN = 200 daN
F_S = 800 daN – 200 daN = 600 daN

7. Aufgabe

7.1 Oftmals sieht man im Straßenverkehr Fahrzeuge, auf deren Ladefläche Arbeitsutensilien wie Leitern, Schaufeln, Sackkarren und Ähnliches lose herum liegen. Diese müssen an den Bordwänden verankert oder in vorgesehenen Kisten verstaut werden, ansonsten können sie sich zu gefährlichen Geschossen entwickeln.

7.2 Klemmbalken, Antirutschmatten, Zurrgurte, Zurrdrahtseile, Zurrketten, Luftpolsterkissen, Leerpaletten, usw.

7.3

Vorteile	Nachteile
Passt sich den Leerräumen optimal an	*Kann platzen*
Gibt nach / ist leicht	*Kein Schutz bei Beschädigung*

8. Aufgabe

8.1 Bei der kraftschlüssigen Ladungssicherung wird die Sendung mithilfe von Zurrmitteln auf den Boden des Transportmittels niedergezurrt. Die Reibungskraft wird somit erhöht.
Bei der formschlüssigen Ladungssicherung wird die Sendung entweder lückenlos verstaut, sodass keine Leerräume entstehen, oder die Sendung wird durch Schräg-, Diagonal- oder Schlingenzurren in Position gehalten.
Die kombinierte Ladungssicherung ist eine Kombination aus der kraft- und der formschlüssigen Ladungssicherung. Geeignete Sicherungsmittel für die kraftschlüssige Ladungssicherung sind z. B. Zurrgurte, Zurrketten, Zurrseile. Geeignete Sicherungsmittel für die formschlüssige Ladungssicherung sind z. B. Klemmbalken, Luftpolsterkissen, Stausäcke , Leerpaletten. Bei der kombinierten Ladungssicherung kann auf alle Sicherungsmittel zurückgegriffen werden.

8.2 Formschlüssige Ladungssicherung

8.3 Die Reifen können nicht verrutschen und sind auch zu den einzelnen Seiten formschlüssig angepasst. Die Sendung wird durch lückenlose Verladung in Position gehalten.

8.4 Bei geeignetem Fahrzeugaufbau und lückenloser Verstauung kann auf eine zusätzliche Ladungssicherung verzichtet werden. Es sind keine zusätzlichen Sicherungsmittel notwendig.

9. Aufgabe

9.1

Prüfung vor dem Beladen außen am Container	Prüfung vor dem Beladen innen am Container
Weist der Container außen Beschädigungen auf? *Funktionieren die Türen einwandfrei?* *Ist ein CSC-Zulassungsschild vorhanden?*	*Weist der Container innen Beschädigungen auf?* *Ist der Container sauber?* *Ist der Container geruchsneutral?* *Ist der Container trocken?*

9.2 Nutzlast nicht überschreiten, schwere Ware nach unten und leichte nach oben, Packstücke mit Flüssigkeit nach unten, Gewicht gleichmäßig verteilen

9.3

Containertyp	Gut
Standardcontainer	*Für Stückgut, z. B. Kartons*
Flatcontainer	*Für Schwergut, z. B. Windrad*
Open-Top-Container	*Für hohe Güter, z. B. große Maschine*
Tankcontainer	*Für Flüssigkeiten, z. B. Chemikalien*
Bulk Container	*Für Schüttgüter, z. B. Getreide*

9.4 Flatcontainer, für Schwergüter und Güter mit Überhöhe

9.5 Für Schüttgüter

9.6 Bulk Container

10. Aufgabe

10.1 32,5 Kubikmeter

10.2

Englisch	Deutsch
MAX GROSS WEIGHT	*beladbares Bruttogewicht*
IDENTIFIKATION NO	*Identifizierungsnummer*
TARE	*Verpackungsgewicht (Eigengewicht)*

10.3 Lückenlose Verstauung (Ausfüllen der Leerräume durch Leerpaletten oder Luftpolsterkissen), Antirutschmatten verwenden, Ware festzurren und dabei die Zurrmöglichkeiten an den Boden- und Dachlängsträgern und Ecksäulen benutzen.

10.4 Wurde die Ware richtig gesichert?
Schließen die Türen richtig?
Ist die richtige Kennzeichnung vorhanden?

10.5 Ware im Container ist gut geschützt, nicht jedes Stück muss einzeln verladen werden, Verladung ist dadurch schneller, einfacher und kostengünstiger, nicht so lange Liegezeiten im Hafen

11. Aufgabe

11.1 1. Seekiste: A
2. Innlandskiste: B

11.2 Die Fracht wird bei der Schiffsbeförderung und bei der Luftfracht über den Rauminhalt ermittelt. Das heißt, bei Verwendung einer Inlandskiste für den Überseetransport muss die Luft zwischen den Verstärkerhölzern als Fracht mitbezahlt werden, da die äußeren Maße für die Berechnung gelten.

12. Aufgabe

12.1 Es wird das Niederzurren dargestellt, welches zur kraftschlüssigen Ladungssicherung gehört. Durch das Niederzurren wird die Reibungskraft des Ladegutes erhöht und die Ladung gesichert.

12.2 Das Niederzurren gehört zur kraftschlüssigen Ladungssicherung. Die Zurrmittel werden über die Ladung gespannt und erhöhen die Reibungskraft und die Ladung wird somit gesichert. Das Direktzurren wird der formschlüssigen Ladungssicherung zugeordnet. Hierbei wird die Ladung durch die Zurrmittel in Position gehalten. Schräg-, Diagonal- und Schlingenzurren sind Möglichkeiten des Direktzurrens. Beim Diagonalzurren werden mindestens vier Zurrmittel von den Kanten des Ladegutes diagonal zur Ladefläche gespannt. Beim Schrägzurren werden mindestens acht Zurrmittel im rechten Winkel von dem Ladegut zu den Rändern der Ladefläche gespannt. Beim Schlingenzurren wird die Ware mit Hilfe von Kopfschlingen an den Ecken des Ladegutes an der Ladefläche befestigt.

12.3 Zurrketten, Zurrgurte, Zurrdrahtseile

12.4 Keine defekten Zurrmittel, z. B. angerissenes oder aufgescheuertes Zurrmittel verwenden, Zurrmittel nicht aneinanderknoten, beim Verlängern Verbindungselemente benutzen, keine Zurrmittel verwenden, bei denen das Etikett fehlt, zum Befestigen der Zurrmittel nur Ankerpunkte benutzen, die nicht eingerissen oder defekt sind, Zurrmittel nicht über scharfe Kanten spannen

12.5 Wenn die Zurrmittel defekt sind (Risse, Spleiße), wenn sie geknotet sind, wenn sie kein Etikett haben

12.6 Ablegereife, bedeutet, ein Gurt darf nicht mehr verwendet werden, weil z. B.
- die Kennzeichnung fehlt
- der Gurt geknotet ist
- die Nähte beschädigt sind
- er Verformung an den Spann- oder Verbindungselementen hat

13. Aufgabe

13.1 GGVSEB ist die Gefahrgutverordnung für Straße, Eisenbahn und Binnenschiffahrt und RID ist das Europäische Übereinkommen über die internationale Beförderung gefährlicher Güter auf der Schiene. Die Güter werden folglich mit der Bahn transportiert.

13.2 Entzündlich, Gesundheitsgefahr, Ausrufezeichen, umweltgefährlich

13.3 Der Empfänger trägt die Kosten der Fracht.

14. Aufgabe

Der Lastverteilungsplan gibt an, wie die Ladung auf dem Lkw zu verstauen ist, sodass das zulässige Gesamtgewicht nicht überschritten, die zulässigen Achslasten nicht unter- oder überschritten werden und dass keine unzulässige Schwerpunktlage entsteht. Der Lastverteilungsplan gehört zum Fahrzeug und sollte vom Fahrzeughersteller zur Verfügung gestellt werden. Eine Mitnahme ist nicht möglich, der mittige Schwerpunkt liegt bei 4 Metern, hier ist die Gewichtsbegrenzung bei 12 t.

15. Aufgabe

15.1 Um den allgemeinen Beladungsgrundsätzen gerecht zu werden und somit Schäden an der Ware, am Lkw sowie Unfallgefahren zu vermeiden, muss die Beladung eines Lkw genau geplant werden. Um eine genaue Planung der Beladung zu erhalten, werden Staupläne angelegt. Ein Stauplan dient zur Planung der Beladung des Lkw, er beschäftigt sich mit der Frage: „Was kommt wohin?". Der Stauplan wird vor der Beladung angefertigt. Hierbei wird, neben den Beladungsgrundsätzen, auch der Tourenplan berücksichtigt. Es gilt dabei das LiFo-Prinzip (Last in first out, d. h., was als Letztes eingeladen wird, wird als Erstes wieder abgeladen). Die Erstellung des Stauplans schützt nicht nur vor Gefahren, sie spart auch eine Menge Aufwand, Zeit und dadurch auch Geld. Es gibt verschiedene Möglichkeiten, einen Stauplan zu erstellen: EDV-Programm, Zeichnung, Millimeterpapier, mit Kreide auf den Boden.

15.2 Grundlage eines Stauplans ist die Ladeliste, diese beinhaltet die geladenen Güter, deren Gewichte, sowie deren Bestimmungsorte.

15.3 *Leichte Packstücke sind unten, schwere oben zu verstauen:*
Bei der Beladung von Lkws ist zu beachten, dass schwere Güter nach unten und leichte Güter nach oben geladen werden. Ansonsten besteht die Gefahr, dass die schweren Güter die leichten Güter quetschen und die Ware erhebliche Schäden erleidet.

Bei der Verladung muss auf das LiFo-Prinzip geachtet werden:
LiFo bedeutet Last in – First out, d. h. die Güter, die zuerst eingeladen werden, werden als Letzte wieder ausgeladen. Werden bei einer Tour mehrere Firmen angefahren, verhindert das LiFo-Verfahren ein überflüssiges Auf- und Abladen der Güter.

Fässer sollten stets liegend transportiert werden:
Fässer sollen stets stehend transportiert werden, um ein Auslaufen des Inhalts zu verhindern.

Schwere Güter sollten stets hinten im Lkw verladen werden:
Wie die Güter auf dem Lkw verstaut werden, zeigt das Lastschwerpunktdiagramm des jeweiligen Lkw. Die Aussage, schwere Güter stets hinten zu laden, ist somit falsch.

16. Aufgabe

16.1 A = 8 x a x b
A = 8 x 1,20 m x 0,80 m
A = 7,68 m^2

Die für die 8 Europaletten benötigte Fläche beträgt 7,68 m^2

16.2 A = a x b
A = 6,05 m x 2,43 m
A = 14,7015 m^2
Die Ladefläche beträgt 14,7015 m^2.

Berechnung des prozentualen Anteils:

p = P / G x 100
G = 14,7015 m^2
P = 7,68 m^2
p = X
p= 7,68 m^2 / 14,7015 m^2 x 100 = 52,24

Es werden 52,24 % der Ladefläche durch die Ladung beansprucht.

16.3 0,5 t ≙ 500 kg
4 x 500 kg + 3 x 370 kg + 200 kg + 75 kg = 3.385 kg ≙ 3,385 t

Das Gesamtgewicht der Ladung inklusive Fahrer beträgt 3,85 t.

16.4 Nutzlast ≙ zulässiges Gesamtgewicht – Eigengewicht
Nutzlast ≙ 7,5 t
Eigengewicht ≙ 5,25 t
7,5 t – 5,25 t = 2,25 t

Die maximale Nutzlast des Lkw beträgt 2,25 t.

16.5 Die Ladung mit den 8 Paletten mit einem Gesamtgewicht von 3.385 kg kann nicht geladen werden. Bei einem zulässigen Gesamtgewicht von 7,5 t und einem Eigengewicht des Lkw von 5,25 t darf die Zuladung maximal 2,25 t haben.

17. Aufgabe

17.1 Gewichte der Paletten: 800 kg x 10 = 800 kg = 8 t
Gewicht der Seekisten: 3 t x 2 = 6 t
Gesamtgewicht: 8 t + 6 t = 14 t
Mögliche Zuladung = zul. Gesamtgewicht – Eigengewicht = 20 t – 5 t = 15 t

Diese Ladung von 14 t darf verladen werden, da der Sattelauflieger eine mögliche Zuladung von 15 t hat.

17.2 Die Fläche der Abdeckhaube beruht auf:

A = 2 x A1 + 2 x A2 + A3
A= 2 x 1,20 m x 1,20 m + 2 x 0,80 m x 1,20 m + 1,20 m x 0,80 m
A= 2,88 m^2 + 1,92 m^2 + 0,96 m^2
A = 5,76 m^2

Für alle 10 Paletten braucht man 57,6 m^2 (10 x 5,76 m^2)
Hinzu kommen 6 % Zuschlag. 6 % von 57,6 m^2 = 3,456 m^2
57,6 m^2 + 3,456 m^2 = 61,056 m^2

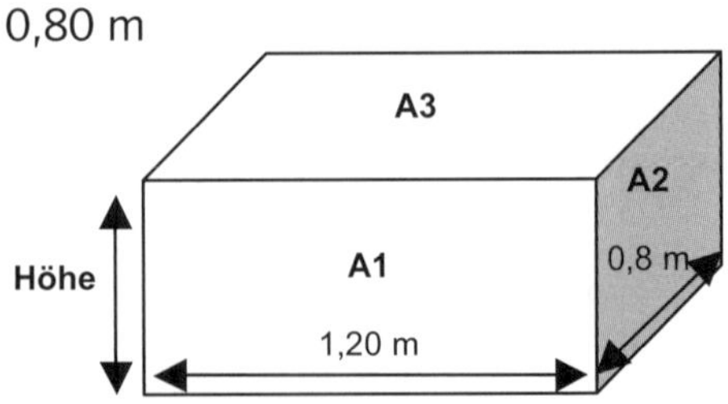

Es werden 61,056 m^2 Plastik zum Herstellen aller Hauben benötigt.

18. Aufgabe

18.1

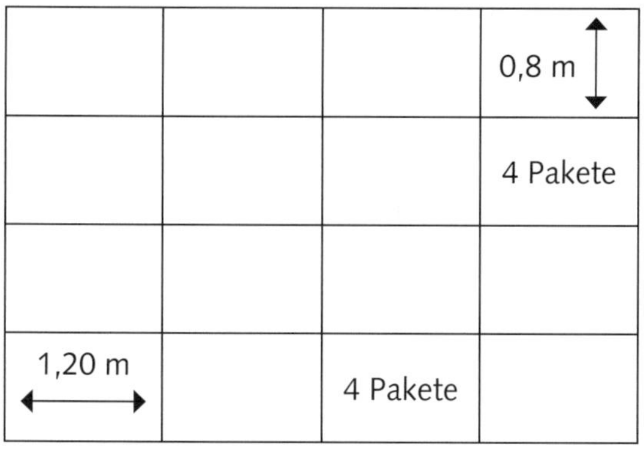

4 x 4 = 16 Pakete

18.2 64 / 16 = 4 Lagen

18.3 Palettenhöhe ≙ 4 x 25 cm + 14,5 cm = 114,5 cm

18.4 a) 2 x (100 cm +100 cm + 80 cm + 80 cm + 6 cm) = 732 cm
2 x (100 cm +100 cm + 120 cm + 120 cm + 6 cm) = 892 cm
732 cm + 892 cm = 1624 cm
1624 cm / 100 = 16,24 m

Merke: Als Höhe werden 100 cm genommen, da der Palettenklotz (14,5 cm) nicht mit umreift wird.

b) 40 x 16,24 m = 649,60 m

18.5 Raumhöhe: 240 cm ; zwei Lagen Paletten = 114,5 cm x 2 = 229 cm
Die Paletten können gestapelt werden.
Breite 2,05 m ➡ 2 Reihen Paletten nebeneinander möglich (0,80 m x 2 = 1,6 m)
12 m / 1,20 m = 10 Paletten in einer Reihe
2-fach stapelbar: 2 x 20 = 40 Stück

18.6 Gesamter Rauminhalt: 2,05 m x 2,4 m x 12 m = 59,04 m^3 (=100 %)
Rauminhalt der 40 Paletten: 40 x 0,8 m x 1,2 m x 1,145 m = 43,97 m^3 (= X %)

Genutzter Raum:
59,04 m^3 – 100 %
43,97 m^3 – X %
X = 100 x 43,97 m^3/ 59,04 m^3 = 74,47 %

Ungenutzter Raum:
100 % – 74,47 % = 25,53 %

19. Aufgabe

a = 5,934 m, b = 2,358 m, c = 2,340 m   V = a x b x c

V = 5,934 x 2,358 x 2,340   V = 32,7

Der Rauminhalt des Containers beträgt 32,7 m^3.

20. Aufgabe

Die größte Ladefläche hat der Volumenzug mit 2 x 19,1 m^2, also mit insgesamt 38,2 m^2. Die Nutzlast dort ist 22 t. 22 t / 3 t (pro Kiste) = 7,3 Kisten. Es können also 7 Kisten mitgenommen werden.

21. Aufgabe

Verordnung	Abkürzung
Gefahrgutverordnung Straße, Eisenbahn und Binnenschiff	*GGVSEB*
Europäisches Übereinkommen über die internationale Beförderung gefährlicher Güter auf der Straße	*ADR*
Gefahrgutverordnung See	*GGVSee*
Regelung zur Beförderung gefährlicher Güter mit dem Flugzeug.	*IATA DRG*
Europäisches Übereinkommen zur internationalen Beförderung gefährlicher Güter auf der Schiene	*RID*

22. Aufgabe

22.1 Von Gefahrstoffen spricht man bei Gütern mit gefährlichen Eigenschaften, die also in eine Gefahrgutklasse fallen, wenn sie gelagert werden. Werden diese Güter transportiert, dann spricht man von Gefahrgütern.

22.2 Die Aufgaben des Gefahrgutbeauftragten sind u. a.
a) Überwachen der Einhaltung der Gefahrgutvorschriften
b) Den Unternehmer und die Mitarbeiter bei der Beförderung von Gefahrgut zu beraten
c) Mängel, die den Transport von Gefahrgut beeinträchtigen, dem Unternehmer anzuzeigen
d) Unfallberichte und Gefahrgutberichte erstellen

22.3 orange

22.4 Es werden gefährliche Güter in Versandstücken oder Güter der Klasse 1/7 befördert.

22.5 Obere Nummer: Gefahrgutnummer – Kennzeichnung der Gefahr
Untere Nummer: UN Nummer – Kennzeichnung des Stoffs

22.6 Alle Beteiligten an einem Unfallort, z. B. Feuerwehr, Rettungskräfte, Polizei, Gefahrgutspezialisten, Technisches Hilfswerk, Fahrer, Verlader

22.7 Der Stoff darf nicht mit Wasser in Verbindung gebracht werden.

22.8 Eine Zunahme der Gefahr

22.9 Kanalabdeckung, Auffangbehälter, Schaufel, Schutzkleidung (Handschuhe, Augenspülflüssigkeit, Schutzanzug, Stiefel) Warnzeichen, zwei Feuerlöscher

23. Aufgabe

23.1

Verlader	Beförderer	Fahrzeugführer
• *Güter entsprechend zu kennzeichnen und zu verpacken* • *Alle erforderlichen Papiere, wie z. B. Sicherheitsdatenblatt, zur Verfügung stellen* • *Fahrer informieren*	• *dem Fahrzeugführer die erforderliche Ausrüstung zur Durchführung der Ladungssicherung zu übergeben* • *das Fahrzeug nach den Vorschriften der ADR auszurüsten*	• *Weisungen zu befolgen* • *Papiere greifbar im Fahrerhaus aufbewahren*

23.2 Europäisches Übereinkommen über die internationale Beförderung gefährlicher Güter auf der Straße

23.3
- die offizielle Bezeichnung des transportierten Gefahrgutes
- Eigenschaften des Gefahrgutes sowie die Art der Gefahr
- Information, welche Ausrüstung im Fahrzeug mitzuführen ist
- Informationen, welche Maßnahmen der Fahrer im Fall eines Unfalles durchzuführen hat
- Informationen zu den Erste Hilfe-Maßnahmen
- Notruf-Telefonnummern und weitere Angaben

23.4 Griffbereit in der Fahrerkabine

23.5 In der Sprache des Absenders, des Empfängers, des Fahrers und aller Länder, die während des Transports durchquert werden.

24. Aufgabe

24.1 Entzündbare, flüssige Stoffe (Klasse 3)

24.2 Die Kleinmengenregelung besagt, dass bei der Beförderung eines gefährlichen Stoffes unter einer angegebenen Höchstmenge die Gefahrgutbeförderungsvorschriften nicht angewendet werden müssen. LQ bedeutet „Limited Quantities" und heißt übersetzt „geringe Menge".

25. Aufgabe

25.1 Das rechte, es bedeutet „ätzende Stoffe" und gehört in die Klasse 8.

25.2 Auf das Zusammenladeverbot. Bestimmte Güter dürfen nicht zusammen verladen werden, da sie aufgrund ihrer Reaktionen nicht miteinander in Verbindung gebracht werden dürfen. Im Falle eines Unfalls würden sie eine zu große Gefahr darstellen.

25.3 Radioaktive Güter gehören in die Klasse 7.

26. Aufgabe

Unternehmer	Umwelt	Gesellschaft
• *Verdreckter Lkw* • *Defekte Ware* • *Unternehmen kann nicht rechtzeitig liefern*	• *Verschmutzungen* • *Rauchvergiftungen* • *Giftige Gase entweichen* • *Grundwasser gefährdet* • *Pflanzen und Tiere durch Lärm gefährdet*	• *Staus* • *Defekte Straßen* • *Unfälle*

Aufgabe	Lösung
27.	*b,c*
28.	*von oben nach unten: d, b, a, c*
29.	*b*
30.	*b*
31.	*a*
32.	*c, d*
33.	*a*

Aufgabe	Lösung
34.	*a*
35.	*f, d, a, c, b, e*
36.	*d*
37.	*d*
38.	*d*
39.	*d*
40.	*c*
41.	*a*

Aufgabe	Lösung
42.	*d*
43.	*c*
44.	*b, e*
45.	*2, 3, 4, 1*
46.	*d*
47.	*2.3, 6.1, 1, 8*

⑨ Güter versenden

1. Aufgabe

Silofahrzeuge (Schüttgut), Tankfahrzeuge (Flüssigkeiten), Autotransporter (Fahrzeuge), Muldenkipper (Schüttgut), Kühlfahrzeuge (Lebensmittel), Tieflader (große sperrige Maschinen), Tiertransporter (lebende Tiere), Lkws mit Wechselbrücken, Betonmischer usw.

2. Aufgabe

2.1 und **2.2** siehe Frachtbrief nächste Seite:

6 Fehler: Empfängerland ist falsch (Schweiz), Verpackung ist Europalette nicht Eurogitterboxpalette, Umfang falsch berechnet (1,2 m x 0,8 m x 1,25 m = 16,8 m³), Verpackungsgruppe II statt III, Absender muss Fracht zahlen (da frei Haus), Nutzlast beträgt 13.700 kg

2.3
- Abschluss und Inhalt des Beförderungsvertrags
- Übernahme des Gutes durch den Frachtführer
- Ablieferung der Sendung an Empfänger und dessen Empfangsbestätigung

2.4 Drei Originale: 1. Ausfertigung erhält der Absender (hier Spedition Fuchser)
2. Ausfertigung begleitet das Gut
3. Ausfertigung bekommt der Frachtführer (K. Schnell)

2.5 Für den grenzüberschreitenden europäischen Güterkraftverkehr muss ein CMR-Frachtbrief verbindlich ausgefüllt werden.

3. Aufgabe

Personalausweis/Pass, Führerschein, Fahrzeugschein, evtl. Anhängerschein, Warenbegleitpapier (z. B. Lieferschein, Frachtbrief, Wiegeschein, ...), Erlaubnis oder EU-Lizenz, digitale Fahrerkarte oder Tachoscheiben der letzten 28 Kalendertage

4. Aufgabe

4.1
- Flexibilität (flexible Abfahrtszeiten, an keine Fahrpläne gebunden)
- relativ günstiges Preis-/Leistungsverhältnis
- Haus-Haus-Verkehr (direkter Transport ohne Umladen)
- kurze Transportzeiten

4.2
- hohe Abgasbelastung (hoher CO_2-Ausstoß)
- hohe Lärmbelästigung
- hoher Flächenverbrauch durch Straßenbau (versiegelte Flächen)

4.3
- Sonn-/Feiertagsfahrverbot
- begrenzte Ladekapazität
- Straßenmaut
- hohe Unfallgefahr

4.4 351 km/h : 65 km = 5,4 Stunden = 5 Stunden 24 Minuten Fahrzeit
nach 4,5 Stunden Lenkzeit spätestens muss eine Pause von 45 Minuten gemacht werden
5 Stunden 24 Minuten + 45 Minuten = 6 Stunden 9 Minuten
Abfahrt spätestens um 11:51 Uhr

4.5 Dortmund: Nordrhein-Westfalen
Hamburg: Hamburg

4.6 Ruhrgebiet

1 Absender (Name, Anschrift, Land) Spedition Fuchser Zinglerstr. 4 53111 Bonn Deutschland	**Internationaler Frachtbrief Lettre de voiture International** Diese Beförderung unterliegt trotz einer gegenteiligen Abmachung den Bestimmungen des Übereinkommens über den Beförderungsvertrag im Internationalen Straßengüterverkehr (**CMR**)
2 Empfänger (Name, Anschrift, Land) A. Zurbel Wilhelm-Tell-Str. 12 8041 Zürich ~~Deutschland~~ **Schweiz**	14 Frachtführer (Name, Anschrift, Land) K. Schnell Baumstr. 39 50667 Köln Deutschland
3 Auslieferungsort des Gutes Ort: WE Halle 4, Wilhelm-Tell-Str. 12, 8041 Zürich Land: Schweiz	15 Nachfolgende Frachtführer
4 Ort und Datum der Übernahme des Gutes Ort: Akazienstr. 16, 42651 Solingen Land: Deutschland Datum: 10. 02.	16 Vorbehalte und Vermerke des Frachtführers Stretchfolie bei einer Palette ist eingerissen, vorsichtiges Entladen erfoderlich
5 Beigefügte Dokumente Handelsrechnung (3-fach) Zollpapiere	

6 Kennzeichen und Nummern	7 Anzahl der Packstücke	8 Art der Verpackung	9 Bezeichnung des Gutes	10 Bruttogewicht in kg	11 Umfang in m³
48/01 - 48/14 ~~168~~ **16,8**	14	~~Eurogitterboxpal.~~ **Europaletten**	Farbdosen	11.900	

Gefahrzettel-Nr.	Un-Nummer	Verp.Gruppe
12345	UN 1993	~~III~~ **II**

17 Zu zahlen von	Absender		Währung		Empfänger	
Fracht	**850**	**00**	**€**	~~€~~	~~850~~	~~00~~
Ermäßigungen						
Zwischensum.						
Zuschläge						
Nebengebüh.						
Sonstiges						
Gesamt	**850**	**00**	**€**	~~€~~	~~850~~	~~00~~

12 Hinweise des Absenders (zoll- und sonstige amtliche Behandlung)

13 Frachtzahlungsanweisung
Frei Haus
~~Unfrei~~

18 Besondere Vereinbarungen

19 Ausgefertigt in Bonn am 10.02.

20 *Neumann* Unterschrift und Stempel des Absenders	21 *Schnell* Unterschrift und Stempel des Frachtführers	22 Gut empfangen am 11.02. *Zurbel* Unterschrift und Stempel des Empfängers

23 Angaben zur Ermittlung der Entfernung von	bis	km
Solingen	Basel	518
Basel	Zürich	85

Paletten-Absender: Art	Anzahl	Tausch	Paletten-Empfänger: Art	Anzahl	Tausch
Europalette	15	15	Europalette	15	15
Gitterboxpal.			Gitterboxpal.		
Bestätigung des Empfängers Datum/Unterschrift *10.02. Schnell*			Bestätigung des Fahrers Datum/Unterschrift *11.02. Zurbel*		

24	Amtliches Kennzeichen	Nutzlast in kg
Kfz	K-DC 714	~~25.000~~ **13.700**
Anhänger		

Benutzte Gen.-Nr. 4711 ☐ National ☒ EU ☐ CEMT ☐ Bilateral

5. Aufgabe

Ein Gliederzug besteht aus einem Einzelfahrzeug (mit Ladefläche) und einem Anhänger. Ein Sattelzug besteht aus einer Zugmaschine und einem Sattelauflieger (Trailer).

6. Aufgabe

6.1 (L1 + L2) : 2 = (7 m + 6,5 m) : 2 = 6,75 m
Volumen = L · B · H = 6,75 m · 2,6 m · 2,4 m = 42,12 m^3

6.2 40 t – 14 t = 26 t Zuladegewicht, d. h. 26.000 kg
26.000 kg : 650 kg/m^3 = 40 m^3
Der Lkw darf also nicht komplett beladen werden, ansonsten wird das zulässige Gesamtgewicht überschritten!

6.3 Radius beträgt 2 m! Volumen = Grundfläche (Kreis) · Höhe = r · r · π · h
V = 2 m · 2 m · 3,14 · 10 m = 125,6 m^3, 2/3 von 125,6 m^3 = 83,733… m^3

6.4 83,733 m^3 : 40 m^3 = 2,093… , d. h. der Lkw muss mindestens 3-mal fahren.

7. Aufgabe

Anhänger: 7,3 m : 0,4 Lademeter = 18,25 Paletten, d. h. 18 Paletten
Lkw: 7,9 m : 0,4 Lademeter = 19,75 Paletten, d. h. 19 Paletten
insgesamt: 18 + 19 = 37 Paletten-Stellplätze
37 · 2 = 74 Europaletten
Zuladegewicht: 18 t d. h. 18.000 kg : 400 kg = 45 Europaletten

Es dürfen maximal 45 Europaletten transportiert werden, da ansonsten das zulässige Gesamtgewicht überschritten wird.

8. Aufgabe

8.1 9 Stunden

8.2 10 Stunden

8.3 4,5 Stunden

8.4 24 Stunden

8.5 56 Stunden

8.6 11 Stunden

8.7 45 Stunden

9. Aufgabe

Antwort b) ist falsch.

10. Aufgabe

Woche	Tag	Datum	Arbeitsbeginn – Arbeitsende	Lenkzeit in Std.	Lenkzeitunterbrechung in Std.	Arbeitszeit in Std.
KW 5	Montag	01.02.	06:30 – 18:00	9,5	1,5	10
	Dienstag	02.02.	07:00 – 17:00	8	1	9
	Mittwoch	03.02.	07:00 – 19:00	10	2	10
	Donnerstag	04.02.	05:30 – 17:30	9,5	2	10
	Freitag	05.02.	07:00 – 18:00	9	1	10
	Samstag	06.02.	06:00 – 14:30	7	1,5	7
Summe (Std)				*53*	*9*	*56*
KW 6	Montag	08.02.	07:30 – 16:00	8	0,5	8
	Dienstag	09.02.	07:30 – 18:00	9	1	9,5
	Mittwoch	10.02.	06:00 – 18:00	10	2	10
	Donnerstag	11.02.	07:00 – 15:30	7,5	1	7,5
	Freitag	12.02.	07:00 – 16:00	7,5	1,5	7,5
	Samstag	13.02.		–	–	–
Summe (Std)				*42*	*6*	*42,5*

10.1 tägliche Lenkzeit:	Verstoß am 04.02. darf er maximal 9 Stunden fahren (nur 2-mal wöchentlich bis 10 Std. erlaubt)
10.2 Lenkzeitunterbrechung:	Verstoß am 08.02. hat er nur eine halbe Stunde Pause gemacht, bei mehr als 4,5 Std. Fahrzeit muss er mindestens 45 Minuten Pause machen (= 0,75 Std.)
10.3 tägliche Ruhezeit:	kein Verstoß (vom 03.02. auf 04.02. hat er zwar nur 10,5 Std., er darf aber 3-mal wöchentlich auf 9 Std. verkürzen)
10.4 Lenkzeit in der Doppelwoche:	Verstoß, da maximal 90 Stunden in einer Doppelwoche, er hat in KW 5 und KW 6 zusammen 95 Stunden Lenkzeit, d. h. er hat 5 Stunden Lenkzeit zu viel
10.5 wöchentliche Ruhezeit:	kein Verstoß, eine wöchentliche Ruhezeit muss mindestens 24 Stunden betragen, von KW 5 auf KW 6 hat er 41 Std. Ruhezeit (reduzierte Ruhezeit)

11. Aufgabe

Lenkzeit: 08:30 – 10:20 Uhr 1 Std. 50 Min.
10:55 – 11:35 Uhr 40 Min.
11:55 – 13:15 Uhr 1 Std. 20 Min. Summe bisher 3 Std. 50 Min.

Der Fahrer kann noch 40 Minuten weiterfahren, danach muss er mindestens 30 Minuten Pause machen. Die Lenkzeitunterbrechung von mindestens 45 Minuten muss spätestens nach 4,5 Stunden Lenkzeit erfolgen. Diese kann aber aufgeteilt werden: 1. Pause mind. 15 Minuten (diese hat der Fahrer um 11:35 gemacht), die 2. Pause muss mindestens 30 Minuten betragen.

12. Aufgabe

12.1 3.000 kg = 3 t, die Kosten betragen 397,72 €

12.2 206,79 €

12.3 3 · 700 kg = 2.100 kg = 2,1 t
117,55 € - 10 % Rabatt (11,76 €) = 105,79 €
105,79 € + 19 % USt (20,10 €) = 125,89 €

12.4 die Sendung ist gleich teuer, da das Gewicht noch in der gleichen Preisstufe liegt (bis 3 t)

12.5 464,16 € (netto) + 19 % (88,19 €) = 552,35 €
409,55 € (netto) + 19 % (77,81 €) = 487,36 €
Herr Müller kann maximal 4 t versenden.

12.6 402,28 € : 119 % · 100 % = 338,05 €
Die Transportstrecke betrug maximal 125 km.

13. Aufgabe

13.1 Gewicht der beschädigten Ware: 700 kg + 250 kg = 950 kg
Haftungshöchstbetrag: 950 kg x 8,33 SZR/kg = 7.913,50 SZR
7.913,50 SZR · 1,15 €/SZR = 9.100,525 € ➡ 9.100,53 €

13.2 Schadenhöhe (Warenwert): 5.800,00 € + 2.840,00 € = 8.640,00 €
Da der Warenwert geringer als die Haftungshöchstgrenze ist,
muss der Frachtführer also nur diesen ersetzen und 8.640,00 € bezahlen.

13.3 3 · Fracht = 3 · 350,00 € = 1.050,00 €

14. Aufgabe

14.1 0,60 € (Normalbrief M) wegen der Dicke (1 cm = 10 mm!)

14.2 2 · 0,90 € = 1,80 € (Normalbrief L) wegen den Mindestmaßen

14.3 0,73 € (Normalbrief M - EU) wegen Gewicht 50 g + Zuschlag 35,50 € = 36,23 €

14.4 5 · 1,80 € = 9,00 € (Normalbrief L – Rest Europa)

14.5 6,80 € (Paket M – EU) + Nachnahme International 7,80 € = 14,60 €

14.6 32,50 € (Paket L – Rest Welt) + Sperrzuschlag International 20,50 € = 53,00 €

14.7 18,80 € (Paket L – Rest Europa) + Einschreiben Rückschein 6,50 € = 25,30 €

14.8 Umfang maximal 5,50 m (2 · 2,1 m + 2 · 1,2 m = 6,6 m)
Paket kann nicht versendet werden
(überschreitet den maximal möglichen Umfang um 1,1 m)

15. Aufgabe

15.1 Briefmonopol (bis 2011 durfte nur die Deutsche Post Briefe zustellen)

15.2 K: Kurierdienstleistung, eine Sendung wird persönlich vom Absender zum Empfänger begleitet
E: Expressdienste, d. h. eine Sendung wird zu einem bestimmten Termin ausgeliefert
P: Paketdienste, übernehmen den Transport einer Sendung, Auslieferung erfolgt innerhalb einer bestimmten Laufzeit

15.3 Sendungsabholung, Sendungsverfolgung
Versicherung bestimmter Artikel, Versand von sperrigen Gütern
Just-in-time Lieferung
Arbeitsplatzzustellung

15.4 hub = Nabe, Punkt an dem alles zusammenläuft, auch Hauptumschlagsbasis genannt
spoke = Speiche, sind die Versandwege von verschiedenen Absendern zu den einzelnen Empfängern

16. Aufgabe

16.1 Volumen in dm³: 25 dm · 13,2 dm · 5 dm = 1.650 dm³
Volumen-kg: 1.650 dm³ : 6 dm³/kg = 275 kg

Es werden also 275 kg (Volumen-kg) zur Frachberechnung herangezogen!

16.2 Volumen in dm³: 15,4 dm · 12,6 dm · 8,5 dm = 1.649,34 dm³
Volumen-kg: 1.649,34 dm³ : 6 dm³/kg = 274,89 kg

Es werden also 345 kg (tatsächliches Gewicht) zur Frachberechnung herangezogen!

17. Aufgabe

17.1 Beim kombinierten Verkehr wird der Gütertransport durch verschiedene Verkehrsträger (verschiedene Verkehrsmittel) durchgeführt.

17.2 Straßengüterverkehr und Eisenbahnverkehr (Lkw und Zug)

17.3 ökonomisch: Lkw fährt nicht selber (keine Reifenabnutzung, kein Verschleiß)
ökologisch: weniger CO_2-Ausstoß, weniger Spritverbrauch

17.4 Italien

17.5 Österreich (oder Schweiz)

17.6 Alpen

18. Aufgabe

18.1 $22 \cdot 10 \cdot 5 \cdot 0{,}75 = 825\ m^3$

18.2 $825 \cdot 2{,}1\ t = 1.732{,}5\ t$

18.3 Volumen: $825\ m^3 : 27\ m^3 = 30{,}55..$ Waggons — $825\ m^3 : 34\ m^3 = 24{,}26$ Waggons
Gewicht: $1.732{,}5\ t : 28{,}5\ t = 60{,}78..$ Waggons — $1.732{,}5 : 30\ t = 57{,}75$ Waggons
61 Waggons · 530,00 € = 32.330,00 € — 58 Waggons · 640,00 € = 37.120,00 €

Es sollte also der Waggontyp DIW 270 ausgewählt werden (61 Waggons).

18.4 37.120,00 € – 32.330,00 € = 4.790,00 €

19. Aufgabe

19.1 Es kommen nur die Schüttgutschiffe MS Johanna und MS Blue Star in Frage.

19.2 Bergfahrt, da flussaufwärts

19.3 MS Johanna: 3.400 t : 1.150 t = 2,956.. ≈ 3 Fahrten
Kosten pro Fahrt: Treibstoffkosten: 48 Stunden · 190 l/h = 9.120 l · 0,60 €/l = 5.472,00 €
Mietkosten: 2 · 800,00 € = 1.600,00 €
Summe: 1.600,00 € + 5.472,00 € = 7.072,00 €

3 Fahrten notwendig: 3 · 7.072,00 € = 21.216,00 €

MS Blue Star: 3.400 t : 1.950 t = 1,743.. ≈ 2 Fahrten
Kosten pro Fahrt: Treibstoffkosten: 48 Stunden · 270 l/h = 12.960 l · 0,60 €/l = 7.776,00 €
Mietkosten: 2 · 1.700,00 € = 3.400,00 €
Summe: 3.400,00 € + 7.776,00 € = 11.176,00 €

2 Fahrten notwendig: 2 · 11.176,00 € = 22.352,00 €

19.4 22.352,00 € – 21.216,00 € = 1.136,00 € (ist MS Johanna günstiger)

19.5 Elbe

19.6 21.216,00 € : 3.400 t = 6,24 €

19.7 MS Johanna: 3 Fahrten · 9.120 l = 27.360 l Verbrauch
MS Blue Star: 2 Fahrten · 12.960 l = 25.920 l Verbrauch

Der Transport ist nicht vorteilhaft, der Verbrauch bei MS Johanna ist 1.440 l höher.

20. Aufgabe

20.1 hohe Ladekapazität
umweltfreundlich
bei großen Mengen relativ kostengünstiger Transport

20.2 Regensburg, Stuttgart

20.3 Regensburg liegt an der Donau, Stuttgart am Neckar

20.4 Stuttgart

20.5 Neckar, Rhein

20.6 Heilbronn, Heidelberg, Mannheim, Ludwigshafen, Mainz, Wiesbaden, Koblenz, Bonn, Köln, Leverkusen, Düsseldorf, Neuss, Duisburg

20.7 Duisburg

20.8 Talfahrt

20.9 bei künstlichen Wasserstraßen, Kanälen

21. Aufgabe

Begriffe	Erklärungen
Ladeschein	Warenwertpapier, das Aushändigen der Güter erfolgt gegen Rückgabe dieses Dokuments
Reedereien	Schifffahrtsgesellschaften mit vielen Schiffen und Niederlassungen
Linienschifffahrt	regelmäßige Fahrten, die fest nach Fahrplan erfolgen
Frachtbrief	Beweisurkunde für den Abschluss eines Frachtvertrages, ist aber kein Warenwertpapier
Partikuliere	Eigentümer von ein bis drei Binnenschiffen, sind meist Familienbetriebe
Schleppkähne	Transportschiffe, die ihre Last ziehen
Trampschifffahrt	Transporte werden individuell, je nach Bedarf durchgeführt

22. Aufgabe

22.1 68.000 t : 2.600 t = 26,15.., d. h. es werden 27 Schubleichter benötigt

22.2 27 Schubleichter : 6 = 4,5, d. h. es sind 5 Transporte notwendig

22.3 68.000 t : 60 t pro Waggon = 1.133,33 Waggons, d. h. 1.134 Waggons
1.134 Waggons : 28 Waggons pro Zug = 40,5 Züge
insgesamt müssten 41 Züge fahren

22.4 68.000 t : 26 t pro Lkw = 2.615,38.. Lkws
es müssten also 2.616 Lkws fahren

22.5 Rhein

22.6 Atlantik (oder Atlantischer Ozean), Straße von Dover (oder Ärmelkanal)

23. Aufgabe

2.950 t – 1.500 t = 1.450 t, 1.450 t · 0,02 € = 29,00 €
29,00 € + 75,00 € = 104,00 €
von 08:30 Uhr bis 15:00 Uhr sind 6,5 Stunden: 7 · 104,00 € = 728,00 €

24. Aufgabe

24.1 gute Linienverbindung nach Asien
günstig bei großen Mengen (hier Container)
einfache, standardisierte Abwicklung von Containertransporten

24.2 Hamburg, Rotterdam, Amsterdam, Antwerpen

24.3 sicherer Transport, moderate Transportkosten
große Ladekapazität, d. h. der 40-Fuß-Container kann ohne weiteres transportiert werden,
sehr umweltfreundlicher Transport

24.4 Hochwasser, d. h. die Schiffe können nicht mehr unter Brücken fahren
Niedrigwasser, die Flüsse führen nicht mehr genügend Wasser
Unfälle könnten einen Fluss/Kanal blockieren, an Schleusen können Staus auftreten

24.5 Dortmund-Ems-Kanal, Küstenkanal, Weser
Alternativroute: Dortmund-Ems-Kanal, Mittellandkanal, Weser

24.6

Verkehrsmittel	Vorteile	Nachteile
Lkw	• *flexible Abfahrtszeiten* • *Haus-Haus-Verkehr*	• *Staugefahr* • *Unfallgefahr*
Bahn	• *sicherer Transport* • *hohe Ladekapazität* • *umweltfreundlich*	• *Transport zum Bahnhof notwendig (Vorlauf), unflexibel* • *feste Abfahrtszeiten*

25. Aufgabe

Verkehrsträger	Verkehrsmittel	Verkehrswege
Straßengüterverkehr	*Lastkraftwagen* *Sattelzüge*	*Autobahnen, Bundesstraßen und sonstige Straßen*
Eisenbahnverkehr	*Güterzüge* *Lokomotiven und Waggons*	*Schienennetz* *Trassen*
Binnenschifffahrt	*Binnenschiffe* *Schubverbände*	*Flüsse, Kanäle* *und teilweise Seen*
Seeschifffahrt	*Seeschiffe (Containerschiffe, Tanker, Ro-Ro-Schiffe)*	*Meer, Ozeane, Meeresengen und Kanäle*
Luftverkehr	*Frachtflugzeuge, teilweise auch Passagierflugzeuge*	*Luftkorridore, Luftverkehrswege*

26. Aufgabe

Bill of Lading

Carrier: Hamak-Floyd Container Line GmbH	Hamak-Floyd		
Shipper: **Frantz GmbH** **Akazienstraße 16** **42651 Solingen, Germany**	Carrier's Reference: **HF-74/5521**	B/L-No: **45/855-2013**	Page: 3/3
Consignee or Order: **Carlogistics ltd.** **12 Riverstreet** **54-255 Los Angeles, United States**	Export References:		
Notify Address:	Forwarding Agent:		
Precarrying Vessel: Voyage-No.:	Consignee's Reference:		
Ocean Vessel: Voyage-No.: **Savannah Star**	Place of Receipt:		
Port of Loading: **Bremerhaven**	Place of Delivery:		
Port of Discharge: **Los Angeles**			

Container Nos, Seal Nos. and Marks	Number and kind of packages Description of goods	Gross weight kg	Measurement
EXE-5255654558	**1 Container with car parts**	**8.300**	**40‘**

Shipper's declared Value

Total No. of Container received by the carrier: - 1 -	Packages received by the carrier:	RECEIVED by the Carrier from the Shipper in apparent good order and condition (unless otherwise noted herein) the total number or quantity of Containers or other packages or units indicated in the box opposite entitled "Total No. of Containers/Packages received by the Carrier" for Carriage subject to all the terms and conditions hereof (INCLUDING THE TERMS AND CONDITIONS ON THE REVERSE HEREOF AND THE TERMS AND CONDITIONS OF THE CARRIER'S APPLICABLE TARIFF) from the Place of Receipt or the Port of Loading, whichever is applicable to the Port of Discharge or the Place of Delivery. One original Bill of Lading, duly endorsed, must be surrendered by Merchant to the Carrier in exchange for the Goods or a delivery order. In accepting this Bill of Lading the Merchant expressly accept and agrees to all its terms and conditions whether printed, stamped or written, or otherwise incorporated, notwithstanding non-signing of this Bill of Lading by the Merchant. IN WITNESS WHEREOF the number of original Bill of Lading stated below all of this tenor and date has been signed one of which being accomplished the others to stand void.
Movement: FCL-FCL	Currency: **US-$**	
Charge | Rate	Amount	
Total Freight Prepaid	Total freight collect **850.00**	
Total freight **850.00**	Freight payable at: origin	

Number of original B/L: 3/3	Place and Date of issue: **Bremerhaven, 05.02....**	Signature

27. Aufgabe

27.1 große Ladekapazität, niedrige Transportkosten

27.2 Die Ware muss gut gesichert werden, da während des Transports durch Seegang hohe Beanspruchungen auftreten können, zudem muss die Ware gegen Seewasser geschützt werden

27.3 Atlantik (Atlantischer Ozean)

27.4 Rotterdam (Niederlande) und New York (Vereinigte Staaten von Amerika)

27.5 Binnenschifffahrt (hohe Ladekapazität, umweltfreundlich, kostengünstig)
Eisenbahn (hohe Ladekapazität, umweltfreundlich, sicherer Transport)

28. Aufgabe

28.1 Die Klausel FOB bedeutet „free on board", d. h. dass der Verkäufer die Kosten für den Transport und das Risiko bis zum Versandhafen trägt (einschließlich Verladung auf das Seeschiff)

28.2 450,00 € + 150,00 € = 600,00 €

28.3 800,00 € + 150,00 € + 180,00 € + 300,00 € = 1.430,00 €

28.4 Seefracht 800 € und Versicherungsprämie für Seetransport 150,00 €

28.5 EXW = ex works (Ab Werk)

29. Aufgabe

Englisch	Deutsch	Englisch	Deutsch
a) Air Waybill	*Luftfrachtbrief*	i) invoice	*Rechnung*
b) airport of destination	*Zielflughafen*	j) insurance	*Versicherung*
c) airport of departure	*Abflughafen*	k) charge	*Gebühr*
d) not negotiable	*nicht übertragbar*	l) spare parts	*Ersatzteile*
e) issued by	*ausgestellt von*	m) currency	*Währung*
f) shipper	*Absender*	n) delivery note	*Lieferschein*
g) consignee	*Empfänger*	o) customs	*Zoll*
h) carrier	*Frachtführer*		

30. Aufgabe

30.1 Drei Originale

30.2 Köln/Bonn

30.3 Dubai

30.4 45,5 kg

30.5 Frantz GmbH (da prepaid)

30.6 296,54 US-$

30.7 An einem Freitag (wegen Feld Flight/Date: …../5)

30.8 Abu Dhabi Computer Services

30.9 80 cm · 60 cm · 60 cm : 6.000
288.000 cm^3 : 6.000 = 48 Vol-kg

30.10 das Volumengewicht (die Sendung ist also sperrig)

30.11 in der Rechnung (invoice)

30.12 Air Freight Germany (Fluggesellschaft)

30.13 1.500,00 US-$

Aufgabe	Lösung
31.	*b, d, c, e, a*
32.	*e*
33.	*c*
34.	*b*
35.	*e*
36.	*b*
37.	*b*
38.	*b, c, d, e, a*
39.	*a*
40.	*b, d, a, e, c*
41.	*c*
42.	*a*
43.	*c*
44.	*d*
45.	*a*
46.	*a*
47.	*e*
48.	*d*
49.	*b*
50.	*d*

Aufgabe	Lösung
51.	*e*
52.	*e*
53.	*b*
54.	*b, g, e, a, f, c, d*
55.	*c*
56.	*d*
57.	*c*
58.	*a*
59.	*d*
60.	*c*
61.	*a*
62.	*b*
63.	*a*
64.	*a) 232,3 Milliarden €* *b) 244,8 Milliarden €*
65.	*225,00 € (netto)* *42,75 € (MwSt)*
66.	*10,08 kg* *0,01 t*
67.	*9 Std 20 Min*

⑩ Logistische Prozesse optimieren

1. Aufgabe

1.1 Unter dem Begriff Logistik versteht man alle Maßnahmen, die einen optimalen Material- und Informationsfluss vom Lieferanten in das Unternehmen, bei der Produktion im Unternehmen und vom Unternehmen zum Kunden gewährleisten.

1.2 Die Logistik hat dafür zu sorgen, dass die richtigen Objekte, in der richtigen Qualität, zum richtigen Zeitpunkt, zu minimalen Kosten, am richtigen Ort sind.

1.3 a) Materialfluss bezeichnet den Weg der Roh-, Hilfs-, und Betriebsstoffe vom Lieferanten bis zum Kunden. Der Materialfluss ist meistens vorwärts gerichtet.
b) Informationsfluss bezeichnet die Übertragung von Daten und Informationen, in Form von Belegen oder per Bildschirm, von Lieferanten und Kunden. Der Informationsfluss kann vorauslaufend (Bestellung), begleitend (Lieferschein) oder nachlaufend (Rechnung) sein.

1.4 a) Materialfluss:
- Warenannahme
- Warenentladung
- Kontrolle der Ware

b) Informationsfluss:
- Einkauf
- Bestellung
- Vergleich Lieferschein/Bestellung
- Bestätigung des Empfangs

2. Aufgabe

2.1

Logistikbereich	Erläuterung
Beschaffungslogistik	*zur optimalen Beschaffung der Materialien bei den Lieferanten bis in die eigenen Lager und Produktion*
Lagerlogistik	Optimiert die Standortwahl sowie die Lagertechnik und Lagerorganisation
Transportlogistik	*Optimiert den innerbetrieblichen und außerbetrieblichen Transport bezogen auf Transportwege, Transportmittel, Be- und Entladung*
Entsorgungslogistik	Nicht mehr benötigte Materialien, werden umwelt freundlich entsorgt

2.2 Hohe Lieferzuverlässigkeit, geringe Bestände, kurze Durchlaufzeiten der Fertigung, wenig Leerfahrten, Vermeidung unnötiger Fehler, geringe Wartezeiten der Lkw und der Fördermittel

2.3 Supply Chain beschreibt eine Versorgungskette, um Geschäftsprozesse besser abzustimmen und Probleme an Schnittstellen zu minimieren.

3. Aufgabe

3.1 *Erste Möglichkeit:* Aufteilung der logistischen Aufgaben auf einzelne Abteilungen, z. B. Einkauf, Produktion und Verkauf. Es gibt keine eigene Logistik Abteilung.

Zweite Möglichkeit: Es wir eine eigene Logistik Abteilung geschaffen. Diese ist gleichberechtigt und wird neben den anderen Abteilungen angesiedelt. Problem können entstehen, wenn es zu einem Konkurrenzkampf zwischen den einzelnen Abteilungen kommt.

Dritte Möglichkeit: Die Logistik Abteilung wird als Stabsabteilung unter der Führungsebene, jedoch überhalb der Sparten angesiedelt. Bei dieser Form der Unternehmensorganisation, kommt die Logistik Abteilung am besten zum Ausdruck.

3.2 **Unternehmenslogistik**

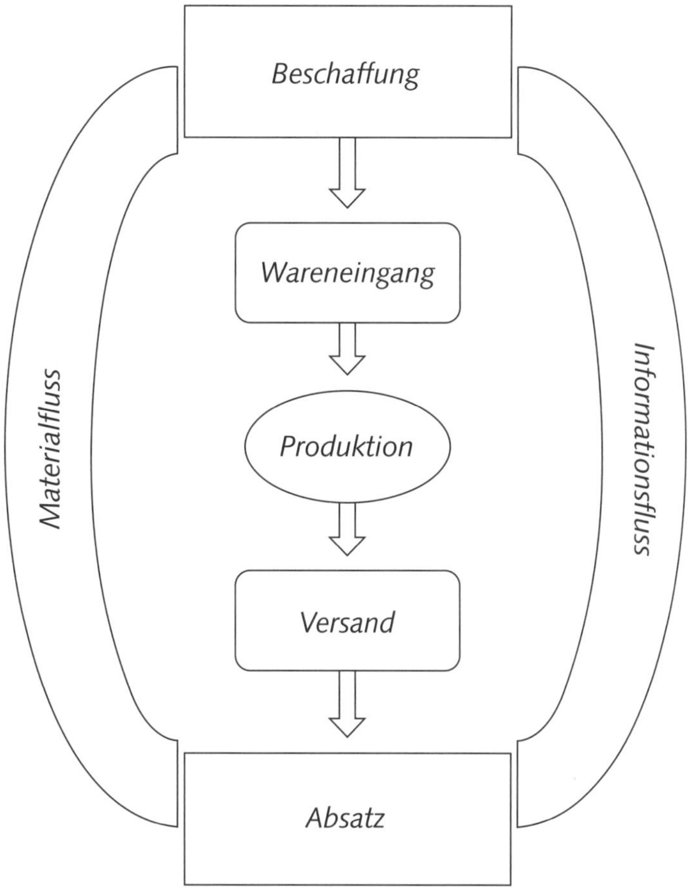

3.3 Kaizen-Prinzip, Total Quality Managements, Just-in-time-Prinzip

3.4 *Ergebniskontrolle:* Durch Messen und Prüfen soll die Qualität des hergestellten oder bezogenen Produkts sichergestellt werden. Des Weiteren soll das Produkt den Vorgaben und Wünschen des Kunden entsprechen.

Null-Fehler-Strategie: Kontrolle einzelner Arbeitsschritte und eine genaue Wareneingangskontrolle führen zu einer hohen Fehlervermeidung. Diese Arbeitsschritte erfolgen prozessbegleitend.

Umfassendes Qualitätsbewusstsein: Gefördert wird im Unternehmen eine Kultur der Verantwortung und eine ständige Überwachung der eigenen Arbeitsqualität.

4. Aufgabe

4.1 Mithilfe der A-B-C-Analyse können Lagergüter in A-, B- oder C-Güter eingeteilt werden. Zu den A-Gütern zählen alle Güter mit einem hohen Wert, aber einer geringen Menge. B-Güter besitzen einen mittleren Wert und eine mittlere Menge. C-Güter sind alle Güter die einen geringen Wert besitzen, jedoch in großer Menge vorhanden sind.

4.2

Artikel-Nr.	Menge/Stück	Anteil an Gesamtmenge in %	Gesamtwert der Güter in €	Gesamtwert in %	Einteilung in A-, B- und C-Güter
F1	2500	*10,55*	250.000	*24,75*	*A*
F2	3000	*12,66*	450.000	*44,55*	*A*
F3	5000	*21,09*	200.000	*19,80*	*B*
F4	6200	*26,16*	80.000	*7,92*	*C*
F5	7000	*29,54*	30.000	*2,97*	*C*
gesamt	*23700*	*100*	*1.010.000*	*100*	

4.3 X = Güter mit gleichmäßigen Verbrauch
Y = Güter mit schwankendem Verbrauch
Z = Güter mit unregelmäßigem Verbrauch

5. Aufgabe

5.1 Bedürfnisse sind Wünsche und persönliche Mangelempfindungen, verbunden mit dem Wunsch diesen Mangel zu beseitigen.

5.2 *Existenzbedürfnisse:* Diese Bedürfnisse sichern das Überleben und sind lebensnotwendig, z. B. Lebensmittel und Kleidung

Kulturbedürfnisse: Diese Bedürfnisse erhöhen den Lebensstandard und dienen der persönlichen Entfaltung, z. B. Musik und Kino.

Luxusbedürfnisse: Diese Bedürfnisse erhöhen den Lebensstandard sehr stark und sind nur mit großen finanziellen Mitteln zu erreichen, z. B. Villa und teurer Sportwagen.

5.3

1a	4b
2a	1b
3a	5b
4a	2b
5a	3b

6. Aufgabe

6.1 *Freie Güter* stehen den Menschen in unbeschränkter Anzahl zur Verfügung und verursachen keine Kosten, z. B. Sonne, Regenwasser oder Luft.

Wirtschaftliche Güter, auch knappe Güter genannt, müssen vor der Benutzung erst hergestellt werden und verursachen dadurch Kosten. Aus diesem Grund haben sie im Vergleich zu den freien Gütern einen Preis, z. B. Lebensmittel, Auto oder Maschinen.

6.2

	Konsumgut	Produktionsgut	Verbrauchsgut	Gebrauchsgut
a) Firmen-Pkw der Frantz GmbH		X		X
b) Benzin für den privaten Pkw	X		X	
c) Kühlschrank für die Wohnung von Falk und Diana	X			X
d) Schmieröl für Kettenförderfahrzeuge		X	X	
e) Stapler für den Wareneingang		X		X
f) Brot für das Abendessen	X		X	

6.3 *Substitutionsgüter:* Dabei handelt es sich um Güter, die sich ganz oder teilweise ersetzen und daher alternativ verwendet werden können, z. B. Butter und Margarine oder Kartoffeln und Nudeln.

Komplementärgüter: Dabei handelt es sich um Güter, die sich ergänzen, sodass man sie nur zusammen benutzen kann, um ein bestimmtes Ziel zu erreichen, z. B. Auto und Benzin oder Drucker und Tintenpatrone.

7. Aufgabe

7.1

Das ökonomische Prinzip

Minimalprinzip
Unternehmensprinzip

Definition:
*Mit **minimalen Mitteln** ein gegebenes Ziel erreichen*

Beispiele:
Ein Unternehmen versucht mit so wenig Personaleinsatz wie möglich einen bestimmten Jahresumsatz zu erzielen.

Maximalprinzip
Haushaltsprinzip

Definition:
*Mit **gegebenen** Mitteln einen möglichst **großen** (maximalen) **Erfolg** erreichen.*

Beispiele:
Mit einem bestimmten Budget an Taschengeld so viele Klamotten wie möglich kaufen.

7.2

Fälle	Wird nach dem ökonomischen Prinzip gehandelt?		Nach welchem Prinzip handeln die Personen?	
	ja	nein	Minimalprinzip	Maximalprinzip
Der Auszubildende Falk hat monatlich 300 € zu seiner freien Verfügung. Er führt bei seinen Ausgaben Preisvergleiche durch.	X			X
Der Frantz GmbH möchte eine neue Lagerhalle bauen lassen. Sie holt bei Spezialfirmen mehrere Angebote ein.	X		X	
Ein Auktionator versteigert auf einer Kunstauktion ein Gemälde.	X			X
Der Landwirt Emil hat ein jährliches Nettoeinkommen von 20.000 €. Als Arbeiter könnte er ein Nettoeinkommen von 25.000 € erzielen.		X		
Die wirtschaftlichen Entscheidungen im Haushalt werden so getroffen, dass der größtmögliche Nutzen für die Familie erreicht wird.	X			X
Eine Hausfrau versucht, durch Preisvergleich den Lebensmittelbedarf der Familie so preiswert wie möglich zu verwirklichen.	X		X	
Ein festgelegtes Produktionsziel soll mit möglichst geringem Materialeinsatz erreicht werden.	X		X	
Ein Schüler versucht mit wenig Lerneinsatz die besten Noten zu erzielen.		X		

8. Aufgabe

8.1

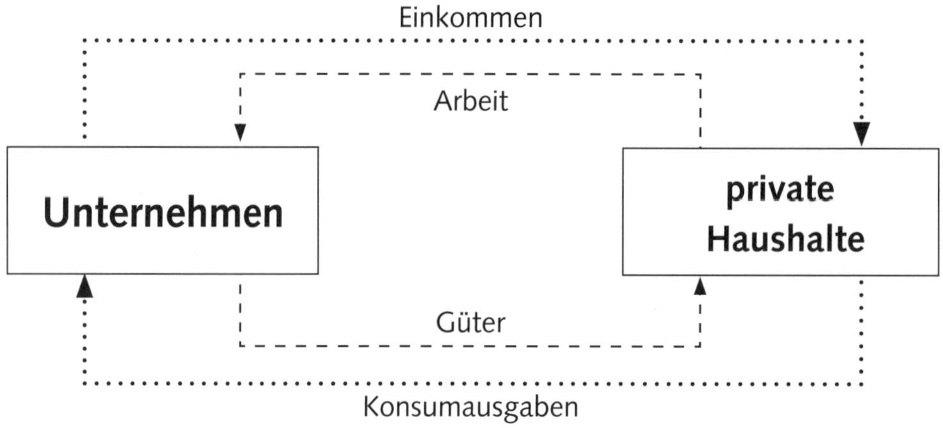

8.2 Es werden nur zwei Sektoren (Haushalte und Unternehmen) abgebildet, was der Wirklichkeit nicht entspricht.
Weiterhin kann nicht davon ausgegangen werden, dass die Haushalte ihr gesamtes Einkommen wiederausgeben und nicht sparen.

8.3
1. Herr Volk verdient als Verkaufsleiter bei der Frantz GmbH im Jahr 50.000 € brutto.
2. Oma Volk bezieht eine Altersrente in Höhe von 15.000 € jährlich.
3. Marianne Volk verdient als Auszubildende zur Verwaltungsfachangestellten im Jahr 7.500 € brutto.
4. Von ihrem verfügbaren Einkommen können die Volks 15.000 € im Jahr sparen.
5. An Steuern und Sozialabgaben sind die Volks mit 20.000 € im Jahr belastet.
6. Die Frantz GmbH verkauft an die Gemeinde Produkte im Wert von 2.500 €.
7. Das Unternehmen bezahlt an Körperschaftsteuern (Steuern auf den Gewinn) 12.500 €.
8. Die Gemeinde bezuschusst den Einbau eines neuen Filters der firmeneigenen Heizungsanlage mit 15.000 €, die insgesamt 22.500 € kostet. Der Rest wird als Investitionskredit aufgenommen.
9. Die Frantz GmbH exportiert im Jahr Güter im Wert von 85.000 €.
10. Weiterhin importiert sie Rohstoffe für 28.500 €.

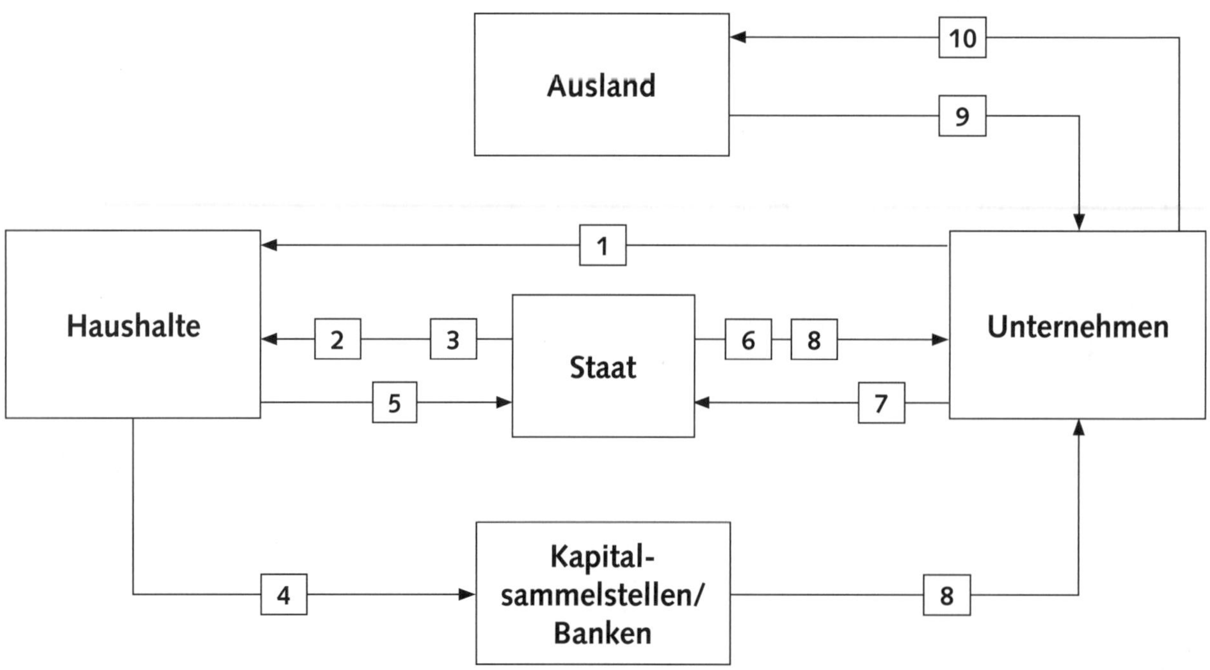

9. Aufgabe

9.1 Lieferketten oder Prozessketten

9.2 Das Ziel des Supply Chain Management ist es, die Prozesskette vom Rohstofflieferanten bis hin zum Endkunden zu optimieren. Weiterhin wird eine Verbesserung der Koordination des Material-, Informations- und Geldflusses angestrebt.

9.3

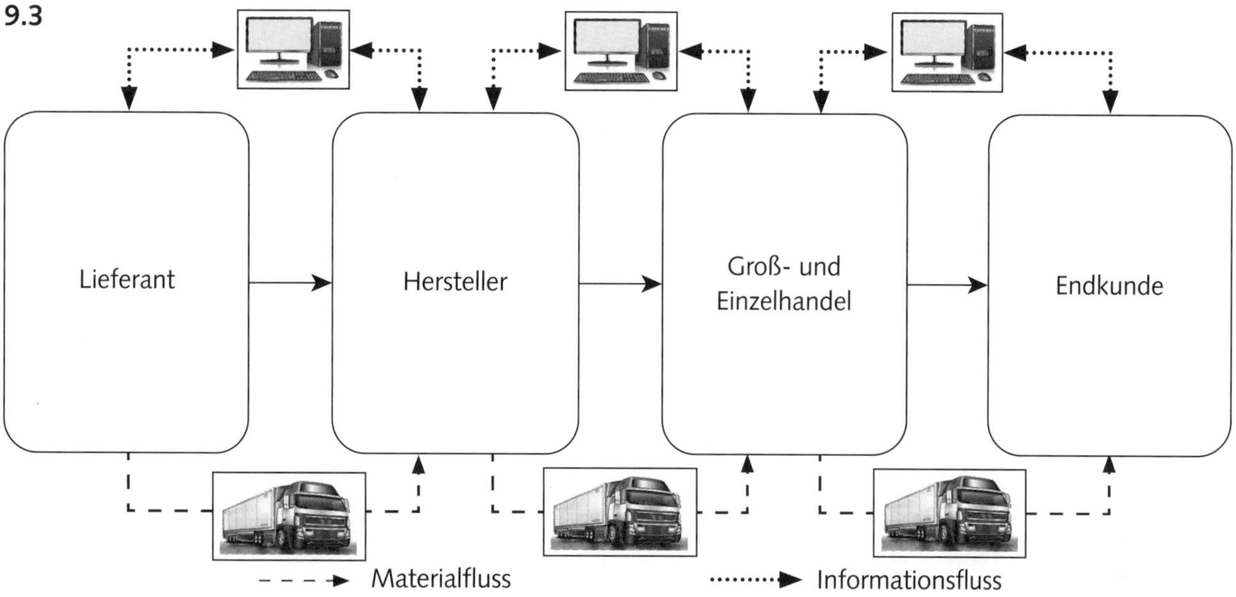

9.4 1. Ein gemeinsames Ziel ist die wichtigste Voraussetzung für ein erfolgreiches SCM. ________ (R)
2. „Supply Chain Management" kann mit Lieferkette übersetzt werden. ________ (R)
3. Eine informationstechnische Vernetzung innerhalb der SCM ist nicht notwendig. ________ (F)
4. Verbesserte Abstimmungsprozesse zwischen allen Beteiligten, führen zu einer Senkung der Durchlaufzeit. ________ (R)
5. Im Bereich des SCM werden Kundenwünsche nur sekundär behandelt. ________ (F)
6. Eine gezielte Aufgabenverteilung zur Erreichung der Ziele des SCM ist nicht notwendig ____ (F)

<table>
<tr><th>Aufgabe</th><th colspan="7">Lösung</th></tr>
<tr><td>10.</td><td colspan="7">2, 4, 6, 5, 1, 3</td></tr>
<tr><td>11.</td><td colspan="7">9, 1, 8, 7, 6, 4, 2, 5, 3</td></tr>
<tr><td rowspan="3">12.</td><td>Beschaffung</td><td>3</td><td>8</td><td>11</td><td>12</td><td>14</td><td></td></tr>
<tr><td>Produktion</td><td>1</td><td>6</td><td>7</td><td></td><td></td><td></td></tr>
<tr><td>Vertrieb</td><td>2</td><td>4</td><td>5</td><td>9</td><td>10</td><td>13</td></tr>
<tr><td>13.</td><td colspan="7">A, C, A, B, C, A, B</td></tr>
<tr><td>14.</td><td colspan="7">Z, X, Y</td></tr>
<tr><td rowspan="4">15.</td><td></td><td colspan="2">A-Güter</td><td colspan="2">B-Güter</td><td colspan="2">C-Güter</td></tr>
<tr><td>X- Güter</td><td colspan="2">6</td><td colspan="2">2</td><td colspan="2">5</td></tr>
<tr><td>Y-Güter</td><td colspan="2">3</td><td colspan="2">7</td><td colspan="2">1</td></tr>
<tr><td>Z-Güter</td><td colspan="2">8</td><td colspan="2">4</td><td colspan="2">9</td></tr>
<tr><td>16.</td><td colspan="7">f, d, a, b, c, e, b, f</td></tr>
<tr><td>17.</td><td colspan="7">R, F, R, R, F, F</td></tr>
<tr><td>18.</td><td colspan="7">R, F, R, F, R</td></tr>
<tr><td>19.</td><td colspan="7">K, U, K, F, U, K, F, K</td></tr>
<tr><td>20.</td><td colspan="7">links: 1, 2, 2, 1; rechts: 2, 1, 2, 1</td></tr>
<tr><td>21.</td><td colspan="7">1A, 1C, 2B, 3C, 2C, 1A, 3A, 2B</td></tr>
<tr><td>22.</td><td colspan="7">2, 1, 1, 2, 3, 2, 3, 1</td></tr>
<tr><td>23.</td><td colspan="7">2, 1, 4, 3, 2, 1, 2, 4</td></tr>
</table>

Aufgabe	Lösung
24.	*a) 40.000,00 b) 32.000,00 c) 80.000,00* *d) 10.000 e) 10.001 f) 80.000,00*
25.	*b*
26.	*F; R; F; F; R; R; F; F; R; F; F; R*
27.	*d, a, b, c, d, a, b, c*
28.	*JIS, WTW, JIS, JIT, WTW, WTW*
29.	*920 Stück*
30.	*4, 2, 3, 1, 3*
31.	*4, 6, 1, 5, 2, 3*
32.	*3, 2, 1, 2, 4, 3, 2*
33.	*3, 6, 5, 1, 4, 2*
34.	*1, 1, 2, 2, 2, 1, 2, 1, 2*
35.	*1, 2, 2, 1, 2, 2, 2, 2, 1*
36.	*1, 3, 4, 3, 5, 2, 5*
37.	*R, R, F, F, F, R, F, R, R*
38.	*3, 3, 1, 1, 2, 3, 3, 2, 2, 2, 1, 3*
39.	*4, 2, 1, 3, 3, 2, 1, 4*
40.	*a, d, f*
41.	*a, d*

42. Aufgabe

	Konsumgut	Produktionsgut	Gebrauchsgut	Verbrauchsgut
Umlaufregal der Frantz GmbH		X	X	
Treibstoff für die Gabelstapler der Frantz GmbH		X		X
Treibstoff des Privat-Pkws von Hans Blomberg, Mitarbeiter der Frantz GmbH	X			X
Privat-Pkw von Hans Blomberg	X		X	
Dienstwagen von Hans Blomberg		X	X	
EDV-Anlage im Logistik-Center der Frantz GmbH		X	X	
Büroausstattung der Frantz GmbH		X	X	
Werkzeug des Hausmeisters der Frantz GmbH		X	X	
Werkzeug im Privathaushalt des Hausmeisters der Frantz GmbH	X		X	

Aufgabe	Lösung
43.	*K, K, K, S, S, K, S*
44.	*R, S, D, D, R, S, D, D*

Aufgabe	Lösung
45.	*T, B, L, R, B, R, T, R*
46.	*c*

⑪ Güter beschaffen

1. Aufgabe

1.1 Ein Markt ist der Ort, an dem Angebot und Nachfrage zusammentreffen. Das kann ein Wochenmarkt, ein Supermarkt oder der Einkauf im Internet sein.

1.2 Offene Märkte: Anbieter und Nachfrager haben freien Zugang zu diesen Märkten. Es bestehen keine Eintrittsbarrieren

Geschlossene Märkte: Der Marktbeitritt ist nur einem bestimmten Teilnehmerkreis gestattet.

Vollkommende Märkte: liegen vor, wenn folgende Voraussetzungen gegeben sind:
- Homogenität der gehandelten Güter
- Marktteilnehmer verfügen über vollständige Marktübersicht.
- Es bestehen keine Bevorzugungen räumlicher, preislicher oder zeitlicher Art.
- Alle Marktteilnehmer reagieren ohne zeitliche Verzögerung auf Veränderungen des Marktes.

Unvollkommene Märkte: liegen vor, wenn eine Voraussetzung für den vollkommenen Markt nicht gegeben ist.

1.3

Anbieter \ Nachfrager	einer	wenige	viele
einer	*zweiseitiges Monopol*	*beschränktes Angebotsmonopol*	*Angebotsmonopol*
wenige	*beschränktes Nachfragemonopol*	*zweiseitiges Oligopol*	*Angebotsoligopol*
viele	*Nachfragemonopol*	*Nachfrageoligopol*	*Zweiseitiges Polypol*

1.4

a) Preis	4
b) Menge	2
c) Nachfragekurve	7
d) Angebotskurve	3
e) Angebotsdefizit	6
f) Nachfragedefizit	5
g) Gleichgewichtspreis	8
h) Gleichgewichtsmenge	1

2. Aufgabe

2.1 Das Ziel der Beschaffung ist es, die Versorgung mit den richtigen Gütern und Dienstleistungen, in der richtigen Art, Menge und Güte, zur richtigen Zeit, am richtigen Ort, zu möglichst geringen Kosten zu gewährleisten.

2.2

	Betriebsmittel	Werkstoffe		
		Rohstoffe	Hilfsstoffe	Betriebsstoffe
Lack			X	
Kreissäge	X			
Strom				X
Produktionshalle	X			
Holzbretter		X		
Elektrohobel	X			
Türscharniere			X	
Holzleim			X	
Schreinergeselle				X
Schmieröl für Maschine				X
Betriebshelfer				X
Spanplatten		X		
Regalbeleuchtung	X			
Sachbearbeiterin				X

2.3 a, c

2.4 1. Bedarfsermittlung
2. Ermittlung der Bezugsquellen
3. Lieferantenauswahl
4. Bestellabwicklung
5. Bestellüberwachung
6. Wareneingang
7. Rechnungsprüfung
8. Zahlungsabwicklung

3. Aufgabe

3.1

Menge	Eigenherstellung			Fremdbezug	Bewertung
	Fixkosten	Variable Kosten	gesamt		
100	15.000,00 €	1.500,00 €	16.500,00 €	3.500,00 €	Fremdbezug
500	15.000,00 €	7.500,00 €	22.500,00 €	17.500,00 €	Fremdbezug
750	**15.000,00 €**	**11.250,00 €**	**26.250,00 €**	**26.250,00 €**	**gleich**
1.000	15.000,00 €	15.000,00 €	30.000,00 €	35.000,00 €	Eigenherstellung
1.500	15.000,00 €	22.500,00 €	37.500,00 €	52.500,00 €	Eigenherstellung

Bis zu einer Menge von 749 Stück ist der Fremdbezug günstiger. Werden jedoch 751 Stück benötigt, ist die Eigenherstellung vorteilhafter.

3.2 *Nachteile einer zu hohen Bestellmenge:*
- hohe Lagerkosten
- Gefahr des Verderbs
- Veraltens oder Diebstahl
- hohe Kapitalbindung

Nachteile einer zu niedrigen Bestellmenge:
- Kundenverlust
- Belieferung von Kunden nicht möglich
- Mengenrabatte können nicht genutzt werden.
- Hoher Bestellaufwand, da öfters bestellt werden muss

3.3 Eine optimale Bestellmenge liegt vor, wenn die Summe der Bestell- und Lagerkosten am geringsten ist.

3.4

Anzahl der Bestellungen	Bestellmenge	Lagerhaltungskosten in €	Bestellkosten in €	Gesamtkosten in €
1	*250*	*125,00*	*35,00*	*160,00*
2	*125*	*62,50*	*70,00*	*132,50*
5	*50*	*25,00*	*175,00*	*200,00*
10	*25*	*12,50*	*350,00*	*362,50*

3.5

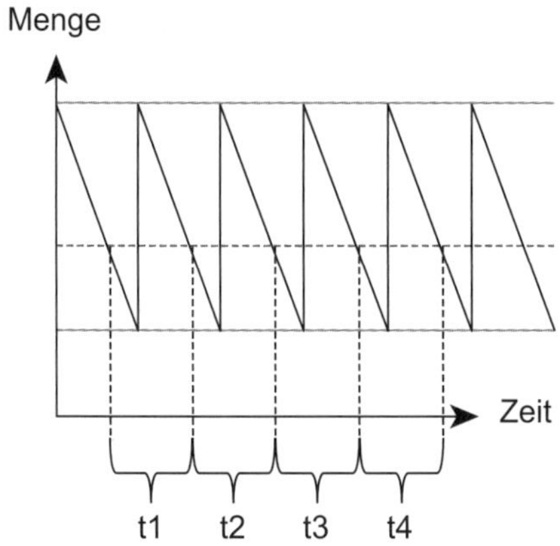

Bestellpunktverfahren

Es wird bestellt, wenn …
der Lagerbestand auf einen gewissen Punkt (Bestellpunkt) gefallen ist.

Die Bestellmenge ist so gewählt, dass der Lagerbestand auf den Höchststand aufgefüllt wird.

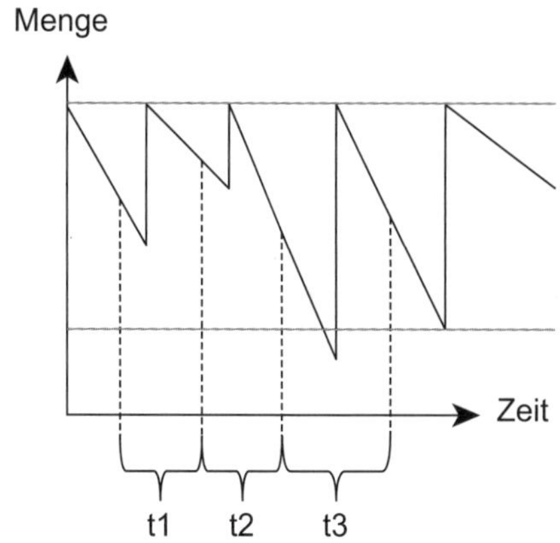

Bestellrhythmusverfahren

Es wird erst bestellt nach Ablauf …
einer festgesetzten Zeitspanne.

Bestellmenge kann unterschiedlich hoch sein, da Lagerbestand zum Zeitpunkt der Bestellung nicht immer gleich groß ist.

4. Aufgabe

4.1 *Interne Bezugsquellenermittlung*, dort wird auf Informationsquellen im Unternehmen selbst zurückgegriffen, wie z. B. Lieferantendatei, Artikeldatei oder Messeberichte von Einkäufern.

Externe Bezugsquellenermittlung, dort werden Informationen außerhalb des Unternehmens eingeholt z. B. durch Prospekte, Kataloge, Messen oder Ausstellungen.

4.2 *Allgemeine Anfrage:* Dabei bittet der Kunde zunächst nur um einen Katalog, eine Preisliste, ein Muster oder einen Vertreterbesuch.

Bestimmte Anfrage: Der Kunde erkundigt sich gezielt nach dem Preis, der Farbe, der Güte und der Beschaffenheit oder den Lieferbedingungen.

4.3 Bitte um Nennung der Zahlungs- und Lieferungsbedingungen, Anschrift und Telefonnummer des Anfragers, genaue Bezeichnung der gewünschten Ware, Datum, Aufforderung zur Abgabe eines Angebots

5. Aufgabe

5.1 Ein Angebot ist eine Willenserklärung, Ware zu den angegebenen Bedingungen zu verkaufen. Angebote richten sich an eine genau bestimmte Person oder Personengruppe.

5.2 a, c

5.3 Art, Güte und Beschaffenheit der Ware, Menge der Ware, Preis der Ware, Preisabzüge, Lieferungsbedingungen, Kosten und Versandverpackung, Lieferzeit, Zahlungsbedingungen

5.4 a) Die Frantz GmbH bezahlt Ihrer Rechnung innerhalb von fünf Tagen und darf vom Rechnungsbetrag 2 % abziehen. ______ (S)
b) Die Flex KG hat bei der Frantz GmbH innerhalb eines halben Jahres einen bestimmten Umsatz erreicht und bekommt 500,00 € gutgeschrieben. ______ (B)
c) Der Baumarkt „Schlau beim Bau" feiert sein 10-jähriges Bestehen und reduziert einige Artikel aus seinem Sortiment. ______ (R)
d) Der Einzelhändler Franz Grau hat beim Gemüsegroßmarkt innerhalb des letzten Jahres soviel an Ware bezogen, dass der Gemüsegroßmarkt ihm daraufhin einen Preisnachlass gewährt. ______ (B)
e) Der Mitarbeiter des Baumarktes „Schlau beim Bau" bekommt die Ware im Baumarkt günstiger. ______ (R)

6. Aufgabe

6.1

Artikel: Pflasterstein 8 cm x 10 cm x 8 cm				
Menge: 350 m^2				
Lieferant:	**Schlau beim Bau**		**Baustoffhandel Schneider KG**	
	%	€	%	€
Listeneinkaufspreis	–	*11.305,00*	–	9.275,00
– Lieferantenrabatt	*5 %*	*565,25*	–	–
= Zieleinkaufspreis	–	*10.739,75*	–	*9.275,00*
– Lieferantenskonto	*3 %*	*322,19*	*2 %*	*185,50*
= Bareinkaufspreis	–	*10.417,56*	–	*9.089,50*
+ Bezugskosten	–	*280,00*	–	*385,00*
Bezugspreis	–	*10.697,56*	–	*9.474,50*

6.2 Freizeichnungsklausel

6.3
- Der Empfänger lehnt das Angebot ab.
- Die Bestellung trifft zu spät ein.
- Die Bestellung weicht vom Angebot ab.

6.4 Der Käufer ist verpflichtet, die Ware mit der Auslieferung zu bezahlen (Zug-um-Zug-Geschäft).

6.5 a) DAP (delivered at place); DDP (delivered duty paid)
b) CPT (carriage paid to); CIP (carriage, insurance paid to)
c) EXW (ex works)
d) CFR (cost and freight); CIF (cost, insurance and freight)

7. Aufgabe

7.1 Ein Kaufvertrag kommt durch zwei übereinstimmende Willenserklärungen (Antrag und Annahme) zustande. Die beiden Parteien gehen ein sog. Verpflichtungsgeschäft ein.

7.2 b, c

7.3

Art des Kaufvertrages	**Erläuterung**
Einseitiger Handelskauf	*Dies ist ein Kauf zwischen einem Kaufmann und einer Privatperson.*
Fixkauf	Der Verkäufer muss die Ware zu einem genau festgelegten Termin liefern – nicht vorher und nicht nachher.
Kauf nach Probe	*Der Verkäufer liefert die Ware nach einem ganz bestimmten Muster oder einer vorgelegten Probe. Die Ware muss bei Übergabe die Eigenschaften und Beschaffenheit des Musters aufweisen.*
Gattungskauf	Im Kaufvertrag ist nur die Art oder Klasse der Ware bestimmt, aber keine genauere Erläuterung. Der Verkäufer liefert Ware mittlerer Art und Güte.

8. Aufgabe

8.1 Barzahlung, halbbare Zahlung, bargeldlose Zahlung

8.2 Bargeldlose Zahlung
Vorteile:
- sicherer als Barzahlung
- kein Kontakt zum Verkäufer nötig, da beide ein Konto besitzen
- schneller als Barzahlung und halbbare Zahlung

8.3 Auf unseren Fall bezogen wäre die Banküberweisung die richtige Möglichkeit, um die Rechnung zu begleichen.
Die Banküberweisung eignet sich bei einmaligen Zahlungen und lässt sich schnell und kostengünstig erledigen. Voraussetzung ist, dass beide Parteien ein Konto besitzen.
Der Dauerauftrag eignet sich für gleichbleibende und regelmäßige Zahlungen auf ein und dasselbe Konto. Die Zahlung wird immer zu einem bestimmten Termin ausgeführt, z. B. die monatliche Miete, Stromkosten oder Versicherungsprämien.

Aufg.	Lösung	Aufg.	Lösung	Aufg.	Lösung
9.	*2, 4, 3, 1*	**17.**	*c*	**25.**	*R, F, F, F, R, F, R, R*
10.	*4, 3, 2, 1, 5*	**18.**	*120 Stück*	**26.**	*c*
11.	*4, 5, 1, 3, 2*	**19.**	*1, 2 und 3, 3, 1, 2, 1, 3*	**27.**	*I, E, E, I, I, E, E, E*
12.	*1, 3, 4, 6*	**20.**	*e*	**28.**	*d*
13.	*5, 7, 1, 3, 6, 8, 4, 2*	**21.**	*d*	**29.**	*b, c, e, f*
14.	*R, F, R, R, R, F, F, F, R*	**22.**	*9 Stück*	**30.**	*b, a, c, d*
15.	*1.200 Stück*	**23.**	*80 Stück*	**31.**	*4, 8, 7, 1, 3, 5, 2, 6*
16.	*1, 1, 2, 1, 2, 2, 1, 2*	**24.**	*F, R, R, R, F, F, R, R*	**32.**	*8, 10, 7, 1, 9, 11, 2, 10*

	Lieferbedingung	*Kosten für den Verkäufer*	*Kosten für den Käufer*
33.	*ab Werk*	*0,00*	*1.390,00*
	frei Lager	*1.390,00*	*0,00*
	unfrei	*150,00*	*1.240,00*
	frachtfrei	*1.180,00*	*210,00*
	frei Waggon	*230,00*	*1.160,00*
	ab hier	*150,00*	*1.240,00*
	frei dort	*1.180,00*	*210,00*

34.	*2*	**37.**	*c, e, f*	**40.**	*d*
35.	*8.013,60 €*	**38.**	*d, c, d, e, a, b, b, a*	**41.**	*e*
36.	*R, F, F, F, R, F, R, R, R*	**39.**	*b, d*	**42.**	*R, R, R, F, R, R, F, F, R, R, R, R*

⑫ Kennzahlen ermitteln und auswerten

1. Aufgabe

1.1 Stichtagsinventur: die Bestandsaufnahme erfolgt zu einem bestimmten Zeitpunkt (Stichtag), in der Regel ist das der 31.12. eines Jahres. Sie wird auch Zeitnahe Inventur genannt, da die Möglichkeit besteht, die Bestandsaufnahme auf zehn Tage vor oder nach dem Bilanzstichtag zu verlegen.

Permanente Inventur: die Bestandsaufnahme erfolgt ununterbrochen und ständig. Dabei ist darauf zu achten, dass jeder Artikel einmal aufgenommen werden muss. Weiterhin müssen die Zugänge und Abgänge nach Art, Menge und Wert bis zum Bilanzstichtag fortgeschrieben werden.

Verlegte Inventur: die Bestandsaufnahme erfolgt drei Monate vor oder zwei Monate nach dem Bilanzstichtag. Zugänge und Ausgänge bis zum Bilanzstichtag sind fortzuschreiben oder zurückzurechnen.

Stichprobeninventur: die Bestandsaufnahme erfolgt aufgrund von Stichproben. Voraussetzungen für die Stichprobeninventur sind, dass das Unternehmen ein Lager mit mind. 2.000 Artikeln besitzt, ein EDV-Lagerbuchführungssystem vorhanden ist und 5 % der eingelagerten Teile mindestens einem Lagerwert von 40 % entsprechen.

1.2 Die Inventur ist eine wichtige Voraussetzung für den Jahresabschluss, da durch ihr die Schulden und Vermögenswerte eines Unternehmens erfasst werden. Diese Werte bilden die Grundlage für die Erstellung des Inventars.

1.3 Das Inventar ist eine ausführliche Darstellung aller Vermögenswerte und Schulden eines Unternehmens. Es werden Mengen, Einzelpreise und Gesamtpreise angegeben. Das Inventar wird in Staffelform dargestellt, es ist jedoch gegenüber der Bilanz sehr unübersichtlich. Die Darstellung der Bilanz erfolgt in Kontenform. Sie enthält nur Angaben von Gesamtpreisen und ist damit kurz und übersichtlich.

1.4

Warenvorrat	*UV*	Bankdarlehen	*LV*
Bankguthaben	*UV*	Schreibtisch	*AV*
Grundstück	*AV*	Gabelstapler	*AV*
Verbindlichkeiten gegenüber Lieferanten	*KV*	Hypothek	*LV*
Kasse	*UV*	Forderungen an Kunden	*UV*
Verbindlichkeiten an das Finanzamt	*KV*	Lkw-Anhänger	*AV*

1.5

Inventar der Frantz GmbH zum 31.12.20..		
A. Vermögen	€	€
I. Anlagevermögen		
1. Grundstücke		580.500,00
2. Gebäude		
Lagerhalle 11 a	238.000,00	
Verwaltungsgebäude	516.000,00	754.000,00
3. Fuhrpark Lastkraftwagen		410.000,00
4. Betriebsausstattung		
Gabelstapler	18.250,00	
Standwaage	7.900,00	26.150,00
II. Umlaufvermögen		
1. Warenvorrat		
Gruppe A	115.000,00	
Gruppe B	95.000,00	
Gruppe C	71.000,00	281.000,00
2. Forderungen a. LL		159.000,00
3. Bankguthaben		
Sparkasse	125.500,00	
Postbank	91.300,00	216.800,00
4. Kassenbestand		3.850,00
Summe des Vermögens		2.431.300,00
B. Schulden		
I. Langfristige Verbindlichkeiten		
1. Hypotheken Sparkasse		985.000,00
2. Darlehen Volksbank		535.000,00
II. Kurzfristige Verbindlichkeiten		
1. Verbindlichkeiten a. LL		316.000,00
Summe der Schulden		1.836.000,00
C. Ermittlung des Eigenkapitals		
Summe des Vermögens		2.431.300,00
– Summe der Verbindlichkeiten		–1.836.000,00
= Eigenkapital		**595.300,00**

2. Aufgabe

2.1 Nach § 238 Abs. 1 HGB ist jeder Kaufmann verpflichtet, Bücher zu führen und Auskunft über die Lage seines Vermögens in Form einer Buchführung zu geben.
Weiterhin schreibt die Abgabenordnung vor, § 141 Abs. 1 AO, dass Unternehmen der Buchführungspflicht unterliegen, wenn der Jahresumsatz mehr als 500.000,00 € oder der Jahresgewinn mehr als 50.000,00 € betragen.

2.2
- Die Buchführung muss klar und übersichtlich sein.
- Buchungen dürfen nicht unleserlich gemacht werden.
- Alle Geschäftsvorfälle sind vollständig, fortlaufend, chronologisch, richtig und sachlich zu buchen.
- Keine Buchung ohne Beleg!
- Belege müssen fortlaufend nummeriert werden.
- Die Aufbewahrungsfrist beträgt zehn Jahre für Bilanzen, Belege, Handelsbücher und Konten, und sechs Jahre für Geschäftsbriefe und sonstige Unterlagen.

2.3

Aktiva	Bilanz		Passiva
I. Anlagevermögen		**I. Eigenkapital**	
1. Grundstücke		1. Eigenkapital	
2. Gebäude			
3. Betriebsausstattung			
4. Geschäftsausstattung		**II. Fremdkapital**	
5. Fuhrpark		1. Hypotheken	
		2. Darlehensschulden	
II. Umlaufvermögen		3. Verbindlichkeiten a. LL	
1. Warenvorräte			
2. Forderungen a. LL			
3. Bank			
4. Kasse			
Bilanzsumme		Bilanzsumme	

2.4

Aktiva	Bilanz		Passiva
I. Anlagevermögen		**I. Eigenkapital**	
1. Grundstücke	580.500,00	1. Eigenkapital	595.300,00
2. Gebäude	754.000,00		
3. Betriebsausstattung	26.150,00		
4. Fuhrpark	410.000,00	**II. Fremdkapital**	
		1. Hypotheken	985.000,00
		2. Darlehensschulden	535.000,00
II. Umlaufvermögen		3. Verbindlichkeiten a. LL	316.000,00
1. Warenvorräte	281.000,00		
2. Forderungen a. LL	159.000,00		
3. Bank	216.800,00		
4. Kasse	3.850,00		
Bilanzsumme	2.431.300,00	Bilanzsumme	2.431.300,00

3. Aufgabe

3.1

Grundbuch der Frantz GmbH				
Beleg.Nr.	Konten		€	€
	Soll	Haben	Soll	Haben
1	*Ford. a LL*		*3.300,00*	
		an Waren		*3.300,00*
2	*Darlehensschulden*		*2.800,00*	
		an Bank		*2.800,00*
3	*Waren*		*6.100,00*	
		an VBK a. LL		*6.100,00*
4	*Bank*		*3.150,00*	
		an Ford. a. LL		*3.150,00*
5	*Kasse*		*500,00*	
		an Ford. a. LL		*500,00*
6	*Bank*		*1.500,00*	
		an Kasse		*1.500,00*
7	*VBK a. LL*		*1.350,00*	
		an Darlehensschulden		*1.350,00*
8	*Kasse*		*850,00*	
		an Waren		*850,00*
9	*Bank*		*120,00*	
		an Ford. a. LL		*120,00*
10	*Waren*		*3.800,00*	
		an VBK a. LL		*3.800,00*
11	*Hypothekenschulden*		*11.500,00*	
		an Bank		*11.500,00*
12	*Betriebsausstattung*		*7.800,00*	
		an Bank		*7.800,00*

S	*Waren*		H
AB	53.400,00	1. Ford.a.LL	3.300,00
3. Verb.a.LL	6.100,00	8. Kasse	850,00
10.Verb.a.LL	3.800,00	SB	59.150,00
	63.300,00		63.300,00

S	*Kasse*		H
AB	5.100,00	6. Bank	1.500,00
5. Ford.a.LL	500,00	SB	4.950,00
8. Waren	850,00		
	6.450,00		6.450,00

S	*Verbindlichkeiten a. LL*		H
7. Darlehen	1.350,00	AB	28.200,00
SB	36.750,00	3. Waren	6.100,00
		10. Waren	3.800,00
	38.100,00		38.100,00

S	*Forderungen a. LL*		H
AB	23.300,00	4. Bank	3.150,00
1. Waren	3.300,00	5. Kasse	500,00
		9. Bank	120,00
		SB	22.830,00
	26.600,00		26.600,00

S	*Hypothekenschulden*		H
11. Bank	11.500,00	AB	155.000,00
SB	143.500,00		
	155.000,00		155.000,00

S	*Bank*		H
AB	33.000,00	2. Darlehen	2.800,00
4. Ford.a.LL	3.150,00	11. Hyp.	11.500,00
6. Kasse	1.500,00	12. BGA	7.800,00
9. Ford.a.LL	120,00	SB	15.670,00
	37.770,00		37.770,00

S	*Darlehensschulden*		H
2. Bank	2.800,00	AB	25.400,00
SB	23.950,00	7. Verb.a.LL	1.350,00
	26.750,00		26.750,00

S	*Betriebsausstattung*		H
AB	38.500,00	SB	46.300,00
12. Bank	7.800,00		
	46.300,00		46.300,00

3.2

Bank	*3*	Verbindlichkeiten	*3*
Mietaufwendung	*2*	Energiekosten	*2*
Darlehen	*3*	Privateinlage	*1*
Privatentnahme	*1*	Hypothekenschuld	*3*
Kasse	*3*	Provisionserträge	*2*
Forderungen	*3*	Gehälter	*2*

4. Aufgabe

4.1

Bruttogehalt		2.350,00 €
– *Lohnsteuer*		298,83 €
– *Kirchensteuer*		16,43 €
– *Solidaritätszuschlag*		26,89 €
– *Rentenversicherung*	*9,45 %*	222,08 €
– *Arbeitslosenversicherung*	*1,5 %*	35,25 €
– *Pflegeversicherung*	*1,025 %*	24,09 €
– *Krankenversicherung*	*8,2 %*	192,70 €
= Nettogehalt		**1.533,73 €**

4.2 Gehälter 2.350,00 € an VBK-FA 342,15 €
an VBK-SV 474,12 €
an Bank 1.533,73 €

Aufgabe	Lösung
5.	*c*
6.	*10*
7.	*6*
8.	*c, a, d, b*
9.	*1b, 2a, 3d, 4a, 5c, 6b, 7a, 8c, 9a, 10b, 11a, 12b*
10.	*d, f*
11.	*820.000,00 €*
12.	*EK: 32,8 % FK: 67,2 %*
13.	*2,5 %*
14.	*a, c, a, b, d, a, c, d*
15.	*R, F, R, R, R, F, F, R, F, R*
16.	*a) 3.700 Stück, b) 130.240,00 €, c) 72.150,00 €, d) 58.090,00 €*
17.	*R, F, R, F, R, F*
18.	*R, R, F, R, F, F, R*
19.	*E, N, E, A, N, E, A, N, E*
20.	*F, R, R, R, F, R, R*

Aufgabe	Lösung
21.	*d*
22.	*a, d, g, h, j, k*
23.	*a) 228 + 260 an 440* *b) 670 an 280* *c) 620 an 280* *d) 240 an 500 + 480* *e) 652 an 070* *f) 440 an 280* *g) 288 an 541 + 480* *h) 083 + 260 an 440* *i) 280 an 540* *j) 280 an 240* *k) 440 an 280* *l) 440 an 425* *m) 280 an 571* *n) 070 + 260 an 440* *o) 288 an 085* *p) 288 + 240 an 083*
24.	*a, d, f, h*

⊕ Wirtschaft- und Sozialkunde

Teil 1: Der Jugendliche in Ausbildung und Beruf

Aufgabe	Lösung
1.	*d, e, b*
2.	*g, f, b*
3.	*e*
4.	*e*
5.	*a, c, e*
6.	*e*
7.	*e, f*
8.	*d*
9.	*c*
10.	*4*
11.	*e*
12.	*c*
13.	*c*
14.	*c*
15.	*a*
16.	*d*
17.	*d*
18.	*d, f*
19.	*6, 3, 2, 1, 4, 5*
20.	*b*
21.	*c, f*
22.	*e*
23.	*b*
24.	*d*
25.	*b*
26.	*88*
27.	*d*
28.	*c*
29.	*d*
30.	*F*
31.	*d, f*
32.	*e*
33.	*e*
34.	*a*
35.	*i, g, a*
36.	*a*
37.	*a*
38.	*d*

Aufgabe	Lösung
39.	*a) 1.483,91 x* *b) 29,34 %*
40.	*24*
41.	*c*
42.	*b*
43.	*10*
44.	*4*
45.	*d*
46.	*24.11.*
47.	*c*
48.	*c, f*
49.	*a*
50.	*c*
51.	*a*
52.	*a*
53.	*c*
54.	*31.07.*
55.	*03.12.*
56.	*d*
57.	*c*
58.	*d*
59.	*c*
60.	*b*
61.	*c*
62.	*d*
63.	*a*
64.	*d*
65.	*e*
66.	*b*
67.	*d*
68.	*e*
69.	*b, c, a, d, e*
70.	*d*
71.	*c, d*
72.	*b*
73.	*b*
74.	*e*
75.	*b*

Aufgabe	Lösung
76.	*9*
77.	*a*
78.	*b*
79.	*b*
80.	*d*
81.	*c*
82.	*a*
83.	*a*
84.	*d*
85.	*d, f*
86.	*e, c*
87.	*c*
88.	*e*
89.	*e*
90.	*d*
91.	*d*
92.	*95*
93.	*19*
94.	*142/127*
95.	*b*
96.	*e*
97.	*b*
98.	*c*
99.	*c*
100.	*d, f*
101.	*b*
102.	*e*
103.	*d*
104.	*a*
105.	*1, 4, 6, 3, 5, 7, 2*
106.	*a*
107.	*d*
108.	*d*
109.	*d*
110.	*b*
111.	*c*
112.	*c*
113.	*e*

114.	*e*
115.	*d*
116.	*c*
117.	*c*
118.	*c*
119.	*b*
120.	*d, f, g*
121.	*c, a, b, d*

122.	*b*
123.	*d*
124.	*c*
125.	*a*
126.	*e*
127.	*c*
128.	*b*
129.	*c*

130.	*a*
131.	*d*
132.	*b, c*
133.	*c, e*
134.	*d*
135.	*c, d, a, b*
136.	*c, e*

Teil 2: Nachhaltige Existenzgründung

Aufgabe	Lösung
1.	*d*
2.	*a*
3.	*e*
4.	*d, g, b*
5.	*a*
6.	*c*
7.	*a*
8.	*e*
9.	*b, d, a, c*
10.	*b*
11.	*e*
12.	*b*
13.	*c*

Aufgabe	Lösung
14.	*c*
15.	*c, a, e*
16.	*b*
17.	*e*
18.	*c*
19.	*e*
20.	*a*
21.	*d*
22.	*b, e*
23.	*a, b, d*
24.	*c*
25.	*e, c, a*
26.	*e, d, c, b, a, f*

Aufgabe	Lösung
27.	*c, d, b*
28.	*b*
29.	*c*
30.	*a, e*
31.	*e*
32.	*b*
33.	*a, d*
34.	*d*
35.	*d*
36.	*b, c*
37.	*a, e*
38.	*c*
39.	*a*

Teil 3: Unternehmer und Verbraucher in Wirtschaft und Gesellschaft

Aufgabe	Lösung
1.	*b, d*
2.	*c, d, b, a, e*
3.	*b*
4.	*d, a, b, c*
5.	*1, 3, 5, 2, 4*
6.	*a*
7.	*d*
8.	*b*
9.	*a*
10.	*d*
11.	*c*
12.	*d*

Aufgabe	Lösung
13.	*e*
14.	*b, c, a*
15.	*b*
16.	*a*
17.	*e*
18.	*e*
19.	*e*
20.	*a*
21.	*a*
22.	*d*
23.	*f, a, b*
24.	*e*

Aufgabe	Lösung
25.	*d*
26.	*b*
27.	*a*
28.	*c*
29.	*a*
30.	*e*
31.	*c*
32.	*b, e, c*
33.	*a*
34.	*e*
35.	*c*
36.	*e*

37.	*b*
38.	*c, d, e*
39.	*b*
40.	*d*
41.	*d*
42.	*c*
43.	*c*
44.	*c*
45.	*e*
46.	*e*
47.	*b*
48.	*a*
49.	*e*
50.	*b*
51.	*a*
52.	*a*
53.	*e*
54.	*c*
55.	*b*
56.	*b*
57.	*c*
58.	*c, a, f*
59.	*c*
60.	*c*

61.	*d*
62.	*4, 6, 2, 5, 1, 3*
63.	*b, f, d*
64.	*b*
65.	*5, 4, 1, 3, 2, 6*
66.	*a*
67.	*c*
68.	*d*
69.	*c*
70.	*d*
71.	*c*
72.	*c*
73.	*d*
74.	*c*
75.	*c*
76.	*c*
77.	*c, f*
78.	*b, e*
79.	*3, 1, 4, 5, 6, 2*
80.	*c*
81.	*d*
82.	*a*
83.	*b*
84.	*d*

85.	*c*
86.	*e*
87.	*b*
88.	*d*
89.	*d*
90.	*d, e, g*
91.	*d*
92.	*e*
93.	*c*
94.	*e*
95.	*d*
96.	*c*
97.	*c*
98.	*e*
99.	*c*
100.	*a*
101.	*e*
102.	*b*
103.	*a*
104.	*d*
105.	*2*
106.	*c, a, b*
107.	*b*

Bildquellenverzeichnis

Alfred Arnold Verladesysteme GmbH & Co. KG, Stuttgart: S. 193/2–7, 9, S. 427/2–7, 9

Beuth Verlag GmbH, Berlin: S. 16, S. 17, S. 18, S. 27, S. 28, S. 43, S. 54, S. 55, S. 56, S. 154, S. 163, S. 203, S. 212/2, S. 379, S. 380, S. 389, S. 417

Bruhn Spedition GmbH, Lübeck: S. 200

Fotolia.com, Berlin: S. 9/1 © Robert Kneschke, S. 193/8 und S. 427/8 © max blain, S. 430 © i-picture, S. 453/1 © TAlex, S. 453/2 © i-picture

Fotos der Autoren: S. 196/1, S. 197, S. 199

MEV Agency UG, Augsburg: S. 428

Nikolaj Schutzbach, Feuerwehr Konstanz: S. 193/1, S. 212/1, S. 213, S. 427/1

Rumpf GbR: S. 194

Steffen Faust, Berlin: S. 201 b), S. 412, S. 414

Verlag Europa-Lehrmittel, Haan-Gruiten: S. 19, S. 93, S. 94, S. 104, S. 150, S. 158, S. 166, S. 167, S. 169, S. 183, S. 186, S. 196/2, S. 202, S. 214, S. 231, S. 416, S. 434

Wolfgang Herzig, Essen: S. 162, S. 201 a)